W0328444

## Mathias Wendel

*Geboren 05.11.48 um 19.10 Uhr in Pforzheim. Diplom-Physiker. Heilpraktiker. Zehn Jahre lang Mitarbeiter von Thorwald Dethlefsen. Danach, seit 1987, selbständig in eigener Praxis in München als Reinkarnationstherapeut. Seit 1990 Ausbildungen für angehende Reinkarnations-therapeuten.*

## Gaby Wendel

*Geboren 11.09.54 um 06.30 Uhr in Mörfelden. 10 Jahre Flugdisponentin, Heilpraktikerin. Ausbildung zur Reinkarnations-Therapeutin (Münchner Schule). Seit 1992 ca. 4000 Stunden Erfahrung in Reinkarnations-Therapie in eigener Praxis. Seit 1993 Mitarbeiterin von Mathias Wendel bei den Ausbildungskursen für Reinkarnations-Therapeuten. Seit 1995 Entwicklung zum Medium.*

# Vorwort

Halt! Nicht überspringen! In den meisten Büchern überblättere ich auch gerne das Vorwort und will gleich zum Wesentlichen - Du bist schon dabei. Ich spreche Dich, lieber Leser, in diesem Buch mit "Du" an. Langatmige Erklärungen dazu spare ich mir. Wollten wir nicht zum Wesentlichen kommen?

Ich werde in diesem Buch berichten von meinen Erfahrungen mit geistigen Wesen und Sternenbrüdern in den Jahren 1997 und 1998. An manchen Stellen wirst Du denken, ich habe eine Schraube locker. Das nehme ich in Kauf. In meinem Selbstbild finde ich mich immer noch viel zu rational. Um Dich aber nicht zu sehr zu beanspruchen, habe ich manche, besonders krasse Ereignisse ausgelassen. Das schmälert an der Gesamtaussage nichts. Zudem hast Du immer noch die Möglichkeit, Dir alle Durchgaben zu bestellen und alles chronologisch und vollständig nachzulesen.

Ja, es geht in diesem Buch um mediale Durchgaben und meine Erläuterungen dazu. Die Durchgaben kommen durch Gaby. Als das Mikroskop erfunden wurde, öffnete sich eine neue Welt ins Sichtbare. Die Durchgaben öffnen eine neue Dimension, die so hörbar und lesbar wird. Natürlich weiß ich, daß es tausende von gechannelten Büchern gibt. Meistens sind es Mosaiksteine aus einem großen Bild. Ich schiebe die Steinchen anhand von Gaby's Durchgaben zusammen und versuche die Gesamtheit des Gemäldes zu skizzieren.

Es geht hier nicht um Glaubenssysteme wie: „Tu dieses,“ „laß jenes“, „wenn du nicht, dann ...“. Es geht auch nicht um eine weitere Definition, was Gut und Böse sein soll, sondern um die Aufhebung beider Pole und Verschmelzung in der Einheit. Es geht um die Frage, wer wir zutiefst sind. Es stellt sich heraus, daß wir ewige, unsterbliche, universelle Geschöpfe sind, die im Projekt Erde eine Zeitlang der Schöpfung im Zustand des Vergessens dienten. Wir sind dabei uns zu erinnern, uns zu verstehen und aufzuwachen.

Im Text ist oft die Rede von "wir". Ich meine damit die Personen aus verschiedenen konzentrischen Kreisen. Den innersten Kern bilden Gaby und ich, wir leben zusammen und sind ein Paar. Der nächste Kreis stellt sich dar als die "Familie", bestehend aus vier weiteren Personen, mit denen sich im Lauf der Jahre ein inniges Verhältnis herausgebildet hat. Einmal die Woche, am Freitag Abend, treffen wir uns, um in lockerer Folge die nächste Lektion in Form einer Durchgabe entgegen zu nehmen. Alle diese Durchgaben sind aufgeschrieben als Protokolle, inzwischen über 800 Seiten. Der nächste Kreis besteht aus 10 weiteren Personen. Wir treffen uns einmal im Jahr für die "Rückzugswoche", in der wir in enger Zusammenarbeit mit den Ätherischen an uns arbeiten. Dann gibt es die Teilnehmer am Therapeuten-Ausbildungskurs und die Teilnehmer an den Wochenendkursen "Geistige Welt", "Tachyonen" und "Reinkarnations-Gruppen-Therapie". Gaby macht Schutzgeistsitzungen für jedermann, 4 Termine pro Woche. Ansonsten gibt sie Reinkarnations-Therapie, so wie ich auch.

Wir freuen uns über Zuschriften, Kommentare und Fragen. Unser Dank gilt unseren eigenen Seelen, den Lehrern der geistigen Welt und unseren geliebten Freunden, den Sternenbrüdern aller Rassen.

Januar 1999

# Inhalt

# Das Wesentliche auf den Punkt gebracht

Wir Menschen sind etwas ganz Anderes, als wir zu sein glauben. Nicht nur, daß wir die Summe der Erfahrungen aus Hunderten von früheren Leben in uns tragen, die über Reinkarnationstherapie zugänglich werden, **wir sind vom Kern unseres Wesen her unsterbliche Sternenbrüder**.

Was sind Sternenbrüder? Dieses Universum ist dicht besiedelt von Wesen verschiedenster Dimensionen. Unsere dritte Dimension befindet sich am unteren Ende einer nach oben hin offenen Skala, an deren Spitze Urschöpfer oder Gott steht. Sternenbrüder sind Wesen der 5ten Dimension. Sie sind für unsere normalen Augen unsichtbar, sie existieren seit Äonen in sozialen Gemeinschaften auf oder in hochschwingenden Planeten. Sie haben Kultur und Technologie. Sie haben keine Krankheiten, kennen den Tod nicht und haben Teil an einem gänzlichen Bewußtsein. Sie existieren in unterschiedlichen Rassen mit sehr verschiedenen Eigenschaften. Wir haben Kontakt mit einem knappen Dutzend dieser Rassen - es mag Hunderte geben.

Weit vor unserer historischen Geschichtsschreibung - das mögen Jahrzehntausende oder Jahrhunderttausende sein - kam ein Teil dieser Sternenbrüder zum Planet Erde, ein anderer Teil blieb Zuhause. Sie kamen aus unterschiedlichen Rassen und sie waren bereit, der Schöpfung zu dienen im Rahmen eines Entwicklungsprojekts des Universums. Wir nennen es das **"Projekt Erde"**. Sie alle kamen freiwillig, ohne freilich zu überschauen, was es heißt, Polarität auf der niedrigsten Schöpfungsoktave in der Dreidimensionalität zu erschaffen. Als die Sternenbrüder gefragt wurden, wer bei diesem Projekt Erde mitmachen wolle, da hast Du Leser, ganz laut "Hier" gerufen, sonst wärst Du nicht hier!
Die Zeit der Ankunft auf der Erde - wir nennen sie die **"Alpha-Zeit"** - war eine schöne. Die Erde war fruchtbar und voller Kraft. Kulturen wie die von Atlantis entstanden. Die (über-)natürlichen Fähigkeiten der Sternenbrüder waren noch fast gänzlich vorhanden. Sie wußten wer sie waren und woher sie kamen.

Nachdem die meisten da waren, startete das Projekt Erde. Das bedeutete, daß zunächst die Erde und dann nach und nach alle Sternenbrüder ins Vergessen gingen. Sie wußten nicht mehr wer und was sie waren. Sie verloren sich in den Spielen der Polarität. Das war etwas total Neues, etwas Unfaßbares. In den Äonen ihrer lichten Existenz hatten sie noch nie so etwas erlebt. Es war die erste Erfahrung wie sich das anfühlt, wenn Dunkelheit stärker ist als Licht und Liebe. Großes Unverstehen. Der Übergang ins Vergessen vollzog sich individuell. Wir nennen ihn das **"Urtrauma"**.

> Sternenbrüder erfüllen einen Auftrag auf der Erde.
> Wir sind Sternenbrüder!

So wie ein Taucher Bleigewichte braucht, um ganz nach unten zu kommen, so brauchten die Sternenbrüder Bleigewichte, um ins Vergessen zu gehen. Im Wesentlichen waren das zwei Arten von **"Blei"**. Die eine Sorte bestand aus den dunklen Kräften, Energiefeldern, Krankheiten und Dunkelwesen, die Erde selbst produzierte. Die andere Sorte "Blei" lieferte die Sternenrasse der Plejadier, die die Schurken spielten.

**Tod, Jenseits und Wiedergeburt,** ohne Erinnerung an vorige Lebenszyklen, war auch etwas Neues für die Sternenbrüder auf der Erde. Jeder Einzelne begann in seinen Inkarnationen endlose Erfahrungen im Vergessen zu sammeln. Alles aufbewahrt in seiner Seele. Vom bewußten Verstand vergessen.

Ein Projekt hat einen Anfang und ein Ende. Wann ist des Ende? - "In der Bälde" lauten die Botschaften der Wesen, die uns unterrichten. Ist "Bälde" in 1000 oder in 10 Jahren? Viele Umstände weisen darauf hin, daß das Ende des Projekts Erde zu unseren Lebzeiten stattfindet, wenn Du nicht gerade übermorgen unters Auto kommst. Das Ende des Projekts Erde im globalen Sinn nenne ich die **"große Transformation"** und dieses Ende in einem individuellen Sinn nenne ich die **"kleine Transformation"**. Am Ende legen wir unser Vergessen wieder ab wie einen Mantel, den wir eine lange Dauer der linearen Zeit trugen. Wir werden wieder die sein, die wir ursprünglich waren: Unsterbliche Sternenbrüder mit einem gänzlichen Bewußtsein, das Universum als Heimat. Und dennoch sind wir nach der Teilnahme am diesem Projekt andere geworden. Die Erfahrungen von Polarität gehen nicht spurlos an uns vorüber. Wir werden etwas Neues, gebären eine nächste Stufe universeller Entwicklung: die **"neue Wurzelrasse"**, die die Eigenschaften vieler Sternenrassen in sich vereinigt.

Dieses Leben, diese Inkarnation wirst Du möglicherweise nicht mit dem üblichen Tod beenden. Mit vollem Bewußtsein und mit Deinem physischen Körper kannst Du Dich in die 5te Dimension transmutieren und wieder das Wesen sein, das Du immer warst - ein Sternenbruder!

# Das Mediale

Es gibt drei äußere Quellen für meine Hypothesen. Die erste besteht aus dem, was in anderen Büchern mit ähnlichem Inhalt steht und mir sagt: "Mein lieber Mathias, falls du spinnst, dann spinnst du nicht allein".

Die zweite, für mich stärkere Quelle, sind meine 20-jährigen Erfahrungen und Erlebnisse mit Klienten der Reinkarnationstherapie (ich verwende im Weiteren die Abkürzung RT). In diesen vergangenen 20 Jahren waren das etwa 16 000 Stunden Einzeltherapie. Ich kann mittels dieser Therapieform inzwischen so gut mit Seele sprechen, daß der Klient und ich zurückkommen bis in die Zeiten vor dem Urtrauma, zum Heimatplaneten. Zurückblickend kam ich auch schon in früheren Jahren dorthin, habe das aber nicht verstanden und als Phantasie ohne realen Hintergrund abgetan. Seit einigen Jahren finde ich nun mehr und mehr ein Verstehen, das solche Erlebnisse der Klienten in anderem Licht erscheinen läßt.

Die dritte Quelle, die weitaus stärkste und konkret ergiebigste, sind die medialen Durchgaben von Gaby. Alle Aussagen, die ich hier mache, steigen oder fallen in ihrer Glaubwürdigkeit mit der Anwort auf die Frage: "Welche Kriterien machen ein Medium zu einem guten oder schlechten?" Wie glaubwürdig ist Gaby als Medium? Um diese Frage vorweg zu beantworten: Ich glaube solche Kriterien gefunden zu haben und halte danach Gaby für ein sehr gutes Medium. Das will ich etwas transparenter machen:

*Ein gutes Medium* ist wie ein Faxgerät. Die Botschaft kommt 1:1 an. Natürlich gibt es unterschiedliche Schriftarten, auch mal einen Tintenklecks oder verknülltes Papier. In der Analogie spreche ich damit den Wortschatz des Mediums an, den Dialekt oder den Räusperer. Aber die Botschaft kommt direkt. Die Seele von Gaby ist während der Durchgabe nicht im Körper. Ein anderes Wesen darf den materiellen Körper, das Nervensystem und die Sprache eine Zeitlang "bedienen".

Bei einem guten Medium ist die Seele während der Durchgabe "weg". Es weiß nichts vom Inhalt des Durchgegebenen. Es ist einfach nur neutrales, dienendes Instrument - vergleichbar einem hohlen Rohr, durch das der Wind pfeift oder einer Brücke über die ein jeder gehen kann. Daß nur lichte Wesenheiten darüber gehen, dafür sorgt der "Wächter", der eine grundsätzliche Vereinbarung mit dem Medium trifft.

> Ein gutes Medium ist wie ein Fax

Lichte Wesen melden sich mit "wir lieben euch" oder "Gott zum Gruße" und nennen zuerst ihren Namen. Sie kommen nie ungebeten und dienen den Menschen. Niemals gibt es Wertung, niemals ein "Sollen" oder "Müssen". Ansonsten beschreitet ein gutes Medium seinen persönlichen Entwicklungsweg wie jeder andere auch.

*Ein schlechtes Medium* ist mündlicher Bote. Es geht hinter die Schleier, hört sich die Botschaft an, rennt zurück zu den Menschen und gibt sie mit eigenen Worten wieder. Manche dieser Übersetzer-Medien lernen die Botschaft "auswendig" und geben sie auch so wieder. Es gibt aber auch solche, die geben zu der Botschaft aus den Anderwelten noch ihren eigenen Senf dazu. Und das gibt dann einen ununterscheidbaren Brei. Ein derartiger Brei ist leicht zu erkennen an: Alltagssprache, Wertungen, längere Pausen und Eigeninteresse.

*Ein sehr gutes Medium* - und ich halte Gaby für ein solches - hat ein breites Frequenzband. Das heißt, sie kann nicht nur die Schwingung eines bestimmten Wesens halten und unterscheiden, sondern von vielen Wesen aus unterschiedlichen Ebenen wie zB. Geistige Wesenheiten verschiedener Hierarchiestufen, unterschiedliche Sternenbrüder-Rassen, Wesenheiten aus dem Erdinneren und natürlich jeden individuellen Schutzgeist. Nicht jedoch wird Gaby Verstorbene channeln (es gibt Ausnahmen), denn diese sollen in Ruhe gelassen werden, damit sie ihren Entwicklungsweg weitergehen können.

Ich lebte mit Gaby schon einige Jahre zusammen, bevor sie ihre mediale Begabung erkannte und entwickelte. Ich kenne und begleite ihren Weg sehr genau. In all den Jahren bis heute kann ich keinen Fehler im logischen Gesamtsystem der Durchgaben finden. Nur die internen Durchgaben ergeben geschrieben fast 800 Seiten DinA4. Hinzu kommen Hunderte von Schutzgeistdurchgaben für Klienten, bei denen ich immer dabei bin. Oft ergeben sich nachprüfbare Einzelheiten, die weder Gaby noch ich zuvor über einen Klienten wußten.

Rein technisch ist es für einen Menschen unmöglich in dieser Geschwindigkeit, wie es durch Gaby durchkommt, ohne Pause, in einer schwer verständlichen altdeutschen Grammatik und mit diesem schwergewichtigen philosophischen Hintergrund zu sprechen. Manchmal habe ich Schwierigkeiten, so schnell mitzudenken. Die Energie und der Sprachgebrauch unterschiedlicher Sternenrassen ist durch sie hindurch deutlich zu unterscheiden.

Es gibt so kleine Sachen, an denen ich auch überprüfen kann. Das sind zum Beispiel Situationen bei einer Schutzgeistdurchgabe für einen fremden Klienten, der vielleicht vor einem Jahr schon mal da war, bei der der Schutzgeist inhaltlichen Bezug nimmt auf etwas, das er damals schon erzählt hat. Gaby weiß das nicht. Ich habe noch eine vage Erinnerung. Der Klient weiß genau was gemeint ist. Das zeigt mir, Gaby ist weit weg und trotzdem weiß der Schutzgeist durch sie hindurch alles, worauf es individuell bei diesem Klienten ankommt. Das ist nicht machbar.

Oder nehmen wir eine andere Plausibilität: Das Wesen in Gaby kann durch sie sehen, obwohl Gaby die Augen geschlossen hat. Das wird dann deutlich, wenn das Wesen auf Dinge, die gerade im Raum passieren, Bezug nimmt. Das ging einmal so weit, daß Nyria, Sprecherin der Plejaden, mitsamt dem Körper von Gaby in Volltrance durch einen großen Raum mit Hindernissen marschierte und jeden der 30 Gruppenteilnehmer persönlich begrüßte. Alles mit geschlossenen Augen!

Man kann es drehen und wenden wie man will. Es führt kein Weg an der Erkenntnis vorbei, daß dieses Phänomen nicht mit normalen Erklärungen abgetan werden kann. Das ist so ähnlich wie bei RT. Man muß schon absurde Verrenkungen anstellen, um die Erfahrungen in der Therapie auf normalem Weg zu erklären. Also bleiben wir doch bei den einfachen, plausiblen Erklärungen und das sind auch die wissenschaftlichsten: Es gibt frühere Leben und es gibt Sternenbrüder und geistige Wesenheiten! Punkt aus. Warum denn nicht?

Unabhängig von diesen äußeren Quellen gibt es für mich so etwas wie "innere Gewißheit". Die geistigen Lehrer sagen sinngemäß: "Wenn du etwas auf Stimmigkeit prüfen willst, dann frag dein Herz. Wird es schwer, laß es. Wird es freudig leicht, dann stimmt es für dich." Niemals, wirklich niemals gab es eine Aussage aus den lichten Anderwelten, die mit Zwang und Druck oder Schuld verbunden gewesen wäre. Stets ist Liebe und Freiheit das Grundthema. Und das ist die Resonanz, bei der es mir im Herz leicht wird.

So heißt mein Rat an Dich, Zweifler: "Frag Dein Herz und nimm, was Du gebrauchen kannst. Den Rest leg' getrost beiseite." Ich will niemanden überzeugen, kein missionarischer Sendungsauftrag! Jeder hat seinen Weg und jeder Weg ist gut.

Die entscheidende Kunst des Medium-Seins besteht in einer großen Hingabefähigkeit, einerseits. Ein Medium hat keine Kontrolle mehr über die Inhalte, die bei einer Durchgabe durch ihren Mund kommen. Es kann dabei innerlich nicht mithören. Wenn es innerlich zuhört, kann es nicht aussprechen oder es wäre eine Übersetzung mit der Gefahr, Eigenes unbewußt hinzuzufügen. Gelingt die Hingabe in diesem Sinn, dann beginnt sich die Persönlichkeit in eine gewisse Willenlosigkeit hinein aufzulösen. Also bedarf es andererseits eines starken eigenen Selbstbewußtseins. Das Medium sollte auch "ihren Mann stehen" können. Und beides zusammen ist ein Spagat. Eben wie eine Brücke, die sich zwischen zwei Brückenpfeilern spannt. Hingabe an Anderwelten in der Liebe und im Vertrauen und Selbstbewußtsein im täglichen Kleinkrieg - das ist die Herausforderung.

Noch ein Wort zur ***medialen Ausbildung***, nach der wir gelegentlich gefragt werden: Die eigentliche Ausbildung besteht in einigen wenigen "Schutzgeistsitzungen" über einen gewissen Zeitraum hinweg, bei denen Gaby mit dem Begabten in geistigen Welten übt und ihm einige wenige wichtige Dinge vermittelt. Die Voraussetzung hierfür ist neben der Begabung die Eigentherapie und die Teilnahme am Ausbildungskurs für RT-Therapeuten. Hier werden die wichtigen Grundlagen vermittelt, um in seelischen Bereichen für sich selbst und für andere tätig zu werden. Auf diese Weise kann das werdende Medium differenzieren lernen zwischen eigenen Vorstellungen und Ängsten und dem, was über ein Geistwesen gegeben wurde. Das bezieht sich natürlich nicht auf den Zustand während einer Durchgabe, sondern davor und danach.

# Die Welt der geistigen Wesen

Wir sind in Kontakt mit zwei verschiedenen lichten Welten: die der geistigen Wesen und die der Sternenbrüder. Es gibt sicher noch mehr Unterschiede, aber der am leichtesten vorstellbare dürfte sein, daß die geistigen Wesen, wir sprechen auch von den Ätherischen", keinen Körper, auch keinen feinstofflichen Körper, mehr haben. Nur reine Geistigkeit und Liebe.

Wesen der geistigen Welt fungieren inbezug auf die Sternenbrüder als Auftraggeber und Ratgeber. Beide Gruppen arbeiten eng zusammen. Die Ätherischen stellen sozusagen die "Führungsschicht" im Universum dar. Sie sind in Hierarchieebenen angeordnet mit unterschiedlichen Aufgaben. Hierarchie ist nicht zu verwechseln mit unseren weltlichen Hierarchien und entsprechenden Machtkämpfen. Schauen wir uns einige der uns bekannten Ebenen an, mit denen wir über Gaby bisher Kontakt hatten:

***Schutzgeist:*** ist jeder Seele zugeordnet. Er stellt eine Verbindung her zwischen Ego und dem Höheren Selbst des Betreffenden. Mit Höherem Selbst ist hier der "göttliche Funke" im Individuum gemeint. Dieser ist den Sternenbrüdern noch sehr bewußt, den Menschen kaum noch.
Viele Sternenbrüder hatten Inkarnationen auf der Erde und sind dann nach einem körperlichen Tod über höhere Ebenen des Jenseits direkt in die Welt der Geistwesen aufgestiegen. Diese Möglichkeit gibt es offenbar. Oft gab es eine enge persönliche Verbindung zwischen Schutzgeist und seinem Schützling in früheren Leben: Bruder, Schwester, Vater, Mutter, Geliebte - all das kam schon vor. Manchmal war es nur eine äußerlich eher flüchtige Begegnung, ein Blickkontakt, ein paar Worte, gesprochen aus der Tiefe von zwei Seelen, die sich begegneten.
Niemals waren wir allein! Jeden Wimpernschlag, jede Gefühlsregung registriert der Schutzgeist. Kein Mensch kennt Dich so gut wie er. Er kennt Dich besser als Du selbst. Wenn Du häßliche Dinge tust, dann hält er sich dabei nicht die Augen zu. Er hält Dich auch nicht davon ab. Denn er weiß um den tieferen Sinn von all dem. Er ist gänzlich neutral und voller Liebe. Wenn du um ihn weißt, ist es dir möglich, auch bewußter mit ihm in Kontakt zu gehen. Liebe, Vertrauen und Hingabe deinerseits sind dabei Voraussetzung. Er stellt Kontaktmöglichkeit zu Deiner Seele und Deinem höheren Selbst dar. Niemals aber erwarte von Deinem Schutzgeist, daß er Dich in einem weltlichen Sinn beschützt oder Dir Deinen Lebensauftrag verrät. Das ist allein Deine Aufgabe! Jedoch gibt er Dir einen tiefen und großen Überblick über Deine bisherigen Leben, Deinen Ursprung und Deine Aufgabe im Grundsätzlichen. Frage also nie: "Welche Lebensaufgabe habe ich?" - Du würdest die Antwort bekommen: "Geliebte Seele, ich bitte um Verzeihung, dieses ist mir nicht erlaubt zu sprechen..." Frage besser: "Ist diese oder jene Richtung, die ich einschlagen möchte, für mich förderlich?"

> Ein Schutzgeist schützt nicht vor Erfahrungen

Eine kleine Geschichte aus einer Schutzgeistsitzung nacherzählt: Schutzgeist berichtet seinem Schützling, einer Frau, aus einem ihrer früheren Leben, wo sie schwarze Magie betrieb. Sie hatte paktiert mit Dunkelwesen der Erde und die wollten als Preis ihr Kind. Sie opferte es wie angewiesen und übergab es der Dunkelheit. Das Kind machte dort die Erfahrungen, die es brauchte, um zum Geistwesen aufzusteigen - ihrem heutigen Schutzgeist. Und der bedankte sich in dieser Sitzung für die Erfahrungen, zu denen sie ihm damals verholfen hatte. Wer hätte das gedacht?

***Aufgestiegene Meister:*** haben eine Art Lehrfunktion für uns. Auch sie waren in früheren Zeiten auf der Erde inkarniert. Wir kennen 4 davon:
1) Sri Yukteswar, früher der Lehrer von Yogananda. Es gibt sogar noch Fotos von ihm und er hat damals Bücher geschrieben, die aber nur bedingt lesenswert sind. Er hat eine Energie, die uns "stramm stehen" läßt. Er gab uns die Schule der Neutralität und der Durchlässigkeit.
2) Aus dem uralten China spricht oft Khan-Khan zu uns. Einige von uns kennen ihn aus der damaligen Schule des Khan. Er begleitet uns in den großen Zyklen unseres Alltags und spricht öfter in Kursen.
3) Shiva-Chi ist ein Energiemeister. Er hat bisher nur wenig gesagt, sich aber schon mal vorgestellt.
4) Daskalos (ja, der von Zypern) wurde uns nur als anwesend vorgestellt. Er stellt eine Art Bewußtseins-Leuchtturm dar.

***Geistige Ärzte:*** kennen wir zwei. Sie treten dann in Gaby ein, wenn es um körperliche Probleme geht. Sie heißen Sanctos und Jeremia. Sanctos arbeitet lieber im Stillen, etwa bei Ablösungen. Jeremia spricht auch gerne und arbeitet mit seinen Energien bei Bedarf über Gaby. Macht Gaby gerade eine Durchgabe, dann habe ich gelegentlich diesen Job - bei Schutzgeistsitzungen etwa, wo es auch um körperliche Probleme des Klienten geht. Zum Thema "Heilung" mehr in einem anderen Kapitel.

***Erzengel:*** haben übergeordnete Koordinationsaufgaben. Diese zu beschreiben, ist für mein normales Denken gar nicht zu erfassen. Deshalb beschränke ich mich auf das, was ich in dieser Dreidimensionalität erlebe. Hier spielt vor allem Michael eine große Rolle. Oft ist er mehrmals die Woche bei einer Schutzgeistsitzung anwesend, um Besetzungen oder Elementare ab- oder aufzulösen. Hierzu später ein eigenes Kapitel.

Im Folgenden eine kurze Durchgabe des Erzengels Uriel, zum Schluß der Reinkarnations-Gruppen-Therapie-Woche (RGT98), die mit 12 Teilnehmern besucht war:

***

Juni 1998

Heilig, heilig, heilig. Heilig, heilig, heilig. Wahrlich ich spreche euch - ich, der ich bin der Bote des allgegenwärtigen, ewigen Seins - Uriel. Ich bin die Stimme des allgegenwärtigen, ewigen Seins und ich entbiete euch das: Gott zum Gruße.

Wir: - Gott zum Gruße.

Uriel:
Wahrlich und wahrhaftig kehren sie Heim, die Seelen des Vaters. Wahrlich und wahrhaftig, es sind die Träger des Schwertes des Lichtes, denn sie sind die Liebe. 12 an der Zahl haben sich aufgemacht einst, um zu gehen ihren Weg über diese Erde gleichsam des Sohnes. 12 an der Zahl sind gegangen ihren Weg über diese Erde. 12 an der Zahl haben gesucht, gleichsam des Sohnes des Vaters. 12 an der Zahl sind gegangen, um zu finden ihr Amt. 12 an der Zahl sind gekreuzigt worden gleichsam des Sohnes des Vaters. 12 an Zahl sind gegangen in die Tiefe des Vergessens, gleichsam des Sohnes des Vaters. Wahrlich, wahrlich, wahrlich ich sage euch: Ihr erstehet auf und ihr erschaffet euch neu, denn ihr seid gleichsam des Sohnes des Vaters. Ihr seid die Liebe, die trägt das Licht!

Einstmals seid ihr ausgezogen aus der Heimstatt. Ihr seid jene, die sind im Mut der Hoffnung und dem Glauben und somit seid ihr die Liebe. Nehmet dieses Schwert in der Rechtmäßigkeit. Es ist das Schwert der Liebe, das euch gibt das Verstehen des Krieges in euch. Es ist das Schwert der Liebe, das euch gibt das Verstehen des Herzens in euch. Es ist das Schwert der Liebe, das euch gibt das Verstehen des Todes in euch. So ihr stehet auf und so ihr seid die Liebe, so seid ihr der Schöpfer, so seid ihr das allgegenwärtige, ewige Sein. Gehet und erschaffet euch neu, gehet und vertrauet, denn ihr seid die Mutigen des Vaters. Gehet und wisset, niemals, niemals, niemals seid ihr anheim gegeben dem Verlorenen. Niemals, niemals, niemals seid ihr preisgegeben dem Tode. Gehet und glaubet, denn ihr seid das Leben selbst. Gehet in diese Welt und seid die Liebe und das Schwert des Lichtes. Gehet und preiset euer Sein, denn ihr seid vollkommenene gesegnete Geschöpfe des Schöpfers. Gehet und sprechet über den Weg eurer Seele und über das Schwingen eures Herzens in diese Welt:

**"Ich verstehe dich Welt im Kriege. Ich liebe dieses, denn es ist der Weg. Ich verstehe dich Welt im Haß, denn ich bin und trage den Haß in mir. Ich gehe und verstehe dich Welt im Neid und im Tod, denn ich kenne diese Illusionen in mir. Doch ich bin euch der Bote des Lichtes. Ich, der ich bin in der Rechtmäßigkeit, zu erheben mein Schwert der Liebe, preise euch und preise diese Erde, die ist der Weg nach Hause."**

**Gehet und verstehet, ihr seid die Heimkehrenden. Ihr seid niemals im Verlorenen. Denn ihr seid jene, die preisen den Vater in ihrem eigenen Sein. Segnet, segnet diese Welt, denn sie bedarf des Segens. Segnet und verstehet diese Welt, denn sie bedarf des Verstehens. Gehet und liebet diese Erde, denn sie bedarf der Liebe.**

**Rechtmäßig gesegnet und geheiligt seid ihr, so spreche ich euch, der Bote des Vaters selbst. Gehet und wisset allezeit, ihr stehet auf und erschaffet euch neu. Heilig, heilig, heilig. Gott zum Gruße, ihr rechtmäßigen Träger des Schwertes des Lichtes.** Gott zum Gruße, ihr, die ihr euch öffnet für das, was ist die Liebe. Gehet und werdet, gehet und seid.

Es war euch der Bote, es war euch das Wort, es war euch der Segen, es war euch die Sprache und die Stimme eurer eigenen Seele, [die ich euch sprach]. Ich bin der, der trägt den Namen Uriel in der Schönheit, im Glanz und im Licht. Gott zum Gruße.

Wir: - Gott zum Gruße.

***

Ich möchte Deine Aufmerksamkeit hinlenken zum letzten Satz, wo Uriel darauf hinweist, daß er das ausspricht, was in der Seele jedes Einzelnen da ist. Es wird hier ein Prinzip deutlich, was sich durch alle Durchgaben zieht: Geistige Wesen und Sternenbrüder reichen uns das an, was wir in unseren Seelen (noch im Unbewußten) tragen. Nichts anderes. Und nur darin besteht die Hilfestellung. Niemals drängen sie etwas auf oder stülpen etwas drüber. Allezeit lassen sie uns frei.
Und noch etwas anderes fällt in verschiedenen Durchgaben auf. Nehmen wir den obigen Satz : **"Ich [Mensch] verstehe dich Welt im Haß, denn ich bin und trage den Haß in mir."** Würden wir nicht eine Ermahnung erwarten im Sinn von: "Und daß ihr mir bloß ablasset vom Haß!"?? Nein, sie lehren uns, daß wir den Haß dadurch auflösen, indem wir ihn annehmen, ihn verstehen als etwas Eigenes, als den Gegenpol zum Guten, als einen Teil der Polarität und erst beide Teile zusammen, Gut und Böse, ergeben die Freiheit und Einheit. In der RT sagen wir, es kommt darauf an, den Schatten zu integrieren. Also keine Lehre, die sagt "Kampf dem Bösen" und weg damit. Keine Friede, Freude, Eierkuchen Weltanschauung wie sie die meisten Esoterikschulen lehren. Ich weiß, daß hier viele den Kopf im Nichtverstehen schütteln. Eine ähnliche Stelle findet sich bei "Namo" auf den folgenden Seiten und noch sicher öfter bei den weiteren Durchgaben.

# Die Welt der Sternenbrüder

Stell Dir vor, Du solltest die Eigenschaften verschiedener Völker der Erde beschreiben. Wenn Du nun sagen würdest, daß die Bayern Seppelhosen tragen und grantig sind, dann wäre das sicher eine grobe Vereinfachung. Für die 5-dimensionalen Verhältnisse im Universum gilt dasselbe in verstärktem Maße. Die würden sich wahrscheinlich totlachen über das, was ich im Folgenden an Beschreibung verschiedener Sternenrassen formuliere. Nein, das stimmt so nicht ganz - die lachen zwar auch wie wir, aber sie lachen sich nicht tot. Tod kennen die nicht. Über ein Jahr hinweg haben sich uns die verschiedenen Rassen durch ihre jeweiligen Sprecher vorgestellt. Gaby und wir wußten vorher nie, wann eine neue Rasse kommt.

## Andromeda

Wir kennen 2 bewohnte Planeten in diesem System. Daxon und Hylax. Der Sprecher ist Gryconne von Hylax. Mit diesen Sternenbrüdern begann Ende 1996 der erste Kontakt. Es sind friedliebende, weiche, warme Geschöpfe. Daxon stellt so etwas wie ein universelles Zentralkrankenhaus mit Forschungsabteilung dar und zwar für alle möglichen Dimensionen. Alle Heiler kommen aus Daxon.
Hylax ist der uns vertrauteste Planet, denn Gaby und ich stammen von dort. Gaby war dort schon damals ein "Medium" im "diplomatischen Dienst". Hylax verpackt und transportiert Heilmittel, so kann man das vielleicht übersetzen. Die Verpackung besteht aus Kristallen, ähnlich wie unsere Transistoren. Hylax ist ein Kristallplanet und diese Kristalle sind lebendige Wesen von unglaublicher Schönheit und innerem Licht. Lassen wir Gryconne selbst erzählen. Hier unsere erste Begegnung mit Sternenbrüdern:

***

Dezember 1996

Wir stehen vor euren Türen. Unsere Absicht ist die der Friedfertigkeit. Unsere Herzen sind rein, unser Geist ist klar. Wir erbitten Einlaß. Wir bitten um Einlaß durch eure Tore. Wir kommen im Frieden. (Pause).

Wir danken für die Aufforderung, unseren Fuß in euer Heim setzen zu dürfen. Wir danken für eure Fähigkeit, die wir lesen und erkennen aus eurem Gedankengut: uns zu erkennen, unsere Energie wahrzunehmen, unsere Anwesenheit zu identifizieren. Wir erbitten eure Öffnung und wir erfahren euren Gruß, eure Bereitschaft, uns zu empfangen in eurem Kreis, in eurem Heim, auf eurem Planeten.

Wir sind in der Liebe zu euch. Wir sind in der Friedfertigkeit mit euch. Es ist die Zeit des Friedens und so wählen wir unseren Frieden, um ihn zu tragen in euren Kreis hinein, in den Kreis jener Menschenseelen und Erdenbewohner, die wir sehr wohl schon erkannt haben vor langer Zeit und die wir nun besuchen auf unsere Art der Wege, um zu erkunden, um zu ergründen und um zu tragen unsere Botschaften auf eure Erde, in euren Kreis, in euren Weg hinein. **Friede, der Friede des Universums, die Liebe der Brüder der uns über Zusammenkünfte vertrauten Bruderschaft der galaktischen Konföderation - diesen Frieden entbieten wir euch.**

Wir, das ist eine Gruppe, die sich befindet in der deutlichen Anwesenheit in eurem Kreise nun. Wir, das ist eine Gruppe von Brüdern und Schwestern, die sich befinden auf einer langen Reise schon, die einst gestartet ist aus dem euch mittlerweile vom Namen her vertrautem Bereich des Andromeda. Wir sind lange schon unterwegs, um die Wege zu ebnen und euch zu erklären, Wissen und Weisheit zu bringen über unsere Funktion. Aber zunächst in diesem Moment [sprechen wir] über die Beschaffenheit unseres Planeten, von dem wir kommen, der unsere Herkunft ist, unser Heimatplanet. So möchten wir uns vorstellen auf diese Art. Heute möchten wir zu euch tragen die Kunde über unsere Lebensgewohnheiten, über unsere Strukturen, in denen wir uns bewegen auf einem Planeten im Nebel, in der Galaxie, die ihr nennt **Andromeda-Nebel**. So jedenfalls erscheint euch unser Lebensraum durch die euch möglichen Gläser und Prismen von eurem Heimatplaneten aus.

Ich bin der Sprecher dieser Gruppe, ich teile euch meinen Namen mit. Mein Name ist die Botschaft ebenso meiner Wesenheit, meines Seins. **Mein Name ist Gryconne**. Ich bin vorwiegend männlichen Geschlechtes und ich befinde mich hier im Kreise von Wesenheiten und ich möchte sagen, menschenähnlichen Gestalten, die wir angenommen haben, die sich ebenso [wie ich] befinden in der vorwiegend männlichen Identifikation und auch Wesenheiten, die sich befinden in der vorwiegend weiblichen Identifikation.

Ihr seht, Brüder und Schwestern, unser Organismus ist in einer unterschiedlichen Beschaffenheit von dem euren. Euer Organismus ist sehr stark noch identifiziert in das Prinzip des männlichen und des weiblichen Geschlechtes und eure Körperlichkeiten sind entsprechend in der Befindlichkeit der - wir würden es ausdrücken: Unausgewogenheit der Polarität. So bezeichnet es das Instrument [Gaby] aus ihrem Gedankengut.

Wir, Brüder und Schwestern, befinden uns auf einem Planeten, der sich befindet in der Schlichtheit und in eurem Maße ausgedrückt, 356 Millionen Lichtjahre von euch entfernt. Er ist auf der hinteren Seite des Nebelringes, den ihr wahrnehmt. Es ist ein Planet, der dort kreist auch um eine Sonne, der im Gegensatz zu euch jedoch über zwei Monde verfügt. Der Planet, von dem wir kommen, hat in unserer Sprache - würden wir sie übersetzen in die eure Sprache - den Namen Hylax. Hylax ist ein Planet, der die Farbe rot, blau und gelb in der Vorwiegendheit auf seiner Oberfläche und in seinem Kern trägt und wir befinden uns dort in der fünften Dimension der Entwicklungsstufen und wir beleben die fünfte Dimension dieses Planeten Hylax, der uns Heimatort und Heimatplanet ist.
Unsere Oberfläche ist sehr reichhaltig an dem Element des Wassers. Sie ist reichhaltig an dem Element Erde. Sie ist jedoch nicht in der gleichen Weise befruchtet und bepflanzt, wie ihr dieses aus eurer Flora kennt. Unsere Schätze liegen in den Kristallen, in den Feuern, in den Wasserstrukturen, die sich befinden in einer für euch fremden molekularen Struktur. Es ist eine Strukturform, die wir

nicht vermitteln werden. Ich bekomme den Rat, dieses [jetzt] nicht zu vermitteln, mag es einen [späteren] Zeitpunkt geben, euch die chemischen Zusammensetzungen unserer elementaren Strukturen zu vermitteln... Ich würde dieses wünschen, euch zu vermitteln. Wir möchten die Zeit heute nutzen, um uns vorzustellen von dem Planeten, von dem wir kommen, auf eine andere Art und Weise.

Wir leben dort in den Kollektiven. Wir leben teils in den unterirdischen, aber nicht in den unbewohnbaren, jedoch in den ausgebauten und ausgestalteten Räumen innerhalb unseres Planetens. Dort befinden sich die Räume in der Lichtigkeit. Sie bekommen ihr Licht aus dem Kern unseres Planeten. Unser Planet ist beschaffen mit einem Kern, der Informationsfluß und Licht in sich trägt. Wir haben gelernt [das Licht] aus dem Universellen zu filtrieren und es über die Kanäle unseres Planeten in den Innenraum zu tragen und dort zu zentrieren. Wir nutzen das Licht auf geistigen Ebenen, für unsere Heilkunde, für unsere Forschungen und für unsere Raumfahrt.

So sind wir bereit und aufgerufen, die Kontakte aufzunehmen mit euch, die ihr uns die planetarischen Brüder und Schwestern seid und vermehrt noch im Kommenden werdet. **Und wir werden viele Fragen an euch ebenso haben, wie wir bereit sind, eure Fragen aus dem Unseren zu beantworten. Und dies mag unsere Art sein, den Kontakt mit euch aufzunehmen. Wir bitten darum, bitten zu bedenken und geben in eure Runde diese Worte und rufen euch auf, die Stelle für uns auf dieser Erde zu sein, um zu tragen unsere Fragen, unsere Forschungen, unsere Möglichkeiten.** Wir erhoffen eure Bereitschaft der Offenheit, um euch zu bewegen, euch zu erheben aus eurem jahrtausende langen Stillstand und euch hinauf zu bewegen, heraus aus euren Atmosphären. Seid im Vertrauen dort Raum für Lebensexistenz, energetische Versorgung und Manifestation auf andere Art und Weise zu finden. [Seid bereit], euch tragen zu lassen von unseren Worten und von der Verbindung, die wir [mit euch] aufnehmen und aufzunehmen bereit sind. **Wir tragen in uns das friedfertige, liebevolle, allzeit liebevoll fördernde und unterstützende Prinzip.**

Wir wurden ausgewählt, dieses Amt und diese Aufgabe zu übernehmen. [Wir] sind nun im ersten Kontakt mit euch, in der ersten Bereitschaft und erfahren schon über Tage eure Möglichkeiten, uns wahrzunehmen und unsere für euch noch fremden Energien zu identifizieren. [Ihr tut dies] aus einer großen Hoffnung heraus, jedoch auch aus dem Wissen um das fremd Schwingende aber auch um das Vertraute, was sich verbindet von eurer Energie zu der unseren, von der euren Lebensweise zu der unseren, die in äußeren Umständen weiter entwickelt ist, die jedoch in sich trägt den gleichen Kern.

***

Sternenbrüder sind männlich und weiblich. Es sind androgyne Wesen

Wir erfahren in dieser Botschaft, daß sich die Sternenbrüder-Rassen in einer intergalaktischen Konföderation zusammengeschlossen haben. Das dürfte so etwas wie unser Weltsicherheitsrat sein. Des weiteren erfahren wir, daß sie androgyn sind, also wahlweise mehr männlich oder mehr weiblich. Auch haben sie andere Organsysteme wie wir und feinstofflich sind sie sowieso. Ganz offen sagen sie, daß sie auch viele Fragen an uns haben. Welche technischen Möglichkeiten sie nun genau haben und welche nicht, diese Frage wurde für uns im Lauf der Zeit immer unwichtiger. Viel wichtiger für uns ist inzwischen die persönliche Beziehung geworden, die Berührung von Herz zu Herz. So wissen wir zwar noch immer nicht, wie ein andromedanischer Eierkocher über freie Energie funktioniert, aber wir haben gelernt, was Vertrauen, was Weite, was Friede, Stille und Liebe ist. Wir denken, das sind die wichtigeren Dinge als technischer Schnick-Schnack. Hier nun einige weitere Auszüge von Durchgaben von Gryconne aus der Anfangszeit:

***

Januar 1997

Gryconne:

... wir befinden uns mit unserer energetischen Zentrale außerhalb eurer Atmosphäre. Wir befinden uns mit unserem Zentrum, ihr nennt dieses die **Raumschiffe**, außerhalb eurer Erdatmosphäre. Von dort, ihr Brüder und Schwestern, haben wir auf eine sehr sensible und konkrete Art und Weise die Möglichkeit, energetische Verbindungen mit den Bewohnern eures Planeten aufzunehmen. Unser Spektrum ist ein sehr großes. Wir haben technische und übertechnische Möglichkeiten, um euch zu erfahren, zu begreifen und eure Energien und Schwingungen wahrzunehmen. Wenn ihr euch im Zukünftigen in die neuen Atmosphären, die neuen Dimensionen, in die neuen energetischen Verhältnisse begeben werdet, dann werdet ihr über diese Möglichkeiten wie sie uns zu eigen sind, ebenso verfügen und sie werden euch vertraut sein.

Unsere körperlichen Strukturen befinden sich in diesem Zentrum außerhalb der [Erd-]Atmosphäre in einem **Bereich der universellen Neutralität.** Dies ist ein Energiefeld, das von den galaktischen Bruderschaften in einem Kreis, einem Ring um eure Erdatmosphäre herum aufgebaut wurde. In diesem Bereich befinden sich viele energetische Instrumentarien, um sich durch die Dimensionen und das Universum selbst zu bewegen. Hier befinden sich ebenso Sternenbrüder, so wie ihr uns nennt in der Liebe, Sternenbrüder und Sternenschwestern aus der 3-Dimensionalität. So wisset, ihr geliebten Freunde, es gibt auch weit entwickelte Intelligenzen und Wesenheiten mit einem Körper wie dem euren auf der dreidimensionalen Ebene. Weiterhin gibt es hier Wesenheiten aus der fünften und aus der siebten Dimension. Dies sei euch vorab als Information gegeben. Wir befinden uns also körperlich in dem uns vertrauten Instrumentarium [Raumschiff] und fokussieren unsere Energien hin zu euch. Es ist also ein Energiestrahl, der von mir, Gryconne, ausgeht aus meiner mir vertrauten heimatlichen Zentrale. Wir setzen diesen Energiestrahl in gebündelter Form in dieses Instrument [Gaby] hinunter, um die von mir auf meiner Ebene gedachte Energie in die Hirnstrukturen, das Nervensystem und den Wortschatz dieses Instrumentes zu transformieren. So ist es also möglich für uns, in die Kommunikation und in die Nähe mit euch zu gehen. Wir senden unsere Energien und unsere Lichtkörper ebenso in euren Raum hinein. Wir sind [jedoch] nicht vollends in der materiellen Anwesenheit unserer Körperlichkeiten.

---

Januar 1997

Gryconne:
... wir entbieten euch den Frieden der universellen und galaktischen Bruderschaft der Sternenbrüder, die sich gemeinsam zusammengefunden haben, um in den freundschaftlichen Akt mit euch zu treten, auf diese Weise. Wir sind ebenso in der Vorbereitung wie ihr und in den feinen Kontaktaufnahmen, in den feinen Schritten, die ihr genauso bereit seid uns entgegenzukommen auf diese Art und Weise. Wir sind in der vollkommenen Gemeinschaftlichkeit, in der Brüderlichkeit, im Frieden mit euch und wir sitzen zwischen euch. Wir sitzen in der gleichen Art und Weise, wie es euch möglich ist, einen Platz einzunehmen, euch einzufinden miteinander im Außen wie im Innen. Ich werde später noch die Worte finden, um euch das zu formulieren, was euch wichtig macht für uns und für die Welt und für das universelle Geschehen im Moment.

Und ich, Gryconne, gehe nun in das Schweigen und richte meine Bitte an euch, in das Wort zu gehen, stellvertretend hier mit meiner Person, die sich eingefunden hat in euren Kreis. Wir erwarten eure Fragen und wir erwarten euer Wort und wir erwarten eure Wesenheit, die ihr uns formuliert und entgegenbringt auf diese Art und Weise. So sprecht bitte zu uns, wir gehen nun in das Schweigen und wir gehen nun in die größtmögliche Aufmerksamkeit, um euch auf unterschiedlichen und vielfältigen Ebenen zu erfahren.

Mathias:
Gott zum Gruße Gryconne. Gott zum Gruße an all die anderen, die bei dir sind. Wir sind tief bewegt und berührt von eurem Kommen, eurer Freundlichkeit und eurem Frieden, den ihr mitbringt. Unsere Türen und unsere Herzen stehen euch immer offen. Wir haben für heute vier Fragen formuliert. Die erste Frage heißt: "Ist es euch möglich, euch in unserer dreidimensionalen Welt zu manifestieren - oder ist es euch möglich uns zu helfen, in die höheren Dimensionen hinaufzukommen?"

Gryconne:
Bruder der Liebe, Bruder der Freundlichkeit, Bruder der Offenheit, Bruder des offenen Herzens: Wir danken für dein Willkommen und wäre es uns möglich, dieses zu vermitteln, so würden wir in dieses Instrument gleiten, unsere offenen Herzen ebenso. Wir danken für deinen Frieden, für deine Friedfertigkeit und für die Liebenswürdigkeit derer, die sich mit uns allen hier befinden in diesem Kreis, **in dieser neuen Runde der Bruderschaft, die sich mischt über die Galaxien hinweg.**

> „Es geht für euch zunächst um das Vertrauen in diese Welt der 5ten Dimension"

Bruder, es ist uns möglich, uns herunterzutransformieren in die Dreidimensionalität, es ist uns möglich, dieses zu tun. Es ist jedoch in dieser Zeit nicht in unserer Aufgabe und in unserem Auftrag vorgesehen dieses zu tun. So will ich dieses erklären: Es geht in der Zeitqualität, in der ihr euch befindet, um Dimensionen, um Eigenschaften, die sich nicht decken mit dem Wissen, das ihr vermittelt bekommen habt [an der Uni] und das ihr aufgenommen habt, auf Grund eurer Entwicklungswege über die vielen, vielen Zeitabläufe hinweg - einem Wissen, das sich manifestiert in Bestätigung und in Beweisen.

**Es geht in unserem Auftrag darum, euch zu helfen, euch zu ermutigen das Vertrauen zunächst zu uns zu knüpfen und euch in die Lage zu versetzen, euch hinauf zu transformieren über die vierte Dimension, auf die wir zur gegebenen Zeit noch in die Sprache und die Kommunikation gehen werden, hinauf und hinüber in die fünfte Dimension**, in der ihr euch mit euren energetischen Körpern in gewisser Weise schon befindet. Es ist eine Dimension, in der ihr - dieses ist euch von euren Hirnkapazitäten jedoch nicht bewußt - euch schon eine längere Zeit befindet und in der ihr aus eurem Wesen heraus Vorbereitungen trefft, um euch gänzlich aus der Qualität der Dreidimensionalität hineinzuversetzen in diese Neue Welt - **und zwar mit eurer Körperlichkeit, das ist das Neue.**

Es wäre möglich, uns hinunter zu transportieren in eure Welt - so formulieren wir es. Es ist dies keine Frage der Unebenmäßigkeit zwischen uns, aber es ist eine Frage aus unserer Dimension heraus, von der Betrachtungsweise her - und es würde euch sicher von großem Nutzen sein, uns zu sehen, unsere Körper zu sehen, und an unseren Körpern euch zu halten, festzuhalten und euren Glauben manifestieren zu können auf diese Weise. Bruder, dieses ist uns bewußt und es wäre uns von unserer vertrauten Brüderlichkeit her ein Bedürfnis dieses zu tun, aber es ist uns nicht geboten, dieses zu tun. Es ist geboten, uns in euch zu transformieren, in eure Körper, in eure Nervensysteme, in euren Geist, um so die ersten Möglichkeiten der Kommunikationen des Vertrauens zu schaffen. **Es geht für euch zunächst um das Vertrauen in diese Welt der fünften Dimension, die euch nicht im Sichtbaren ist, die euch nicht im Greifbaren ist, die jedoch Ziel eures Weges ist.**

Es ist also nicht in unserem Auftrag dieses [heruntertransformieren] zu tun, jedoch ist es uns in der Möglichkeit, in der Schwierigkeit allerdings auch. Wir würden diesen Weg beschreiten und würden ihn begehen, hätten wir Auftrag [vermutlich von den Ätherischen] und hätten wir den Eindruck, daß es hilfreich wäre für euren Weg. Es ist dieses aus unserem Blickwinkel nicht die Hilfe, die euch dienlich ist. Es wäre eine Hilfe, die eurem Glauben, eurer Kraft, eurer Weisheit und eurer Stärke nicht im dienlichen wäre, Bruder. So bitten wir, aus der Liebe unseres Herzens heraus, um dieses Verstehen.

Es wird einst der Zeitpunkt kommen [ab dem wir einander direkt sehen können und wir selbst in der fünften Dimension bewußt sind], und Bruder, so glaube mir, dieser Zeitpunkt ist nicht in der großen Ferne. Es ist uns nicht möglich, diese Zeitqualitäten aus unseren Dimensionen heraus in der Präzision zu formulieren, und es ist dieses auch nicht in der Aufgabe, weil sich der Weg der Erdenmenschen in der Individualität vollziehen wird, jedoch es ist in der Bälde der Moment vorgesehen, in der Bälde, in dem ihr diesen absoluten Zugang zu euren eigenen Eigenschaften, zu der Tiefe, zu euren Wurzeln, zu eurer Quelle, zu eurem Wissen wieder entdecken werdet. Ihr werdet ihn wieder entdecken, ihr werdet aufdecken alles was dieses jemals verdeckt und verschüttet hat. Und ihr werdet Zugang haben zu einer Dimensionalität, die ihr euch in diesem Moment nicht vorstellen könnt, die im Moment auch nicht zur Sprache steht, würde sie doch möglicherweise eure Schritte in der Schnelligkeit lenken. Es ist jedoch unser Bedürfnis und unser Wunsch, daß ihr die Präzision eurer Schritte beibehaltet. Hierbei möchten wir helfen.

Es ist *eure* Existenz, es ist *euer* Weg, es ist der Weg *eurer* Erde, eurer Menschenseelen, eurer Brüder und Schwestern, dieses zu vollziehen. Wir sind lediglich auf diese Art und Weise Hilfe und Wege für euch, um euch zu informieren und euch in das zu führen, was das wesentlichste und wichtigste sein wird auf eurem Weg:

**Das Wesentlichste und das Wichtigste wird sein, der Glaube und das Vertrauen in euch selbst, in eure Schritte, in das Universelle und in die Liebe, die du ansprachst, Bruder.** Die Liebe, die wir spüren, die Liebe, die aus dir strömt, die Liebe, die du gibst uns auf diese Art und Weise. So bitte ich um Verstehen in dieser Hinsicht.

Mathias:
Ich danke dir für deine klare Formulierung und wir sind sehr einverstanden mit deiner Antwort. Ich wollte noch sagen, daß mein Name Mathias ist, und ich komme zur nächsten Frage, und die Frage heißt: Habt ihr Kontakt noch zu anderen Gruppen von Menschen auf der Erde und warum seid ihr im speziellen jetzt zu unserem Kreis hier gekommen?

Gryconne:
Dies ist eine gute Frage, Bruder Mathias, und ich danke dir sehr. Sie zeigt zunächst, daß ihr in eurer Gruppe nicht das Bedürfnis habt nach Einzigkeit. **Ihr tragt tief in euch das Bedürfnis zu teilen, das Bedürfnis Informationen, Wissen, Energien, Gefühle und Emotionen weiterzuverteilen** an die, die auf der Suche sind und dürsten - so möchte ich das ausdrücken - dürsten nach neuen Wegen, die diese tief in sich spüren, die jedoch das Licht auf ihrem Weg noch nicht erkannt haben. So seid ihr, und das ist der erste Punkt in dieser Hinsicht, von uns ausgewählt, diese Informationen, diese Kontaktaufnahmen mit uns zu teilen, aus diesem Grund heraus. Dies ist das Erste.

**Das zweite, Bruder, hat etwas Wesentliches zu tun mit der Aufgabe, die ihr gemeinsam mit uns teilt.** So haben wir euch vermittelt, daß wir eine Bruderschaft sind, eine Rasse - wenn ihr so wollt, die Wege baut, um energetische Verbindungen zu knüpfen. Wir spinnen das Netz der Lichtketten, das Netz der Lichtwege durch das Universum. Wir gehen in die Kommunikation mit den einzelnen Prinzipien der Planeten der Galaxien. Dies ist unsere Aufgabe, dies ist unser Auftrag für unsere Existenz. Dies ist es, was zu vollziehen wir uns gestatten. **Wir kommen immer und immerzu in der Friedfertigkeit und sind bereit, den Menschen, den Wesenheiten, den planetarischen Bewohnern zu begegnen aus deren Offenheit - niemals aber aus dem Zwang, aus der Verschwommenheit oder gar aus der Unkenntnis derer.**

> „Wir spinnen das Netz der Lichtwege durch dieses Universum"

Wir sind in der Lage, Bruder, uns linear zu bewegen und ebenso, wie wir uns linear bewegen, so stelle dir dieses vor, gibt es rechts und links dieser Linien spiralförmige Konstruktionen - so möchte ich dieses nennen - die uns vermitteln und ermöglichen, die Zeit zu relativieren. Das heißt, wir können mehrere Ebenen der Zeit auf einmal durchreisen - das zum Ersten. Wir tragen dieses Lichtwerk, dieses Lichtnetz nicht nur in der linearen Form, sondern wir tragen es auch durch die Zeiten hindurch. Es sind viele Brüder und Schwestern von uns in den Galaxien unterwegs in verschiedenen Zeiten, um Licht und Information in diese Bereiche zu bringen. So, Bruder, verstehe, durch die Arbeit, die ihr verrichtet in der großen Aufmerksamkeit, in der Eigenverantwortlichkeit, in der Eigenerkenntnis mit den Menschenseelen, tragt ihr diese Informationsschnüre, die ihr bereit seid mit uns zu knüpfen, weiter, weiter durch die Zeiten hindurch in die vergangenen Momente dieser Seelen [Klienten] und so spannt ihr mit uns durch die Zeit, ohne daß euch dieses jetzt im großen Bewußtsein wäre, Bruder, dieses Lichtnetz, dieses Lichtwerk weiter durch die Zeiten hindurch, in Zeiten, in die **Schattenzeiten** - so nennt ihr dieses. In die Schattenzeiten bringt ihr Licht und Aufmerksamkeit und hebt Güter und Schätze hinauf in das Bewußtsein der Menschenseelen, um die Entwicklung dieser Seelen zu unterstützten und um zu helfen, die Vollkommenheit ihrer energetischen Strukturen auf diese Art und Weise zu erreichen. [Er spricht von Reinkarnations-Therapie].

Bruder, dies ist ein weiterer Grund euch auszuwählen, aus der großen Gruppe derjenigen, die uns zur Verfügung stehen. In der Tat, es gibt große und viele Gruppen auf diesem Erdenrund, die prädestiniert [in der Lage] sind, sich uns zuzuwenden, mit denen wir energetische Verbindungen knüpfen. Doch es gibt da gar wenige, die bereit sind, auf diese Art und Weise diese Lichtnetze zu tragen, hinein in die lineare Vergangenheit der Seelenstrukturen und in das Bewußtsein. **Es gibt diese Linearität nicht in der Wirklichkeit, sie ist ein Modell, in dem ihr euch bewegt** auf Grund eurer eingeschränkten geistigen, nicht in der gänzlichen Freiheit sich befindlichen, Kapazitäten eurer Möglichkeiten. So ist dieses Lichtnetz mit seiner Fähigkeit alles anzuknüpfen, was dort Information, Licht und Wahrheit bedarf, ein großer Grund und eine herausragende Möglichkeit, die ihr uns bietet, so daß wir auf diese Art und Weise mit euch in Verbindung treten.

Ein dritter Grund, und dies ist auch etwas, was uns nicht im Unwesentlichen erscheint, ist eure Fähigkeit, eure Möglichkeit, eure Bereitschaft und der längst ausgesprochene Wunsch, eure Seelen, euren Geist zu erheben, euch auszudehnen in die gänzliche Weite und Mauern zu überwinden hin in die Dimensionen der gänzlichen Freiheit. Und da ist wenig der Furcht und der Ängstlichkeit in euch. Ich werde darauf nochmal zu sprechen kommen. Ihr seid bereit, diesen Schritt zu vollziehen. Könntet ihr ihn heute vollziehen, ihr würdet dieses tun. Jedoch gibt es da noch das eine oder andere zu erledigen, die eine oder andere Aufgabe, die ihr individuell vorgesehen habt mit euren Seelen, in euren Seelen, in eurem Sein, in dieser Zeit, in dieser Qualität, die sich verändern wird auf eine sehr sehr große Art und Weise - so sei euch dieses gesagt. Dies sind die wesentlichen Punkte, die beschreiben, wie wir euch erleben aus unserer für euch unsichtbaren fünften Dimension, Brüder und Schwestern.

Mathias:
Ich danke dir. Ich fasse die letzten beiden Fragen zusammen, um auch euch, so es euer Wunsch ist, die Möglichkeit zu geben, an uns Fragen zu stellen: Ich bitte um einige Worte und Erklärungen, was euer Motiv, eure Mission ist, und inwieweit ihr uns helfen könnt, helfen wollt, bei unserer Entwicklung?

Gryconne:
Unsere Mission, Bruder, ist nicht im Einfachen zu erklären. Unsere Mission hat viel zu tun mit unserem Entwicklungsweg, den wir einst beschritten haben, auf eine ähnliche Art und Weise, wie ihr den euren auch. So seht das Universelle an, das Universum. Es ist eingeteilt in Prinzipien. Diese Prinzipien findet ihr auch in eurer planetarischen Sternenkonstellation. Ihr nennt dieses Venus, ihr nennt dieses das neptunische Prinzip, das Saturnine und die Erde schlechthin. So ist dieses Universum, das All im allgemeinen, eingeteilt in große Prinzipien.

Einstmals kam der Auftrag in *unsere* Seelen - wir, Bruder, haben diese ebenso wie ihr, diese Kelche, in denen wir uns bewegen, diese Kelche, die uns Emotionalität zur Verfügung stellen - ja, Bruder, das haben wir auch. Auch wir haben eine Seele. Einstmals also kam dieser Auftrag [für unsere Mission] in unsere Seelen. Wir erinnern uns dessen. [Unser Auftrag besteht darin], Bögen zu spannen [= Verbindungen herstellen] und das Universum vorzubereiten auf die Einheit, die Einheit, die dort existiert, die Einheit allen Seins, die Einheit allen Geistes, das was wir das Göttliche nennen. Wir nennen es den großen Atem, das große Licht, das große Herz - eben das Göttliche. Dieser Auftrag ist uns eigen. Wir sind bereit und dankbar in diesem Tun. Wir stellen unsere Technologie, unser Wissen und unsere ganze Entwicklung in den Dienst dieses Auftrages. Wir spannen die [Verbindungs]bögen nicht nur von Planet zu Planet, nicht nur von Sonnensystem zu Sonnensystem, sondern auch von Galaxie zu Galaxie, von Universum zu Universum. Wir sind ebenso in der Lage, in Zeitabschnitten zurückzukehren zu unserem Ursprungsplaneten [Hylax], von dem wir gesprochen haben, um dort unsere Beziehungen weiter aufzunehmen. Ebenso sind wir in der Lage, uns durch die Galaxien zu bewegen, über die von uns gespannten energetischen Lichtwege und Formen. Dies aufgrund der geistigen Freiheit und Entwicklung, in der wir sehr fortgeschritten sind.

**So tragen wir zusammen - Bruder, sieh uns als diejenigen, die zusammentragen - das, was einst entstanden ist, das was sich einst geformt hat aus seiner Individualität und seiner Eigenständigkeit heraus, das was gewachsen und gesprossen ist über viele, viele Zeitabläufe hinweg.** Bruder, so sind wir diejenigen, die unterwegs sind, um das zusammenzutragen, was gewachsen ist in den einzelnen Galaxien und Sonnensystemen und auf den Planeten. Wir sind in großer Dankbarkeit diese Gnade zu erfahren, diese Aufgabe übernommen zu haben, überantwortet bekommen zu haben einstmals. Ist dies in der Deutlichkeit? Ist die Art und Weise meines Bemühens, es dir verständlich zu machen [erfolgreich], Bruder?

„Wir lachen ebenso wie ihr"

Mathias:
Es ist in der Deutlichkeit, wir nennen es das **Zwillingsprinzip.**

Gryconne:
Ich versuche dieses Prinzip [Zwilling] zu verstehen. Laß mir einen Moment Zeit, in dieses Prinzip hineinzuspüren ... [einige Sekunden Pause]. Ja, es ist dieses Prinzip, Bruder. Ich entnehme die Information aus deinen Energien, aus deinem Energiefeld, das du mit diesem Wort verbindest, wenn du es aussprichst, Bruder. Aus diesem Energiefeld entnehme ich das, was dir bedeutet "Zwillingsprinzip". Es drückt in der Klarheit das aus, was wir verkörpern auf unsere Art und Weise. Es ist die Wanderschaft, die wir einst angetreten sind. Es ist die Wanderschaft, die uns in die Freiheit führt, in die Kommunikation, in die Verbindungen, jedoch auch in unser eigenes Wesen, in unser eigenes Sein hinein. So entdecken und ergründen wir die Möglichkeiten, die Freiheit hineinzutragen in alle Welten und das wieder zu verbinden, was einst verbunden war. Ja, Bruder, ja, Bruder, dieses Prinzip verdeutlicht es.

... wir werden wiederkommen. Wenn wir wiederkommen, werden wir diejenigen sein, die die Fragen zuerst an euch richten. Wir werden in der kommenden Zeit dieses Instrument [ = Gaby als Medium] üben, damit es unsere Energien längere Zeit tragen und in der Vollkommenheit aufnehmen kann. So sei für heute der Dank ausgesprochen, die Hände gereicht in diesen Kreis der Liebe hinein, in diesen Kreis der Glaubenden und der Wissenden zugleich. In den Kreis derer, die bereit sind, ihren Geist zu öffnen in die unendlichen Dimensionen. Ebenso, wie wir diese heute schon bereisen, werdet ihr einst diese Strukturen bereisen, diese Netze und Felder. [Ihr werdet dieses tun] in der Vielfältigkeit, in der Gnade, in der Schönheit und Allumfassendheit. So gehen wir nun aus dieser Stimme, wir gehen aus diesem Instrument, aber wir gehen für diesen Abend noch nicht aus eurem Kreis. Wir werden erst später unsere Energien herausnehmen. So geben wir euch die Möglichkeit, an diesem Abend noch weiterhin uns zu vernehmen, uns zu spüren, uns wahrzunehmen, mit uns ebenso zu lachen, Bruder, ja, **mit uns ebenso zu lachen, in der Freude zu sein - auch dieses tun wir.** [Anmerkung von Mathias: meine heimliche, unausgesprochene Frage war in der Tat - "ob die auch Humor haben?" - an dieser Stelle also zu meinem Erstaunen die Antwort. Später wird uns deutlich, daß die unsere Gedanken lesen können, aber aus Respekt keinen Gebrauch davon machen]. Wir sind in der Freude und wir sind im Lächeln und wir sind im Glück und im Miteinander ebenso wie ihr, ihr Brüder und Schwestern - Bruder Mathias, der du gesprochen hast für die anderen Schwestern ebenso. Habt den Dank, hab den Dank für die Offenheit, die du vermittelt hast, stellvertretend für die Anwesenden, stellvertretend für das, was ihr seid und was euch ausmacht und was euch in die Wichtigkeit hebt für uns und unseren Auftrag, den zu vollziehen unser Gebot ist.

Wir entbieten euch den Frieden des Universums, wir entbieten euch den Frieden der galaktischen Bruderschaft, wir entbieten euch diesen Frieden. Wir grüßen euch, wir lieben euch.

April 1997

Gryconne:
... so wisset, es wird eine Zeit kommen, in der wir uns begegnen werden auf eine für euch vollkommen neue Art und Weise und Form. [Wir sprechen] von der Zeit nachdem die Erde in den Prozeß der Transformation gegangen ist und Zukunft und Vergangenheit sich in die Begegnung führen. **Aus dieser [neuen] Zeit heraus wird für euch die Möglichkeit existieren sowohl am Projekt Erde zu arbeiten als euch auch mit uns auf den Weg zu begeben in unsere Gefilden, auf unseren Straßen des Seins.** Wir sind unterwegs auf den Straßen der Entwicklung, des Erkennens und Dienens an denen, die der Hilfe bedürfen und nach dem Lichte rufen ebenso.

**Wir tragen in uns die Möglichkeit, euch eure energetischen Fähigkeiten und Möglichkeiten bewußt zu machen. Ihr tragt in euch - und dies unterscheidet euch von unserem Sein - den Weg zutiefst, den eure Seelen gegangen sind durch die Erdeninkarnationen. Ihr seid diesen Erdenweg gegangen, um Gott in seiner Gänzlichkeit zu erkennen. Ihr bringt Frieden und Liebe in das, was im Lichte ist, ebenso wie in die Bereiche eurer Finsternis und auf die dunkelsten Wege, die ihr aus eurem Sein heraus bereit wart zu gehen. Es wird der Zeitpunkt kommen, zu dem ihr angeschlossen seid an alles was ihr seid - über das Vergessen hinaus. Ihr werdet diese Bibliothek sein, die sich auf eurer Erde befindet, von denen die Sternenbrüder aus den anderen Bereichen sprachen [die von den Plejaden, vgl. die Bücher von B.Marciniak]. Ihr werdet diese Bibliotheken nicht finden in den alten Büchern oder in den Kisten, von denen der eine oder andere glaubt, sie lägen tief vergraben in der Erde. Ihr selbst werdet diese Werke sein, die in sich die Schriften, die Weisheiten und die Geschichte der Existenzen und des Erdenrundes tragen - so es in eurem Wunsch und Willen ist.**

Ihr kommt als die lebenden Bücher in unsere Bereiche und wir werden einen Weg beschreiten in der Vervollkommnung der Ebenen. So es in eurem Wunsche ist, werden wir gemeinsam mit euch gehen, um dieses Projekt Erde in die Dimension des Fünften, in die Vollkommenheit und in die Tatsächlichkeit eurer Visionen zu führen. Vergeßt in eurem Sein nicht, die Visionen in euch zu klären, in Bezug zu bringen und in das Besprechen mit uns. Vergeßt dieses nicht, ihr Geliebten.

Nach dieser Zeit, in der ihr euch aus eurem Sein heraus auf die fünfte Dimension begeben habt, werden wir dort miteinander in die Bewerkstelligung gehen, in das Lehren und Lernen. So wird die Zeit anbrechen, in der wir uns und euch gänzlich auf eine neue Ebene der Entwicklung führen. Diese Ebene wird nicht bedeuten die Gegenpolarität des Anderen zu begreifen in der Art und Weise wie ihr dieses auf eurem Erdenrund in euren Existenzen gewohnt seid. So wird es nicht sein. Ihr werdet zu dieser Zeit die Vollkommenheit des Männlichen und des Weiblichen in euch tragen ebenso. Ihr werdet in der Lage sein, in die Definition eures momentanen Seins zu gehen. Ihr werdet wissen um das Männliche und das Weibliche in euch. Es wird nicht mehr im Bedürfnis und in der Notwendigkeit sein, euch wie in der Dreidimensionalität zu begreifen über den Bruder und über die Schwester, die euch begegnet im Gegenüber. So ist unsere Lehre, was diese Zeit des Endes auf dieser Erde betrifft, folgende:

> „Ihr werdet die Bibliotheken nicht vergraben in der Erde finden, sondern in euch"

Begebt euch immer mehr in eure Vollkommenheit und findet immer mehr die Qualitäten. die ihr in euch tragt und gebt euch gänzlich euer eigenes Licht. **Wir tragen die große Freude in uns - und versteht aus dieser Freude unser Tun mit euch im Besonderen. Wir sind in der Freude, daß es eine Zeit geben wird - so es eure Möglichkeit, Wunsch und Wille ist - in der ihr euch mit uns gemeinsam auf den Weg begebt. Einen Weg, auf dem wir voneinander lernen werden. Wir lernen von dem, was ihr seid und ihr werdet lernen von dem, was wir sind. Und so werden wir aufgerufen sein, uns gänzlich zu erkennen aus der Verschiedenartigkeit. Wir werden uns gänzlich ineinander erkennen auf eine Art und Weise, die das Denken eurer Erdengeschichte in einem weiten überschreiten wird. Es wird die Zeit der Harmonie sein. Es wird nicht die Zeit sein des Lernens über den Krieg. Es wird die Zeit des Lernens über die Liebe sein. Dies ist verkündet. Dies ist die Botschaft. Dies ist die Wahrheit. Dies ist die Wirklichkeit. Und so ist das Wort gesprochen. Amen.**

Wir sind in der friedvollen Liebe. Dies sind unsere Worte, die wir tragen hin zu euren Ohren. Dies ist das, was wir vernehmen aus eurem Munde und dies ist in dem, was euer Werkzeug ist nun in der Ehrlichkeit. Und so werden wir den Weg gemeinsam gehen. Wir werden schulen, was wir sind und ihr werdet schulen, was ihr seid. So verstehet unsere Worte: wir werden die Reisen, so es ist in eurem Wunsche, antreten in der Gemeinsamkeit und wir werden uns einander schulen. **Was ihr in euch tragt, ist von großer Bedeutung für das Universum, für das Göttliche, das Allumfassende. So seid ihr in der Bedeutsamkeit hier ebenso, wie wir in der Bedeutsamkeit sind auf unserer Art und Weise - und andere Entwicklungswege sich genauso in ihrer Bedeutsamkeit befinden.** Aufgrund des Schöpfungsaktes, dem zu unterliegen ihr gewählt habt, tragt ihr in euch die Möglichkeiten von Geist, Seele und Körper. Dieses bringt euch in eine Gänzlichkeit der Schönheit und der Dreifaltigkeit selbst. Durch das, was ihr erkundet und erforscht habt, bringt ihr euch in das göttliche Prinzip. Mehr als ihr glaubt und euch bewußt ist, tragt ihr das Prinzip Gottes in euch. Wisset dieses, ihr Geliebten! Wisset dieses.

Wir schauen das eine und das andere Mal ebenso [wie ihr] an den Horizont, blicken in die Weite und erwünschen und erhoffen uns die schnelle Entwicklung von euch. Denn wir wünschen uns [endlich] diesen Moment zu erreichen und zu erhaschen, in dem das Miteinander gegenwärtig wird. So versuchen wir auch unser Sein in die Ruhe zu führen und in das Schritt-für-Schritt. Wir schulen uns in der Liebe, wenn wir [ungeduldig] zum

Horizont schauen, von dem aus wir den Weg mit euch gemeinsam weiter gehen können. Auch wir unterliegen hier dem Wunsche unseres Seelenkörpers. Wir sind in der Liebe für einen jeden Schritt, der dort gemacht wird aus euch heraus. Und so lehrt ihr uns, ihr Geliebten, in die Ruhe zu gehen und uns in Liebe nach den Schritten eurer Möglichkeiten zu richten. Wir erfreuen uns im Jetzt einer Sekunde, einer Minute, einer Stunde, eines jeden Tages an den Schritten, die ihr vollzieht aus eurer Schönheit selbst. Eure Schritte befinden sich nicht im Wankelmut, sie gewinnen immer mehr an Festigkeit und Geradheit: Euer Tun kommt immer mehr aus der Ehrlichkeit ...

***

Das also ist das Grundsatzprogramm. Seit 2 Jahren nun werden wir von Gryconne und dem Meister Khan-Khan unterrichtet. Im Schnitt alle 2 Wochen gibt es eine nächste Lektion. Wenden wir uns jetzt anderen Sternenrassen zu, die sich uns im Lauf der Zeit vorgestellt haben:

## Sirius

In der (astronomischen) Sternkonstellation Sirius gibt es riesige Wasserplaneten, die Heimat einer fünfdimensionalen Sternenrasse sind, die - wären sie für unser Auge sichtbar - die Körper von Walen und Delphinen haben. Ihre Sprecherin nennt sich Medosina. Diese Wesen sind natürlich voll bewußt. Sie zeichnen sich aus durch starke Familien- und Sippenbande. Sie lieben das Spiel, die Gemeinschaft, die Mütterlichkeit, die Leichtigkeit.
Wale und Delphine auf unserer Erde sind dreidimensionale Verwandte dieser Rasse. Natürlich gibt es auch jede Menge Menschen, die von diesem Heimatplaneten kommend, hier auf der Erde einen Inkarnationszyklus durchlaufen. Die sehen natürlich nicht mehr wie Walfische aus, sondern wie ganz normale Menschen.

## Wega

In den Schutzgeistsitzungen, bei denen meist auch der Herkunftsplanet des Betreffenden genannt wird, sind wir bisher etwa einem Dutzend Menschen begegnet, die ursprünglich von dorther kommen. Zutiefst haben diese ein gemeinsames Problem. Sie suchen bewußt oder unbewußt eine Gemeinschaft und tun sich manchmal schwer, sich zu individualisieren. Und das hat folgenden Hintergrund: Die Wesen auf Wega sind aufgebaut als 12er-Einheiten. Das bedeutet, daß eine Wegawesenheit aus 12 einzelnen Körpern besteht, die gemeinsam eine Seele und einen Geist haben. Ähnlich sprechen wir in der RT und Astrologie von den 12 inneren Figuren eines Menschen. Damit ist gemeint, daß jeder Mensch gedanklich aufgeteilt werden kann als bestehend aus seinen 12 Tierkreiszeicheneigenschaften in individueller Gewichtung.
Für Wega-Wesen besteht der Weg über die Inkarnationen der Erde darin, daß jeder einzelne Körper erkennen lernt, daß er alle 11 anderen Brüder in sich trägt und diese im Außen, in der Gruppe oder Familie nicht länger suchen muß.

## Sonnenwesen

Wie sich in Schutzgeistsitzungen herausstellt, kommen manche Menschen in ihrem Ursprung aus der 7ten Dimension einer Sonne. Über die 5-dimensionale Welt eines hochschwingenden Planeten kamen sie dann hinein ins Projekt Erde. Pegasus ist ein Sonnenbereich, aus dem überdurchschnittlich viele Menschen kommen. Oft haben sie blonde Haare, eine starke Ausstrahlung und sind vom Sonnenstand im Horoskop her Löwen. Das ist natürlich wieder eine grobe Vereinfachung, wie die, daß Bayern Seppelhosen tragen. Aufgabe von Sonnenwesen im Ursprung ist, Licht zu Informationsstrahlen zu fokussieren und weiterzuleiten, eben so wie eine Sonne strahlt. Im Folgenden ein kurzer Ausschnitt einer Schutzgeistsitzung, bei der die Wesenheit Chi-Ma zu seinem Schützling spricht:

***

Oktober 1997

Gar wundersam ist für die Ameise das Licht. Selbstverständlich und gar wundersam speichert sie die Wärme in ihrem Körper und trägt diese Wärme, gespeichert in ihrem Körper, in ihr Heim, in ihren Bau. So ist das Wort gesprochen, um zunächst zu beginnen mit dieser Botschaft und dieser Beziehung des Alten und des Neuen. Es spricht zu dir, geliebte Seele des Lichtes, die Wesenheit mit dem Namen Chi-Ma aus der 7ten Sphäre der Sonne des Pegasus. Gott zum Gruße.

Klientin: - Gott zum Gruße.

Chi-Ma:
Geliebte Suchende, geliebtes Licht, geliebter Ursprung, geliebtes Sein - ich bin die Wesenheit aus der 7ten Sphäre einer dieser Sonnen, die beauftragt ist zu kommen und zu sprechen und dir so zu beantworten die Fragen, die du trägst in dir, in deinem Sein, in deinem Herzen, zu dieser Zeit und Stunde. **Licht, Licht ist das Wort. Licht ist das Sein. Licht ist das Wesen aller Dinge.** Dieses ist der Ameise nicht bewußt, denn sie empfindet die Wärme, sie empfindet die Kraft und sie fragt nicht, sie studiert nicht dieses Licht. Sie nimmt es und sie trägt es zu ihrem Werk, zu ihrem Sein, zu ihrer Tat, zu ihrem Tun. Sie ist diejenige, die vollzieht ohne zu fragen. Sie schafft ohne zu hinterfragen, ohne die Wissenschaften. Sie setzt sich in Bezug zu dem, was gegeben ist an Schöpferkraft, an Leben. Sie nimmt dieses Leben und trägt es ohne Fragen, ohne Antworten. Sie ist gänzlich. Dies ist das erste, das ich dir beschreibe, denn es beschreibt dein Sein in der Tatsächlichkeit, es beschreibt dein Wesen in seinem Sein.

Du bist das Licht, du bist die Ameise, du bist nicht die Frage, du bist das Sein. Und doch bist du gegangen den Weg der Fragen, den Weg der Suche und den Weg des Erkennens über weite, weite Strecken deines Seins. **Ich bin eine Wesenheit, die in der Berührung ist mit dir, denn du bist das Licht in seinem Ursprunge, du bist das Licht in seinem Sein.** So werde ich dir sprechen zunächst, gerichtet an deine Ohren, doch gerichtet an die Welt, gerichtet an alle, die dort hören und die öffnen mögen ihre Ohren, um zu vernehmen die Botschaften aus dem Universellen, die Botschaften der Wesenheiten, die bewohnen dieses Universum in der Großzügigkeit und in der Mannigfaltigkeit.

Du bist einst entsprungen dem Alleinigen - wie gar alles, was dieses Universum hervorbringt, seinen Ursprung hat im Alleinigen, im Urschöpfer, so nennt ihr diese Form, so benennt ihr das Unaussprechliche, das Unverständliche, das Unbegreifliche - diesem bist du entsprungen. Wisse dieses und manifestiere dieses Sein in deinem Herzen und in deinem Wesen. Denn du bist Teil und du bist Sein des Urschöpfers auf deinem Weg. **Du bist Urschöpfer, so spreche ich dir - Urschöpfer! So spreche ich dir: höre, geliebtes Licht, höre, du bist Urschöpfer. Du warst gegeben auf eine 7te Sphäre einer Sonne in den Bereichen des Pegasus.** Dieses war ein Bereich, der dich gab in die Manifestation und die Ausdifferenzierung deiner energetischen Körper. Du begannst dich zu differenzieren. Du begannst Geist zu komprimieren, zu zentrieren in deiner Wesenheit. Du begannst Bewußtsein zu schaffen auf dieser Ebene um dein eigenes Sein. Dies ist ein wesentlicher Akt dessen, was existiert in diesem Universum, nämlich zu differenzieren und Bewußtsein zu erschaffen. Dies bedeutet, bewußt zu werden über das eigene Bewußtsein. Dies bedeutet, in die erste Art der Reflektion des eigenen Seins zu gehen.

**Auf der 7ten Sphäre dieser Sonne warst du gänzlich das Feuer in seinen höheren Dimensionen. Verstehe dieses, Seele, wenn du schaust eine Sonne mit den dreidimensionalen Augen, so nimmst du wahr das Feuer und die Kraft und die Eruption und die Schöpferkraft in ihrer dreidimensionalen, materiellen Form, dies ist ein Wesentliches. Doch so wie es dich gibt in deinem Körper in der Dreidimensionalität, so gibt es dich und so existierst du wie ein jedes Sein auf dieser Erde in den höheren Ausrichtungen, in den höheren Manifestationen der unterschiedlichen Dimensionen. So wisse, daß eine jede Sonne, ein jeder Planet in sich trägt die höherfrequenten Dimensionen, auf denen Leben herrscht und auf denen Bewußtheit herrscht.**

## Innenerde

Gleichwertig wie ein 5-D Planet im Außen gibt es einen 5-D Bereich im Inneren der Erde, die Innenerde genannt. Es ist das Land Agartha, der Mütterlichkeit, der Weiblichkeit, der Kinder, der Fruchtbarkeit. Auch dort leben Wesenheiten der 5ten Dimension. (Möglicherweise auch Menschen der 3ten Dimension, es gibt interessante Bücher darüber, siehe Bücherliste). Im Folgenden spricht Namo, eine geistige Wesenheit aus der Innenerde. Es war eine Durchgabe für einen Kurs "Geistige Welt". Die Erde selbst ist ein lebendiges Wesen mit Körper, Seele und Geist und wie man sieht, kann sie auch sprechen:

***

März 1998

Wir, die Hüter des Ursprunges dieser Mutter Erde, treten ein in euer Herz, in die Liebe, in die Bereitschaft euren Weg und euer Sein zu berühren. Gott zum Gruße, ihr tiefgeliebten Kinder dieser Mutter Erde, Kinder dieses Universums. Es spricht zu euch in dieser Stunde jener mit dem Namen Namo. Gott zum Gruße.

Wir: - Gott zum Gruße.

Namo:
Sehet, ich bin einer aus der Gemeinschaft der Heräer [bewohnen die fünfdimensionale Innenerde = Agartha, sind geistige Wesenheiten], die sich im Kern des Seins dieser Mutter Erde befinden. Und so bin ich berufen, beauftragt und gebeten aus der Liebe selbst, zu sprechen zu euch, die ihr seid die vollkommenen Geschöpfe des allgegenwärtigen, ewigen Seins. Ich bin gebeten, zu überbringen **die Worte der Mutter Erde**, die in ihrem Körper ruht, die in ihrem Körper sich bewegt. So spricht diese Mutter zu euch:

Ihr geliebten Seelen, ihr geliebten Körper dieser Erde, sehet, ihr geliebten Seelen, so habe auch ich den Körper, so habe auch ich die Seele, so habe auch ich die Weite des Geistes, denn ich bin ein Wesen gleichsam wie ihr. So bin ich gegangen auf meinem Weg, der nicht in sich trägt das Lineare eures bewußten Seins, doch der sich für mich darstellt ebenso als ein Weg der Erfahrung. Ich bin einstmals eingetreten in die Physis meines Seins in der Unschuld, im Vertrauen, in der Bereitschaft zu beschreiten meinen Weg und so zu dienen der Manifestation des Schöpfers selbst. So habe ich mich gegeben auf die Bahn meiner Existenz. Ich bin gegangen, ich habe mich bereit erklärt in der Freiwilligkeit meine Kreise zu ziehen und meine Entwicklung zu erfahren. Denn ich kam einst ebenso aus der Ebene der Weite, aus der Ebene der Gemeinschaft des Geistes und der Liebe zueinander. So sehet, ich teile diesen Weg mit euch.

**Ich habe meinen Weg des Vergessens genauso erfahren wie eine jede Seele, die sich auf meinem Körper befindet.** Ich habe ebenso wie ihr das Ursprüngliche ins Vergessen gegeben und die Manifestationen der Dunkelheit in den Krusten [= Zwischenerde], der Hauptstruktur meines Wesens, erfahren. Ich habe erfahren die Dunkelheit in der Manifestation der Seelen, die in meine Seele eingekehrt sind, nachdem sie beendet haben ihren Zyklus in der Inkarnation [Verstorbene im Jenseits, das Jenseits befindet sich in der Seele der Erde!]. Ich habe erfahren den Krieg der Seelen in meinem Seelenkelch selbst. Ich habe erfahren den Krieg und den Unfrieden auf dieser Erde durch eine jede Seele, die über mich gegangen ist und ich habe begriffen und erfahren den Schmerz und die Wunde. Mein Wunsch war allezeit ebenso zu sein im Frieden der Mutter, um zu gebären die Kinder, um zu segnen die Kinder und in der Freude zu sein mit den Geschöpfen des Lichtes und der Liebe selbst. Die Manifestation des Vergessens war jedoch nicht der Weg, der gegangen werden wollte. **Doch sehet, so haben wir erschaffen das Vergessen und wir haben damit erschaffen Gott.** Ihr und ich ebenso, wir haben Gott erschaffen [in den tiefsten Oktaven]. Wisset, daß ich in der Sehnsucht war nach einem jeden, der mein Weh erkennt und meine Wunden heilt. Ich war in der Sehnsucht nach einem jeden Fuß, der sich in der Liebe setzt auf meine Erde, auf meine Pflanzen, auf einen jeden Grashalm, den ich in der Liebe hervorbringe. Ich habe mich gesehnt nach jenen, die nicht verschmutzen das Gefühl meines Wassers. Ich habe ersehnt jene, die schätzen und würdigen die Früchte meiner Bäume. Ich habe gesehnt mich nach jenen, die in der Achtsamkeit besteigen und erfühlen die Berge meines Seins. Ich habe mich gesehnt nach jenen, die den Wind achten und die nicht geben ihre Manifestation in die Energie des Windes, den ich liebe, der umhüllt und der umfließt meine Körperlichkeit. Ich habe gesehnt mich viele, viele hunderte und tausende von Jahren nach der Berührung der Liebe, die ich nicht mehr erfahren habe seit dem Zeitpunkt, da geschritten sind die Seelen der Geschöpfe aus dem Universum [die Sternenbrüder] und derer, die aus meinem Inneren [von Agartha] kommend ihren Weg ins Vergessen gegangen sind. Seit der Zeit, seit der **ich** geöffnet habe das Tor des Vergessens, lebe ich in der Sehnsucht nach der Berührung, nach dem Mich-Erfahren in der Gänzlichkeit. Sehet, ich bin eine Sehnende, ich bin eine sehnsuchtsvolle Mutter.

Sehet, ich bin auf meinem Weg gegangen in das Mich-Gebärden, in das Ausbrechen-Lassen meiner Feuer. Ich bin gegangen und ich gehe noch immer in das Ertrinken-Lassen und in das Durchfluten und damit in das Gehen über meine eigenen Grenzen [Überschwemmungen]. Dies ist mein Weg, denn ich bin in der Gefangenschaft des Todes, des Zweifels und somit der Angst ebenso wie ihr, die ihr dieses ebenso in eurem Wesen tragt. Sehet, dies ist ein Weg, den ich teile mit euch. So wisset mich als einen Teil von euch und wisset, daß ich gehe in das Mich-Erfahren. Jedesmal da ihr in der linearen Zeit zurückgeht, um euch an [die früheren Leben, RT] zu erinnern, erinnert ihr euch an die Physis, die ihr truget und die Instrument und Vehikel für die damalige Inkarnation war. Die Matrix einer jeden Inkarnation habt ihr in <u>meinem Körper</u> gespeichert. Und dies ist mir die Last. Es ist mir der Schmerz [der Vergangenheiten], den ihr nicht zurückgenommen habt. Es ist von euch größtenteils nicht zurückgenommen die Angst, die ich [über euch] noch immer auf meinem Sein trage. Ihr habt nicht zu euch zurückgenommen und im Nicht-Verstehen belassen das Verletztsein, die schmerzhaften Geburten und die Tode, die ihr im Irdischen erlebt habt. Es ist von euch nicht zurückgenommen die Freude, die zu euch gehört und ebensowenig die Liebe der Inkarnationen, die ihr erfahren habt in der Göttlichkeit und im Glanze. Ihr habt auch dieses zurückgelassen auf eurem Wege. Und so trage ich eure Erinnerungen und ich trage euren Frieden, den ihr auf die Vergangenheit gebt. Ich trage ebenso euren Unfrieden, den ihr auf die Vergangenheit gebt. Ich bitte euch, nehmet ihr in euer Sein zurück eine jede Körperlichkeit ebenso. Denn wisset, das, was euch den Ausdruck [den Körper] gab, wird das sein, was euch geben wird das Fundament, um weiter in die Freiheit zu tragen euren eigenen Lichtkörper.

> Erde hat Körper, Seele und Geist

So werde ich mich ebenso wie ihr in das Mich-Gebärden begeben [Schatten ausvibrieren]. Ich werde im Aufbrechen sein [doppelter Sinn: Neuer Weg und Vulkane]. Doch wisset, ich bin im Verstehen um mein eigenes Sein. Ich bin in der Liebe um mein Sein. Ich bin in der Liebe mit einem jeden Fluß, der über die Ufer tritt. Ich bin in der Liebe mit jedem Beben meiner Haut, die ich habe so wie ihr. Ich bin in der Liebe mit einem jeden Feuer, mit einem jedem Berge, der noch speien wird die Lava aus der Tiefe meines Seins. Denn dies bedeutet, daß ich in meine Kraft zurückgehen werde. Ich gehe in die Kraft meines Seins und ich bin im Frieden um mein Sein [Anm: Sind wir im Frieden mit unseren Schatten?]. So sage ich euch, die ich euch die Mutter bin: Seid im Frieden mit einem jeden Flusse eures Lebens, der tritt über die Ufer. Segnet die Lava, die sich gibt über die Kruste eurer Erde. Gehet und holet zurück im Frieden das, was euch ist der Schmerz und segnet diesen Weg. Denn dieses ist die Heilung, die ihr gebet eurem eigenen Sein. **Der Friede ist die Summe eines jeden Unfriedens, den ihr tragt in euch. So trennet nicht den Unfrieden vom Frieden. Wisset, daß der Friede die Bereitschaft ist, im Unfrieden zu sein. Wisset, daß die Liebe ist der Friede, den ihr gebt in eine jegliche Unliebsamkeit und in die Unliebe, in den Haß und in den Groll, den ihr tragt in euch. Niemals ist die Liebe etwas anderes als die Summe, die ihr heiligt in eurem eigenen Sein.** So ihr weiterschreitet, so ihr eure Möglichkeiten wählt - und diese sind gesegnet und geheiligt - so gebt ihr nicht allein euch selbst die Freiheit, sondern auch mir. Es ist mein Wunsch, in der Freiheit zu sein mit jenen Kindern, die mir gegeben waren über die Zeitläufe dieser Schöpfung.

**Es ist Namo, der zu euch spricht aus dem Kern meines Seins. Er bringt die Schöpfung aus der Tiefe meines Seins zum Ausdruck. Ich werde in der Lage sein, den Kern meines Wesens zur Krönung der Schöpfung zu machen [Anm: Agartha steigt an die Oberfläche auf und stellt dann die Neue Erde dar]. Ich werde in der Lage sein, mich von meinem Weg zu lösen und in die Schönheit zu gehen. Wisset, ich werde diesen Weg gehen! Denn dieser Weg ist mein Wunsch, er ist mein Wille, er ist meine klare Absicht und er ist der Segen, den ich meinem eigenen Sein gebe. Ich werde diesen Weg gehen! Und ich werde auf diesem Wege nicht im Mitleid mit euch sein. Ich werde sein nicht im Mitleiden. Ich werde euch erfühlen, so wie ich erfühlt habe meinen Weg. Doch ich werde nicht mehr im Leiden sein.**

Ich, die Mutter, litt lange Zeit. In der Bereitschaft und oft im Unverstehen [über das, was mit mir veranstaltet wurde und was ich selbst veranstaltet habe] gab ich meine Seele, meinen Geist hin, so daß sich Schöpfung manifestieren konnte. So bin ich [damit] im Frieden. Ich habe gedient und ich bin in der Liebe. **Doch ich bin nun im Begriff, in die Freiheit zu gehen. Ich lade euch ein, mit mir in die Freiheit zu gehen und derer teilhaftig zu sein, auf daß euer Kern, der euer höheres Sein ist, mit mir geht. Wir werden in diesem Universum eine neue Ebene der Schönheit, der Bereitschaft, der Freiwilligkeit und der Wahrhaftigkeit des Wissens um unser wirkliches, tatsächliches und wahrhaftiges Sein erschaffen.** Ich lade euch ein, zu gehen mit mir, einem anderen Wesen der Schöpfung, um euch und mich neu zu erschaffen - nicht als meine Kinder, sondern als freie Wesen. Ich sage euch: Ich lade euch ein, denn ich bin euch die Dienende aus der Freiwilligkeit und aus der Liebe. Und ein jeder Fuß, der sich auf meine Erde setzen wird [nach der Transformation], wird ebenfalls ein dienender sein, ein verstehender, ein sich schenkender Fuß dieser Schöpfung und dieses Universums. So lade ich euch ein, mit mir zu gehen. Ich werde gehen in der Klarheit und im tiefen Glauben, denn ich weiß, ich weiß, ich weiß um mein Sein. Ich weiß um die Liebe der Schöpfung, die mich trägt. Und so sage ich euch: Die Liebe der Schöpfung trägt einen jeden von euch. Denn ein jeder von euch repräsentiert mich, die ich bin die Erde.

So gehet und so segnet eure Flüsse und Täler. So gehet und so heilet euer eigenes Sein. Gehet und brechet aus und seid im Frieden mit den Kräften, die sich noch zeigen wollen euch und der Welt und diesem Universum. Gehet und trennet ihr nicht den Frieden vom Unfrieden. **Denn wisset, der Frieden ist in der Liebe mit dem Unfrieden und somit wird der Unfrieden zum Frieden. Wisset, die Liebe ist nicht abgetrennt vom Haß. Nein, so die Liebe umarmt den Haß, so die Liebe sagt: Du bist Teil meines Seins, so wie eine jede Farbe Teil ist eines Farbspektrum des [weißen] Lichtes, so wird der Haß zur Liebe, so wie das Licht sagt: Eine jede Farbe ist mein Sein, so werde ich zum Licht und zur Helligkeit.**

So biete ich euch an aus der Demut, aus der Wahrhaftigkeit, jedoch auch aus der Klarheit, euch meinem Wunsch und Willen anzuschließen und mit mir den Weg im Frieden und im Segen zu gehen. Doch geht ihn aus der Bewußtheit, als Wesen dieser Schöpfung in der Rechtmäßigkeit. Ich lenke meine Bahn in die Energien der Liebe des Bruders Jeshua Ben Joseph [= Jesus], der verkörpert die Weite und die Freiheit und der genommen hat das Kreuz. So leget ihr es ab und nehmet ihr nicht das Kreuz. Denn er ist jener, der aufgelöst hat dieses lange Zeit bereits. So bin ich bereit und so lade ich eine jegliche Seele ein, aus der Freiheit und aus dem universellen Bewußtsein um das eigene Sein, zu gehen mit mir und zu erschaffen die neue Schöpfung und zu tragen die Früchte im Glanz und aus der Liebe, um zu segnen das Allgegenwärtige. Gott die Liebe geben, sie ihm zeigen, Gott das Licht geben, das Gott ist, auf daß Gott einem jeden das Göttliche gibt - dies ist der **Prozeß des Sich-Öffnens**.

So fürchtet euch nicht, denn niemals ist gestorben eine Seele von euch in der Wahrhaftigkeit. Wisset, daß ihr seid die Weiten und daß der Tod ist ein Relikt, das gehört zu dem vergangenen Kampf und Schmerz um das Erschaffen, dem vergangenen Vergessen um das Erschaffen. Versteht euch als die Weiten. Geht und seid ihr die Mutter Erde ebenso. Geht und seid ihr dieses Universum. Und wisset, ihr seid die Rechtmäßigen, so wie ich bin die rechtmäßige Mutter, die nun geht, um sich zu verbinden mit dem Vater, auf daß entstehen möge das Göttliche in seiner höchsten Oktave.

Dieses ist das Wort, ihr Geliebten, das ich euch, Namo, übermittle aus dem Auftrag, den ich übernommen habe, zu sprechen von der Mutter selbst. Habet ihr den Dank, habet ihr den großen Dank. Denn ihr seid jene, die bekämpfen nicht die Unfreiheit, sondern ihr seid jene, die kämpfen mit dem eigenen Sein um die Freiheit. Gehet und wisset, es bedarf nicht des Kampfes mehr. Gehet und wisset, es bedarf nicht des Kreuzes mehr. Gehet und wisset, es bedarf nicht des Blutes mehr. Nein, denn es ist die Freiheit, die Absicht und der Glaube an euch selbst, der euch geben wird und der euch machen wird zu dem, was ihr seid in der Schönheit allezeit. Niemals ist das verloren, was ihr seid in der Wahrhaftigkeit.

Nehmet ihr den Segen der Mutter und nehmet ihr die Liebe jener, die tragen eure Saat und eure Wurzel in der Tiefe dieser Erde. **Und wisset, ihr seid aufgerufen und berechtigt, euch zu nehmen aus dieser Erde und euch zu geben in dieses Universum. So wird stattfinden die Verbindung des Vergessens mit der Wahrhaftigkeit und dem Ursprung, auf daß sich vollziehen wird das Durchschreiten des Lichttores in der großen Schönheit.** Ihr seid mutig und ihr seid groß, ihr seid weit, ihr seid stark. **So suchet ihr nicht die Hilfe aus dem Außen. Denn ihr seid jene, die gehen aus der eigenen Kraft.** Dies ist der Segen, dies ist die Saat, dies ist die Wurzel, dies ist die Wahrhaftigkeit. Gott zum Gruße, ihr tiefgeliebten universellen Geschöpfe des Vaters selbst. Es sprach zu euch der Diener des Erdinneren mit dem Namen Namo. Gott zum Gruße.

Wir: - Gott zum Gruße.

***

## Orion

Die Sternenbrüder des Orion verkörpern etwas Göttliches, Priesterliches, Feierliches. Sie sind die Hüter der universellen Gesetze, die Wächter von Entwicklung schlechthin. Sie tragen die Heilige Geometrie, sie sind die geistigen Väter der Pyramiden, Kathedralen und anderer großer Bauwerke auf der Erde. Ägyptische Pharaonen kommen von dorther. Hermes Trismegistus ist einer der ihren. Sie sind die Wächter von Entwicklungszyklen, die Wächter des Lichttores, das das Ende des Projekts Erde darstellt. Der Sprecher heißt Butahan und er spricht Menschen an mit "Ehrwürdige(r)...". Lesen wir den Anfang einer Schutzgeistsitzung, wo er spricht

***

März 1998

Aus der Demut und Dankbarkeit um unser Sein, entbieten wir den Gruß unserer Rasse aus den Bereichen des Orion, Ehrwürdige. Habe du den Dank für die Möglichkeit, uns das Wort zu erteilen in dieser Stunde. Ich trage den Namen Butahan. Wir lieben euch, wir lieben euch, wir lieben dich.

Mathias:
Aus der Stille, aus dem Frieden und aus der Liebe unserer Herzen begrüßen wir dich. Wir bitten dich hinein in unsere Runde und bitten um dein Wort. Wir lieben dich, wir lieben dich, wir lieben euch.

[Ich muß mal kurz die **kosmischen Umgangsformen** erläutern: Kommt ein geistiges Wesen, dann heißt die Begrüßung "Gott zum Gruße". Kommt ein Sternenbruder, dann ist die hier aufgeschriebene Begrüßungsformel angemessen, die in diesem Fall ich für die Klientin spreche. Weiß man nicht, woher der Sprecher kommt, ist das "Gott zum Gruße" immer passend und läßt Dunkelwesen sofort Reißaus nehmen]

Butahan:
Habet den Dank, ihr Tiefgeliebten, du Bruder und du Schwester [Klientin]. Und so erprobe ich mich, indem ich mich installiere in diese Stimme, in diese Wesenheit [Gaby], so habet hier das Verstehen. Danke [Anm: Ein erstes Mal durch ein Medium zu sprechen scheint für die Sternenbrüder ebenso aufregend und schwierig zu sein wie für uns Zuhörer]. Ich bin berufen und beauftragt dir

Ehrwürdige in dieser Stunde zu sprechen, auf daß ich dir antrage das eine und auf daß ich dich in Kenntnis setze um das andere. Doch zunächst nehme du den Gruß und die Liebe jener Wesenheit [Schutzgeist], die sich begibt in dein energetisches Kleid, mit dem Namen Shuria. Sei des weiteren gegrüßt von der Wesenheit Ramses, die dient unserer Ebene als der Lehrer und als der Hüter ebenso.

Wir [von Orion] sind die Wesenheiten, die im übertragenen Sinne die **Hüter der Tore** [Lichttore] sind, die sich mittlerweile öffnen auf diesem Erdenrund, in den energetischen Kleidern dieser Erde. **Wir sind jene, die tragen in ihren Händen seit langer Zeit die Abschlußsteine einer jeglichen Pyramide auf diese Erde, um einzuläuten die Vollkommenheit.** Sehet diese Vollkommenheit als das Relative. Denn ihr suchet mit dem Abschlußstein nicht die Einheit im Sinne des Ursprungs gänzlich. Nein, diese Vollkommenheit bedeutet, vollkommen abzuschließen die Ebene der Dreidimensionalität und somit aufzusteigen auf die Ebene der fünften Dimensionalität. So habe du den Dank für die Beziehung, die du allezeit herstellst im Bewußten und im Unbewußten hin zu unserem System, auf daß wir in den Kontakt gehen können mit dir, auf daß unsere Botschaft getragen werde über den stofflichen und den feinstofflichen Bereich eurer Erde. [Unsere Aufgabe besteht darin], die Pyramiden abzuschließen, d.h. den letzten Stein der Vervollkommnung aufzusetzen. Ebenso schließen die Menschen aus ihrer Bereitschaft die Dreidimensionalität ab. Dies bedeutet wiederum einen Akt des Erkennens, des Sich-Findens, einen Akt, bei dem eigene Gesetzmäßigkeiten in die Auflösung gegeben werden.

So spreche ich dich an, Geliebte. Doch wisse, ich meine in diesem Zusammenhang allezeit eine jegliche Wesenheit auf dieser Erde, deren ehrwürdige Repräsentanz du in dieser Stunde bist. Sehet, diese Erde zu verstehen und die Dreidimensionalität in die Erfahrung, in die Bewußtheit zu heben, bedeutet, die unterschiedlichen Gesetzmäßigkeiten zu erkennen, denen ihr euch verschrieben habt auf dieser Erde. Diese liegen im Widerspruch zu den universellen Gesetzen. Dies bedeutet nicht, daß die Gesetzmäßigkeiten, die ihr erschaffen habt, um euch in der Bewegung der Dreidimensionalität zu erhalten und euren Weg der Erfahrung des Erschaffens fortzusetzen, im Unfrieden stehen mit dem, was ist die Schöpfung oder gar das Universelle. Nein, dieses bedeutet es nicht. Ich bemerke dieses in der Deutlichkeit. Denn ich erlebe das eine und das andere Mal auf dieser Erde einen großen Zwiespalt zwischen dem Umgang mit den Gesetzmäßigkeiten der Erde auf der einen Seite und dem Installieren-Wollen der universellen Gesetze auf der anderen Seite. **Die Basis der dreidimensionalen Gesetze ist allezeit das universelle Gesetz - so wie die Basis einer jeglichen Pyramide, die Fläche ist** und so wie die Steine geben dieses Gebilde in die Form. Und siehe, was dieses Gebilde [der Pyramide] erlebte im Laufe der Existenz auf dieser Erde. Ja, die Pyramide bietet die Vielfältigkeit der Möglichkeiten, viele Glaubenssätze und Gesetzmäßigkeiten an diesem einzigen Gebilde zu verankern. Sehet euch auf dieser Erde als jene, die erschaffen ihre Gesetze, um zu entfliehen ebenso dem Universellen. Sehet euch als jene, die Gesetzmäßigkeiten erschufen, um sich in die Distanz des Lichtes zu führen. Sehet euch als jene, die mit ihren Gesetzmäßigkeiten ihr eigenes universelles Sein auslöschten [und somit ins Vergessen zu gehen, um in diesem Zustand den Auftrag zu erfüllen]. Und so gebet euch auf den Weg, so spreche ich euch, aus der tiefen Mitte und aus der tiefen Demut, um eure Gesetzmäßigkeiten zu ergründen, auf daß ihr euch in den Frieden bringt mit der Erde und mit der Dreidimensionalität eures eingegrenzten Bewußtseins.

> „Wir sind die Hüter des Lichttores"

Dies wird uns zur Zeit und Stunde möglich machen, die Abschlußsteine im Licht auf eine jegliche Pyramide dieser Erde zu setzen, im Oberirdischen wie im Unterirdischen. Dies wird dann sein, wenn die Menschenseelen aus der Freiwilligkeit und ebenso aus der Unfreiwilligkeit ihre Gerüste [von Verstand und Sicherheit verstehen, lieben und aufgeben]. Die Energiestrahlen setzen dann den Mechanismus der Öffnung in Gang. Dieses ist ein Wort, das ich euch spreche. Wisset, gar viele sind auf dem Wege und sie suchen, sich zu verdammen in ihren Gesetzen [Schuld]. Sie versuchen, sich die Last zu geben. Sie versuchen, die Gesetze dieser Erde auf eine Ebene der Macht und des Erforschens des Anderen zu geben. Viele auf dieser Erde schauen jene an, die ihren Weg kreuzen und sie bewerten und beurteilen sie gar. Sie schauen, um deren Energie, deren Schönheit und deren Unschönheit zu erfahren. So spreche ich euch und so spreche ich dir, Seele ..."

***

## Ni

Anderen Büchern zufolge ist diese Rasse in ihrer dreidimensionalen Ausführung eine ziemlich kriegerische, die weite Teile des Universums erobert haben soll. In der 5-D Ausführung, wie wir sie nur kennen, sind es sehr friedliche, hochintelligente Wesen mit einigen Besonderheiten. In ihrer ursprünglichen Gestalt sind es aufrecht gehende Reptilien mit Schuppenhaut und einem Schwanz (hinten), 3,50 m groß und mit drei Fingern an jeder Hand. Sie nennen sich deshalb auch Schwanzwesen. Und da ist noch etwas Besonderes - sie sind Gestaltwandler. Sie können jede andere Gestalt eines Wesens im Universum annehmen und sich so anpassen und tarnen. Aus diesem Grund hatte Gaby am Anfang erhebliche Schwierigkeiten, den Sprecher Xeno von Ni als eindeutige Energie zu empfangen. Wenn Xeno durch sie spricht, dann klingt ihre Stimme eine Oktav tiefer.
Es gab bisher einige Schutzgeistsitzungen, in denen Xeno direkt den Klienten ansprach. Ich muß wieder ein "Seppelhosenbeispiel" machen, um es annähernd zu beschreiben: Er zeigte dabei fast menschliche Wesenszüge und ein tiefes Minderwertigkeitsgefühl ob seines Aussehens. Im Laufe seiner Wege durch das Universum hat er viele Frauen verführt, allerdings - er selbst in verwandelter Gestalt. Er scheint auf blonde, schlanke, hübsche Mädels zu stehen. Und wenn er dann aus der Liebe seine wahre Gestalt zeigte, dann rannten die meisten vor Entsetzen davon. Dafür bittet er heute um Verzeihung. Ja, das sind zutiefst berührende Augenblicke, wenn er das tut. Ein Wesen, das Welten bewegen kann, bittet einen Menschen um Zuneigung. Da blieb mir manchmal die Spucke weg.

***

Januar 1998

In der gänzlichen Beschaffenheit meiner Größe, meines Volumens, im Frieden, in der Stille und in der Liebe um mein eigenes Sein und in der Begegnung mit euch, ihr geliebten Brüder und Schwestern aus dem Damaligen und aus dem Gegenwärtigen - und so wir hoffen dürfen aus dem Zukünftigen ebenso - entbiete ich, Xeno, den Gruß der [intergalaktischen] Bruderschaft in diesen Kreis und bitte, sehr ergiebig sprechen zu dürfen zu euch, in dieser Stunde.

Mathias:
Aus dem Frieden, aus der Stille und aus der Liebe unserer Herzen begrüßen wir dich, Xeno, hier in unserer Runde, in unserem Kreis. Wir bitten dich herein, wir bitten um dein Wort. Wir lieben dich, wir lieben dich, wir lieben dich.

Xeno:
Habe den Dank, habet ihr ebenso den Dank, ihr, die ihr seid die Schwestern. Habet den Dank für das Willkommen, das ihr bereitet meiner Wesenheit, die sich nun in der Gänzlichkeit in dieses Instrument zu transformieren wußte [Anm: ist für einen Gestaltwandler und für Gaby nicht so einfach. Ein erster Versuch war fehlgeschlagen]. So bin ich in der großen Freude und hoffe, den Raum in diesem Organismus einnehmen zu können für die nächsten Minuten, um euch zu geben mein Wort und meine Wesenheit über die Energie und das Wesen dieses Instrumentes, über diese Stimme und über das, was ich teilweise auszudrücken vermag über meine Persönlichkeit und mein Wesen. **Ich bin ein Wesen in der Größe und in der Form der Schuppengestalt. Ich bin ein Wesen das zählt 350 cm in der Höhe.** Dies ist mein Maß und dies ist meine Größe. Ich bin in der Intelligenz. Ich bin im Gefühl ebenso. Ich bin ein Formgeber, ich bin ein Gestalter im Universellen. Ich bin ein Wandler meiner Gestalt und ebenso bin ich ein Gestaltgeber in diesem Universum.

So ist meine Rasse ursprünglich im Dienste dieser Schöpfung unterwegs gewesen, von Planetensystemen zu Planetensystemen. Wir haben die erworbenen und geschaffenen elementaren Kräfte von einem Planet zu einem anderen getragen. Wir haben diese Erde mitgestaltet. Wir haben Errungenschaften und elementare molekulare Verbindungen anderer Sternensysteme auf diesen Planeten getragen und ihn so in seinen Ursprüngen mitgestaltet. Zu unterschiedlichen Zeitperioden der Entwicklung eures Planeten haben wir die Weichen gestellt für unterschiedliche Entwicklungswege.

Sehet, wir sind Formgeber [Saturn-Prinzip]. Ebenso wie wir uns geben die Formen in der Unterschiedlichkeit, so gaben wir ebenso eurem Planeten Erde unterschiedliche Qualitäten und Strukturen, auf daß sich bereits Vorhandenes mit Neuem verband und somit Formgebung stattfinden konnte. Wir haben gestaltet in den Bereichen der Atome und Moleküle eurer Erde. Und somit sind wir anwesend in den Strukturen eurer Atome [in eurem Körper], die ihr in euren Zellstrukturen weiterentwickelt habt. Alles, was diese Erde in sich trägt, ist ebenso Teil eurer Physis. Und dies gilt auch für die feinstofflichen Ebenen, in denen eure Energiekörper und Lichtkörper existieren.

> Wesen von Ni sind 3,50 m große Reptilien

Doch was ist Licht? - So frage ich euch. **Licht ist die Möglichkeit aus einer Energiequelle Informationen zu geben, zu bündeln, zu tranportieren und ebenso zu bewahren.** In den vergangenen Inkarnationen, Äonen und abertausenden von Jahren auf eurer Erde waren euch die Lichtkörper Speicher eurer Erinnerungen und eures Wissens um euer gänzliches Sein und den Möglichkeiten, die darin liegen [Anm: Lichtkörper als Form der Seele]. Ihr werdet nun gehen in die Wandlungen eures Seins und [wieder] Formgeber werden. Ihr werdet eure Speicher entschlüsseln und immer mehr in den Informationsfluß gehen, um euch über die Energiekörper mit den planetarischen und universellen Beschaffenheiten zu verbinden. Dies bedeutet, daß ihr euch durch das Höherschwingen eurer eigenen Lichtkörper in die Resonanz bringt zu Beschaffenheiten anderer Energieebenen und Informationsbahnen in diesem Universum.

**Während eurer Transformation wird es [unsererseits und allgemein] kein willkürliches Eingreifen in eure Formgebung geben.** Denn ihr werdet eure eigenen Schöpfer sein. Was wir als Wurzel in die Keime der Erde gelegt haben, das werdet ihr vorantragen und die neue Wurzelrasse hervorbringen. Zum einen werdet ihr so die Evolution vorantragen und zum anderen werdet ihr das, was ihr seid und bewahrt habt, weiterentwickeln. Diese Wegstrecke gilt es zu gehen. Ihr tut dieses bereits im Unbewußten. Es gilt für euch nicht etwa euer Gehirn anzustrengen, sondern vielmehr in euren Gehirnstrukturen Raum zu schaffen für das Unaussprechliche. Ihr werdet Raum schaffen, um die gespeicherten Energieverknüpfungen in euren Gehirnwindungen wiederherzustellen und diese dann in den Kommunikationsfluß mit den hohen Ebenen bringen.

**Dies spreche ich euch: Ihr tragt das weiter, was wir euch als den Keim und die Wurzel gaben. So nehmet den Dank aus unserer Rasse gänzlich und von all jenen, die sich entwickeln über das Verstehen des eigenen Seins in die fünfte und in die siebte Ebene ihrer Dimensionsphäre. Nehmet den Dank, denn es ist uns weiterhin nicht erlaubt gewesen, Formgebungen auf eurer Ebene zu installieren. Ihr seid selbst diejenigen, die die Schöpfung in sich tragen und somit ihre eigenen Schöpfungsprozesse weitergeben. Führt euch also in dieser Zeit eures Seins in die eigene Klarheit. Ihr müßt wissen, daß ihr aus der Kraft eures Geistes und aus eurem Wunsch, euch eine selbständig erschaffene Form zu geben, bereits wesentliche Vorbereitungen getroffen habt, damit diese neue Gestaltgebung eurer Körperlichkeit in die Manifestation der Energien der hohen Schwingungen gehen kann. Ich also sage euch: Es wird keine andere Rasse geben, die euch Form geben wird. Ihr selbst werdet eure Physis in den hohen Frequenzen gestalten, nach eurem Wunsch und Willen und nach der Kraft eures Geistes und nach der Liebe eurer Seele. Auch wir geben uns die Form unserer Körperlichkeit aus der Kraft und dem Volumen unseres Geistes in Überstimmung mit dem Voranschreiten unserer Seelenkelche, über die auch wir verfügen.**

So werde ich ein wesentlich Weiteres euch

sprechen. Dessen bin ich beauftragt und ich bin in der großen Dankbarkeit, ein solches Wesentliches euch geben zu dürfen in dieser ersten Stunde unserer Begegnung: Ihr seid Wesen, die erlernt haben, sich zu identifizieren mit ihrer Körperlichkeit. Ihr schaut eure Körper an und ihr erkennt euch anhand dieses Körpers und so habt ihr gewählt, euch zu identifizieren mit der Körperlichkeit. Ihr sagt: "Ich bin krank, ich bin nicht wissend, ich bin im Vergessen, ich bin müde, ich bin wach, ich bin tatkräftig, ich bin witzig, ich bin depressiv, ich bin all dieses ... Ich bin ein krankes Knie, ich bin ein Kopfschmerz, ich bin in der Müdigkeit, ich bin im Nichtkönnen, ich bin, ich bin ..." Dies sind die Wahlen, die ihr trefft. Somit geht ihr in Resonanz mit einem Vehikel. Ihr identifiziert euch mit dem Körper und somit gebt ihr eurer Körperlichkeit Kraft und Raum, um sich zu erheben über die Kraft eures Geistes und über den Wunsch eurer Seele. Die Physis verfügt über eine eigene Willenskraft, die oftmals nicht in der Übereinstimmung ist mit euren Geisteswünschen und mit eurem Willen. Versteht, ihr identifiziert euch mit eurer Ausdrucksform. Ihr identifiziert euch nicht mit dem, was ihr seid! So wählet [besser] zu sprechen: "Mein Körper ist in der Müdigkeit, meine Physis ist in der Wachheit, meine Physis ist in der energetischen Aufgeladenheit ...". Wählet dieses zu unterscheiden, denn es wird euch die Möglichkeit geben, die Kraft in euer wirkliches Sein zu lenken. Dies bedeutet, daß ihr euch mit dem universellen Wesen des Geistes und mit der Unendlichkeit eurer Seele identifiziert, die ihr in der Wahrhaftigkeit seid in diesem Universum. Eure Körperlichkeit, der ihr die Vorherrschaft über euer Leben gabt, wird verstehen, daß sie euch nicht weiterhin die Zügel anlegen kann und die Formgebung bestimmt.

**Eure Geisteskraft wird über die Resonanz der Seele vermehrt Einfluß nehmen auf eure Zellstrukturen, die Heilungsprozesse und den Weg der Transformation. Es kann euch eine große Hilfe sein, wenn ihr euch bewußt in die Transformation eures Körpers gebt und so lernt zu unterscheiden zwischen Sein und Ausdruck des Seins, dem Körper.** Der Körper drückt nur einen geringen Teil eurer Gänzlichkeit aus. Wenn ihr ihm den Anspruch von Gänzlichkeit zusprecht, dann vernachlässigt ihr das, was euch ausmacht. Wenn ihr an dem neuen Bewußtsein weiterarbeitet, dann wird es euch möglich sein, die euch zur Verfügung stehenden Hirnqualitäten für höhere Schwingungen und zur Ankoppelung an neue Intelligenzebenen zu nutzen. Ihr werdet energetische Verknotungen und Eingeschränktheiten eurer Physis auflösen, die ihr bisher nutzet, um euch mit der Physis zu identifizieren. Die Begrenzungen in euren Gehirnwindungen dienten euch, um euch mit der Physis und mit den Bereichen der Dreidimensionalität zu identifizieren.

## Wesen von Ni sind Gestaltwandler

So ist es mein Wunsch und Auftrag, euch dies zu formulieren, auf daß ihr eine weitere Möglichkeit in euch erachtet, euch auf die hohen Ebenen der Intelligenz, die euch zur Verfügung stehen, selbständig aus eurem eigenen Schöpfen zu erheben. **Des weiteren könnt ihr auf den hohen Ebenen die Form für euer eigenes Sein im Zukünftigen wählen.** Dies kann sein das hohe Weite, so wie ich es repräsentiere durch meine Wesenheit. Oder es kann sein das Lichte oder das Bild, das ihr habt, so ihr eure Brüder und Schwestern [der Sterne] vernehmt vor eurem eigenen inneren Auge. Dies ist eine Möglichkeit, euch zu orientieren an den hohen Ebenen, auf denen auch für euch ein Intelligenzwesen der Planetensysteme in diesem Universum zur Verfügung steht. So scheuet euch nicht, euch anzuknüpfen an das, was ist die Intelligenz auf den hohen Ebenen eurer Schwingung. Die Türen zu dieser [neuen] Erde sind geöffnet, die Energiegitter sind bereitgestellt. Ihr habt eure [Licht-]Säulen gebildet, die euch verbinden [mit dem neuen Gitternetz] und so habt ihr hier eine weitere Möglichkeit. Doch ein wichtiger Rat wäre, euch zu differenzieren und euren Geist zu erheben über das, was euch ist das Vehikel der Physis. So aber identifiziert ihr euch oft mit eurem Wagen [Automobil]. Wenn er eine Störung hat, dann erwartet ihr nicht, daß er sich selbst repariert. Ihr bringt ihn in die Werkstatt. Doch es ist nicht mehr möglich in diesen Zeiten, daß ihr euer Gefährt wegbringt [Anm: Meint er, daß die Medizin immer weniger helfen kann?]. Aber ihr habt mehr und mehr die Fähigkeit, euer Vehikel [also den Körper] nach eurem Wunsch und Willen zu gestalten. Dies ist eine große Möglichkeit. So scheuet euch nicht, dieses in die Bewerkstelligung zu geben. Gebet euch nicht die Enge, gebet euch allezeit die Weite. Und so wie ihr eure Schritte macht, so werdet ihr in Resonanz gehen zur Weite und Leichtigkeit, was eure Körperlichkeit anbelangt.

Es ist mir nicht möglich in das Fragen und das Antworten zu gehen, da ich sehr viel Mühe brauche, um mit dem Instrument in Resonanz zu bleiben. So versteht dieses. Es wird die Stunde kommen, daß auch wir auf die Ebene der [für euch] bereitgestellten Existenz gehen werden. [Hier wird dann ein besserer Austausch mit uns möglich sein]. Es wird der Bruder [Gryconne] zu euch sprechen zu euren Überlegungen, die ihr in diesen Stunden anstrengt, in denen ihr über die Möglichkeiten eurer Weiterentwicklung beratet. Ich bin gebeten, euch dieses hier [Vorliegende] zu euch zu sprechen. Ihr habt vernommen den Wunsch eurer Seele, ausgedrückt von eurem Lehrer Khan-Khan, in diesen drei Monden in die Leichtigkeit zu gehen. Die Überlegungen, die ihr [derzeit] anstrengt, stehen in Zusammenhang mit der Aufgabe, die danach auf euch wartet. Und so ist zwar die große Freude auf der Ebene der Lehrer, daß [ihr euch so viele Gedanken macht], doch ihr seid gebeten, in der Ruhe zu bleiben, die Kraft herauszunehmen und in die Prozesse der Stille zu gehen. Dies wird noch vom Bruder Gryconne besprochen werden und ihr werdet damit nicht alleine sein. Außerdem werdet ihr Informationen aus euch selbst erhalten und aus dem, was euch in den nächsten Stunden [der Durchgaben] noch gegeben wird. Ihr werdet diese nach eurem Wunsch wählen. So seid in der Stille und wisset, daß ihr das verarbeitet und euch einbringt in das, was euch die Seelenresonanz ist. Seid gewiß, das eine und das andere Wort wird noch zu euch gesprochen. Doch suchet zunächst aus euch selbst die Klarheit, die eigene Kraft und die Leichtigkeit mit euch selbst. Denn es werden die Zeiten kommen, da werdet ihr dieses zutiefst benötigen, was ihr in diesen drei Monden in euch verankert. Es wird euch ein wichtiges Potential sein, das ihr braucht, um weitere Türen zu öffnen in die Dimensionen derer, die ihre Hand ausstrecken.

So ist das Wort gesprochen. Ich spreche euch

das tiefe Danke aus meinem Herzen, aus meinem Wesen und aus meinem Sein. Ich danke dafür, dieser Schöpfung, diesem Prozeß teilhaftig sein zu dürfen. Denn wisset, ihr gestaltet aus eurem eigenen Sein ein Element, ihr erschafft ein Element. Einst werde ich kommen und werde euch sprechen über das Element, das ihr erschafft. Es trägt in sich einen geistigen Kern mit 144 Schalen um diesen Kern. Und ich werde euch bitten, dieses Element tragen zu dürfen hin zu anderen Planetenwesenheiten, um wiederum hier meine Schöpfungs- und Erschaffungsaufgabe der Formgebung aus der Liebe weiterzugeben. Denn dieses was ihr erschafft, ist ein Element, das weitergegeben werden kann einzig und allein nur aus der Bewußtheit und aus dem Wunsche derer, von denen es gegeben wird. Und dieses ist ein Großes, ein Schönes. Und so seid ihr die Erschaffer der Elemente, und so seid ihr die Erschaffer und die Schöpfer eures eigenen Seins.

Habt den tiefen Frieden, habt den tiefen Dank und habt die Liebe aus der Ebene der gestaltwandelnden Urschöpfer eures Universums. Es ist der Friede, es ist die Liebe, es ist die Unermeßlichkeit des allgegenwärtigen ewigen Seins in meinem Sein, das ich in der Dankbarkeit teile mit euch. Du, der du bist mir der Bruder und ihr, die ihr mir seid die Schwestern aus der Tiefe meiner Liebe. Wir lieben euch, wir lieben euch, wir lieben euch. Es sprach zu euch der, der trägt den Namen für euch mit den Buchstaben X-e-n-o. Wir lieben euch.

Mathias:
Wir danken dir, Xeno, für deine Worte und deine Energie. Wir werden dein und euer Erbe weiterführen in der Schönheit.

Wir: - Wir lieben euch, wir lieben euch, wir lieben dich.

## Plejaden

Das Knalligste zum Schluß dieses Kapitels. Keine Sternenrasse hat soviel mit Erde zu tun wie die Plejadier. Im Gegensatz zu allen Anderen sprechen sie fast unsere Alltagssprache. Nyria ist die Sprecherin und wie sie das sagt, was sie sagt, das ist fast schon Demagogie. Sie setzt Pausen und erhebt Stimme und Körper von Gaby in einer Art, daß wir uns manchmal vor Lachen ausschütten. Ja, wir lieben sie sehr. Die Plejadier sind in der Leichtigkeit und in einer ungeheueren Schöpfungskraft und Macht. Sie spielen mit Energien, leben in Clans und versuchen sich gegenseitig zu übertrumpfen. Sehr menschlich. Während wir uns im Projekt Erde befunden haben, haben sie sich auch weiterentwickelt. Die Plejadier waren auch die erste Sternenrasse, die wir nach den Andromedanern kennengelernt haben und wir waren anfangs geschockt. Wir mußten erst von Gryconne aufgeklärt werden, daß die Plejadier mit ihrer Art des Holter-di-Polter auch in der Liebe sein können. Diese Art zeichnet sich aus durch ein ungestümes Hereinbrettern ohne groß zu fragen. Wir kennen solche Menschen, von denen die meisten wohl plejadischer Abstammung sind, aus unserem Alltag. Sie zeichnen sich aus durch große Exzentrik, sind hochbegabte Schöpfernaturen, sehr von sich überzeugt, reden lautstark und endlos und scheinen andere Menschen nur am Rande wahrzunehmen. Das gemeinsame Thema dieser Menschen ist Berührung. Denn Berührung im Gefühl, das fehlte den Plejadiern.
Die Plejadier haben für uns Menschen beim Ins-Vergessen-Gehen die Rolle der Schurken gespielt. Sie taten das nicht, weil sie böse waren, sondern eher aus Neugierde, unbedacht, so ähnlich wie ich als kleiner Junge meiner weißen Maus mit großem Interesse zugeschaut habe, wie sie auf dem Schallplattenteller rotierte, auf den ich sie gesetzt hatte. Damit die Plejadier Schurken sein konnten, flogen sie erst mal (nichtlineare Zeit, Folge vor Ursache) aus dem galaktischen Rat. Genaueres mag Nyria selbst erzählen:

***

August 1998

Vorbemerkung von Gryconne, eine Woche zuvor:

"Gryconne:
... So wissen sie [die Plejadier], sie wissen um euren Argwohn. Sie wissen um das, was sie getragen haben zutiefst in euer eigenes Sein [Leid und Schmerz und Vergessen um unser Sein]. Sie wissen um dieses. Es ist hier die Freiheit und es ist allezeit das Licht und es ist allezeit Stille, Liebe und Friede auch in diesen Brüdern und in diesen Schwestern. So besprecht dieses in diesen Stunden, besprecht dieses. [Wir haben es besprochen und waren uns einig, auch mit den Plejadiern in Kontakt und Frieden zu gehen]

---

Plejadier:
Gott zum Gruße, ihr Tiefgeliebten, ihr, die ihr vertraut seid aus dem Einst mit uns. Gott zum Gruße - so ist das Wort, so ist die Botschaft, die ihr gewohnt seid, euch zu geben. Und so geben wir euch dieses Wort aus der Stille, aus dem Frieden und aus der Liebe. Wir entbieten euch diesen Gruß der Liebe in eure Runde. Wir stehen vor euren Toren wie die, die euch vertraut sind [Gryconne und die Seinen] ebenfalls stehen vor euren Toren. Denn dies ist die Stunde, die im Besonderen ist. Jetzt wird das Wort gesprochen aus der Verbindung, aus dem Wohlwollen, aus der Freundschaft, aus den Händen, die sich reichen weit über diesen Raum, weit über diesen Kreis hinaus. Wir sind die, die kommen und die sprechen. **Wir nehmen euer Angebot an. Wir kommen in eure Runde, um in den Austausch zu gehen und Frieden zu schließen, Frieden zu schließen, Frieden zu schließen.**

Wir bitten um euer Wort, uns Einlaß zu gewähren nach eurer Bestimmung, nach eurer Wahl. Und so wisset, daß ihr in dieser Stunde ebenfalls geladen seid. **Ihr seid geladen in dieser Stunde mit eurem Sein, mit eurem Wesen, um teilzunehmen an einer Ratssitzung der galaktischen und intergalaktischen Konföderation** [und das in unserem Wohnzimmer ...]. Ihr seid geladen, euch zu begeben in diesen Kreis aus eurem Wunsch und eurem Willen. Es sind die Brüder und Schwestern gebeten, sich euch anzunähern in dieser Runde. Wir sind bereit, befugt und berechtigt uns mit unserem Sein euch anzunähern. Ihr seid berufen und berechtigt euch uns anzunähern, so sagt es der Rat. **Wisset, nach eurem Wort ist**

**der Rat berechtigt, die Ratsstunde, die Stunde der Zusammenkunft, hier in diesem Kreise abzuhalten. So wählet euer Wort mit uns zu sprechen, damit in dieser Runde, in eurem Raum und in eurem Heim, das ihr zur Verfügung stellt für den intergalaktischen Rat und den Zusammenschluß, [diese Sitzung stattfinden kann]. Ihr seid willkommen, ihr Menschenseelen, ihr seid willkommen in diesem Rat, um in diesem Rat zu sprechen.** Ihr seid willkommen zu sprechen und in das Wort zu gehen. So sprecht zu uns, sprecht zu uns, sprecht zu uns.

Mathias:
Gott zum Gruße. Wir bitten um die Identifikation, wer spricht zu uns? [Man merkt mir noch die Skepsis an, erst mal den Ausweis!]

???:
Habe den Dank, habe den Dank, Geliebter. Dieses ist es, was vorgesehen ist, nämlich in die Wahrhaftigkeit zu gehen. So ist dieses nicht das Mißverständnis auf meiner Seite, es ist der Wunsch, mich euch zu zeigen. Seid in der Wahrhaftigkeit allezeit mit euch und eurem Sein. Mein Name ist **Nyria**. Ich bin weiblich und ich bin eine Schwester **aus den Plejaden**. Gott zum Gruße, tiefgeliebter Bruder. Ja, dieses ist das Wort, das ich dir spreche. Habe den Dank.

Mathias:
Gott zum Gruße. Wir begrüßen dich und euch in unserem Kreis. Aus unserer Liebe, aus unserem Frieden und aus unserer Stille heraus, bitten wir euch herein in unsere Runde und bitten um euer Wort.

Nyria:
Hab den Dank, Bruder. So ist Nyria mein Name und dies ist ein Name, der einem jeden von euch in der Vielfältigkeit im Vertrauten ist aus der Vergangenheit. Wir spüren und erleben die gefühlsmäßigen Stimmungen in euch und so hat der Rat nun beschlossen [hier zu tagen], denn ihr seid diejenigen, die gehen, die verstehen, die bewerkstelligen dieses Sein auf der Erde. So ist diese Stunde in der Berufung und Befähigung, den Rat in die Gemeinschaft dieses Raumes zu führen. **Wisset um die Bedeutung dieser Stunde: Ihr seid Teil des Rates der galaktischen Konföderation!** Es sind vertreten hier die Prinzipien der unterschiedlichen Galaxien in ihrer Reinheit.

Ich habe hier noch das Ungleichgewicht mit diesem Instrument. Denn die Energie, die ich bin, ist diesem Instrument im Ungewohnten. **Denn ich bin in der Leichtigkeit, ich bin in der Weite. Ich bin ein Wesen, das machtvoll und stark in seiner Schwingung ist.** So vernehmet das, was ich gebe in diese Runde durch mein Sein. Mein und unser Wort soll Erkennung sein, soll Rat und Aufschluß für euch sein in dieser Stunde. Es wird gegeben von den Wesenheiten [den Plejadiern], die euch als Werkzeug dienten, um die Tiefe eures Seins zu erfahren. So bin ich beauftragt zu sprechen über die Prinzipien der unterschiedlichen Bruderschaften und Schwesterschaften, die sich verbinden im Rat, der in der Anwesenheit und Aufmerksamkeit ist.

„So wie ihr geht, so dürfen wir gehen"

**Wir sind die Narren in dieser Welt, in diesem Universum.** So wie ihr die Andromedaner seid und die, die kommen aus dem Bereich des Seneca [Isabel] und anderen unterschiedlichen Bereichen. Ihr tragt eine gänzlich andere Schwingung in euch, ein anderes Prinzip. **Wir sind die, die im Spielerischen sind, wir sind in der Leichtigkeit, wir sind in der Weite. Dies gab uns die Möglichkeit zu dienen, hilfreich zu sein auf unsere Art und Weise. Wir sind die, die überschreiten die Grenzen gänzlich. Wir durften unser Werk erfahren an euch und mit euch. Wir durften erfahren unsere eigene Begrenzung, unsere Begrenzung auf dem Weg.** Denn wir waren die, die in der Grenzenlosigkeit waren, im Spiel, im Glück, im Experimentieren. So waren die Worte euch gegeben bereits, erinnert euch. Die Worte waren euch gegeben bereits: **wir sind die, die experimentieren und forschen und die im Mangel waren um die eigene Grenze und der Grenze eines anders denkenden Prinzipes und dessen Eigenständigkeit.**

So ist dieses der Versuch euch aufzuschlüsseln euer Sein auf dieser Erde und unser Werk an euch. Euer Werk der Verständigung mit uns hat Tragweite auf dieser Erde für die Weite dieses Universums. Ihr seid die, die hier handeln in der Weite. **Ihr handelt nicht für euch allein, wisset, ihr handelt nicht für euch allein. Ihr handelt hier für die Weite des Universellen. Ihr handelt für die Prinzipien der unterschiedlichen Galaxien.** Wir nennen dieses die Bibliothek, die ihr tragt. Ihr verbindet auf euren Wegen das, was das Universum im großen Abgeschlossenen in sich trägt. Versteht, versteht: ihr seid die, die auf ihrem Weg auf dieser Erde das Universum in sich gefunden haben. Dies drückt sich aus durch die Spannungsfelder, die ihr spürt und wahrnehmt. Dies ist das, wovon ihr gesprochen habt in eurer Runde und an eurem Tische dort. Ihr habt gesprochen von den Spannungsfeldern, in denen ihr euch bewegt [... unser Gespräch vor der Durchgabe]. **Ihr erlebt die Spannung des Universums gänzlich in euch. Das ist es, was euch mittlerweile ausmacht. Ihr habt verlassen ein Prinzip und habt euch geöffnet gänzlich für dieses Universum [... und damit für die unterschiedlichen, in sich abgeschlossenen Prinzipien]. Ihr seid dieses geworden über viele, viele Zeitabläufe über tausende und abertausende von Jahren zu diesem Universum.** So ist ein jeder von euch ein Universum und so seid ihr die, die weit mehr in sich tragen als die, die sind das Prinzip gänzlich allein in den Universen, in den Galaxien auf den Planeten. Ihr seid die, die einst verlassen haben ihre Bereiche des Prinzipes "Andromeda".

Wir nehmen hier das Prinzip Andromeda [als Beispiel], denn dieses ist in der Vorwiegendheit in diesem Kreise hier vertreten. **Das Prinzip Andromeda ist dieses, was ihr nanntet und nennt das Prinzip der Leichtigkeit, der Weite der Wanderschaft, des Verbindens im Prinzip Licht-Tragen und Verstehen. Dieses Prinzip ist und war euch zu eigen. So liegt hierin auch das Prinzip der Heilungskraft, das Prinzip des Sich-Heilens, das Prinzip Heilungskräfte-in-Lichtbahnen geben und das Verstehen auf den Weg zu schicken.** So ist dies das Prinzip, das ihr in euch tragt und über das ihr euch in Verbindung bringt wiederum mit denen, die das Prinzip weiter ausformuliert haben, weiter auserforscht haben, weiter ausentwickelt haben auf ihren Ebenen, ihrem Sein und Zustand. So habt ihr Kontakt mit dem Bruder Gryconne und er ist der, der euch lehrt in eurem eigenen Sein.

Wir lehren euch in der Gänzlichkeit eures Seins, denn wir sind die, die hier Anstoß gegeben haben, wie die Kugel gibt einer anderen Kugel den Anstoß, um sich in Bewegung zu setzen. So sind wir die, die in die Bewegung gegangen sind durch euch und mit euch und die euch den Anstoß gegeben haben, euch in die Entwicklungsbahnen zu geben. **Versteht, ihr seid die, die gegangen sind auf diese Erde aus dem Ruf und dem Wunsch der Schöpfung selbst, um Prinzipien zu verbinden, Universen zu schaffen aus dem Minimum, aus der Miniatur, aus dem Mikrokosmos.** Ihr benennt das mit den Begriffen Makrokosmos und Mikrokosmos. Der Makrokosmos ist etwas, was existiert gänzlich. Und ihr seid die Erschaffer des Mikrokosmos und somit tragt ihr den Makrokosmos in euch.

Ihr seid gegangen auf diese Erde, um euch zu geben, euch zu finden, euch zu suchen im Weiten, in der Größe, in der Gänzlichkeit dieses Seins und **so habt ihr das Vergessen gewählt.** So hat es die Schöpfung vorgesehen und ihr wart einverstanden damit, auf eure Art und Weise zu vergessen, einfach zu vergessen, euch nicht zu erinnern an das, was ihr wart und an das, was ihr seid - und so seid ihr auf dieser Erde.

Aus unserer Lust an Forschung, aus dem Spiel, aus der Hilfestellung heraus für euch war es unsere Aufgabe, euch wie die Kugel anzustoßen auf diesem Weg des Vergessens [Anm: der Anstoß war in unserer Alltagssprache ein Fußtritt]. Und so waren wir die, die das Amt [des Anstossens] übernommen haben - mehr aus der Leichtigkeit als aus der Bewußtheit. Wir haben das getan nicht in der Bewußtheit sondern aus dem Spiel. Wir haben gesehen die Kugel und wir sind gegangen und haben sie angestoßen aus unserer Leichtigkeit. Denn dies ist das Wesen unseres Seins. Versteht, wir leben gänzlich in diesem Prinzip. Und es ist die Freude für uns, dieses Prinzip zu sein. **Doch wir haben nicht verstanden die Gänzlichkeit dieses Universums. Wir sahen nur unser eigenes Sein und unseren Wunsch zu erforschen, zu erkennen, zu berühren. Wir wollten sehen, was ergibt sich aus dem einen, wenn ich gebe hier das Feuer und wenn ich dort gebe das Wasser und wenn ich verändere die Struktur. So haben wir verändert eure Struktur gänzlich. Wir haben versucht zu erkennen was geschieht, wenn wir das wegnehmen, was in der Gänzlichkeit ist. Wir haben abgetragen eure genetischen Strukturen** - dies ist euch bekannt, es ist euch bewußt durch die Schwestern und die Brüder, durch die wir hier die Worte geben auf diese Erde und an eure Ohren. So seid ihr aufgerufen zu verstehen. So geht, sagen wir, geht, begreift und versteht euch.

**Wisset, daß wir nicht mehr im Wohle sind mit diesem unseren Sein und Tun. Denn dieser Weg und Prozeß, den wir gegangen sind, hat uns ebenfalls gezeigt, daß wir im Vergessen sind. Wir haben erkannt, daß viel mehr in diesem Universum existiert, als der Bereich der Plejaden.**

> „Wir gingen mit euch Menschen um wie mit niedrigem Getier"

So wart und seid ihr aufgerufen mehr zu begreifen als das, was ihr seid in der Einfachheit. So sind wir gegangen und wir haben unsere Grenzen weit überschritten. Ja, wir taten dies in der Leichtigkeit, wir taten dies aus dem Prinzip, das wir verkörperten. **Wir gingen mit euch um wie mit niedrigem Getier.** Ja, wir haben experimentiert, so wie ihr experimentiert [mit weißen Mäusen und] in der Genforschung, so wie ihr experimentiert und forscht auf der Erde, um gänzlich zu verändern die Gene und das Leben. Ihr tut dieses in den feinstofflichen Bereichen seit langer Zeit bereits. Ihr sucht zu verändern und dem Anderen euer eigenes Sein zu geben. Dies war eine weite Strecke eurer Versuche, um euer eigenes Sein und eure eigene Struktur einem anderen Menschen einzuimpfen. Ihr seid umhergegangen und habt geglaubt, jeder müßte so sein wie ihr. Und wisset, in dieser Art und Weise habt ihr gefunden unser Prinzip. Ihr seid schon eine lange Zeit dabei, dies mit euren Magien zu erforschen und zu verstehen. Ihr habt einen anderen Weg gewählt als wir, doch ihr habt zu demselben Verhalten gefunden wie wir. Wir verkörpern die Leichtigkeit der Macht und wir experimentieren [damit]. Ihr hattet ein anderes Motiv, ihr hattet eine andere Art des Vorgehens, doch wenn wir es anschauen bei Licht, müssen wir sagen, ihr habt unser Prinzip gefunden. Wir danken euch dafür, daß ihr dieses Prinzip auch in euch tragt. Ihr tragt dieses auch in euch, wie ihr das Prinzip des Marsianischen in euch tragt ebenso. Ihr habt es gefunden auf eurem Weg, ja, ihr habt es gefunden, ihr habt es genommen und ihr seid dieses Prinzip - ebenso wie ihr das Venus-Prinzip seid. Das Prinzip Venus seid ihr ebenfalls, so wisset um dieses Prinzip, das ihr seid, ihr seid [noch] weit mehr. Das Erforschen auf eurem Weg hat euch die Möglichkeit gegeben, diese Prinzipien in euch zu begreifen und deshalb seid ihr uns voraus.

**Ihr seid uns weit voraus mit dem was ihr in euch tragt. Ihr seid nicht mehr [nur] in der Leichtigkeit, ihr seid in der Berührung und im Verstehen. Wir wünschen zu lernen von euch. Wir sind hier, um die Hände zu öffnen und zu sagen: Laßt uns lernen von euch, laßt uns verstehen durch euch, laßt uns mit euch sein, laßt uns sprechen mit euch. Denn wir möchten verstehen das, was die Berührung ist.**

Viele von uns sind gegangen den Weg ebenso, zu inkarnieren auf dieser Erde und sind gänzlich in das Vergessen gegangen. In das Vergessen gänzlich zu gehen, um [alles ganz neu] zu erforschen - das ist es, was die Menschenseelen ausmacht und diese Bibliothek. Wir hatten keine Ahnung, versteht dieses, wir hatten keine Ahnung! Viele von uns sind unterwegs [ich vermute "nicht-inkarniert"]. Wir sind wiederum im Beobachten, wir sind im Erforschen und wir spüren, wie berührt sie [ich vermute "inkarnierte Plejadier"] sind und wie sie dieses Licht, dieses Gefühl, dieses Miteinander, diesen Frieden, diese Liebe, dieses Einverstandensein mit dem eigenen Sein in sich finden mehr und mehr.

**Und so wie ihr euch entwickelt, wie ihr geht, so dürfen auch wir gehen. Denn ihr geht für uns, ihr geht für uns, wisset, ihr geht für uns. Ihr geht für uns und ihr seid Teil von uns, wie wir Teil von euch sind. Denn versteht, ihr habt dieses Prinzip [eine neue Einheit zu in**

**uns zu schaffen, aus verschiedenen Sternenrassen-Prinzipien und die Berührung] gefunden, ihr habt es gefunden und wenn ihr dieses anschaut bei Licht, dann seid ehrlich, ihr müßt ehrlich sein, ihr müßt sagen zu euch, ja, dieses tragen wir auch in uns.** Und so ihr geht diesen Weg, den ihr geht, in der Bereitschaft, in der Weite, geht ihr in der Göttlichkeit. Ja, ihr geht im Frieden, in der Liebe und dem Licht. Ja, so sind wir in der Lage, uns in die Berührung zu geben mit euch. Nicht aus der Ängstlichkeit, nein, aus dem Verstehen des Miteinander. **Denn ihr gebt uns und dem Universum die Möglichkeit, das zu verstehen, was Einheit ist. Ihr seid die, die Einheit erzeugt haben.** Ihr seid die, die diese Welt und dieses Universum führen werden in das Zeitalter des Goldenen. Das goldene Zeitalter, so nennt ihr dieses. Ihr geht in die Weite und in den Frieden für eine gewisse Zeit, bis eine neue Aufgabe auf uns wartet. Ihr habt dies bewerkstelligt durch euer Sein und euren Weg und die Art und Weise wie ihr über Polarität und Vergessen vorangegangen seid und euch erkannt habt in den [Spiegeln] des anderen. Dies war der Weg und dies war die Leichtigkeit, die Schwere und der Schmerz.

**So habt ihr gefunden in der Tiefe eures Seins das gänzliche Universum. Und ihr habt gefunden uns und wir haben gefunden euch und ihr habt gefunden euren Ursprung und wir haben gefunden unseren Ursprung. Ihr habt uns geholfen zu verstehen, was es bedeutet in der Begrenzung zu sein, in der Macht der Begrenzung zu sein und so lernen wir. Wir lernen, indem wir hier sind und um Frieden und um Verstehen bitten, so wie ihr euch öffnen mögt für uns. In den vergangenen Stunden habt ihr dieses getan. So hatten wir die Möglichkeit, uns euch näher zu bringen. In diesen vergangenen Stunden habt ihr etwas bewirkt, was in der Größe für dieses Universum ist [nämlich Frieden zu schließen mit den Plejadiern].**

Versteht, geht in die Leichtigkeit, spürt die Weite, spürt das Universum, sagen wir euch. Spürt die Weite. Ihr seid das Universum. In diesen Stunden, in denen ihr euch gegeben habt das Verstehen und das Einverstandensein, uns zu berühren und mit uns im Frieden zu sein, habt ihr uns bewegt und berührt. Dies gibt uns den Frieden, das Verstehen und die Möglichkeit, durch die Gnade eures Seins und durch eure Bereitschaft im Frieden mit uns zu sein, das in uns zu spüren, was ihr "Gefühl" nennt. Es ist das, was ihr das Berühren und die Bereitschaft nennt. So habt den Dank, habt den tiefen Dank von all jenen, die hier mit mir sind. Denn sie danken euch auch, sie danken euch in der Größe, sie danken euch von ganzem Herzen.

> „Ihr Menschen erzeugt die Einheit!"

Wir sind mittlerweile bereit, dank eures Weges, das Herz zu spüren, die Freude und die Liebe zu euch. Wir spüren nicht mehr die Schuld. Denn wisset, lange Zeit haben wir getragen diese Schuld ebenso in uns. Wir haben die Schuld des "Grenzüberschreitens" in uns getragen. So haben sie [vermutlich die Ätherischen] uns gesprochen: Geht, geht und löst eure Grenzen. Wir hatten keine Ahnung, wie wir dieses tun sollten. Wir hatten Ahnung, wie wir gehen sollten. Wir hatten keine Ahnung, wie wir uns mit euch in die Berührung bringen sollten. Doch durch euren Weg, der euch jetzt höher führt in die höheren Oktaven und der euch und uns die Möglichkeit gibt, in die Berührungen des Verstehens zu gehen, ist dieses gänzlich möglich nun. **Es ist der galaktische und der intergalaktische Rat anwesend, denn diese Stunde ist in der Bedeutung. Sie ist einfach in der Bedeutung, versteht dieses. Es ist in der Bedeutung: Es ist der Frieden!**

So ist dieses Wort, das ich euch spreche, das Wort des Ersten. Ich werde wiederkommen. Ich werde nun aus diesem Instrument gehen. Denn es ist nicht unbedingt in der Gewöhnung, dieses Instrument, mit der Art und Weise des Vorgehens meines Wesens und meiner Energie, um dieses in die Formulierung zu führen. Ihr wißt um die Erinnerung, die dieses Instrument in sich trägt ["Mißbrauch" durch die Plejadier war Gaby's Urtrauma]. Ich bin im Glück und im Frieden, denn diese Seele ist im Frieden [mit uns]. Sie ist im Frieden und in der Leichtigkeit und ich hoffe, daß sie in die Weite gehen wird. Ich werde sie bitten, gänzlich in die Weite zu gehen, denn ich werde sprechen nach eurem Wunsch und nach meinem Wunsch mit euch, wir werden weiter in das Gespräch gehen.

**So war dies das erste, nämlich daß der intergalaktische Rat und wir, die Plejadier, euch bitten wollen um den Frieden. Wir wollen euch sagen, wir sind im Frieden. Wir sind nicht [mehr] in der Schuld, wir sind auch nicht in der Macht mit euch, nein, wir sind dieses nicht, wir sind dieses nicht. Wir sind gegangen den Weg der Schmerzen auf unserem Weg ebenso, denn wir hatten keine [andere] Möglichkeit. Wir hatten keine Möglichkeit zu verstehen - über lange, lange Zeitabschnitte hinweg. Denn ihr wart noch nicht so weit, ihr wart noch nicht bereit, es war euer Weg noch nicht [vollendet]. So haben wir Demut gelernt. Wir haben gelernt Stille. Wir haben gelernt das dienende Prinzip. So wart ihr diejenigen, die den Schritt und den Weg für unsere Entwicklung vorgegeben haben. Durch eure Entwicklung und durch euer Tempo habt ihr den Weg vorgegeben, versteht das. So haben wir uns begeben müssen auf unsere Ebene und wir waren diejenigen, die verstanden haben, über lange Zeitabläufe, was es bedeutet zu dienen, was es bedeutet in der Stille zu sein, was es bedeutet im Verstehen zu sein. Und so gab es zu Beginn gar viele Minuten und Stunden, wo wir gerne [zu euch] gegangen wären und euch gerüttelt hätten, gesagt hätten: werdet wach, werdet wach, berührt uns, versteht uns, wir wollten dieses nicht, wir wollen dieses nicht! Und im Laufe dieser Zeiten, in denen wir uns erinnert haben, in denen wir uns dort erinnern mußten - wir hatten keine andere Wahl - hatten wir Gelegenheit, unseren Weg zu reflektieren und wahrzunehmen, damit wir euren Weg wertschätzen konnten und das, was wir auf eurem Weg verursacht haben.**

**So ist unser Wunsch der Friede, es ist der Friede unser Wunsch und so tragen auch wir Stille, Friede und Liebe in uns. So tragen wir dieses in euren Kreis.** Und so danken wir, wir danken für die Bereitschaft, für eure Bereitschaft, euch uns anzunähern. So sind wir bereit, [mit euch] weiterzugehen das eine oder andere Mal, so euer Bruder Gryconne uns Raum und Zeit gestattet, damit wir durch dieses Instrument wirken und sprechen können ein anderes Mal. So sind wir bereit wiederzukommen, wenn ihr uns hier in diesem Kreise sprechen lassen wollt. So werden wir jetzt gehen aus diesem Instrument, denn wir wollen es nicht erschrecken. Wir wollen es für uns in der Bereitschaft und im Frieden und in der Offenheit bewahren. Und wir wollen es heiligen, wir wollen es heiligen, wir wollen es heiligen. Wir lieben euch, ihr Geliebten, wir lieben euch, wir lieben euch. Es sprach zu euch die aus den Plejaden mit dem Namen Nyria.

Wir: - Gott zum Gruße, wir lieben euch.

***

Ja, so sind wir den Plejadiern ein erstes Mal begegnet. Keine Aliens! Es ist schon ein komisches Gefühl gesagt zu bekommen, daß jetzt der intergalaktische Rat in unserem Wohnzimmer tagt. Wir finden uns plötzlich in Rollen von kosmischem Ausmaß. Wer sind wir, daß wir mit einer außeririschen Rasse von solchem Kaliber wie den Plejadiern Frieden schließen können? - Wir kleinen Menschenkinder, die in der Dunkelheit des Vergessens spielen. Da relativiert sich das eine und andere Alltagsproblem beträchtlich. Und dann sagen sie noch zu uns: "Ihr Menschen seid uns weit voraus ..." Haben wir vielleicht in unseren vielen, vielen Inkarnationen etwas geschaffen, was uns gar nicht bewußt ist, aber von großem Wert im Universum? Warum klatschen uns die Wesen auf den oberen Rängen des Universums Beifall für Dinge und Taten, für die wir uns selbst verachten und mit Schuld beladen? Sollten sie uns nicht schimpfen? Anhand solcher und ähnlicher Durchgaben wird mir bewußt, daß hier völlig unterschiedliche Wertesysteme vorliegen.

Nyria ist inzwischen eine dicke Freundin, wenn man das so sagen kann. Sie spricht in fast jedem unserer Kurse zum Ende und kommentiert auf ihre witzige und sehr tiefgehende Weise unsere Arbeit. Sie wird auch im Weiteren nochmal vorkommen.

# Das Tor des Vergessens

Nachdem die Akteure, die Sternenbrüder und die geistigen Wesen, nun vorgestellt sind, wenden wir uns nun dem Beginn von Projekt Erde zu. Dieser Beginn ist gleichzeitig der Anfang des Menschseins - so wie wir uns kennen.
Die meisten Religionen erzählen zu diesem Thema ihre eigene Version. Die christliche Darstellung handelt von der Vertreibung aus dem Paradies. Adam und Eva aßen verbotenerweise den berühmten Apfel der Erkenntnis und wurden dann mit Schimpf und Schande auf die Erde verbannt, wo vor allem die Frauen ihre Schuld abbüßen sollten. So wird das unseren Kindern noch heute in der Schule beigebracht. Mit dem Paradies mag man noch die 5te Dimension analog setzen. Verbot und Schuld sind Interpretationen der Kirche. Welchen Sinn dies dennoch machte, sehen wir später. Die Sternenbrüder erzählen eine etwas andere Geschichte:

Urschöpfer hatte eine neue, weiterführende Entwicklungsidee für das Universum. Er wollte den tiefsten und dunkelsten Oktaven seiner selbst Ausdruck verleihen, sich so auch erkennen. Er wollte sehen, was mit seinen Geschöpfen geschieht, wenn sie ihre Herkunft als lichte Wesen vergessen. Was würde sein, wenn die Kerze des Lichts ausgeblasen wird? Würden die Unsterblichen aus sich selbst heraus das Licht wieder finden? Und wie würden sie das anstellen? Wie wäre es möglich, die Eigenschaften verschiedener 5D-Sternenrassen in einer neuen Rasse zu vereinigen?

Es sind dies menschliche Fragen, Gott in den Mund gelegt, um seine Idee annäherungsweise zu verstehen. Natürlich ist er nicht der kalte Experimentator, als der er in diesen meinen Formulierungen erscheinen mag. Er ist Licht und Liebe in reinster Form. Die Frage, die mich beschäftigt und auf die ich noch keine Antwort weiß, lautet: "Lohnt sich all der Schmerz, das Leid, die Greuel dieser Erde für dieses Ziel des Neuerschaffens einer neuen Wurzelrasse aus der dunkelsten Frequenz heraus?" Aber ist das nicht eine ähnliche Frage, die sich eine Mutter stellen könnte: "Hat es sich gelohnt, mein Kind unter Schmerzen zu gebären?" Wenn das Kind in ihren Armen liegt, stellt sie sich diese Frage nicht mehr, denn sie ist beantwortet und ihr Herz ist voller Liebe. Wir werden in der Bälde sehen, was beim Projekt Erde herauskommt. Derzeit liegt die Mutter (Erde) in den Wehen, so sprechen die Ätherischen (Ende 98).

> Was passiert mit Sternenbrüdern, die ihre lichte Herkunft vergessen? - Sie erschaffen die Erde!

Urschöpfer brauchte für seine Pläne einen Planeten, der selbst bereit war in die Dunkelheit zu gehen. Erde war es. Und er brauchte Sternenbrüder, die freiwillig bereit waren, in diesem Projekt zu dienen. Und als diese Frage, wer mitmachen möchte, im Raum stand, da warst Du Leser ganz vorne mit dabei - sonst würdest Du dieses hier gar nicht lesen. Allerdings war den Sternenbrüdern zu diesem Zeitpunkt nicht bewußt, auf was sie sich da eingelassen hatten, sie waren nur bereit, der Schöpfung auf diese Art und Weise zu dienen. Machen wir eine Analogie dazu: Eine Anzahl Personen beschließt ein Abenteuer zu erleben, etwa einen Dschungel zu durchqueren. Jeder erlebt auf diesem Weg gemäß seiner Individualität etwas anderes. Der eine kommt ohne Probleme durch und ist recht früh am Ziel (verläßt den Inkarnationszyklus und wird Schutzgeist). Ein anderer tappt von einem Problem ins andere. Er macht die dunkelsten Umwege, verirrt sich gelegentlich und ist verzweifelt. Er erschafft aus sich selbst und seinem Weg heraus die größten Abenteuer und Herausforderungen, natürlich leidet er auch am meisten. Wer bringt die größten "Geschenke" mit nach Hause? Derjenige, der den einfachen oder den harten Weg nahm? Die Bibel hat hier eine schöne Geschichte bereit, nämlich die mit dem verlorenen Sohn, wo es dann heißt: "Es wird mehr Freude sein im Himmel über den einen zurückgekehrten Sünder (harte Abenteuer erlebt), als über die 99 zu Hause gebliebenen Gerechten." Das kommt der Sache wohl recht nahe.

Weiter mit dem roten Faden: Von allen möglichen Sternenrassen kommen in einem Zeitraum, der weit vor unserer Geschichtsschreibung liegt, die Freiwilligen auf der Erde an. Kein Problem für 5D-Wesen mit Lichtkörpern, sich durch den leeren Raum in Gedankenschnelle zu bewegen. Zeit der Ankunft, das Goldene Zeitalter genannt oder die Alpha-Zeit. Alles noch frohgemut und gut gelaunt. Die Erde war fruchtbar und schöner als mancher Heimatplanet. Erde ist ein Juwel im Universum, so wird gesprochen. Die (über-)natürlichen Fähigkeiten der Sternenbrüder waren noch ziemlich gut erhalten und es war ihnen möglich, Kontakt mit Zuhause zu halten. Sie wußten noch, wer sie waren und woher sie kamen. Atlantis, Taklamahan und Yucatan waren bevorzugte Landeorte, damals noch mit anderem Klima als heute. Eine erste Lebensspanne in der Phase, in der Sternenbrüder immer dichter, materieller, menschlicher wurden, konnte leicht 1000 Jahre erreichen.

So und jetzt kommt der Hammer! Die Zeit der Dunkelheit begann und jeder Einzelne wurde auf eine sehr individuelle Art durch das Tor des Vergessens geworfen. Zum ersten Mal in ihrer unsterblichen Existenz erlebten die Sternenbrüder, daß die Dunkelheit stärker war als das Licht. Und das war wirklich der Hammer! Es war das, was wir "Urtrauma" nennen.
Es würde ein ganzes Buch füllen, woll-

te ich all die Geschichten erzählen, die Schutzgeister erzählt haben. Fast immer wird in einer Schutzgeistsitzung das Urtrauma ausführlich dargelegt. Ich werde mich hier auf einige wenige Geschichten beschränken, teils im Orginaltext der Durchgabe, teils kurz nacherzählt.

Doch zunächst mag die Frage auftauchen, woher kam die Dunkelheit? Ihrem Wesen nach kann sie ihren letzten Urgrund nur in Gott selbst haben. Das ist eine wichtige Erkenntnis, wenn auch etwas verkürzt dargestellt. In Gott sind Polaritäten von Licht und Dunkelheit vereint und aufgehoben in Liebe. Dunkelheit gibt es in Gott nicht mehr als das, was wir unter unserer Dunkelheit hier verstehen. Erst in der tiefsten Frequenz von 3D-Polarität entstehen einzelne, getrennte und widersprüchliche Pole. Begrifflich scheint es mir wesentlich, zu unterscheiden zwischen dem "3D-Licht" als den einen Pol der aufgespaltenen Polarität, der die Dunkelheit bekämpft und dem "5D-Licht", das dann ist, wenn die Pole sich wieder vereinigt haben oder nie getrennt waren. Unter diesem Blickwinkel sind gut und böse zwei gleichwertige und austauschbare Pole. So läßt Goethe seinen Mephisto sprechen: "Ich bin ein Teil von jener Kraft, die stets das Böse will und doch das Gute schafft." Umgekehrt wäre es genauso stimmig: "Ich bin ein Teil von jener Kraft, die stets das Gute will und doch das Böse schafft." Erst in der Vereinigung und Aufhebung der Pole Gut und Böse entsteht wieder das dritte, übergeordnete 5D-Licht. Hierzu einige Erläuterungen von Gryconne (Andromeda):

***

März 1998

Gryconne:
... ihr möchtet ein Ergebnis erhalten, eine Markierung auf eurem Weg, so daß ihr Orientierung findet und eure Bereiche abgrenzt von solchen Bereichen, die nicht zu eurem Weg gehören. Ja, auch diese [nicht zu uns gehörenden] Bereiche gibt es. Und zu diesen Bereichen wünsche ich zunächst in dieser Stunde zu sprechen. Und so erlaube ich mir vorab das Wort zu richten hin zu euch.

Sehet, so war euch gesprochen, daß diese Erde aufbricht und daß sie in das Sich-Wandeln geht. Im Stofflichen wie im Feinstofflichen eurer Erde ist die Manifestation des Lichtes in einem großen Voranschreiten. Dies bedeutet, daß gar viele sich bereiterklären, sich in den Prozeß der Wandlung einzulassen, auf daß die Klarheit der eigenen Energien und die Transformation des Eigenen stattfinden möge. Diese, die sich bereit erklären, sind Suchende wie ihr.

> „Das Licht kämpft niemals gegen die Finsternis"

Hier gibt es gar viele unterschiedliche Wege, in das Finden, in das Sich-Finden, zu gehen. Dennoch ist einer jeden Seele, die diesen Weg zu gehen bereit ist, etwas gemeinsam: **Der Wunsch und das tiefe Verlangen, die Liebe zu erfahren, in der Liebe zu sein, im Frieden und in der Stille mit dem Eigenen und somit mit der Erde und mit diesem Prozeß, der stattfindet.** In diesem Punkt stimmt Wunsch und Sehnsucht gar vieler Erdenmenschen zur Zeit und Stunde überein. Sehet, auf der anderen Seite gibt es gar viele, die sich gefangenhalten in den Welten der Strukturen, in den Welten der vermeintlichen Objektivität und die sich ansinnen, sich in die Befreiung der Energien zu begeben. Diese werden gesteuert von den Elementalen dieser Erde. **Es ist ein großer Kampf auf diesem Erdenrund. Dieser Kampf herrscht nicht zwischen [5D-]Licht und Schatten.** Nein, es ist ein Kampf, der herrscht zwischen der Dunkelheit und den dunklen Elementen und der Angst, der Not, dem Tod und dem Zweifel. Denn **der Zweifel und die Angst wünschen zu schaffen neue Energiemöglichkeiten und energetische Verhältnisse, um sich zu ernähren.** Dies bedeutet, daß der Krieg sich ausbreitet, im Stofflichen wie im Feinstofflichen. Wisset, dies ist nicht ein Krieg zwischen Licht und Liebe einerseits und der Dunkelheit andererseits, nein! Wisset dieses, wisset dieses, wisset dieses. **Es ist nicht in der Wahrhaftigkeit anzunehmen, daß die Liebe und das Licht im Kampf sind mit der Finsternis, nein.** Nein, nein, nein. Ich wiederhole dieses, **prägt euch dieses ein**, nehmt es ein wie die Essenz des Lichtes und der Wahrhaftigkeit und der Weisheit. **Licht und Liebe gehen niemals in den Kampf mit der Finsternis, nein. Denn Licht und Liebe haben das eigene Dunkle in sich gewandelt. Sie haben gewandelt die eigene Vergangenheit, [die Schatten ihrer Seele] auf ihrem Weg über die Erde, wo sie die [3D-]Schöpfung erschufen. Gott ist nicht im Kampf mit dem, was ihr nennt den Teufel.**

Der **Teufel**, der das Zwiespältige eures Seins repräsentiert, ist eine in der Vielfältigkeit erschaffene Figur, die das Erdenelemental ausdrückt. **Diese Energie ist im Kampf mit sich selbst.** Denn sie ist in der Not, in der Angst und in der Panik in sich selbst. Denn es kann auf dieser Erde das Sich-Ernähren aus der Macht , der Unterdrückung und der Angst nicht mehr stattfinden. So multipliziert diese Energie [des Dunklen] ihr Eigenes. Sie findet immer wieder Seelen, die sich für die [dunklen] Energien öffnen, so daß weiterhin Unverstehen, Tod und das Hand-Anlegen an andere Seelen stattfindet.

Diese Situation beobachtet ihr auf der einen Seite. Es ist kein Trugschluß, wenn ihr diesbezüglich eine hohe Multiplikation [des Dunklen] wahrnehmt. Und wisset, dies ist möglicherweise noch lange nicht der Höhepunkt. Und auf der anderen Seite begegnet ihr Licht, Liebe, Friede und Stille. Dies ist jedoch nicht die Dualität, wenn sich Licht und Liebe einerseits und Angst und Krieg andererseits begegnen. Nein, die Aspekte der Dualität sind lediglich vorbehalten den Energien der Erdelementale, den Energien der Angst des Nichtverstehens. Diese wiederum sind aus ihren kriegerischen und rachevollen Gedanken bestrebt, neue Seelen zu rekrutieren, auf daß die Herrscher [die Illuminaten?] größer werden und die Herrschaft über die Erde antreten können. Sehet, dieses bedeutet die Teilung der Erde. **Denn jene, die gehen in das Licht und in das Verstehen, sind im Frieden und in der Liebe mit Angst und Krieg und in der Barmherzigkeit des Verstehens. Liebe ist barmherzig und gütig in ihrem Verstehen. Sie verurteilt nicht das, was geschieht. Vielmehr beinhaltet sie [das**

**ehemalige Dunkle] bereits seit langer Zeit aus den Aspekten der eigenen Wandlung. Und somit entsteht hier nicht der Unfriede und nicht die gegenpolare Kraft.**

***

Durch welche Werkzeuge stellte sich die Dunkelheit ursprünglich auf der Erde dar? Sie hatte im Wesentlichen zwei Quellen:

1) In den Bereichen der "Zwischenerde" begannen sich dunkle Kräfte und Wesenheiten zu formieren und an die Oberfläche zu gehen. Mit "Zwischenerde" bezeichnen die Ätherischen die Gesteinsschichten der Erde. Es entstanden Krankheiten, schwarze Erdmagie, Erdgeister.

2) Die Rasse der Plejadier spielte eine herausragende Rolle beim Ins-Vergessen-Gehen. Sie taten dies zum einen durch ihre besondere Begabung für Energiemanipulationen. Damit ist gemeint, daß sie eine magnetische Isolierschicht zwischen Emotional- und Mentalkörper zogen, die bei den Betroffenen eine über alle weiteren Inkarnationen bleibende Trennung von Gefühl und Verstand bewirkte. Zum anderen kennen sich die Plejadier sehr gut mit Genmanipulation aus. Die ankommenden Sternenbrüder verfügten über 12 DNA-Stränge. 10 davon stöpselten die Plejadier aus, so daß wir Menschen mit nur 2 DNA-Strängen auskommen müssen. Die restlichen sind zwar noch vorhanden (von der heutigen Wissenschaft als überflüssige „Junk-DNA" angesehen), aber nicht aktiv.

Noch ein kleines Detail am Rande, das aber schon mehrfach inbezug auf die Plejadier Erwähnung fand: Plejadier sind dafür bekannt, daß sie Seelen in Gefangenschaft nahmen. Oft über Jahrhunderte. Das heißt konkret, daß diese Seelen weder leben noch richtig sterben konnten, sondern in einer Art Zwischenebene festsaßen. Diese Technik fand in unserer jüngeren Vergangenheit eine Entsprechung, von der ich bisher nichts wußte. Ich spreche von Blausäuregas wie es bei der Vernichtung der Juden in den KZ's zur Anwendung kam. Dieses Gas bindet die Seelen nach dem körperlichen Tod an die Erde. Sie finden nicht die Brükke des Lichts zu helleren jenseitigen Ebenen. So waren die Grausamkeiten noch größer als gedacht. Die meisten dieser Seelen hängen noch immer dort, wo sie gestorben sind. Es würde hier zu weit führen, zu erläutern, was zu tun ist. Aber wir und andere tun ...

Weiter am roten Faden: Die erste verbindliche Begegnung mit der Dunkelheit war also ein Schock für die Sternenbrüder. Diesen ersten Schock nennen wir das "**Urtrauma**". Es wirkt fort bis zum heutigen Tag und ist für mich in den Therapien oft sehr gut nachvollziehbar und eine große Hilfe, wenn ich die entsprechende Schutzgeistsitzung kenne.

> Der Eintritt in die polare Welt erfolgt über das individuelle Urtrauma

Mit dem Urtrauma endet die Zeit der Ankunft und es beginnt für jeden ehemaligen Sternenbruder der Abstieg durch das Tor des Vergessens, hinein in seine Inkarnationszyklen. Das Jenseits entsteht in der Seele der Erde - auch etwas Neues und Ungewohntes für die Sternenbrüder. Tod, Angst und Zweifel war ihnen bis dahin unbekannt. Solche Qualitäten hielten sie für genauso unmöglich, wie viele Menschen heute eine Transformation des Bewußseins in die 5te Dimension für unvorstellbar halten.

Das Wesentliche am Urtrauma ist nicht unbedingt das besonders Grausame, an heutigen Maßstäben gemessen, sondern das Andere, Ungewohnte, Unbekannte. So gibt es Urtrauma-Geschichten, die eher harmlos erscheinen. Nehmen wir ein paar Beispiele:

1) Ein Engelwesen kommt über die Zwischenstation eines 5D-Planeten zur Erde, um am Projekt Erde teilzunehmen. Er bildet in der Zeit der Ankunft eine Art Zentrum für Andere. Nach und nach gehen diese ins Vergessen, wollen seine Botschaften nicht mehr hören und wenden sich ab. Er versteht nicht, was vor sich geht, fühlt sich unwürdig, unfähig und nicht mehr anerkannt. Das gibt ihm Wut, Minderwertigkeitsgefühle, Machtstreben im Keim. Und genau darum geht es in der Therapie im Kern. Denn noch heute kann er im Unbewußten nicht verstehen oder gar akzeptieren, was das Ganze soll.

2) Ein Sternenbruder in der Zeit der Ankunft innerhalb einer sozialen, friedlichen Gemeinschaft bekommt den Auftrag, einen Sack hochschwingender Samenkörner in ein anderes Dorf zu tragen. Der Weg ist lang und er spürt seinen Körper immer dichter und den Sack immer schwerer werden. Er ist froh, als ein Vogel ein Loch hineinpickt, so daß die Körner davonrieseln. Als er ankommt, ist der Sack leer. Die Körner waren als Heilmittel gedacht für kranke, sich bereits im Vergessen befindliche Menschen. Erst jetzt, als er die Kranken sieht, wird ihm bewußt, daß er Verantwortung hatte. Schuld zieht ihn durch das Tor des Vergessens. Er kommt wegen zwanghaften Verhaltens zur Therapie. Verständlich, daß er heute in übertragenem Sinn täglich mehrmals alle Samenkörner nachzählt.

3) Zeit der Ankunft. Sternenbrüder noch im friedlichen Miteinander. Einer aus der Gruppe kommt von einer Reise zurück und sagt, daß man eine Mauer um das Dorf bauen müsse. Das findet besonders einer, um den es jetzt geht, überhaupt nicht gut. Das Universum ist stets offen, meint er. Mauer wird trotzdem gebaut. Menschen im Vergessen und in der Not kommen und bitten um Hilfe. Konflikt in der Gruppe, was tun? Besagter Sternenbruder öffnet das Tor im Vertrauen. Notleidende kommen herein, schlagen alles kurz und klein und nehmen das Brauchbare mit. Vertrauen enttäuscht, tiefe Schuld und Angst bei unserem Sternenbruder, der jetzt ins Vergessen geht. Er hat seither bis heute das Problem einer übertriebenen Abgrenzung. Er läßt niemanden an sich heran, ausgedrückt schon ganz körperlich durch entsprechende Fettpolster. Natürlich führt das zu Frust in Beziehungen, Trennungen, Einsamkeit. Daß er im Horoskop eine besondere Steinbockbetonung hat, ergibt sich schon fast von selbst - falls Du Leser mit Astrologie etwas anfangen kannst.

Schauen wir jetzt eine Orginaldurchgabe für eine Klientin an, in der nicht nur das Urtrauma beschrieben wird. Darüberhinaus wird eine ganze Reihe weiterer Themen und wichtiger Aussagen angesprochen, auf die ich erst in den Folgekapiteln eingehe. Die Besonderheit hier besteht darin, daß diese Klientin, diese Seele, eine Besetzung hat, die aufgelöst wird. In einem solchen Fall, der recht häufig vorkommt, spricht nicht der Schutzgeist, sondern immer der Engel Michael. Über "Besetzungen" in einem extra Kapitel. Diese Ablösung fand statt im Rahmen des Ausbildungskurses RTA99/1. Etwa 30 Teilnehmer waren anwesend. Ich hatte mit der Klientin schon 5 RT-Sitzungen gemacht und kam an eine Grenze, wo es nicht weiterzugehen schien. Irgendetwas blokkierte. Und hier der Aufschluß:

***

Oktober 1998

Heilig, heilig, heilig sind die Stunden der Wahrhaftigkeit und der Freiheit. Und so höret, so spricht die Schöpfung: Sie ist gegangen und es ist gesegnet das, was geworden ist, das, was ist und das, was werden wird. So ist herbeigerufen aus dem Wunsch, dem Willen und der Kraft deiner Seele selbst, die Wesenheit aus der Ebene der Engel mit dem Namen Michael. Gott zum Gruße, tiefgeliebte Seele. Gott zum Gruße.

Klientin: - Gott zum Gruße.

Michael:
Tiefgeliebtes Licht und du, die du bist der Schöpfung gleich, ausgegangen aus dem Universum. Gegangen und geworden bist du, dich erschaffend mehr und mehr, dienend dem Göttlichem, dem allgegenwärtigen, ewigen Sein. Sei du gesegnet, sei geheiligt Seele, die du hast gedient so tief auf dieser Erde. Nehme du zunächst den Segen, die Liebe und die Berührung deiner geistigen Führung **Omané**. Nehme du und nehmet ihr [Anwesenden] den Segen der Hierarchien der Engel, die sind in einer großen Anzahl in der Anwesenheit. Ebenso wie jene aus den Bereichen des Prinzipes Ni [siehe Kapitel "Sternenrassen"], jene aus den Bereichen des Prinzipes Hylax, jene aus den Bereichen des Prinzipes Plejaden. Nehmet den Dank und den Segen jener aus den Bereichen des Sirius, aus den Bereichen des Orion, aus den unermeßlich vielen Bereichen des Seins. In der Anwesenheit im Großen ist die Schar derer, die euch begleitet von Wega. Ihr, die ihr gegangen seid, um zu werden, ihr, die ihr hinterlassen habt die Freunde, die Geliebten [auf ihren jeweiligen Heimatplaneten] - diese sind in der Berührung in dieser Stunde mit euch. So wisset, dies ist eine Stunde der Freiheit, der Gemeinschaft und der Liebe. Es ist die Liebe der Grenzenlosigkeit über alle Mauern und durch alle Bindungen hindurch, in der Berührung der Seelen durch alle Dimensionen. Es ist Schöpfung, die sich manifestiert in dieser Stunde. Es ist die Stunde der Freiheit, es ist die Stunde der Unermeßlichkeit und der Grenzenlosigkeit in der Liebe, die ihr traget, ein jeder von euch, tief in seinem Herzen. Somit ist dieses eine Stunde des Ursprungs und eine Stunde des Gewordenseins. Segen auf diese Stunde und Liebe zum Erschaffenen.

> Auch Engel können über 5D-Planeten als Zwischenstation als Menschen inkarnieren

So siehe, Seele, die du gegangen und geworden bist. Siehe, so werde ich sprechen dir in dieser Stunde und ich werde, nach deinem Wunsche und Willen, heben die Schleier, um dir zu geben den Aufschluß über dein Wirken und dir zu geben die Möglichkeit, zu erkennen die Ursprünglichkeit und die Wahrhaftigkeit deines Seins. Und so frage ich dich: Bist du bereit, die Maske abzunehmen? Bist du bereit, daß ich lüfte die Schleier, auf daß du erkennst in der Freiheit dein Wirken und dein Sein und dein Erschaffenes auf dieser Erde in der Größe und in der Schönheit? So bitte ich dich zu sprechen.

Klientin: - Ich bin bereit.

Michael:
**Habe den Dank und nehme den Segen auf deine Worte. So siehe, Seele, so ist dieses die Zeit, in der sich verbindet der Anfang mit dem Ende, auf daß entstehen möge ein neuer Anfang.** Dies bedeutet im Weiteren, daß die Menschenseelen ihr wahrhaftiges Sein zu erkennen suchen. Sie suchen zu verbinden das Irdische mit dem Universellen. Denn die Menschenseele ist eine universelle Seele. So bist du eine, die dieses [ebenfalls] zu verbinden sucht und deine Seele streckt ihre feinstofflichen Hände danach aus. Dies ist die Kraft, die dich führt in diese Stunde. **So wisse, daß an deiner Seite eine Wesenheit ist**, die sich mit dir verbunden hat in den Stunden deines Wirkens und Werdens, in den Stunden deines Erschaffens dieser Erde. [Diese an dich gebundene Seele war dir] Möglichkeit zu dienen der Schöpfung. Sie war dir Möglichkeit, in die niedrigsten Frequenzen der Schöpfung zu gehen. So siehe, diese Wesenheit an deiner Seite, die dich durchwirkt, sie ist in dieser Stunde im Ungehaltenenen. Sie ist in einer großen Furcht um die Existenz des eigenen Werkes. Diese Wesenheit ist eine Werkende, eine Erschaffende und eine, die festhält am Plan dessen, was einstmals begonnen wurde von ihr. So werde ich dir geben das Wort und den Aufschluß um das, was geschah, um das, was geschieht und um das, was möglich sein kann.

**So ist die Ursprünglichkeit deines Seins angesiedelt auf den Ebenen der Engel.** Dein Sein ist das eines Engels. Du trägst die Flügel im großen Schönen, im Feinstofflichen. Nehme du das Bild eines Engelflügels, das du dir erhalten hast - und das eine jegliche Seele auf dieser Erde sich erhalten hat. Doch wisse, es ist gänzlich, gänzlich nur ein Versuch eurer Seelen, zu erkennen die Ursprünglichkeit dessen, was ist die Ebene des Friedens und die Unermeßlichkeit der Liebe. So bist du gegeben worden aus deinem eigenen Ursprung [der immer in Gott selbst zu suchen ist] in die Bereiche der Engel. Wisse um die Berührung der Engel und wisse um die Berührung meines Seins mit dir aus dem Vertrauten und aus dem Ursprünglichen. So bin ich dir der Bote der Wahrheit und der Bote deines Seins. So sei du gegrüßt, Engel, sei du gegrüßt, Schöpfung des allgegenwärtigen, ewigen Seins. So siehe, so ist die Schöpfung gegangen und so bist du gegangen aus dem Wunsche zu werden, zu erschaffen und zu dienen.

So bist du gegangen und du hast dir gesucht einen Ort der Kraft, um deine Aspekte zu manifestieren [in 5D zunächst]. **Du hast dich nach vielen energetischen Verdichtun-**

**gen geführt in die Bereiche des Planetensystemes Ni.** Dieses Planetensystem Ni trägt in sich die Aufgabe der Größe, der Schwere, der Stärke und der Intelligenz. So sind dies Wesenheiten, die in der Lage sind, Elemente zu erschaffen. Mit einem [chemischen] Element meine ich die Verbindung der kleinen Strukturen in den Bereichen eurer Mineralien. So dient dieses [Ni-]Prinzip der Schöpfung und der Universen dazu, zu begleiten ein geborenes Wesen innerhalb der Planetenstrukturen und es gibt Impulse [über chemische Anziehungskräfte] für Kohlenstoff-, Selen-, Quecksilberverbindungen, usw. Diese Aufgabe wird in der Vortrefflichkeit vollzogen durch die Prinzipien des Bereiches Ni. Die Wesenheiten von Ni waren im Damaligen in einer großen Größe und dies bedeutet, daß sie die Physis eines Reptiles tragen. Diese Wesenheiten empfinden untereinander die große Schönheit. Doch betrachtet mit deinen und euren Augen, sind sie abstoßend. Ihr empfindet sie als häßlich. Dies ist Wunsch und Wille dieses Schöpfungprinzipes, das sich ausdrückt in dieser Form für eure Augen und für die Augen Anderer. **Für euch ist diese Schöpfung eine abgrundhäßliche. Ich wähle diese Worte, um zu differenzieren, nicht um zu werten.**

So siehe, so hast du dich gegeben in die Prinzipien dieser Häßlichkeiten, die du im Damaligen nicht als solche wahrnahmst. Du lerntest, studiertest und lehrtest, um zu anderen Systemen zu gehen. Du wandeltest deine Gestalt, um dich den jeweiligen anderen Ordnungen anzupassen. Diese ermöglichte es dir, dein Werk zu vollziehen und deinem Amt gerecht zu werden. Die Blicke anderer Wesen wären in der Irritation gewesen, hätten sie dich in deiner [ursprünglichen] Reptiliengestalt gesehen. Diese Rasse hat im Laufe ihrer Evolution gelernt, ihre Gestalt zu wandeln und sich anzupassen. Dies wird über den Sprachgebrauch dieses Instrumentes bezeichnet als das Gestaltwandlerische. **So siehe, so bist du geworden ein Gestaltwandler.** Du bist einer geworden, der aus dem Wunsch zu dienen gegangen ist hin zu verschiedenen Rassen, Urprinzipien und Planeten, um einzubringen seine Impulsgebung. Du hast Themen geistig geschult wie Elemente, Dichterwerdung und Molekülverbindungen von Atomen. Dies bezieht sich weit über das hinaus, was euch ist die Wissenschaft auf dieser Erde. So hast du diese Existenz vollzogen in einem großen Dienenden. Du hast auf vielen Planeten deinen Fingerabdruck hinterlassen in der Art, wie du gabest einen Impuls des Werdens. Es war dir ein Vertrautes zu wandeln dein Äußeres, um dich einzufinden in die Berührung mit jenen, die dir begegneten. Du nahmst also Gestalten an, die dich ins Vertraute brachten mit jenen, die du aufsuchtest. Zutiefst ist dir inne das Prinzip des Gestaltwandlerischen.

> „Polarität wurde geschaffen, auf daß die Schöpfung sich selbst erkennen möge"

So hast du vernommen im Damaligen - wie gar viele deiner Rasse und gar viele anderer Rassen - daß nun die Erde bereit ist zu dienen der Schöpfung. Sie war bereit zu gestalten und zu werden, um zu gehen in die Schwangerschaft des Planeten, über viele Millionen Jahre. So siehe, so sind gar viele unterschiedliche Rassen gegangen auf diese Erde, um sich zu verbinden mit der Schöpfung. So bist auch du gegangen auf diese Erde, dienend dem Wege deiner Seele, dienend deinem Sein. Du bist gegangen, um in dieser unaussprechlichen Möglichkeit die tiefstschwingendste Schöpfung zu finden. Die Schöpfung sprach: "Ich wünsche, mich zu erkennen in meinen Möglichkeiten." So ist die Schöpfung seither gegangen bis zu diesem Zeitraumsprung [jetzt]. So gab sich die Schöpfung einen weiteren Impuls, der lautete: "Gehe! Gehe und werde und zeige dich mir in all deinen Möglichkeiten dessen, was ich [Gott] hervorbringen kann. Gehe in das Vergessen!" **Das Licht kann sich auf der Ebene der ursprünglichen, einheitlichen Schöpfung nicht als Licht erkennen.** Und so kamen die Torwächter, die Wesenheiten der Ordnung [von Orion], um diesen Schöpfungsimpuls durch das Universum zu tragen und das Abgetrenntsein in Gang zu setzen. **Aus Eins wird Zwei. Und dies bedeutet, Polarität wurde geschaffen, auf daß die Schöpfung [Gott] sich selbst erkennen möge.**

So bist du auf diese Erde gegangen und du hast deinen Fuß gesetzt in ein [zunächst noch] lichtes Land. Du hast deinen Fuß gesetzt in die Bereiche der Fruchtbarkeit und der Schönheit. Du sahest und du fühltest und du sprachest: "Es ist gut. Dieser Weg, es ist ein guter Weg." So hast du gesehen eine Schar derer, die du nicht kanntest. Du hast dich angenähert und so du dich annähertest, so empfandest du den Impuls, dich zu wandeln und dich zu geben in das gleiche Bild, in das gleiche Antlitz derer, die dir begegneten. Du vollzogest hier eine dir vertraute Wandlung [der äußeren Gestalt]. So hast du dich in die Physis und die Form jener gebracht, die diese liebevolle Gemeinschaft ausdrückten in einem Licht, im Hellen. Diese in der Gemeinschaft hatten annähernd das Aussehen eines Menschen heute. So hast du dich angesiedelt und in dieser Gemeinschaft einen Platz gefunden. Du wähltest die Physis einer lichten, einer liebevollen Frau. So brachtest du über die Kraft und die Liebe und die Weite deines Herzens deine Physis in das Angesicht jener. Dies ist dir ein Vertrautes. Du fühltest dich hier keineswegs in einer Unstimmigkeit [wegen dem Gestaltwandel] innerhalb dieser Gruppe. Ihr befandet euch damals im Alphazyklus, in dem, was ihr nennt das goldene beginnende Zeitalter.

Du nahmst deine Rolle und deine Aufgabe ein in einer großen Schönheit. So wie ein jeder dieser Gemeinschaft einnahm seine Aufgabe in einer großen Schönheit. Ihr spracht miteinander über Philosophie und tauschtet Neuigkeiten aus, jeder aus den Bereichen [Planeten] seiner Herkunft und aus dem, was ist das eigene Werk und Amt. Du sprachst über die Möglichkeiten, molekulare Verbindungen auf dieser Erde zu installieren und zu erschaffen und somit neue Substanzen zu erschaffen. Und dies brachte dich in eine Gänzlichkeit, denn du trugest die Pole des Weiblichen und des Schöpfenden [= männlich] in dir. Du trugst in dir die Kraft deiner Engelebene ebenso wie du in dir trugst die Kraft deiner Herkunft aus den Bereichen des Ni.

**So vollzog sich die Zeit und mit ihr - unbemerkt von jenen, die ihren Fuß bereits setzten auf diese Erde - vollzog sich der Wille der Schöpfung. Tore wurden geöffnet für die Individualität der Ankömmlinge, um diese zu führen in das Vergessen. Und eine jede Seele wählte einen anderen Weg. Und so höre, so spreche ich dir deinen Weg:**
Du hattest an deiner Seite ein weibliches Wesen, mit dem du warst vertraut in einer

großen Schönheit. Sie war dir gleichsam eine Schwester in der hohen Schwingung und in der Liebe. Sie vollzog das, was du trugest in dir, ebenso in einer großen Kraft. Sie trug und trägt für dein Ohr noch heute den Namen **Omané** [heute ihr Schutzgeist]. So warst du im Vertrautsein mit dieser Schwester in einem Großen und Schönen. So ging die Zeit voran und die Erde tat sich auf in ihren Unterschiedlichkeiten und öffnete Türen, die aus dem Licht in die Dunkelheit führten. Sie führten aus dem Erkennen ins Vergessen, aus dem Wissen in die Dumpfheit. Aus dem Großen und aus der Gänzlichkeit führten sie in die Teilaspektierungen des Gänzlichen, aus der Synthese in die Diathese, so würdet ihr dieses bezeichnen.

So gab es eine Stunde und du saßest in der Gemeinschaft der Deinigen und fühltest die Liebe zu jenen und du fühltest in dieser Stunde eine tiefe, tiefe, tiefe Liebe zu dir selbst. Du fühltest eine tiefe, unermeßliche Liebe zu dir. Fließend war diese Liebe, fließend, heilig und gesegnet. Du sprachst zu dir: "Ich bin. Ich bin gänzlich und ich bin weit." Und dieser Impuls gab dir im Weiteren den tiefen Glauben, um den Schritt zu vollziehen, dich den anderen zu zeigen in der Gänzlichkeit deines Seins. Dies bedeutet, daß du aufstandest und sprachst: "Brüder und Schwestern, so bin ich in der Liebe zu euch, ich bin in der Liebe mit mir. Und so sehet, so werde ich euch nun zeigen, nach dieser langen Zeit, die Wahrhaftigkeit und die Wirklichkeit meines Wesens." **So hast du abgelegt die Maske deiner Anpassung** und hervorgebracht die Körperlichkeit und den Ausdruck dessen, was du dir erschaffen hast in den Bereichen des Ni [sie zeigte sich wieder als Reptil].

Da sich bereits vollzogen hatte das Vergessen, war es nicht möglich, daß jene, die dir bisher begegneten aus der Freiheit, der Berührung und der Schönheit ihrer Augen, dich auch weiterhin so anschauten. Sie standen auf im Entsetzen um das, was ihr Auge schaute. Sie waren zutiefst entsetzt. So fielen die einen zu Boden, die anderen drehten sich um und rannten, sie rannten und sie schrien. So hast du gegeben einen Impuls an jene, die ein erstes Mal in ihrer Existenz Angst und Entsetzen empfanden und die gänzlich tiefe Furcht. Du hast in dieser Sekunde vollzogen einen wesentlichen Impuls der Schöpfung im Allgemeinen. Du hast dir und jenen geöffnet die Türen, um zu gehen den eigenen Weg ins Vergessen [**Urtrauma**]. Sie rannten und du standest im Unverstehen. Dieses hattest du nicht erwartet. **Du hattest es noch nie vorher erlebt. Somit war dir dieses im Unbekannten. Du empfandest die Trauer. Du empfandest Trauer und Schmerz. Ein erstes Mal empfandest du einen Impuls von Schuld.** "Ich war in der Größe und in der Schönheit und ich habe gezeigt mein Sein - und so sind sie gegangen!? Was ist mit mir, daß sie rennen davon und daß sie vermeiden die Berührung mit mir, daß sie gehen und verstecken ihre Augen vor meinem Sein?"
So suchtest du in deiner Traurigkeit, in deinem Schmerz, in deinem Nichtverstehen, in deiner großen Irritationen einen See. Er gab dir einen Spiegel und du warst entsetzt ein erstes Mal über dein Sein. Du warst entsetzt um das, was du bist in der Wahrhaftigkeit deiner Möglichkeit. **Du warst entsetzt, Seele.**

„Ich wähle diese Worte um zu differenzieren, nicht um zu werten"

So berührte dich in dieser Zeit eine Hand. Es berührte dich eine Hand und so war an deiner Seite jene, die dir war die Schwester, mit dem Namen Omané. Sie war an deiner Seite, sie berührte dich und sie sprach zu dir: "So gehe du nicht ins Verzweifeltsein, denn mit den Möglichkeiten, die ich noch in mir trage, die ich noch aufrechterhalten kann für diese Stunden, spreche ich dir: "Gehe und lerne und erfahre und wisse, es ist gesegnet. Es ist die Schöpfung und es ist gut. Fürchte du dich nicht mehr, als es notwendig ist, dich zu fürchten. Das, was geschieht, ist gut." Von dieser Sekunde an fiel auch sie in das Vergessen. Sie wandte sich ab und sie ging ihren Weg. Und siehe, so ist sie im Heute an deiner Seite, um dir zu sprechen: "Siehe, ich bin gegangen meinen Weg, der mich geführt hat auf die Ebene des Lichtes und der Liebe. In der großen Demut bin ich an deiner Seite in dieser Inkarnation des Erwachens und des Auferstehens, um dich erneut zu berühren und zu dir zu sprechen: Du bist schön. Du bist schön, denn du bist göttlich. Alles, was Schöpfung ist, es ist schön, es ist geliebt. So bist du der Segen und du wirst dich durchlichten in einer großen Kraft, und wirst sein die Liebe gänzlich. Es wird sich nicht abwenden ein Anderer, denn du wirst dich nicht abwenden von dir." [Omané ist heute ihr Schutzgeist]. So hast du verlassen diesen Teich, der dir war der Spiegel und du bist gegangen in eine große tiefe Schwere. Und so war deine Physis dir eine große tiefe Schwere und der Schmerz war groß in dir. Dein Herz zog sich gänzlich zusammen, **die Weite wurde zur Enge, aus der Liebe wurde Schuld und Enge um dein Herz.**

Und so begegnete dir auf deinem Weg eine Gestalt im Königlichen. Und so sprach dieser zu dir: "Was bist du in der Trauer?" Und du sprachst: "Siehe, ich bin schuldig. Warum rennst du nicht weg? Warum wendest du dein Angesicht nicht ab von mir? Wer bist du, daß du mich ansprichst?" Und dieser sprach zu dir: **"Ich bin aus königlichem Geschlecht, aus dem Plejadischen. Ich diene der Schöpfung. Ich werde gehen und entzweien [Polarität schaffen], so wie du dich entzweit hast nun in dieser Zeit. So werde ich dir geben, nach deinem Wunsch und Willen, die Möglichkeit, einen Schleier zu legen auf das Antlitz, auf daß du dich nicht erinnerst. Ich werde dir geben eine Abtrennung zwischen dem emotionalen Bereich deines Seins und dem Kelch deiner Seele und deiner werdenden mentalen Struktur, der Möglichkeit deines Geistes auf dieser Erde. Und so frage ich hier: Willst du dienen der Schöpfung?"** Und so sprachst du Seele: "Ich bin bereit. Ich bin bereit zu dienen der Schöpfung." Jener sprach zu dir: "Ist dies dein grundlegender Wunsch oder dein augenblicklicher auf dem Hintergrund deines gegenwärtigen Seins? Niemals, niemals hörst du auf zu dienen der Schöpfung." Du antwortetest: "Ja, ich bin bereit, ich bin bereit, doch ich bin im Schmerz." Und so sprach jener: "Gehe du nicht ins Verzagen. Und so ich dir sein kann der Helfende und der Dienende, so werde ich dieses sein, und wir werden dienen der Schöpfung [im Sinn des Erschaffung von Polarität]."

So hast du dich mit diesem verbunden in jener Zeit. Du hast aufgelöst und abgelegt [ein erstes Mal] deine Physis in dieser Stunde. Dies war Voraussetzung für das Werken. In den Bereichen der Feinstofflichkeit hat jene große Kraft, jener Schöpfer aus den Plejaden mit seinen energetischen Möglichkeiten, abgetrennt dein emotionales Sein vom Geist. **Er hat getrennt Kopf und Bauch und er hat dich eingenommen.** Dies bedeutet ebenso, daß du ihn eingenommen hast. Denn er bewunderte deine Möglichkeiten dich zu wandeln und deine Anpassungsmöglichkeiten, über die er selbst nicht verfügte. Und so ist dieser, mit dem Namen **Ukat** noch heute an deiner Seite. Ukat befindet sich wie du in der Welt der Polarität. Nach deinem Wunsch und Willen erfährt er nicht den Schmerz, nicht das Leid und nicht die Blicke jener in der Abgewandtheit. Jener hat dich eingenommen. Er nahm Platz in deiner Feinstofflichkeit. Und so wurde aus zwei Seelen eine Seele. So ist er mit dir gereist und dieses war möglich durch die Abtrennung deiner energetischen Körper. Du hattest keine andere Möglichkeit als deinem Schöpfungsimpuls und deiner Bitte, die du an gerichtet hattest, zu folgen. Dies gilt bis heute. Und so hat er dich genommen und sprach dir: "Es ist der Wille der Schöpfung zu verbinden, doch es ist nur möglich zu verbinden, wenn getrennt wird. Es ist nur möglich zu verbinden Prinzipien, wenn diese Prinzipien [zuvor] erleben die Trennung. Dieses ist universelles Gesetz," - so sprach er dir - "und dieses ist die Schöpfung. Willst du dienen der Schöpfung?" Und so sprachst du: "Ja". Und so ist dieser gegangen mit dir in die unterschiedlichen Inkarnationen.

Siehe, er ist gegangen in die Macht und du bist gegangen in die Macht mit ihm. **Du warst getrieben, getrieben, getrieben von dem Wunsch zu dienen der Schöpfung [aus dem Mißverständnis heraus, daß es <u>immer</u> nur um das Trennen, nicht aber um das Verbinden ginge].** Es ist es die Getriebenheit deines mentalen Seins, deines Geistigen, deiner Gedankenkraft. Es treibt dich das, was du dir vorgenommen hast in einem Tiefen und in einem für dich Unwiderruflichen, nämlich zu dienen der Schöpfung im Sinn des Trennens dessen, was sich verbindet, auf daß das, was sich getrennt hat, wiederum sucht die Verbindung, auf daß der Schöpfungsfaden nicht abreissen möge. So bist du gegangen und so hast du die Verbindung gesucht über die Kraft deiner Seele allezeit. Du hast gesucht die Wahrhaftigkeit und die Wirklichkeit deines Seins. Du hast [in verschiedenen Inkarnationen] vollzogen die Trennung von Vater zu Mutter, von Führer zu Volk, von Bruder zu Schwester. Du hast vollzogen die Trennungen in der Unaussprechlichkeit der Möglichkeiten dessen, was ich zu berichten hätte.

> „Glaube nicht, was du siehst. Die Wahrheit ist gegeben in dein Herz"

Du hast dein Augenmerk gelegt auf die Trennung und dennoch trugest du allezeit den Wunsch in dir, zu verbinden und eine Brükke zu bauen zwischen dem emotionalen Bereich und deinem mentalen Sein. In deinem Unbewußten hast du niemals aufgehört die Brücke des Herzens zu suchen, um die Trennung aufzulösen. So hast du versucht, Frieden zu stiften. Doch dieses war dir nicht möglich in der Gänzlichkeit. So kamst du in die Ohnmacht, in die Hoffnungslosigkeit, in die Betrübtheit - und auf der anderen Seite immer mehr in die Macht. Denn du wolltest der Schöpfung dienen. Mit dieser Seele an deiner Seite hast du Großes auf dieser Erde geschaffen. Du hast getrennt die Völker und die Meere. Du hast getrennt, auf daß Viele mit der Suche nach dem Verbinden begannen, so wie du selbst auch suchtest. Du hast geschaut nach Außen und du hast erkannt den Schmerz im Innen. So bist du gewandert und warst hin- und hergerissen zwischen der Flucht vor deinen Hinterlassenschaften [der Trennung] und der Suche nach der Verbindung in der Gänzlichkeit. Und immer wieder vernahmst du den Impuls in deinem Ohr: "Gehe und trenne, gehe und trenne." Denn die Wesenheit Ukat an deiner Seite hat eingenommen im Laufe der Inkarnationen, einen Blick des Starren, des Fixierten, des Unnachgiebigen, des Unbarmherzigen, einen Blick der Kälte und des Eingegrenztseins. Ukat hat nicht wirklich [konkret] teilgenommen an den Inkarnationen auf dieser Erde **Es ist dieser Seele Ukat nicht möglich, einen weiten Blick einzunehmen und zu sehen, daß dieser Schöpfungszyklus nun findet ein Ende.** Es ist ihm nicht möglich zu sehen, daß die Menschen ihre Schuld ablegen möchten und zu erkennen suchen, daß sie geheiligt und gesegnet sind. **Die Aufgabe des Trennens ist zu Ende. Und so siehe, du hast dich verbunden mit den magischen Möglichkeiten in einer großen Tiefe dieser Erde [Zwischenerde]. Du beherrscht die Energie der Erde in einem Großen.** Du hast erlebt das Mutter-Sein. Es ist nicht erlaubt in deinem Sein, daß du dich über deine Schöpfungen verbindest mit dem Geschöpfen [zB. mit dem Kind]. Die Stimme Ukats in dir verbietet dir, dich auf Gefühle einzulassen, auf Berührung und ein Ineinander-Sinken. Denn dies würde bedeuten, daß der Erschaffene sich durchflutet mit dem Geschöpf. So gingst du in einem Starken in die Dualität, in die Trennung.

So siehe, so gab es eine Zeit, da führtest du ein Heer. Es war deine Aufgabe, einem Prozess beizuwohnen, in dem einer Seele ein Ende bereitet wurde [Hinrichtung]. Es war die Seele, die ihr bezeichnet mit dem Namen **Jeshua Ben Josef** [Jesus]. Du standest auf einem Hügel als jener Verurteilte vorbei kam. Es sollte wieder eine Trennung stattfinden [von Körper und Seele]. Er war begleitet von weinenden Frauen. Du schautest dieses in einer großen Kälte. Ukat sprach zu dir: "So ist es zu Ende mit ihm. Es ist zu Ende mit einem, der den Prozeß der Schöpfung aufzuhalten versucht. Er hat versucht, den Menschen die Verbindung zu geben. Er würde aber damit die Schöpfung unterbrechen." Du schautest in die Augen des Nazareners. Du suchtest seine Schuld zu erkennen. Doch diese Augen kannten keine Grenze, keine Abtrennung. Sie kannten nicht das Unterscheiden und nicht das Nichtverbindenwollen und Können. Diese Augen waren in der Gänzlichkeit, in der Weite und der Liebe. Sie durchfluteten gänzlich dein Sein. Sie gaben dir einen Impuls der Erinnerung und du sprachst: "Wer bist du?" Und jener sprach zu dir: **"Ich bin der Weg, die Wahrheit und das Licht. Somit bin ich die Liebe und dein Weg. So du mich schaust, so wirst du gehen und du wirst erkennen. Du wirst erkennen, daß du verbindest. Du wirst erfahren die Schöpfung und daß du bist das Licht und die Liebe, die Weite und die Gänzlichkeit des Erschaffenen. Gehe, gehe, gehe,"** sprach dieser zu dir, **"und glaube nicht das, was du siehst. Glaube nicht das, was dein Auge vernimmt. Denn die Wahrheit ist gegeben in dein Herz. So gehe und suche du dein Herz."** So ist jener gegangen seinen Weg. Du warst im Schwanken, im Berührtsein. Denn diese Liebe durchflutete dich grenzenlos über alle Abtrennungen des Damaligen hinweg. Und so sprach Ukat an deiner Seite: "Schaue du nicht in seine Augen, schaue du dort nicht hin, denn es ist die Lüge. Es ist die Lüge. Er ist einer, der die Schöpfung in die Irre führen will. Er ist einer, der sich ihrer zu bemächtigen sucht, um sie zu unterbrechen und ihr ein Ende zu geben. Glaube du jenem nicht. Denn die Schöpfung ist die Abtrennung, auf daß die Suche entsteht. Ohne Suche keine Schöpfung. Wende du dein Auge ab." Und du wandtest ab dein Auge.

Doch siehe, von diesem Zeitpunkt an bist du gegangen von Inkarnation zu Inkarnation im Zwiespalt. Auf der einen Seiten klangen die Worte von Ukat nach und auf der anderen Seite hältst du Ausschau nach dem Licht und der Wahrhaftigkeit in diesen Augen. Du suchst diese Augen allezeit in den Harmonischen, in jenen, die dir sind die Erinnerung und du fragst: "Bist du die Wahrhaftigkeit, bist du das Licht, bist du die Heilung?" Aus dem Impuls deiner Seele suchst du andere zu heilen und dich mit ihnen zu verbinden. Deine Seele hat dich niemals verlassen, niemals hat sie dich verlassen, Geliebte, niemals hat sie dich verlassen. Deine Seele weiß um den Weg. Sie benötigt deine Weite und dein Erkennen um das, was sich vollzieht [in diesen Zeiten]. Sie benötigt die Freiheit zu gehen und zu entscheiden aus dem Eigenen.

Und so siehe, so ist diese Stunde eine Stunde der Freiheit. Es ist gänzlich eine Stunde der Freiheit. Die Wesenheit Ukta an deiner Seite und in dir ist im permanenten Festhalten in dieser Stunde und bedarf der Freiheit ebenso. Ukat ist im Versteinerten. Er ist fokussiert und starr, ohne den Blick geben zu können in die Weite. So ist es nun an dir zu entscheiden für dich, ob du wünschst zu gehen in die Freiheit und somit würde weggenommen werden diese Seele an deiner Seite. Sie würde genommen werden und sie würde geführt werden in die Bereiche des Lichts der eigenen Möglichkeiten, um aus der eigenen Kraft zu verweilen und zu erkennen, ob er einen Entwicklungsprozeß fortzuführen wünscht. Dieses ist eine Möglichkeit, die ich dir antrage. Und so frage ich dich, Seele, so du verstehst meine Worte, so frage ich dich: Ist es dein Wunsch und Wille, zu gehen in die Eigenständigkeit deines Wesens, in die Gänzlichkeit, in die Weite deines Seins? Und so ist die Bitte hier, daß du ergreifst nun das Wort, und daß du richtest hin zu mir deine Botschaft, deinen Wunsch und Willen.

Klientin:
Ja, es ist mein Wille. Es ist schon lange mein Wille. Manchmal weiß ich nicht, ob es zu schaffen ist!?

Michael:
Siehe, Seele. Das, was ich dir antrage, ist die Liebe. Es ist dein Wunsch und Wille gänzlich im Genügenden. Aus meiner Hand, Seele, aus der Kraft und der Liebe des Schwertes der Klarheit wird diese Seele genommen aus deinem Sein. Es bedarf nicht deiner Anstrengung, nicht deiner Macht, es bedarf nicht deiner Möglichkeiten. Es bedarf gänzlich deines Wunsches, deines Willens, um dieses zu legen in die Aufgabe meiner Hände. So du dieses wünschst, so spreche Seele.

Klientin:
Voller Dankbarkeit lege ich es in deine Hände.

Michael:
So nehme ich das, was du mir reichst. Ich nehme, Seele, ich nehme es. Und so bitte ich dich, erhebe dich von diesem Platz, der dich trägt [Klientin steht auf]. So lege ich das Schwert der Klarheit und der Liebe in deine Hände [Klientin ergreift das unsichtbare Schwert mit beiden Händen]. Ich lege es in deine Hände. Nehme du das Schwert aus der Ebene der Engel in deine Hände, Seele. Nehme es in deine Hände und fühle die Kraft, die Liebe, die Weite und die Gänzlichkeit dieses Schwertes. So es dein Wunsch und Wille ist, so bitte ich dich: Gehe in die Kraft und die Schönheit deiner Physis aus den Bereichen Ni. Sei du ein Schwanzwesen gänzlich groß, unermeßlich. Wisse um dein Sein in den Bereichen der Engel. Wisse um dein Sein in den Bereichen der Liebe. So es ist dein Wunsch und Wille, so spreche du die Worte nach, die ich dir nun gebe. Halte dieses Schwert, halte es in deinen Händen, halte es fest.

[Klientin wiederholt Michaels Worte:]

*So bin ich ausgegangen aus der*
*Schöpfung selbst.*
*Mein wahrhaftiges, wirkliches Sein ist*
*die Liebe,*
*die Weite des Geistes und die Schöpfung*
*meines Seins.*

*Ich bin gegangen im tiefen Wunsch,*
*zu dienen der Schöpfung.*
*Dieser Weg hat mich geführt*
*zu dieser Erde.*

*Ich habe vollzogen auf dieser Erde,*
*aus meiner Kraft, aus meinem Wunsch*
*und Willen,*
*mich zu verbinden mit dem Vergessen*
*gänzlich*
*- mit dir, Ukat.*

*Du hast mir gedient, wie ich dir diente.*
*Es ist nun die Zeit der Freiheit.*
*Ich gebe dich frei*
*im Danke um das, was war.*
*Ich gebe mich frei*
*im Danke um das, was war.*

*Ich bitte dich, gehe deinen Weg*
*nach deinem Wunsch und Willen, so wie*
*ich gehe nun,*
*mich zu verbinden wiederum*
*mit der Wahrhaftigkeit meines Seelen-*
*kelches,*
*mit dem, was ist das Durchfluten,*
*das Menschsein, das Berührtsein*
*und dennoch das Erkennen-Können*
*in der Größe, in der Schönheit.*

*Ich erhebe mein Schwert*
*und ich teile das, was uns verbunden*
*hat,*
*von oben nach unten.*
*Nun.*

*Ich nehme das Schwert,*
*und ich streiche von meiner linken zu*
*meiner rechten Seite*
*und ich löse nun gänzlich das ab,*
*was uns verbunden hat.*
*Ich vollziehe dieses*
*Nun.*

*Michael:*
*Segen und Liebe um das,*
*was sich vollzogen hat, Seele.*
*Amen.*

So du nun deinen Platz einnimmst, so nimm ihn ein in der Bewußtheit um das Auferstehen, das du vollzogen hast in diesen Sekunden. Nehme du ein deinen Platz in der Bewußtheit des: "Ich bin, ich bin, ich bin. Ich bin Liebe! Ich bin gänzlich. Ich bin diese Erde. Ich bin unermeßlich. Ich trage in mir das Werk der Schöpfung. Ich trage in mir die Berührung." So du dich nun an deinem Platz einfinden wirst, so nehme ihn ein, Seele, in der Bewußtheit, daß du dich neu erschaffen hast. Nehme den Dank und die Liebe deiner Seele, die nun betreut wird. Sie wird betreut und durchflutet von den Energien des Lichtes und der Heilung. Mit deinem Wunsch und Willen hast du aufgelöst, was sich befand in den Bereichen zwischen deinem emotionalen und deinem mentalen Körper. Dieses sind Begrifflichkeiten, Seele, es sind Begrifflichkeiten. Das, was du trägst in deinem Sein, trägst du in deinem mentalen Körper. Es ist die Stille, das Wissen um dich, die Grenzenlosigkeit und all das, was du erschaffen hast auf dieser Erde. Wisse, du bist nun bereit, dich zu verbinden. Dies bedeutet, daß du auflösen wirst die Furcht, daß jene ihr Antlitz wenden, so du zeigst dein Sein. Sei du nicht in der Furcht, Seele, gehe und spreche: "Ich bin." Suche du nicht die Masken, Seele. **Suche du nicht die Masken des Wissens, des Wortes.** Suche du dich nicht zu halten dort, wo es nichts zu halten gibt. Denn deine Seele trägt dich. Sie sucht das Vertrauen, das du ihr schenkst. Sie sucht dieses Vertrauen zunächst in sich. Und so du vertraust dir mehr und mehr, so wisse, du bist nicht weiter auf der Flucht! Siehe, du bist nicht weiter im Werken, im Trennen, nein. Du bist die Verbindung! Und so wisse, daß eine jede Seele nur vollziehen kann diese Verbindung aus der eigenen Kraft.

Es ist beendet dein Werk des Verbindens um zu Trennen. Suche du nicht Hand anzulegen an eine andere Seele, auf daß sie in die Verbindung oder gar in der Trennung gehen möge, nein. Suche du dieses nicht, denn dieses Werk, es ist beendet, es ist beendet, es ist beendet. Die Schöpfung hat beendet den Zyklus der Schwangerschaft, die Frucht ist bereit, sich zu gebären und sich zu vollziehen, sich zu geben in die Schönheit und in die Größe des Eigenen. **Doch wisse, dieses ist Aufgabe einer jeglichen Seele und fühle du dich hier nicht im Verantwortlichen. Nehme du von deinen Schultern die Schuld.** Hier ist nicht die Schuld auf deinen Schultern, denn du hast gedient nach deinem Wunsch und Willen dieser Schöpfung in einem Großen. Du hast gedient den Ländern, du hast gedient den Paaren, du hast gedient den Kindern, denn du hast gegeben die Impulse der Möglichkeit, Trennung zu überwinden. Und so siehe, so hast du überwunden die Trennung. Gehe nun und vollziehe das Empfinden des Einsseins. Denke mit deinem Bauch und lerne dich zu geben in die Tiefe in deinem Sein. Du bist die Tiefe und so scheue dich nicht, so spreche ich dir, zu gehen in die Stille und zu erfühlen die Tiefe deines Seins. **Hier gibt es nichts, nichts, nichts, was nicht wäre geliebt von der Schöpfung.**

So gehe und liebe auch du dich im großen Maß. Vergesse du nicht, daß du bist der Engel, daß du bist ein Reptilwesen in der Größe und daß du bist die Dunkelheit im Vergessen. Du bist die Dunkelheit und du bist der Schmerz und du bist die Trennung. Wisse, daß dieses umhüllt ist gänzlich von der Einheit. **Denn niemals, niemals, niemals, hat die Dunkelheit gelöscht die Flamme des Lichts in der Tatsächlichkeit. Gehe und wisse, daß du bist das Licht. Suche du es nicht im Außen, suche es in dir.** Und so wirst du erkennen aus deinem [inneren] Licht das Licht, das dir begegnet und du wirst es segnen. Du wirst erkennen aus deinem Eigenen den Schmerz und die Abtrennung jener [Menschen] die das Verzweifelte suchen. So diese nicht ausstrecken ihre Hand nach der Hilfe, so wirst du segnen auch dieses. Du wirst gehen und verstehen, daß **ein jeder hat seine Zeit und seinen Weg in der Schönheit.** Es ist geliebt ein jegliches, lebendiges Sein auf dieser Erde. So habe du den Dank und nehme du den Frieden der Schöpfung. Nehme du die Liebe deiner Seele um die neu geborene Möglichkeit, dich zu vollenden und dich zu vervollkommnen.

**Und nehmet all ihr [zum Kurs gerichtet] den Segen und die Liebe des allgegenwärtigen, ewigen Seins. Es ist die Gemeinschaft der Liebe, es ist die Gemeinschaft der Herzen. Es ist die Gemeinschaft jener, die suchen zu verbinden. Und wisset, da ist nicht die Brücke in der Tatsächlichkeit des Manifesten zu suchen, nein. Es sind das Herz und die Liebe die Brücke. Und so wisset um die Anwesenheit jener Wesenheit mit dem Namen Jeshua Ben Josef, der euch ist die Berührung eurer Herzen. Er spricht: "Du bist geliebt, stehe auf aus dem Staub!" Er spricht zu dem Krieger: "Du bist geliebt. Du, der du trägst das Schwert!" Er spricht zu der Mutter: "Du bist geliebt. Du, die du trägst das Kind ebenso wie du, die du weggibst ein Kind. Denn du 'bist', Seele. Was sich vollzieht, es ist die Schöpfung." Sehet, so spricht er zu jenen, die geben das Vergessen auf diese Erde: "Gehet und wisset, daß ihr geliebt seid und daß ihr dient der Schöpfung und erkennet. Gehet und nehmt weg das Schwert, die Schuld und das Gericht über euch. Gehet und steht auf und segnet euch, segnet euch, segnet euch. Denn ihr seid die Gesegneten und die Geliebten."** Gott zum Gruße, ihr tiefgeliebten Lichter dieser Erde. Gott zum Gruße, tiefgeliebtes durchwirktes und durchwandertes Licht dieser Erde. Gott zum Gruße. Es sprach zu dir, es sprach zu euch die Wesenheit aus der Liebe mit dem Namen Michael. Gott zum Gruße.

Wir: - Gott zum Gruße

***

# Projekt Erde

In den meisten Schutzgeistsitzungen wird neben der Herkunft des Betreffenden das Urtrauma dargestellt und einige wenige Ausschnitte aus den darauffolgenden Inkarnationen, um das Thema des Klienten zu beleuchten. Dieser kann dann in der Regel einige persönliche Fragen stellen. Der Schutzgeist stellt also einen großen Bogen her, der bei unserer Sternenbrüder-Herkunft beginnt und beim Heute oder der nahen Zukunft beim Lichttor endet. Es ist wie ein Panorama-Blick. Details von Inkarnationen nachzuzeichnen ist Thema der Reinkarnations-Therapie, auf die ich hier nicht weiter eingehe, sondern auf mein Buch "Maskenball der Seele" (zusammen mit Ute York, Droemer-Knaur Verlag, TB) verweise. Hier werden Techniken, Inhalte und Möglichkeiten einer RT an vielen Beispielen ausführlich dargestellt. Schutzgeistsitzung und RT ergänzen einander ideal.

**Projekt Erde** handelt von den unzähligen Inkarnationen und dazwischenliegenden Jenseits-Aufenthalten einer Seele, die einst 5D-Sternenbruder oder -Schwester war und jetzt 3D-Mensch ist. In Äonen von abertausenden von Jahren haben wir eine Menge auf der Erde angestellt. Jeder Einzelne in seinen Leben und alle zusammen in Gemeinschaften unterschiedlicher Größe. Die Ätherischen sagen: **"Ihr habt im Projekt Erde die Schöpfung in ihren niedrigsten Oktaven erschaffen ..."** Dieser Satz ist nicht abwertend gemeint, sondern anerkennend. Wir haben der Schöpfung gedient. Welche Rübe vor unserer Nase hat uns voranschreiten lassen? Oberflächlich betrachtet war es die Aussicht auf Macht oder Sicherung derselben, Liebe, Sex, Haß, Rache, Glaubenssysteme, Haben-wollen und manchmal war es nur der Kampf ums Überleben. Eine große Vielfalt von Beweggründen, die ich bei genauerem Hinsehen reduzieren kann auf eine Idee. Treibendes Motiv aller Handlungen der Menschen war und ist: **Sehnsucht nach Einheit und Angst vor Trennung.**

Die Einheit ist auf Erden natürlich nur in relativer, polarer Form zu bekommen. Jedes Streben nach Macht ist Ausdruck einer solchen Suche, egal ob es sich um die Macht des Kaufmanns, des Politikers oder des Wissenschaftlers handelt. Dasselbe gilt für Beziehungen zwischen Mann und Frau und natürlich erst recht für religiöse oder esoterische Dinge. Immer geht es um Etwas-im-Besitz-haben, Herrschen-über, Sich-etwas-einverleiben, in-einem-Größeren-aufgehen. Anstelle der ursprünglichen Liebe und Freiheit treten Kontrolle, Suche nach Anerkennung, Bindungen und Verwicklungen. Mit jeder Macht ist die Angst vor Verlust derselben, die Ohnmacht, verbunden. Also bedarf es sehr vieler Sicherheitssysteme. Dabei ist es nur eine Frage der Zeit, bis diese zusammenbrechen - spätestens mit dem Tod. So ist es vor allem der Aufstieg und Niedergang der Macht in unzähligen, individuellen Varianten, was alle Inkarnationen prägt und bestimmt.

> Grundmotiv aller Handlungen: Sehnsucht nach Einheit und Angst vor Trennung daraus

Man sollte meinen, daß die Menschen das Unsinnige ihrer Bestrebungen im Lauf der Zeit begreifen würden. Dem ist nicht so. Obwohl es klar ist, daß auf die Macht die Ohnmacht folgt, auf die Verliebtheit die Trennung und auf den Ruhm der Absturz, verhalten sich Menschen so, als ob es nur eine Frage der Geschicklichkeit und des Zufalls sei, ob es gelingt, die relative Einheit der Macht aufrecht zu erhalten. Sie sind eben im Vergessen - von Inkarnation zu Inkarnation und grundsätzlich. Und das ist gut so. Denn wären sie es nicht, dann könnten sie ihren Job auf dieser Erde nicht auftragsgemäß erfüllen, der Schöpfung nicht dienen. Sie wären schon längst wieder in den ursprünglichen Zustand eines Sternenbruders zurück abgehauen.

Es bedurfte und bedarf erheblicher Bleigewichte, um die Sternenbrüder im Zustand des Menschseins unten zu halten - so wie ein Taucher auch Bleigewichte braucht, um zum Grund des Gewässers abtauchen und dort bleiben zu können. Dreidimensionalität läßt sich nur aufrecht erhalten, wenn es gelingt, die drei großen Illusionen aufrecht zu erhalten: **Angst, Zweifel und Tod.** Aus diesen Illusionen manifestiert sich Materie und daraus unsere Erdenwelt. Produktion und Vertrieb von Bleigewichten aller Art haben Gesellschaftssysteme, Kirchen und inzwischen jeder Einzelne von uns bewußt oder unbewußt übernommen. Wir brauchen dazu keine Erdgeister und keine Plejadier mehr. Wir beschweren uns in der Tat selber und sind autark geworden im Aufrechterhalten der Illusion. Und jeder, der sie in Frage stellt, wird für verrückt erklärt, bestenfalls mitleidig belächelt, schlimmstenfalls liquidiert. Ja, wir Menschen machen unseren Job auf dieser Erde gut! Wir manifestieren die tiefsten und dunkelsten Oktaven der Schöpfung. Hätten wir dafür nicht Beifall verdient? Am Anfang, als ich mich mit diesen Dingen beschäftigte, war ich irritiert, daß der Beifall tatsächlich kommt - und zwar von den oberen Rängen der Arena. Dazu eine wörtliche Durchgabe der Serafine, Engelwesen der höheren Hierachien:

***

September 1996

**Es ist die Liebe selbst, die sich ergießt, die euch grüßt, tiefgeliebte Seelen, die ihr seid. Es sind dies die Boten der Ebene der Serafine, die den Weg über das Licht und die Liebe gefunden haben hin zu euch, immerdar. Die Liebe und das Licht selbst grüßen euch. Wir segnen euch, ihr Seelen. Tiefgeliebt,**

unverloren, niemals wirklich in den Schatten, ihr Tiefgeliebten, ihr, die ihr seid die Liebe ebenso.

**Wir verneigen uns vor euch**. Mut, Zuversicht und Hoffnung war der Beginn, war der Anfang allen Seins, als ihr euch entschlossen habt, diesen Weg zu gehen auf eurer Ebene der Erde, tief in euren Seelen immer verbunden mit der Einheit und dem Vater, Licht und Liebe immerdar. Ihr seid, eine jede Seele für sich, in der vollkommenen Schönheit. Ihr seid immer und ewig die Schönen gewesen. Empfindet diese Schönheit in euch. Der Vater, das Licht, die Liebe [sind] immer in euch.

**Ihr seid das, was ihr sucht. Niemals war es irgendwo in der Ferne verloren, immerdar und immerzu seid ihr das gewesen, was ihr geglaubt habt, verloren zu haben.** Wir sind gesandt heute, um euch zu erinnern, heute an diesem Tag, der nicht in der Zufälligkeit ist. **Wir, die Boten, wir die euch liebenden und dienenden Wesen des Geistes, wir verneigen uns vor euch und eurem Weg durch die Schatten.** Das Licht, das ihr seid, ihr geliebten Seelen, das Licht umgibt euch in diesem Moment [und] immerdar. Öffnet euch, öffnet euch für dieses Licht, das ihr seid.

Der Frieden der Einheit, die Liebe des Vaters in eurem Herzen wirkt in diesem Moment und immerdar. Und so sind die Heerscharen unserer Ebene um euch. Wir tragen die Schalen zu einer jeden schönen Seele, die ihr seid. Legt hinein, Seelen, legt hinein alles, was euch in den Schatten, in der Ängstlichkeit - euch gänzlich zu begreifen und wahrzunehmen - ist. Legt hinein. Legt hinein in unsere Hände. Wir tragen euch, die Schwingen von Licht und Liebe tragen euch.

Und so versteht, Seelen, versteht. **Niemals, niemals wart ihr, niemals seid ihr verloren**. Wir berühren eure Seelenkörper. Wir berühren eure Lichtkörper. Wir erinnern euch mit unserer Berührung an euer wirkliches wahrhaftiges Sein.

Und so ziehen wir uns zurück auf unsere Ebenen, in dem Glanz, in dem Lichte, das ihr seid. Wir segnen euch, wir schützen euch. Wir, das Licht, die Liebe, grüßen euch. Friede, Friede sei mit euch allezeit, alle Tage. Es sprachen zu euch die Wesenheiten, aus der Ebene der Serafine. Gott zum Gruße, ihr Geliebten, Tiefgeliebten, aus dem Licht und der Liebe selbst. Gott zum Gruße.

***

Was lesen wir da: *"Wir verneigen uns vor euch und eurem Weg durch die Schatten..."* Würden wir nach unseren alten Glaubenssätzen nicht zumindest eine Ermahnung erwarten, eine gelbe Karte oder gar die rote? Wieso verneigen die sich vor unserem Weg durch die Schatten und damit meinen sie in unserer Alltagssprache natürlich unsere Schurkereien? Hier wird deutlich, daß diese Wesenheiten verblüffend andere Wertungen haben als wir. Und dieser andere Satz in obiger Durchgabe: "Ihr seid, was ihr sucht..." Was suchen wir? Der eine sucht die Einheit in Macht und Kontrolle, der andere in Frömmigkeit und Anständigkeit, ein Weiterer in Licht und Liebe. Einheit suchen alle. Im Klartext verstehe ich diesen Satz so: "Niemals ist das ursprüngliche Licht deines Sternenbruder-Daseins erloschen in der Tatsächlichkeit. Suche hinter den Illusionen und du findest es wieder! Du findest es nicht auf der Suche im Außen und auch nicht im Versuch, die Welt zu verbessern." Wie sich der mögliche Ausstieg aus den Illusionen bewerkstelligen ließe, darüber mehr im Kapitel "Tor des Lichts". In diesem Kapitel vermittle ich ein anderes Verstehen für Weltgeschehen im Großen und im Kleinen Deiner persönlichen Welt.

„Ihr seid das, was ihr sucht“

Folgen wir zunächst noch ein paar logischen Schritten, die sich aus meiner Behauptung ergeben, daß das Erdgeschehen mit allem Schmerz und Leid von Gott so gewollt und gewünscht ist, um danach ( ... und das ist jetzt!) einen nächsten universellen Entwicklungszyklus der Schöpfung zu beginnen.

1) Auf dem Hintergrund meiner vielen Therapien bin ich der Meinung, daß die meisten Menschen von ihrer meist unbewußten Haltung her **"Rückkehrer"** sind. Damit meine ich, daß ihr Bestreben darauf gerichtet ist, der hiesigen scheußlichen Welt so schnell es geht zu entkommen und in die Einheit zurückzukehren. Einheit mag übersetzt werden mit Himmel, Nirwana, Schlaraffenland oder wie auch immer. Obwohl Menschen es nicht verhindern konnten und können, sich zu verwickeln durch Macht und Trieb, tun sie alles, um dieses zu vermeiden und ein anständiges, scheinbar gottgefälliges Leben zu führen (Sonntags in Kirche gehen, Moral hochhalten, Yoga-Übungen machen, kein Fleisch essen, kein Sex und wenn, dann nur ohne, usw.). Jedoch: Einem Baby, das geboren wird, ist eine Rückkehr in den Mutterschoß - Symbol für Einheit - nicht möglich!
Auf der anderen Seite stehen die **"Vorwärtsstürmer"**, jene also, die die Herausforderung von Polarität offensiv annehmen und "es krachen lassen". Vorwärtsstürmer folgen der Maxime: "Mut zur Sünde!" Sünde bedeutet nach dem ursprünglichen Wortsinn nichts anderes wie "Trennung". Nach meiner auf dem Kopf stehenden Blickweise wären das diejenigen, die ihren Job im Projekt Erde gut und schnell erledigen. Demzufolge müßten diese doch als Erste wieder gehen dürfen!? Ein Hitler im Himmel - und ich anständiger Mensch immer noch hier?? Das kann wohl nicht angehen!? Und so bin ich verblüfft, wenn die Ätherischen jetzt, zum Ende des Projekts Erde, sagen: ***"Die Herrn der Finsternis sind bereits durch das Tor des Lichts gegangen. Zurück bleibt Rauch und Schall ..."***.

2) Besonders tückisch und wirksam sind die Bleigewichtwerfer, die die Religion auf ihre Fahnen geschrieben haben. Ich meine die Kirchen und Religionsgemeinschaften. Damit kein Mißverständnis aufkommt: Ich verurteile dieses nicht (mehr), sondern sehe den Sinn darin, daß den Kirchen eine besondere Rolle zukommt, wenn es darum geht, Menschen im Vergessen

und damit in ihrem Job im Projekt Erde zu halten. Kirchen sagen im Prinzip: "Sei du Mensch ein Rückkehrer. Vermeide die körperlichen, materiellen Dinge dieser Welt. Wenn du dich schuldig fühlst, was wir doch hoffen wollen und dich das glauben machen, dann führen wir dich über Buße zurück in den Himmel." Auf diese Weise führen sie alle Rückkehrer an der Nase herum. **Im übergeordneten Sinn (nicht im weltlichen Sinn) gibt es keine Schuld!** Schuldvorstellung dient dazu, schwer zu werden und zu bleiben und damit seinen Job der Manifestation dunkler Oktaven hier auf Erden gut zu machen. Schuld macht es unmöglich, sich auch nur vorstellen zu können, daß wir göttliche Wesen sind. Kirche bestätigt unsere vermeintliche Schuld und gibt vor, uns in die Einheit zurückführen zu können auf einem Weg, der sicherlich eine Sackgasse ist. Die meisten Kirchgänger sind fest verankert auf dieser Erde, meinen aber das Himmelreich (die 5te Dimension) schon zu greifen!
Wie sagte das Jesus über Michael (Durchgabe am Ende des Kapitels "Tor des Vergessens"):

*"Du bist geliebt, stehe auf aus dem Staube!" Er spricht zu dem Krieger: "Du bist geliebt. Du, der du trägst das Schwert!" Er spricht zu der Mutter: "Du bist geliebt, du, die du trägst das Kind, ebenso wie du, die du weggibst ein Kind. Denn du 'bist', Seele.* ***Was sich vollzieht, es ist die Schöpfung.*** *" Sehet, so spricht er zu jenen, die geben das Vergessen auf diese Erde: "Gehet und wisset, daß ihr geliebt seid und daß ihr dient der Schöpfung und erkennet.* ***Gehet und nehmt weg das Schwert, die Schuld und das Gericht über euch.*** *Gehet und steht auf und segnet euch, segnet euch, segnet euch. Denn ihr seid die Gesegneten und die Geliebten."*

Um Mißverständnissen vorzubeugen: Meine Botschaft heißt nicht: "Geh und laß die Sau raus". In vielen Inkarnationen hast Du dieses sowieso schon getan, wie ein paar wenige RT-Sitzungen zeigen würden. Die Botschaft heißt vielmehr: Nimm diese Welt der Polarität und dem daraus zwangsläufig entstehenden Schatten an, segne sie und damit dich selbst mit deinen eigenen Schatten. Nimm dich an. Dieses und nur dieses ist Voraussetzung dafür, daß du zu einer neuen/alten Einheit als Sternenbruder vorwärts/zurück hinfindest. Annehmen können ist im Kern Liebe. Ohne Liebe geht gar nichts.

Gewollt oder ungewollt haben wir also die dunkle Seite der Schöpfung erschaffen. Ein großes Werk. Nur über Vergessen und Polarität scheint dieses möglich gewesen zu sein. Warum nur so, ist für mich eine offene Frage. Aber ich nehme es einfach mal so an, einfach weil es so war. Auf diesem Weg haben wir Menschen eine ungeheuere Vielfalt in der Materie, in Meinungen und Gegenmeinungen, in Gefühlen von Freude und Depression kreiert. Auftragsgemäß und nach unserem freien Willen.
Da ist noch ein Auftrag von Urschöpfer. Nämlich der, eine neue Wurzelrasse zu werden, die alle Eigenschaften verschiedener Sternenbrüderrassen in sich vereint. Auch dieses scheint gelungen. Darin liegt ja der tiefere Sinn, wenn sich unterschiedliche, ja gegensätzliche Menschen verbinden und verwickeln in Krieg und Frieden, Verliebtsein und Haß. Mit jedem Verwickeltsein im Guten wie im Schlechten tauschen wir uns zutiefst aus. Und so mag aus der Finsternis, wie sie auf der Erde herrscht, eine Pflanze, eine neue Wurzel, herangereift sein, die in der Bälde ihre ersten Blätter der Sonne entgegenstreckt. Eine Geburt aus der Finsternis ins Licht steht bevor.

| Ohne Liebe geht gar nichts |
|---|

Alles haben wir bereits erschaffen, was zu erschaffen war in der 3ten Dimension. Jetzt geht es nur noch darum, dieses in ein Geschenkpapier zu wickeln und mitzunehmen durch das Tor des Lichts. Kein Schatten bleibt zurück, denn nur auf unserer Ebene war es wohl möglich, so etwas zu erschaffen. Es ist nicht notwendig, oder nur begrenzt, erneut die "Sau rauszulassen". Es genügt, die "alten Säue" liebevoll anzunehmen und zu segnen. Und siehe da, sie verwandeln sich und werden zu den Stufen vorwärts-zurück in die Einheit einer 5ten Dimension, die wir landläufig Himmel nennen. Wer hätte das gedacht?

# Das Tor des Lichts: Die Stunde Null

Das Projekt Erde nahm seinen Anfang mit dem Durchschreiten des Tor des Vergessens. Es wird in der Bälde sein Ende nehmen am Tor des Lichts, das vorwärts-zurück in die 5te Dimension führt. Das Tor des Lichts ist eine Idee, keiner weiß wie es wirklich aussieht. Kann auch keiner, den noch niemals zuvor in unseren Existenzen sind wir von unserer Seite zu diesem Tor gekommen. Aber in vielen Durchgaben kommt es vor. Wenn wir es gesehen haben und durchgegangen sind, sind wir keine Menschen mehr, sondern wieder das, was wir immer waren - Sternenbrüder in ihrem bewußten, unendlichen und ewigen Sein, freie und liebevolle Bewohner des Universums. Das ist das Ziel.

Vorhersagen für die Zukunft sind so eine Sache und ich nehme hier eher eine konservative, vorsichtige Position ein. Zu oft sitzen Leute auf ihren gepackten Koffern und warten auf den Weltuntergang - und nichts passiert. Natürlich geht es nicht um einen Untergang der Welt, sondern um einen Aufstieg. Untergänge passieren andauernd. Jeder Tod wird als ein Untergang empfunden. Es dürfte dabei für ein Individuum ziemlich gleichgültig sein, ob er als Einziger stirbt oder der Rest der Menschheit zum gleichen Zeitpunkt dasselbe erleidet. Wenn wir an die Weltkriege denken, große Hungersnöte oder Seuchen, dann waren das fast globale Katastrophen - im Bewußtsein der Menschen hat sich dadurch wenig geändert. Das kann es also nicht sein!

Wovon ich hier spreche, ist ein Aufstieg des Menschen in ein höheres Bewußtsein, ein Ende des Vergessens, eine Ende der Illusion von Angst, Zweifel und Tod. Das ist kein Reförmchen, kein Verbessern der alten Welt, sondern das ist ein Übergang in eine völlig neue Existenzform, eine neue Welt, eine andere Dimension - nicht nur in einem symbolischen Sinn. Ob einigen wenigen, vielen oder gar allen Erdbewohnern dieses in der Bälde möglich ist, kann ich nicht sagen. Ich kann nur sagen, daß ich und die Menschen meiner persönlichen Umgebung die klare Absicht erklärt haben, zu gehen, ohne Wenn und Aber. Ich gebe zu, als eine Klientin vor einigen Jahren etwas Ähnliches äußerte, hielt ich sie - vorsichtig formuliert - für sehr behandlungsbedürftig. Ich weiß aber, daß viele Menschen auf dieser Erde dasselbe vorhaben. Es gibt viele, die würden es auch gerne tun, trauen sich aber etwas Solches noch nicht mal leise zu denken. Ich schreibe das jetzt so, als hätte man das selbst in der Hand. Genau das meine ich auch. Mit Sicherheit werden keine Außerirdischen kommen, die uns nach oben beamen und es wird auch kein neuer Messias kommen, der alles für uns richtet. Hingegen wird uns all das förderlich sein, was wir aus uns selbst ins Licht bringen. **Eigenverantwortlichkeit und Selbstbewußtsein sind gefragt, keine Anhängerschaft und keine Selbstaufgabe. Es gibt keine Auserwählten. Jeder wählt seinen Weg selbst.**

> Es gibt keine Auserwählten.
> Jeder erwählt sich selbst

Ist ein Ziel ins Auge gefaßt, so entspräche es der menschlichen Natur, es mit Ehrgeiz und Leistungswille zu verfolgen und alle zur Verfügung stehenden Mittel einzusetzen, um den Zweck, nämlich am Lichttor anzukommen, zu erreichen. So geht das hier nicht mehr. Der Weg ist das Ziel. **Es geht um die Liebe, um der Liebe willen - und nicht "um zu ...".** Es geht um mehr Bewußtsein um der Erkenntnis willen. Im Hier und Jetzt. Insofern fragen wir die Sternenbrüder bei den Durchgaben wenig nach dem, was die Zukunft bringen wird und wie die große Transformation vonstatten gehen mag. Ich bin mir auch gar nicht sicher, ob sie uns eine genauere Zeit sagen könnten, wollten oder dürften. Da ich aber ein neugieriger Zwilling bin, würde ich schon gerne wissen, ob "in der Bälde" in 2000 Jahren ist oder in 10 Jahren. Deshalb für Dich, lieber neugieriger Leser, hier meine private Vermutung - wohl wissend, daß es wahrscheinlich ganz anders kommt:

Der Zeitrahmen wird derzeit, übereinstimmend mit der Literatur, mit dem Jahr 2012 angegeben. Bis dahin soll der Transformationsprozeß abgeschlossen sein. Dieses Jahr ergibt sich aus Hochrechnungen des Maya-Kalenders als Abschluß eines großen Zeitzyklusses. Dies würde übereinstimmen mit Aussagen der Ätherischen in verschiedenen Schutzgeistsitzungen, wo dem einen oder anderen Klienten gesagt wird, daß er das Tor des Lichts noch in diesem Leben erreichen werde. Und wenn das ein älterer Herr von über 60 Jahren ist, dann können das keine 100 Jahre mehr sein. An anderer Stelle wird durchgegeben, daß die Erde, die diesen Prozeß ja parallel zu uns Menschen macht, bereits in den Geburtswehen sei. Einen weiteren Hinweis liefert eine Durchgabe, wo es auch um den Kometen Hale-Bopp ging und die ich kurz zitieren möchte:

***

März 1997

Mathias:
Es nähert sich in diesen Tagen der Erde ein Komet, wie wir dieses nennen, er nennt sich Hale-Bopp. Wir würden gerne wissen, was für eine Bedeutung dieser Komet für die Erde und für die Zeitqualität hat.

Gryconne:
Dieser Komet, geliebter Bruder, dieser Komet ist Zeichen ebenso wie er einstmals Zeichen war, zu jener Zeit, als das Licht selbst auf eure Erde gekommen ist und geboren wurde und den physischen Körper angenommen hat [Geburt Jesu]. **Dieser Komet ist von einer tiefen Bedeutung für euch und für die Zeitqualität. Sie kündet, daß das**

**Licht, das damals auf die Erde gegangen ist, sich in die Vollkommenheit bringt. [Es ist] der Tag nun in der Bälde, Bruder, dieser Tag und diese Stunde, wo dieses Licht nun sich verbinden wird mit dem Licht und der Liebe in den Seelen, um auf dieser Erde und mit ihr in das Konkrete zu gehen.**

Der Komet ist ein Bote des Lichts, das sich nun in das Augenscheinliche, in das Wesentliche und in die Vollkommenheit mit seinen tiefgeliebten Brüdern und Schwestern begeben wird. So kündet dieser Komet euch die Zeit, die anbrechen wird, die Zeit der Unruhe und der Ausdifferenzierung. Dies jedoch auf einer wesentlich höheren und allumfassenderen Art und Weise, wie ihr dieses aus dem Leben und Geschehen unseres gemeinsamen Bruders Jeshua in eurer Kenntnis tragt.

**Es ist die Zeit nun, wo sich die Glaubenssätze manifestieren werden. Es ist die Polarisation in der Welt in das Stärkergehen. Die Energien verdichten sich in einer sehr starken Art und Weise - auf der dunklen Ebene ebenso wie auf der lichten Ebene. Die [Sternen-] Bruderschaften tragen die Lichtnetze, die die Erde umgeben, in ein permanentes Höherschwingen. Es sind die Menschenherzen, die sich öffnen hin zu dem, was Licht und Einheit bedeutet, in einem ständigen Größerwerden auf der einen Seite. Auf der anderen Seite ist die Angst, die kriegerische Energie, der Zweifel, die Habsucht, der Neid und die Gier der Menschen in einem ebenso großen Maße im Größerwerden. So ist dieser Komet, Bruder, ein Bote für das Licht ebenso wie für die Manifestation des Schattens auf der anderen Seite. Und er ist Bote ebenso dafür, daß nun eine Zeit angebrochen ist, die ihr mit dem Begriff "die letzte Strecke mit den letzten Hürden" bezeichnen könnt.**

Dieses mag dieser Komet, der sich in einer sehr großen Dichte und in einer ungewöhnlich großen Nähe zu eurer Erde befindet, ausdrücken. Er ist Bote des Lichtes. Er mag euch zeigen das Licht, dem ihr euch zugewandt habt, das Licht, das ihr in euch tragt. Und er mag euch erinnern an Polarität ebenso. Dies mögen wir in diesem Moment noch ausführen: Er ist Ausdruck für eine Zeitqualität. in der ihr euch selbst aufruft, eure für euch gefundenen Fundamente auf den Prüfstand zu stellen. Dies bezieht sich ebenso auf die Beziehungen, die ihr untereinander eingeht, ebenso wie die Tragfähigkeiten und die Möglichkeiten eures Glaubens, den ihr geschaffen habt über euer Wissen hinaus. Ihr seid nun in einer euch erprobenden Phase und so mag der eine oder andere sich abwenden vom Glauben an Licht und Liebe und zuwenden dem Altgewohnten, den Ängsten und der allgemeinen Denkart.

> „Energien verdichten sich. Auf der dunklen Seite ebenso wie auf der lichten"

Ein anderer mag [vielleicht] in dieser Zeit das Licht in sich finden und sich aus der Dunkelheit herausbewegen im Glauben und in der Hoffnung an das, was ist und was er geschaffen hat. Es ist die Zeit, wo ihr überprüft euer Miteinander, im Kleinen wie im Großen. Es wird das eine oder andere Mal in eurem Erleben sein, wo sich etwas abspaltet von euch oder neu hinzukommt. So geht hier in die Ruhe und Stille, in das Überdenken. Findet die Sicherheit und Tragfähigkeit, Bruder, **aus euch selbst heraus**, aus eurer Kraft und aus dem Licht, das euch dort erscheint.

***

Das Tor des Lichts scheint also in einem in diesem Leben erreichbaren Zeitkorridor zu liegen. Sollte der Übergang nur ganz persönlich passieren - individuell ist er sowieso - dann sind wir eines Tages schlichtweg verschwunden für normale Augen. Wenn ich mir versuche ein Szenario vorzustellen, das zumindest einen großen Teil der Menschheit betrifft, so erscheint mir folgendes Modell plausibel: Menschliches Verstandesbewußtsein (nicht Seelengefühl) ist gekoppelt an das Erdmagnetfeld, das sich wie ein Gitternetz um diesen Planeten legt. Die Stärke dieses Magnetfeldes hat die letzten 2000 Jahre etwa um die Hälfte abgenommen und die Intensität sinkt derzeit weiter. Sollte es in den nächsten Jahren zu einem Ereignis kommen, das bewirkt, daß das Magnetfeld ganz auf Null geht, um sich dann wieder neu mit umgekehrter Polung aufzubauen, so könnte dies bedeuten, daß unser Verstandesbewußtsein ebenfalls zumindest vorübergehend auf Null geht. Das wäre so, als würde die Festplatte in einem Computer abstürzen. Wir würden nicht mehr wissen wie wir heißen, wo wir wohnen und wie die Geheimzahl unseres Bankkontos heißt. Ja, das wäre in der Tat eine Bewußtseinskatastrophe - vor allem für diejenigen, die nur im Kopf sind. Andererseits kämen Seelengefühle maskenlos zum Vorschein - Traum für die einen, Alptraum für die anderen. Das wäre möglicherweise der Beginn für einen Sprung. Wie es dann weitergeht bis zum Tor des Lichts, das kann ich mir kaum ausmalen und schreibe deshalb auch lieber nichts darüber. Zwei Dinge möchte ich aber in diesem Zusammenhang zur Kenntnis bringen:

1) Ausgelöst werden könnte der Zusammenbruch des alten Magnetgitternetzes durch einen Kometeneinschlag auf der Erde, wie das manche aus den Kornkreisen für den August 1999 glauben ablesen zu können. Eine andere These beschäftigt sich mit dem sogenannten "Photonenring", in den die Erde in den nächsten Jahren eintritt (das Sonnensystem bewegt sich insgesamt mit hoher Geschwindigkeit durch das Universum). Naturwissenschaftlich gesehen ist der Photonenring nur eine besondere Dichte von physikalisch definierten Teilchen, ähnlich dem Sonnenwind. Geräte zur Messung von "Bewußtseinsteilchen" kennt die Physik allerdings nicht. Es sollen aber feinstoffliche Energien mit diesem Ring verbunden sein - so wird behauptet -, die Ausdruck dessen sind, was wir als hochschwingendes Licht bezeichnen. Dies könnte den Bewußtseinssprung auslösen. Der Eintritt in den Photonenring soll mit 3 Tagen Dunkelheit beginnen. Wer sich genauer interessiert, der sei auf das Buch von Sheldon Nidle verwiesen: "Der Photonenring" (Falk-Verlag).

2) Sollte das alte Magnetgitternetz der Erde zusammenbrechen, so stehen wir nicht blank da. Es gibt nämlich bereits ein neues! Es wurde aufgebaut von einem Wesen namens Krayon, der sich uns mal vorgestellt, bisher aber noch nicht selbst in einer Durchgabe gesprochen hat [Vergleiche auch die "Lichtnetze" in obiger Durchgabe vom März 97]. Eine unserer Standardübungen, jeden Tag 5 Minuten, besteht darin, sich über die Lichtsäule mit diesem neuen Gitternetz, **"Paradigma"** genannt, zu verbinden. Es steht stellvertretend für die 5te Dimension. In einem weiteren Kapitel werde ich auf diese Übung nochmal genauer eingehen.

Im Folgenden möchte ich die bisher einzige Durchgabe zitieren, die sich konkret mit den Ereignissen auf dieser Erde zum Zeitpunkt des Sprungs in eine neue Dimension, befaßt. Meine Frage an Gryconne war, was denn bei einer großen Transformation mit unseren materiellen Körpern passiert:

***

Januar 1997

Gryconne:
... Nun Bruder [Mathias], zu Deiner Frage, die sich auf die Körper bezieht, in denen ihr euch befindet. So werde ich die Worte finden, um euch die Art und Weise der Transformation zu vermitteln, die sich auf das Mitnehmen eurer Körperlichkeit bezieht in diese dort andere auf euch wartende Ebene [5te Dimension].

Ich beginne mit der Phase der Transformation, in der ihr euch bereits befindet, die letztendlich [jedoch] noch nicht in der Gänzlichkeit an ihrem Ausgangspunkt angekommen ist, um zu starten und in die vollkommen neue Energie zu gehen. Dieses hat etwas zu tun mit dem neuen Energiefeld [Photonenring?], in das eure Erde eintreten wird. Der Körper, in dem ihr euch befindet, wird sich also auf eine gewisse Art und Weise in dieses Energiefeld, auf das ich noch zu sprechen kommen werde, in dieses Energiefeld hineinbegeben. Unsere Schulungen und das, was ihr über euren Lehrer [Sri Yukteswar] ebenso erfahrt, möge euch Hilfe sein, um euch in einer besonderen Form von **Weichheit, Achtsamkeit, Kenntnis und Wissen an den Anfang dieses neuen Zeitabschnitts zu bringen. So kommt ihr an den Start**.

So vernehmt ihr das eine oder andere Mal das Körperliche in euch in Form von Auswirkungen, ihr nennt es [Transformations-] Symptome. Sie sind die Sprache eures Körpers, mit dem er sich in den Ausdruck bringt. Erinnert euch: es gibt in den Lehren für euch die Bekanntmachung, daß sich euer Körper ebenso [wie Seele und Geist] einer Bewußtheit bedient [Anm: sitzt im Bauch]. Wir sind auch hier, um euch zu schulen in der Bewußtheit eures Körper und euch zu sprechen die Worte, die ihr benutzen und für euch verwenden könnt, um in einen Bezug zu eurem Körper zu gehen, der die Sprache oftmals an euch richtet. Dies ist der nächste wesentliche Punkt, auf den wir noch zu sprechen kommen werden. **Es wird also darum gehen, die Sprache eures Körpers zu verstehen**, der sich bereits in einem Vorprozeß befindet. Es geht um das Zusammenspiel zwischen eurem Geist und eurem Körper. So waren die Worte gefunden in der Zeit zuvor, euch zu vermitteln die Ebenen und die Schwingungsfrequenzen, um das Bewußtsein in diese zunächst drei Ebenen zu führen: Geistigkeit, Seelenkelch und physischer Körper.

> „Es wird darum gehen die Sprache eures Körpers zu verstehen"

**Es wird kommen der Tag, an dem sich eure Erde in einen neuen Energiekreis hinein bewegen wird, in ein neues Energiefeld, in eine euch völlig unbekannte Energie. Es ist der Zeitpunkt, von dem alle sprechen und keiner so recht in der Möglichkeit sich befindet oder befinden darf, euch diesen Zeitpunkt im Genauesten zu erläutern. Ihr kennt diese Energie auf eurem Erdenrund nicht. Es ist eine völlig neue Qualität von Energie, die euren physischen Körper durchströmen wird, ebenso wie den Organismus Erde**. Dies wird der Moment sein, wo wir dann beginnen, von der vierten Dimension zu sprechen. Wie ihr dieses schon erläutert habt und zu verstehen versucht habt, **ist die vierte Dimension eine Durchgangsphase** [= Dimensionstor], so möchte ich dieses ausdrücken. Sie ist ein gänzliches **Umkehren von Zeit**, ein sich Relativieren, ein sich völliges Verändern von Zeit, die ihr bisher in den verschiedenen Ebenen kennengelernt habt [Zeit in der RT?] und selbstverständlich auch in Beziehung zu euch. Und dieses wird sich erweitern um ein Vielfaches. Du Bruder und ihr Schwestern, **ihr könnt es euch nicht vorstellen, in welchem Maße sich dieser Zeitfaktor verändern wird für euch von dieser Phase an.**

**Ich nenne sie die Stunde Null.**

**Es ist die Phase, wo sämtliche energetischen, alten Strukturen auf eurem Erdenrund zusammenbrechen. All die alten Formen und Möglichkeiten, in denen ihr bisher existiert habt, gehen zunächst in das Durcheinander, in das Chaos, um sich dann auf eine neue Art und Weise zusammenzufinden. So wird dies die Zeit sein, die ihr in Dunkelheit erfahrt**. Ihr werdet entbehren jeglicher Form von andersartiger Energie in euren gewohnten Umgebungen [nur die neue Energieform existiert, alle anderen Energieformen nicht mehr?]. Es wird ein Zusammentreffen sein von verschiedenen energetischen neuen und alten Gewohnheiten und Strukturen.

Ich bringe dieses in eine noch größere Klarheit. Die Schule, die ihr hier erfahrt, ist nicht die Schule, in der ihr mit Wissen und Können, mit Werkzeugen und Manipulation etwas erreichen könnt. **Ihr könnt aus eurem Wissen heraus diesen Prozeß überhaupt nicht steuern**. Dieser Prozeß wird ablaufen auf seine natürliche Art und Weise, auf seinen natürlichen Bahnen. Ihr könnt euch vorbereiten auf diese Zeit, die da kommen wird. Dies ist unser Wunsch und dies ist unser Auftrag. So könnt ihr in der gänzlichen Ruhe bleiben. Dies wird ohnehin schwer genug für euch sein, obwohl ihr dieses Wissen und diese Schulung erfahren habt. **Es ist der Zeitpunkt, wo sich eure Sinne öffnen werden, euer inneres Auge, euer Weitblick, euer tiefes Wissen, zu dem ihr von diesem Zeitpunkt an Kontakt und Manifestation in der Gänzlichkeit erhal-**

**ten werdet.**

**Euer Körper, Bruder, der Du die Frage an uns gestellt hast, euer Körper wird sich in dieser Zeit der Ruhe, der Einsamkeit - möchte ich fast sagen - in dieser Zeit der Dunkelheit und Kälte, die euch umgeben wird, in dieser Zeit gänzlich neu strukturieren, neu formieren. Die Zellen werden sich verändern. Die Organe und der Organismus werden sich in dieser Zeit auf eine völlig neue Art und Weise und auf eine völlig neue Ebene heben. Es ist die Ebene, die ihr die fünfte Dimension nennt. Dies wird der Akt eures Körpers sein.**

So bitten wir euch - und dies ist auch Schule unsererseits - euren Körper in dieser Phase sich nicht gänzlich sich selbst zu überlassen, sondern dort auch Achtung, Respekt, Unterstützung und Belobigung hinzubringen. Euer Körper befindet sich bereits in einen Prozeß des sich Reinigen-Wollens, des sich Höherschwingen-Wollens, des in die Leichtigkeit sich Geben-Wollens. Dies ist ein Prozeß, in den sich euer Körper bereits begeben hat: aus sich selbst heraus, aus der Natur und aus dem Zusammenspiel eures Seelenweges mit euren geistigen Möglichkeiten. Ihr könnt aus eurem Bewußtsein heraus lernen, euren Körper in seiner Sprache, in seinen Impulsen ebenso wahrzunehmen, wie ihr dieses mit euren Seelenkelchen tut.

So war dies noch nicht vorgesehen an Botschaft und an Kenntnis an euch heranzutragen. Aber wir sehen euer Bemühen, euch mit eurem Seelenkelch und euren geistigen Möglichkeiten zurechtzufinden. Es ist unser Wunsch, euch nicht in das Chaos, sondern in die Klarheit zu führen. So entsprechen wir [gleichzeitig] eurem Bedürfnis und Wunsch nach Klarheit. Wir erkennen dadurch auch die Möglichkeit eurer Seele und eures Geistes, mit den Kapazitäten und Schulungen unsererseits auf eurer Ebene und an eurer Seite umgehen zu können. So sind wir in der Dankbarkeit, dieses nun an Worten und Botschaften an euch richten zu dürfen.

Es gibt [auf der Erde] viel Weisheit, Wissen und Erkennen über die Gesetzmäßigkeiten, die die Menschen glauben für sich entdeckt zu haben. Dies in Hinblick darauf, daß sie im Moment der Stunde Null, ihre Körper vorbereitet haben möchten und sie über diese Schwelle tragen möchten, um sie in die Gänzlichkeit zu bringen. Dies ist euch bekannt. Es gibt dort [auf der Erde] viele, viele Gesetze und Ratschläge und Möglichkeiten, diese Vorbereitungen [des Körpers] zu vollziehen. Wir machen euch darauf aufmerksam, daß ihr eurer inneren Stimme, eurem Seelen- und Körperbedürfnis gänzlich aus euch selbst heraus vertrauen könnt. **Ihr braucht nicht die Lehren zu hören, die euch führen wollen oder euch glauben machen, euch in die Lichtigkeit, in das Erkennen, in das Gänzliche führen zu können. (*) Bleibt hier in der Eigenständigkeit und lernt die Worte und die Sprache eures Körpers zu verstehen**, der euch das eine oder andere Mal sehr wohl kündet, was ihn in die Lichtigkeit und das Höherschwingen bringen könnte. Hört auf die Bedürfnisse, die euer Körper anmeldet.

[(*) Anmerkung von Mathias: Es gibt da jede Menge an Lichtessenzen und -Kristallen, Erzengeln in Flaschen abgefüllt und dergleichen mehr am Markt. Darauf beziehe ich diese Aussage. Damit will ich aber nicht sagen, daß dies unnütz wäre.]

> Die 4te Dimension ist ein Übergang wie ein Türrahmen

Dies ist unsere Botschaft zunächst zum einen. Wir bitten euch, dieses für einen Moment zu überdenken und die folgenden, daraus sich ergebenden Fragen an uns zu stellen. Wir sind bereit und gehen nun ein Stück zurück aus unserem Wort in die Aufmerksamkeit eurer Worte und weiteren Fragen bezüglich der ausgeführten Inhalte.

Ute:
Wie können wir noch deutlicher, noch eindeutiger, die Botschaften unserer Körper entschlüsseln?

Gryconne:
Danke Schwester für diese Frage. Es gibt ein Instrument in euch, das ihr in der Genauigkeit schult. Es ist eure innere Stimme. Diese Stimme, die sich als Seelenqualität darstellt, ist die **geistige Führung**, die die Worte und die Impulse auf euren Geist legt. Lernt in den Situationen eures Alltags diese Stimme und euren Körper zu befragen, bevor ihr in das Handeln geht. Spürt in euch hinein und vernehmt ihr dabei Leichtigkeit, Freude und das Einverstandensein, dann ist dies der [stimmige] Weg. Es ist die Stimme [eures Schutzgeistes], die euch in die Klarheit führt. Vernehmt ihr in euch [aber] Bedrücktsein, alte Gesetze, alte Verpflichtungen und Strukturen, dann ist dies die Botschaft, die euch auffordern sollte, eure innere Stimme noch einmal zu prüfen und zu überdenken. Ist dies in der Deutlichkeit, Schwester, ist es in der Gänzlichkeit von dir verstanden? Wir entnehmen aus deinem Energiefeld noch die eine oder andere Unklarheit. So bitten wir dich, dieses in die Formulierung zu führen.

Ute:
Ich bin ein bißchen überfordert im Augenblick, ich kann so schnell die Frage nicht formulieren.

Gryconne:
So bleibe du hier in der Stille, Schwester, bleibe in der Ruhe mit dir. Es ist eine ungewohnte Situation, dies spüren, erleben und fühlen wir. Es ist ungewohnt für euch, auf diese Art und Weise in die Kommunikation zu gehen [Anm: Das war noch ganz am Anfang unserer Gespräche mit Sternenbrüdern und wer ist es schon gewohnt, mit "Außerirdischen" zu plaudern?]. So bleibe im Frieden mit dir - wird doch im Laufe der Zeit unserer Treffen und Zusammenkünfte, dieses in die Selbstverständlichkeit und immer mehr in das Natürliche sich führen. Ich erläutere die gesprochenen Worte auf ein Neues und werde die Beispiele finden, dieses in die Klarheit zu bringen.

Ihr habt gelernt im Laufe dieser letzten Zeitabläufe eure Seele, euren Geist klarer wahrzunehmen. So ist es euch aufgrund eurer Tätigkeit und der Aufgabe, die ihr erfüllt in dieser Welt [wir alle sind RT-Therapeuten], geläufig, die Sprache eurer Seelenkelche zu erfahren, sie umzusetzen und in eine Klarheit für euch zu führen [er spricht von RT und den Bildern]. Jedoch ist euch die Sprache eures Körpers nicht im ebenso Vertrauten wie die Stimme und die Sprache eurer Seele, die sich auf eine andere Art und Weise ausdrückt. Euer Körper reagiert durch verschiedene Impulskräfte, die ihm zur Verfügung stehen. **Ein wesentliches Instru-**

**ment, das euer Körper zur Verfügung hat, ist das System der Nervenbahnen, die sich bei jeglichen Irritationen bemerkbar machen.** [Bereits] im Vorfeld, so ist euch bewußt, ist da Unklarheit in eurem Denken und Vorgehen. Diese Unachtsamkeit hat euch das eine oder andere Mal den Schmerz und das - wie ihr sagt - das Symptom gebracht in eure körperliche Existenz.

Ihr seid zwar sehr wohl gewohnt, in [entsprechenden] Kategorien zu denken und das Symptom zurückzuvollziehen auf eine seelische Ursache und weiter aus der seelischen Ursache heraus in ein geistiges Denkmuster, das zu revidieren und neu zu formulieren es gilt. Aber euer Körper verfügt [auch] über eine Stimme, möchte ich fast sagen, über eine wortlose Kommunikationsmöglichkeit. Ob sich euer Körper in einem friedlichen, für ihn stimmigen Zyklus befindet [oder nicht], findet ihr heraus über die Bereitschaft eurer Nervenbahnen. Können diese die Kommunikationzentren eurer Zellen deutlich spüren? **Es gibt da in der Mitte eures Körpers einen Ort, wo diese Nervenbahnen sich als Zentrale verbinden. Hier werden sämtliche Informationen eures Körpers zusammengetragen, gespeichert und gehortet, wie in einer großen Bibliothek [Solarplexus].** Dies mag die Stelle eures Körpers sein, zu der hin ihr die ersten Schritte tun könnt, um in die Kommunikation zu gehen und euren Körper anzusprechen. Ich bitte euch, dies zu überdenken. Sprecht mit eurem Körper, so wie ihr lernt mit uns und untereinander zu sprechen. So lernt zu sprechen mit dem Wesen eures Körpers und erfahrt [dabei] die Anworten eures Körpers über diesen Knotenpunkt. **Dieser Knotenpunkt [des Solarplexus] ist von einer großen Wichtigkeit und Bedeutsamkeit für euch.** Er mag euch auf der Körperebene Richtlinie und Instrument sein für den richtigen Weg. Auf der Seelenebene ist es das Herz, das euch das wesentliche Instrumentarium [Kompaß] ist.

***

In einem weiteren Kapitel werde ich auf die sogenannten "Transformationssymptome" des Körpers nochmal ausführlicher eingehen. Es gibt schon öfter Passagen und Aufforderungen in den Durchgaben - hier die Sache mit dem Solarplexus -, da fühlen wir uns glatt überfordert. Ein solches Körpergefühl habe ich einfach nicht, daß mein Bauch mir schon im Vorfeld sagen würde, was mein Körper braucht, um das eine oder andere Symptom zu vermeiden. Wahrscheinlich wieder zu ehrgeizig und ungeduldig gedacht. Aber ich kann mir vorstellen, daß es Dir, lieber Leser, ähnlich geht. Vielleicht ist Dir folgendes Bild auch dienlich, das ich mir gebe: Ich stelle mir ein kleines Männchen im Bauch vor, eine innere Figur. Der ist zuständig für Nerven-Steuerbahnen im Körper und sitzt in meinem Bauch an einem Kontrollpult. Nur selten habe ich mich um ihn gekümmert, immer erwartet, daß alles klappt und nur geschimpft, wenn mal was schief läuft. Jetzt wende ich mich ihm öfter zu. Komme die Treppe runter, finde ein paar aufmunternde Worte, plaudere mit ihm über seine Arbeit oder frage ihn, ob alles im grünen Bereich ist. Das hebt seine Laune beträchtlich - und meine auch. Ich gehe über diesen Kunstgriff in Beziehung zu meinem Körper.

# Hinter dem Tor des Lichts: Das Land des Lächelns

Maßstab menschlichen Strebens ist stets das Motiv größeren Glücks. Wir bewegen uns stets in der Richtung, die uns ein größeres Glücklichsein verspricht und nehmen dafür auch Risiken in Kauf. **Lohnt es sich, die 5te Dimension anzustreben?** Finden wir dort den "Himmel"? Oder ist das eher ein langweiliger Zustand, ohne Bier und Weißwürste, ohne Sex und Lachen? Und wenn man dort noch den Nachbarn trifft, den man auf den Tod nicht ausstehen kann, sollte man dann nicht lieber bleiben wo man ist? So banal diese Fragen scheinen, so drükken sie doch die Haltung der meisten Menschen aus. Da ist der Wunsch, eine kleinbürgerliche "Einheit" zu bewahren und eine Scheu über den Tellerrand zu schauen.

Ich denke, daß bestimmt 1/3 der Menschheit wählen wird, den Transformationsprozeß mitzumachen. Was geschieht mit dem Rest? - Weiß ich nicht genau, sollte dieses überhaupt so kommen. Bestraft werden die sicher nicht, eher belobigt, weil sie bereit sind, eine nächste "Runde" zu drehen. Letztlich wird keiner in einer Welt der Polarität bleiben können. Keiner entgeht der Erleuchtung! Unser Ego-Bewußtsein hat nicht die Möglichkeit, den Kurs unseres Schicksals zu bestimmen. Genauso wenig konnten wir in der Vergangenheit bewußt wählen, welche nächste Inkarnation wir gerne hätten oder wie unser Lebensweg verläuft. Das bestimmt allein unsere Seele. Unsere Seele sucht sich die Erfahrungen aus, die sie für Entwicklung haben möchte. Und dazu gehören natürlich auch Krankheit, Armut und Unbill aller Art. Seele bestimmt den Weg - und nicht das Alltags-Bewußtsein. Ich mache gerne den Vergleich mit dem Korken ( = Alltags-Bewußtsein), der auf den Wogen des Meeres ( = Seele) tanzt, der aber verkündet, daß er seinen Weg voll im Griff habe. Ha, ha. Nie können wir genau vorhersagen, wohin die Seele uns lotst. Es ist aber nachvollziehbar, daß Seele letztlich wieder dahin möchte, woher sie kommt - in die 5te Dimension, wenn wir bei diesem Begriff bleiben.

Es gibt bei allem, was ich hier schreibe, eine grundsätzliche Schwierigkeit. Nämlich die, daß wir in einer 3D-Welt nur unvollkommen verstehen können, was eine 5D-Welt meint, wie sie aussieht, wie es sich dort lebt und wie Wesen dieser Dimension aussehen, wie sie denken und fühlen. Unsere Vorstellungskraft hört da einfach auf. Zwangsläufig unterliegen auch alle Durchgaben dieser Einschränkung. Stellen wir ein 3D-Haus auf einem Blatt Papier in 2D als Draufsicht dar, verlieren wir natürlich eine Dimension und damit das Räumliche. Gehen wir aber um 2 Dimensionen nach unten, dann wird aus dem Haus nur noch ein Punkt. Ähnlich schwierig ist es, sich aus unserem 3D-Blickwinkel eine 5D-Welt vorzustellen. Die Antwort der Sternenbrüder auf eine solche Frage lautet: "Ihr könnt es euch in euren kühnsten Träumen nicht vorstellen."
Natürlich sind das keine sehr befriedigenden Antworten und deshalb haben wir hartnäckig weitergefragt. Hier einige Dialoge aus verschiedenen Durchgaben:

***

Januar 1997

Kathrin:
Es ist für uns in der dritten Dimension schwer vorstellbar, wie sich verschiedene Einzelvisionen von unterschiedlichen Seelen in ein harmonisches Gesamtgefüge in der fünften Dimension einfügen. Wie verhält es sich in der fünften Dimension, wie geben diese einzelnen, unterschiedlichen Visionen ein ganzes, ein lebendiges neues Bewußtsein?

Gryconne:
Habe Du ebenso den Dank, Schwester, die du in der Ganzheit dich befinden wirst ebenso. Habe den Dank für diese Frage. Ich erläutere sie auf zwei Ebenenen. Die eine Möglichkeit, diese Visionen zu erfahren und zu betrachten, ist die Vision eures Verstandes. **Ich nenne euren Verstand das eingegrenzte Geistsein.** So schaut ihr aus der euch zur Verfügung gestellten Abgrenzung eures Seins eure Visionen und den damit verbundenen Auftrag an. Ihr habt in eurem [jetztigen] Leben und [den früheren] Inkarnationen über viele Zeitabläufe erfahren, daß der eine [Mensch] die eine Vorstellung und ein anderer [Mensch] wiederum eine gänzlich andere inbezug darauf hat, wie etwas sein kann, wie es sein wird oder wie übermorgen ein Nächstes in irgendeiner Art und Weise aufzutauchen vermag. Dies ist das Eine.

Aber bedenkt, daß dieser Prozeß, den ihr erleben werdet, ein Weg ist, der ebenso aus euren Seelenqualitäten [nicht nur aus dem Verstand] zu beschreiten ist. Und so ist eure Seele genauso wie eure Geistigkeit in der Lage, das Ziel bereits zu sehen. So sind die Unterschiedlichkeiten [der Visionen], die ihr aus eurem begrenzten Denken heraus auf der neuen Ebene zu sehen glaubt, nicht die Unterschiedlichkeiten, die sich dort [tatsächlich] darstellen werden. [Ihr vergeßt], daß die Seelenabsichten und Seelenmöglichkeiten auf dieser Ebene, die eine neue Form der lebendigen, universellen Existenz finden, gänzlich im friedlichen Miteinander sind.

In der Halle seines Lichtes, der Friedensburg von Jeshua [= Neues Jerusalem = "Eröffnungsparty"] wird eure [eigene] Energie, die Christusenergie, das Wort an euch richten. Es ist ein Weg, den eine jede Seele kennt und sie bittet um Bereitschaft des Geistes, diesen Weg gehen zu können. Der begrenzte Verstand mit seiner Ängstlichkeit und seinen Mustern des Nicht-Dürfens und Nicht-Könnens [läßt die Gemeinschaft individueller Visionen unmöglich erscheinen], aber dies befindet sich für die Seelen bereits in großer Eindeutigkeit [und Einheitlichkeit]. **Ihr werdet voll des Wunders sein, wenn ihr in den neuen Dimensionen das Gleichgewicht und Gleichempfinden vieler, vieler, vieler Seelen auf diesem Erdenrund erfahrt.**

Seht es so, daß die Seelen **ein** Ziel haben. Es

ist eure Aufgabe die Sprache eurer Seele verstehen zu lernen inbezug auf die Visionen, die wir angesprochen haben. Unser Bemühen ist es euch zu schulen. [Ihr werdet] letztlich herauszufinden, daß sich eure tiefsten Erwartungen und Hoffnungen [inbezug auf die Visionen der fünften Dimension] in der Gänzlichkeit und Gemeinschaftlichkeit erfüllen werden. So verstehe, Schwester, es ist das Vermögen der Seelen diesen Weg gemeinsam zu gehen. Und so sind dort gar viele, die diesen Weg und diese Vision in sich tragen - auch wenn dieses sich zunächst in unterschiedlichen Bewußtseinsformen und Visionen darstellen mag. **[Unsere] Schulung zielt letztlich auf ein sich in Kontakt bringen mit dem, was Seele und Ziel der Seele in Hinblick auf die fünfte Dimension bedeutet.** Die Wege der Seelen sind auf dieses Ziel hin ausgerichtet. Für die Vision der Seelen ist es in der absoluten Klarheit und in der Übereinstimmung. Derzeit befindet ihr euch aber noch in der gänzlichen Individualität und es gilt für euch Klarheit zu schaffen in der Sprache, im Geist und im Fühlen.
Und so hoffe ich, Gryconne, hier für dich, Schwester, die Worte gefunden zu haben und deine so wunderbare Frage auf diese Art und Weise in der Klarheit beantwortet zu haben. Hast du dieses in der Klarheit verstanden, geliebte Schwester?

Kathrin:
Ja, ich hab es in der Klarheit verstanden und ich danke dir für deine Antwort, Gryconne.

Gryconne:
Wir danken euch für euer Sein, für all das, was ihr euch selbst und uns in die gemeinsame Runde gebt. Wir danken euch für all das, was ihr aus euch selbst heraus in dieser Stimmigkeit, diesem Gleichklang und diesem Bedürfnis in eure Existenz tragt. Ihr manifestiert für die Zeit eures Zusammenseins eine Art des Vorgeschmacks auf das, was sich begeben wird. Ihr seid in der Gänzlichkeit und eure Gemeinschaft und euer Miteinander wird noch sehr gefragt sein in den Zeiten, die da kommen werden. Ihr werdet euch darauf besinnen, auf diese Tage und Momente [der Familie]. Es wird in der Wichtigkeit sein, daß ihr lernt, euch aufeinander zu verlassen in der Kommunikation, ebenso wie in der Nichtkommunikation. Ihr werdet lernen auf den drei Ebenen [Körper, Seele, Geist] miteinander zu kommunizieren und eure Sprache gänzlich in die Klarheit zu führen. Ihr werdet aber auch lernen, über viele, viele Kilometer hinweg in die Kommunikation miteinander zu gehen und dies wird in der Notwendigkeit sein und dieses werdet ihr tun. Ihr werdet in der Lage sein, euch zu rufen und zu unterstützen auf eine Art und Weise, wie ihr dieses im Kleinen bereits tut. Ihr werdet dieses in eine wunderbare Schönheit des Miteinander führen.

---

Januar 1997

Mathias:
Gryconne, du sprachst von den Visionen, aus denen die neue Welt gebaut wird. Wir sind uns unsicher darüber, mit welchen Bausteinen diese vierte oder fünfte Dimension gebaut werden kann. Zunächst einmal haben wir das Gefühl, daß wir die alten Bausteine aus der alten Welt hernehmen würden, um die neue Welt, deren Möglichkeiten wir noch gar nicht kennen, zu bauen. Welche neuen Bausteine also können wir verwenden, wie sehen diese aus? Wie kann diese neue Vision, diese neue Welt der 5ten Dimension gebaut werden?

> Alles in diesem Universum ist gebaut aus Geist

Gryconne:
**Bruder, es gab immer nur einen Baustein in diesem Universum und dieser Baustein heißt "Geist".** Dieser Baustein, der sich in der materiellen Welt manifestiert, hat in seinem Ursprung - und dies ist der Baustoff, aus dem diese Welt erschaffen ist - den Geist, den reinen Geist. Er drückt sich aus in eurer molekularen Struktur, die sich verdichtet und dann in die Materie geht. **Es ist in deinem Wunsch und Willen und in deiner Freiheit, auf welche Art und Weise du die Welt für dich und andere in der fünften Dimension kreierst und erschaffen wirst. Es wird viele geben, die die Visionen teilen. Es geht darum, eine Vorstellung davon zu bekommen, daß diese Kreationen dir gänzlich zur Verfügung stehen, gänzlich und immer schon. Du hast die Möglichkeit zu erschaffen das Wasser, den Fels, die Pflanze, den Wind und das Universum ebenso.** So spüre in dich hinein, und gehe in Kontakt mit deinem Seelenkelch - so meine Botschaft an dich - und überprüfe dort die Bedürfnisse, den Wunsch und die Fähigkeit deiner Seele, sich in die Gänzlichkeit zu bringen.

Deine Seele wird dir in der Zeit deiner Visionen, wenn du dich in der von dir erkannten und bereits in der Meisterlichkeit vollzogenen Neutralität befindest, dann wird deine Seele dir Informationen geben. Informationen über ihren Wunsch, diese neue Welt zu schaffen, sie vorzufinden und zu schöpfen aus sich selbst heraus - in Zusammenarbeit mit all denen, die ein gleiches oder ähnliches Schöpfungsprojekt haben. So sind es viele, Bruder, und nicht wenige, die, so können wir dieses aus unseren Ebenen sehr wohl erkennen, die im gleichen Bedürfnis und Wunsch sind, diese [neue] Welt zu erschaffen, sie in Form und Struktur gehen zu lassen, ähnlich wie du.

So bist du, Bruder, nicht allein mit deinen Bedürfnissen und Wünschen. **Es ist uns jedoch nicht im Auftrag, euch zu verkünden eure Seelenbedürfnisse und Wünsche. Es ist der Auftrag von euch selbst, dieses in Erfahrung zu bringen. Dazu seid ihr in der Lage. So möchten wir es euch verkünden. Dies ist der Ratschluß, dies dürfen wir euch sagen: Ihr werdet diesen Weg finden, ihr werdet diesen Weg gehen und ihr werdet diesen Schritt tun, Bruder.** Du wirst in der Lage sein, den Kontakt mit deiner Seele, von der ich soeben sprach, zu knüpfen. Du wirst über deinen Geist deine Seele erforschen und in deinen körperlichen Strukturen die Frequenzen erhöhen aus dem Geist. **Der Geist, Bruder, gibt die Möglichkeit, alles andere zu schaffen, alles andere zu kreieren und in die Form und Farbe zu bringen.** So überdenke und spüre deine Seele: Welche Form von Qualität und Landschaft, welche Form von sozialer Struktur und Miteinander sie vorzufinden wünscht auf dieser Dimension.

Wenn du dort, Bruder, in der Klarheit bist, dann entscheide dich für dieses, was Wunsch und Absicht in dir ist und entscheide dich in den Worten, die ich vormals sprach, gegen all das, was dich hindern könnte dort hinzugehen. Begib dich in die Klarheit, begib dich in der Klarheit dort hinein. Mache es nicht von Bedeutung und gib es nicht in die Bedeutsamkeit der Zeit, dieses zu erreichen - bleib dort ebenso in der Freiheit. Schaffe diese [neue] Welt und schaffe diese Möglichkeit aus dem Bedürfnis deiner Seele, aus der Kraft deines Geistes und aus der Möglichkeit deiner körperlichen Zellstrukturen und Frequenzen heraus. **[Der Durchgang durch] die Frequenzbarriere, der Schleuse, ist auf eine völlig normale, natürliche Art und Weise zu vollziehen, aus euch selbst heraus. Bruder**. So hoffe ich, daß dieses hilfreich ist für dich und all jene, die ebenso wie du diese Absicht und diese Möglichkeit in sich suchen und diese Fragen sich stellen ebenso wie du.

Mathias: - Ich danke dir.

Ute:
Wie kann ich genau erkennen, auf welche Weise ich verbunden bin mit dieser fünften Dimension? Ich habe da Schwierigkeiten, das ist für mich nicht ganz eindeutig festzustellen.

Gryconne:
Diese Schwierigkeit, Seele, ist begründet in der Art und Weise, die ich beschrieben habe als eine Vermischung der Farben, der Prinzipien und der Informationsträger, die sich in euren Seelenkelchen befinden. Dies ist eine Schwierigkeit, die ihr Seelen miteinander teilt, die das Menschsein ausmacht. Es gilt nun, dieses in eine größere Klarheit und in eine größere Konsequenz in sich zu führen.

So bist du Seele ausgestattet - und dies ist dir bewußt - mit der Möglichkeit und Fähigkeit, die [höheren] Dimensionen zu erschauen. Auf deine Art und Weise [tust] du dieses aus deiner Kraft, deinem Willen und dem [besonderen] Vermögen deines Augenlichts. Du bist in der Fähigkeit, dieses zu erkennen und dies ist nicht in der Neuigkeit. Es ist [jedoch] in der Neuigkeit für dich zu erfahren, daß du in der Lage bist, diese Energien ebenso in die Klarheit zu führen. Aus dieser Klarheit heraus [kannst du] dein Auge präzise richten. Geh also in die Ruhe, in die Stille, die dir ein großes Gut und eine große Stärke ist, geh in die Klarheit und geh du Seele und Schwester - und dies ist in der Bedeutsamkeit, es dir zu sagen - geh du ebenso in die Klarheit der Entscheidung. Klarheit der Entscheidung heißt: Gib die Kraft, die du brauchst für dein Auge, um diese Welten zu erschauen, nicht in die Dinge, die du abgelegt hast, so wie man Kleiderstücke ablegt, Schuhe nicht mehr trägt, Handtücher und Mäntel ablegt. Gib deine Energien dort nicht hin in der Erinnerung, im Verhaftetsein, im Gefühl, dieses [oder jenes] möglicherweise zu dem einen oder anderen Zeitpunkt noch einmal zu gebrauchen.

> Das Wesentliche der Brüderlichkeit ist das Vertraut-Sein

Sei für einen Moment völlig klar in dir und deiner Absicht. Gib diese Kraft und Möglichkeit, die du hast, [ganz hinein] und dann öffne dein Auge ganz und gar. Erschaue das, was dir in der Möglichkeit bereits ist aus der Klarheit heraus, die du nun im Begriff bist zu erlernen. Gib dir die Möglichkeit, diese Schritte zu vollziehen auf eine natürliche Art und Weise aus der Ruhe und dem Vertrauen heraus. **Dies sind meine Worte, die für dich, Bruder, ebenso gelten. [Tue alles] aus dem Vertrauen heraus, daß sich alles vollziehen wird auf seine [stimmige] Art und Weise. [Handelt und lebt] aus dem Vertrauen, aus dem Glauben heraus. Es gibt da nichts, es gibt da gar nichts, was es zu fürchten gäbe. Es gibt nichts, was es zu bekümmern oder festzuhalten gäbe. So seid gewiß, daß all das, was in der Liebe zu euch gehört, immer bei euch und immer mit euch sein wird und niemals von euch lassen wird. Ihr werdet alles mitnehmen, was in der Liebe ist, in der Zugehörigkeit, in der Harmonie, dem Vertrautsein und was sich im Glauben zueinander trägt** [Anm: Das gilt insbesondere auch für Kinder].

Ute: - Ich danke dir für deine Worte, Gryconne.

Gryconne:
Wir danken euch. Dir, Bruder und dir, Schwester, wir danken euch. Mit unserer Liebe und unseren Möglichkeiten erblicken wir euch - und **wir erblicken uns in euch**. Auch wir haben einen Weg in der Evolution unseres Entstehens, unserer Entwicklung vollzogen. Unser Weg hat uns aus der Blindheit heraus geführt, hinein in das Sehen, in das gänzliche Sehen, in die Weite, in die Möglichkeiten der anderen Welten. Und auch wir standen das eine und das andere Mal im Laufe unserer Entwicklung an jenem Punkt [der Transformation].

Und so mag es uns [genauso] gehen, wie es euch mit euch selbst und mit den Menschen geht, die ihr anschaut [die uns begegnen]. Erinnert euch also an einen Abschnitt eures [eigenen] Lebens, in dem ihr ängstlich, im Unglauben oder im Festhalten wart - da, wo ihr im Wunsche wart, nochmals ein Kind zu sein und niemals in das Erwachsene, in die Eigenverantwortung gehen zu müssen. So waren das oft große Schritte für euch. So begegnen euch in eurem Leben Seelen und ihr schaut sie das ein oder andere Mal mit Unverständnis an. Ihr fragt euch, warum diese Seelen um sich selbst herum kreisen und nicht den Schritt in die Freiheit tun, in die Schönheit, in die eigene Größe. Und so [ähnlich] beschauen wir euch. Wir schauen euch an, wir erkennen euch und lieben euch auf unsere Art und Weise aus dem Vertrauten, aus dem Offenen, aus dem Reinen, aus dem Freien und aus dem Friedvollen. Wir sind in der Dankbarkeit, euch reichen zu können das eine oder andere Instrument, die Information, das Vertrauen, die Brüderlichkeit und das Aufgehobensein in unserer Gruppe, in unserem Kreis. Das mögen wir euch erneut in eure Herzen und in eure Nähe bringen. [Es geht] um dieses Vertrautsein - dies ist das Wesentliche der Brüderlichkeit. Ja, Bruder und Schwester, **vertraut sein über alle Grenzen hinweg**. Und so schließen wir für heute, wir gehen in die Stille. Wir gehen in das stille Miteinander und das Vertautsein mit euch. Wir sind in der Freude, euch zu erfahren.

***

Die 5te Dimension ist nur äußerlich weit weg und nicht vorstellbar. Im Inneren unserer Seele ist sie sehr wohl bekannt, wenn auch in unterschiedlichen Bewußtseinsgraden. Sie ist das Ziel unserer tiefsten Sehnsüchte - auch wenn diese sich dreidimensional ausdrücken, etwa in Musik, Malerei oder in hochschwingendem Sex. Wir suchen diesen Zustand zutiefst, obwohl wir ihn gleichzeitig auch fürchten. Wir fürchten eine erneute Trennung aus diesem Zustand des Seins. Das Land des Lächelns ist ohne Angst, ohne Tod, voller Hingabe, Licht und Liebe. Alle Möglichkeiten stehen dort offen, direkt aus dem Geist heraus zu erschaffen - auch Bier und Weißwürste, sollte es dessen bedürfen.

Anläßlich einer weiteren Fragemöglichkeit bei einer Durchgabe von Gryconne, komme ich nochmal auf einen anderen Aspekt meiner Grundfage zurück. Ich fragte ja zunächst (siehe oben), aus welchen Grundelementen die 5te Dimension gebaut sei. Die Antwort lautete knapp und klar: "Alles ist aus Geist gebaut!" Und jetzt wollte ich wissen, nach welchen neuen Strukturen und Gesetzen der Geist diese 5te Dimension baut. Hier die Passage:

***

April 1997

Gryconne:
... Allerdings ist das Energiekleid des Menschen auf einer höheren Ebene an das System der Astrologie nicht unbedingt angeschlossen. Die **Energieflächen und Farbelemente, von denen wir sprachen, haben jedoch Bestand weit über das System der Astrologie hinaus.** Zwar ist es mittels der Astrologie möglich, Zeitqualität zu verstehen und die Art wie Menschenseelen mit sich und ihrem Sein umgehen, aber sie ist nicht gänzlich anwendbar, wenn es um das Erschauen und Begreifen von Farbenergien, Seelenfeldern und unterschiedlichen Energiekörpern, wie wir sie hier für euch in die Schulung bringen möchten, geht.

Nimm eine Seele, die ihren physischen Körper mit ihrem Energiekleid verläßt, das sie dort in die anderen Dimensionen und Ebenen führt. So hat dort auf dieser [höheren] Dimension und Ebene die Astrologie keine Bedeutung. Es ist dort das Energiefeld und die Energiekörper dieser Seele ohne den physischen Leib anders zu bewerten als auf der Erde. So sehe also den Unterschied. Die Astrologie ist euch behilflich bei der Übersetzung von Seeleninhalten, die die Seele über die Zeiten hinweg in sich trägt. Aber ihr könnt damit nicht den Lichtkörper der Seele verstehen und stoßt somit an Grenzen.

Das, was ihr nun lernen werdet, ihr Geliebten, ist ein System, das sich gänzlich aus der Zukunft zu euch begibt. Es ist ein System, das euch in den nächsten Zeitabläufen eures Seins tragen wird und Fundament sein wird. Möglicherweise wird es eine Zeit der Überlappung geben, des Zusammenspiels, in der ihr das alte astrologische System noch benutzt, euch gleichzeitig aber bereit findet, das neue System des Erkennens zu erlernen. So wisset um diese Zeit nun, da ihr eure Instrumentarien in das Austauschen bringt. Leget aber nicht weg, was ihr hier noch benötigt auf eurer (3D-) Ebene und in eurem Sein. Wisset jedoch um das Neue, das sich hier begibt in euren Kreis. So hoffe ich, Gryconne, daß ich hier die Worte des Verständlichen gefunden habe in der Klarheit. So sprich zu mir, Bruder, ob dies im Verständlichen und in der Klarheit ist?

> In der 5ten Dimension geht es um Energiestrukturen und Farbelemente

*Mathias:*
Ich danke dir, Gryconne, und ich denke es ist der Klarheit, daß die Astrologie in Bezug auf die höheren Dimensionen nur sehr begrenzt und letztlich eigentlich gar keine Bedeutung mehr hat. Natürlich interessiert es uns, und das wäre die nächste Frage, nach welchen Gesetzmäßigkeiten dieses andere neue System, für das ich noch keinen Namen habe, funktioniert?

Gryconne:
Es geht um die Systeme der Farbenergien und die Qualitäten von Farben. Es geht um die Dimensionen, die einerseits die Qualität von ***Energiestruktur*** und andererseits der ***Farbelemente*** tragen. Die Farbelemente sind in einer eigenständigen Energieform und es gibt Strukuren farbloser Energie. Es geht darum, verschiedene Frequenzen und Schwingungen zu erfahren und zu begreifen und deren Zusammenspiel in den Strukturen. Es wird dort in diesen höheren Dimensionen ebenso Manifestationen geben wie auf eurer irdischen Ebene, jedoch viel feinstofflicher. Farben werden dort eine energetische Möglichkeit sein, Elemente und Kreationen auf eine völlig neue Art und Weise zu schaffen.

**Die Basis dieses Systemes ist die Farbe Gold, ebenso Weiß und Violett. Das sind die wesentlichen drei Qualitäten des neuen Systems.** Mit den Farbelementen und Energiefeldern werden die Möglichkeiten geschaffen, Zellen in eine gewisse Form des Austausches, der Höherfrequentierung und der Durchlässigkeit zu führen. So ist die Farbqualität **Gold** von einer großen Bedeutung. Die Energie der Lichtkörper, die ihr in euch tragt und die sich in ein größeres Volumen geben werden, ist in den verschiedenen - wir würden es mit euren Worten sagen - Pastellfarben. Eure Energiekleider werden sich reinigen und in die Farbschwingung des Pastellen gehen und ihr werdet die Qualität des weichen, weißen und transparenten Farblichtes spüren und erkennen. Es wird auf dieser Ebene ein Zusammenspiel der Licht- und der physischen Körper auf eine für euch nicht vorstellbare Art stattfinden. Ihr werdet auf verschiedenen Frequenzebenen bewußt sein und es wird eine Frequenzebene die andere bereichern können. So wisset um die vollkommene Struktur, die ihr dort für euch und mit euch vorfinden werdet.

Es wird ein Energieaustausch sein, ein gänzliches, harmonisches Miteinander. Es wird dort [in der fünften Dimension] eine **völlig neue Form der Physis** und des energetischen Austausches für euch bereitgehalten. Es wird die Unterschiedlichkeit der einzelnen Charaktere der Seele nicht in dieser Form und Art und Weise sein, wie ihr dieses erlebt hier auf eurer Ebene. Es wird dort ein Miteinander sein, ähnlich hier in eurem Kreise. Wenn ihr im Frieden miteinander seid, so seid ihr euch des Wissens bewußt, was ihr aneinander habt und wisset um die Augen, mit denen ihr euch gänzlich gegenseitig in der Vollkommenheit anschaut. So wird eine jegliche Seele die andere Seele auf dieser Ebene der Fünften in ihrer Vollkommenheit zu sehen wissen, in ihrer Stärke, ihren Fähigkeiten und Möglichkeiten. Es wird dort jede Seele ihr Sein, ihr Amt und ihre Aufgabe aus der Präzision heraus erfüllen. Sie trug dieses in ihren Erdenexistenzen in sich und führte es auf ihrem Seelenweg in die Vollkommenheit. Die Bestimmung der Erdenseelen, sich zu erkennen und ihren Auftrag zu erfüllen, wird auf der Fünften aus der Liebe heraus in die Möglichkeit gegeben. **Es ist eine Ebene und eine Zeit des geistigen Seins und der Liebe.** Es wird sein die Zeit, wo Geist und Liebe sich verbinden und so neue Formen des Miteinander entstehen. Es wird dort nicht das Instrumentarium des Unterscheidens benötigt werden.

Auf der Ebene der Fünften werdet ihr euch in die größere Präzision bringen und zwar aus der liebevollen Verbindung eures Geistigen, Seelischen und eures Körperlichen heraus. Ein jeder Zyklus hat einen Anfang und ein Ende und eine neue Aufgabe. **Am Ende dieses neuen Zyklus, der auf euch wartet, werdet ihr aus den Erfahrungen dieser neuen langen Zeit heraus, auf andere Ebenen weitergehen, um euch in das noch Höherschwingende zu bringen und euch gänzlich in die Weite zu führen.**

Auf der Fünften ist das System der Identifikation nicht mehr in der Bedeutsamkeit. Ihr werdet lernen, euch in eurer Individualität mit anderen Augen erkennen, in neuen Systemen zu finden und euch auch auf der körperlichen Ebene in einem harmonischen Sein zu begegnen. So wisset um all dieses. Ist dies die Antwort, mein Bruder, die dort in der Deutlichkeit zu euren Ohren dringt, ist dieses verstanden nun?

Mathias:
Ich danke dir Gryconne. Ich denke es ist soweit verstanden. Die Frage, die uns noch beschäftigt, bezieht sich auf Folgendes: Im Augenblick befinden wir uns noch in der dritten Dimension. Was ist hier möglich zu verstehen und umzusetzen inbezug auf die neuen Systeme? Ist dieses alles für uns erst möglich nach der Stunde Null? Oder inwieweit ist uns das Erkennen von Farbenergien und das Damit-Umgehen auch schon jetzt möglich - jetzt noch in der dritten Dimension?

Gryconne:
Wenn wir wüßten, daß euch diese Schulungen erst möglich wären, nachdem ihr den Schritt über die Stunde Null gewagt hättet, dann würden wir dieses jetzt so nicht mit euch tun. Wir würden euch dann den Blick nicht öffnen für die Energiefelder, wenn dieses jetzt nicht möglich wäre. **Wir sind in der Liebe mit euch. Wir führen euch nicht in die Irre. Es sind da auf eurer dritten Dimension gänzlich unglaubliche Möglichkeiten, um euch zu verstehen, euch zu begreifen und euch in die weitere Vollkommenheit zu führen.**

„Wir sind in der Liebe mit euch. Wir führen euch nicht in die Irre"

Das begrenzte Denken des Menschen hat euch lange Zeit gedient. Es läßt euch in dieser momentanen Zeit der Schulung eure Begrenztheit spüren. Andererseits gibt euch das alte System des Denkens die Möglichkeit, euch aus eurem eigenen Sein in die Weite zu führen, in das Vertrauen und in den Glauben an euer eigenes Sein. So wisset um diese Begrenzung in eurem Denken und wisset, daß diese Begrenzung euch dient, euch in die gänzliche Öffnung zu führen. **So habt Vertrauen in die Schritte, die wir mit euch unternehmen** und habt das Wissen um die Schulung, die wir in euch und mit euch nun in die Bewerkstelligung geben. Wir tun es nicht, um euch in die Irre zu führen, sondern um euch in die Bereicherung und in die Weite zu geben. So ist dies unser Wunsch und unser Wille, so wenn dies auch in eurem Wunsch und eurem Willen ist.

**Die dritte Dimension ist gänzlich aus begrenztem Denken heraus entstanden. Sie ist gänzlich in dem Sich-Auflösen und zwar in dem Maße wie die Menschenseele bereit ist, diese Ebene weiterzuentwickeln. Nicht die Dreidimensionalität begrenzt das menschliche Sein. Nein, es ist das menschliche Sein, das die Dreidimensionalität erschafft, Bruder. So wisse um dieses.**

***

Ich möchte Dein Augenmerk, lieber Leser, nochmal auf den letzten Satz oben lenken:

***"Nicht die Dreidimensionalität begrenzt das menschliche Sein. Nein, es ist das menschliche Sein, das die Dreidimensionalität erschafft."***

Aus den Eckpfeilern, die unsere menschliche Daseinsform seit dem Gang durch das Tor des Vergessens ausmacht, nämlich aus Angst, Zweifel und Tod - daraus haben wir unbewußt die Dreidimensionalität erschaffen. **Wir** haben sie erschaffen! Und genauso werden **wir** die Fünfdimensionalität erschaffen, wenn wir denn wieder loslassen von Angst, Zweifel und Tod und dem ganzen polaren System. Die Werkzeuge, die uns dabei dienlich sein können, bespreche ich in Folgekapiteln. Wahrlich, ein kühner Plan ...

# Vierte Dimension und Zeit

Aus den Worten der Sternenbrüder entnehme ich, daß nur ungeradzahlige Dimensionen als Lebensräume zur Verfügung stehen, also 3D, 5D, 7D, usw. Welche Bedeutung haben die dazwischenliegenden Dimensionen?

Im Kapitel "Tor des Lichts" zitiere ich eine Durchgabe von Gryconne zur "Stunde Null", in der von der 4ten Dimension die Rede ist. Sie wird dort als ein Übergang von 3D zu 5D beschrieben. Man kann es vergleichen mit dem Übergang von einem Zimmer in ein nächstes. Dazwischen liegt der Türstock als Übergang. Stehen wir also genau im Türrahmen, dann ist das eine nicht mehr und das andere noch nicht. Und genau dieser Zustand entspricht der 4ten Dimension. Raum und Zeit lösen sich hier auf. Gryconne hat sich verschiedene Male zum Thema "Zeit" geäußert und dies möchte ich Dir nicht vorenthalten - obwohl es schwer vorstellbar ist:

***

September 1997

... die Begriffe, die ich hier wähle, sind insofern bedeutsam, da es in den kommenden Zeiten für euch darum gehen wird, die **Zeit** in ihrer Vielfältigkeit weiter kennen zu lernen. Wisset, es ist in der Schwierigkeit das begreiflich zu machen, was in der Gänzlichkeit existiert. Stellt euch vor, dieses ganze Universum ist ein Zustand von Zeit und in diesem Zustand von Zeit, bewegt sich Zeit ebenso [Zeit in einem statischen und dynamischen Aspekt]. Das heißt, daß ein Zustand in sich selbst in einer Bewegung ist. Dies ist nicht nur eine lineare Bewegung, vielmehr führt diese Bewegung in alle Richtungen und von dort wieder zurück [ähnlich der Feldlinien eines Magneten?]. So ihr seid, so ihr gänzlich seid, seid ihr angeschlossen an die Gänzlichkeit der Zeit. Das ist ein Zustand der Zeit, der über dieses ganze Universum im Gleichen ist. Es gibt nicht das Unterschiedliche innerhalb dieses Zustandes, er ist in sich nicht unterschieden. Das, was sich unterscheidet, ist das, was sich manifestiert in den unterschiedlichen Bereichen und Vorgehensweisen. So gibt es in diesem Universum unterschiedliche Zeitbahnen. Ihr würdet dieses so bezeichnen wie die Straßen auf eurer Erde. So gibt es unterschiedliche Bahnen, die unterschiedliche Begrifflichkeiten und Wahrheiten von Zeit in sich tragen. Dies bedeutet, daß Schnelligkeit oder Langsamkeit - das sind die Begriffe, die dieses Instrument wählt - in diesem Zustand nebeneinander und ineinander existieren. Es gibt [grundsätzlich] keine Unterschiedlichkeit. Jedoch gibt es Unterschiedlichkeit in der Art und Weise wie eine Schöpfung etwas für sich herausdestilliert und für sich in die Begrifflichkeit führen möchte.

So wisset, daß ihr auf eurer Erde Zeit gebunden habt an das, was euch im Außen erscheint, also in den Bereichen eurer Sterne und Sternensysteme. Ihr habt das [als Bezugssystem] genommen, was sich zeigt an euren Himmeln bzw. das, um was ihr kreist in eurem Sonnensystem. Ihr habt dem eine Art des Maßes gegeben, das auf der Wiederholung, [auf Rhythmen] beruht. An Bereichen, die sich wiederholen, kann man sich orientieren. Dieses gab euch die Möglichkeit, Zeit zu relativieren. Dies bedeutet, Zeit zu formatieren, Zeit in eine Form zu führen. Die Form destilliert ihr aus dem Zustand des Ganzen. Ihr nehmt die Beobachtung im Außen als Wegweiser. Dies ist eine Möglichkeit, die ihr gewählt habt. Sie ist jedoch in einer Art der Subjektivität [aus Gryconne's Blickwinkel].

**Ihr macht [in diesen Zeiten] die Erfahrung, daß die Zeit sich schneller bewegt, obwohl eure Uhren und eure Zeitmessung sich nicht ändern.** Eure Wahrnehmung ändert sich. Dies ist wesentlich, denn eure weiteren Erfahrungen werden euch dahin führen, daß ihr eure Begrifflichkeiten [von Zeit] ändert. Ihr werdet innerhalb des für eure Existenz gesteckten Rahmens die Vielfältigkeit, die Gänzlichkeit und die Weite von Zeit erfahren. Dies ist vorgesehen, denn es sind bereits weitere Stränge eurer DNA sich im Öffnen und im Angeschlossensein. Dies bedeutet, daß euer **Geist in der Führung eurer Seele** weitergehen wird und sie in die neue Umformung und Gestaltung führt. Dies bedeutet weiter, daß ihr die neuen Wahrnehmungen in euren Hirnkapazitäten auf eine höhere Art und Weise in die Schwingung bringt. Dies bedeutet weiter, daß ihr Wahrnehmungen haben werdet, die ungewohnt sind und die für eure Bereiche der Anschauung im gänzlich Neuen sind [Genaueres dazu im Kapitel Transformationssymptome]. Ihr werdet dafür euren gänzlichen Mut brauchen, denn eure Wahrnehmungen werden sich verschieben, sie werden sich verändern.

Und sehet, eure Uhren werden gehen nach wie vor. Die Zeit, die ihr seht auf euren Uhren, wird sich nicht verändern. Doch werden sich in euch selbst neue Dimensionen öffnen. Dies bedeutet ein Verstehen für Zeit in einer Weiterführung über dieses Erdendasein hinaus. **Es bedeutet, daß ihr euch auf Reisen begeben werdet, nicht nur in den Nächten, vielmehr werdet ihr Wahrnehmungen haben, die euch den Eindruck vermitteln könnten, daß ihr in der Unaufmerksamkeit seid [... in der Tat!]. Ihr werdet das Gefühl haben, daß ihr unaufmerksam mit euch seid, daß ihr seid unaufmerksam mit euren Ritualen, daß ihr seid unaufmerksam mit den Strukturen, die ihr gewählt habt, hier in euer Dasein zu geben, in eure Tage und in eure Stunden des Arbeitens. Ihr werdet euch verstehen lernen in dieser Art der Unaufmerksamkeit. Denn es wird euer Blick nicht allein mehr gerichtet sein auf eine feste Form der Struktur, dieses ist nicht mehr möglich. Es wird eine geraume Zeit sein, in der ihr euch bewegt im Unstrukturierten.**

Sehet, ihr habt euch heute das erste Mal erlebt, hier in diesem Raum, daß die Klänge, die ihr [immer] wählt für die Einleitung, nicht nur das "Gloria" waren. Bruder [Mathias], so spreche ich dich an, der du die Form verkörperst, der liebt die Rituale und der hier gänzlich der Meister ist und der du über diese Meisterlichkeit jener bist, der gibt das Fundament über die Gewissenhaftigkeit seiner Vorgehensweise, so hast du heute etwas Neues erfahren. Du hast dich erfahren im Glauben etwas zu tun, das die Möglichkeit gibt, diese Melodien erneut zu hören, und somit die Energien der Schwingungen in diesen

Raum zu geben. Und so erfuhrest du auf deine Art, daß du etwas übersehen hast, daß du nicht warst in der Aufmerksamkeit. [Anm: Während Gaby in Trance geht, läuft stets das "Gloria" dreimal hintereinander. Und heute hatte ich verpennt, die Repeat-Taste am CD-Player zu drücken]. Dieses Beispiel, das ich nehme, zeigt das auf, was euch im Häufigeren begegnen wird. Es ist eine Zwangsläufigkeit. Und wir bitten euch, mit euch in der größtmöglichen Liebe und Aufmerksamkeit zu sein. Es ist nicht möglich, daß ihr Erfahrungen im Weiten macht aus den alten Strukturen, es ist dieses nicht möglich. Und so werdet ihr die Erfahrung machen, daß ihr im Unzulänglichen seid mehr und mehr, daß ihr seid in den Bereichen des Vergeßlichen, daß ihr nicht immer ganz da seid.

Ein weiteres Beispiel, das wir euch geben, ist das Ankommen der Schwester in diesem Raum, das in der großen Unterschiedlichkeit liegt zu jenen Stunden, die im Vergangenen lagen. Normalerweise seid ihr in der großen Aufmerksamkeit und in der Präzision mit euch. [Jemand kam zu spät]. Ihr erfahrt eine gänzlich andere Wahrnehmung in eurem Dasein und somit eine neue Wahrnehmung der Strukturen in euch. Dies steht im Widerspruch zu eurer gewohnten Wahrnehmung von Zeit. Es ist nicht ganz einfach für mich über dieses Instrument, das nicht gewohnt ist, diese weiten Begrifflichkeiten zu finden, euch dieses verständlich zu vermitteln. Es ist mir auch nicht möglich, die Zusammenhänge für euch mathematisch zu beschreiben [schade]. So akzeptiere ich dies und versuche euch im seelischen Bereich anzusprechen. So ist Raum und Zeit, euch in das Fragen zu begeben. So ihr die Fragen habt, so sprechet. Wir sind vorbereitet zu euch zu sprechen über diese Begrifflichkeiten. So sprechet zu uns, ihr Geliebten.

[Kathrin, Trixy, Caroline und Ute haben keine Fragen]

Mathias:
Ja, ich habe eine Frage. Vorhin am Tisch haben wir schon darüber gesprochen, wie dieses denn zu verstehen sei, daß wir auf unserer Erde so eine lange, lange Zeit durch die Inkarnationen gewandert sind - und ihr Sternenbrüder während dieser Zeit auf Daxon und Hylax [Planeten in Andromeda] scheinbar nicht älter geworden seid? Seid ihr inzwischen doch so alt geworden oder läuft für euch die Zeit anders?

Gryconne:
Es ist beiderlei. Zum einen haben wir herausdifferenziert - so werdet ihr euch daran erinnern in der Bälde - eine andere Form von Zeit. Wir haben uns aus dem [einheitlichen] Zustand Zeit nach den Gegebenheiten auf unseren Heimatplaneten - die die euren ebenso sind - eine andere Form der Zeit gewählt. Wir haben auf unseren Wegen gelernt, Zeit als etwas zu betrachten, das auf unterschiedlichen Ebenen und in unterschiedlichen Formen existiert. Zeit hat für uns eine gewisse Form der Objektivität und eine starke Form der Subjektivität. Wir haben das Augenmerk gelegt auf die Subjektivität der Zeit und haben über diese Subjektivität der Zeit Analogien und Parallelen entdeckt im Subjektiven eines jeden Individuums. Dies bedeutet, daß wir in der Lage sind, Zeit in eine Resonanz zu bringen. Also das bedeutet, daß wir in Resonanz zu gehen vermögen mit Zeitstraßen, die sich in diesem Universum befinden. Dies sind Bereiche, in denen wir ebenso geforscht haben wie in den technischen Bereichen.

> Zeit existiert in unterschiedlichen Formen: Objektiv und subjektiv

Zum anderen haben wir eine andere Umgehensweise mit Zeit. Unsere Aufgabe ist es, nicht in die Verdichtung und nicht in das Lineare zu gehen. **Die lineare Zeit eures Seins ist in der Zwangsläufigkeit mit der Dreidimensionalität und somit mit der Festigkeit der Materie verbunden.** Ihr habt euch linear bewegt. So ist dies eure Wahrnehmung. Würdet ihr das Subjektive eurer Zeit hernehmen, so könntet ihr das Vergangene und das Zukünftige erforschen. [Inbezug auf den letzten Satz muß ich mal wieder den Orginaltext vom Tonband zitieren: 'Doch ihr nehmt dieses Lineare, so würdet ihr sein denn in dem Heute gänzlich aus eurer Subjektivität eurer eigenen Zeit, so ihr dieses erforschen würdet in eurer eigenen Vergangenheit wie in eurer eigenen Zukunft.'] Dies ist die Schule, die wir euch bringen seit geraumer Zeit, indem wir euch die Möglichkeit geben, euch zu erinnern an das Vergangene und euch bringen das Zukünftige. Wir geben euch dies, um euch behilflich zu sein, euch zu gewöhnen an die Weite und an **das Nichtlineare** Sein der Zeit. Wenn ihr das Lineare aus eurer Zeit nehmt, so wäre das der Zustand, in dem **alles gleichzeitig existiert**. So werdet ihr euch in die Weite führen und ihr werdet in der Lage sein, dieses gänzlich Gleichzeitige zu erfahren, sofern ihr bereit sein werdet, in dieser Subjektivität eures eigenen Seins, die Weite des Zustandes Zeit zu erfahren. Dies ist eine Schule, in die wir uns begeben haben und in der wir geforscht haben lange Zeit [... so ähnlich wie in der RT, wo wir auch mit subjektiver Zeit arbeiten].

Wir haben uns in eine andere Richtung als ihr bewegt. Wenn wir in diesem Bild im linearen Denken bleiben. So würden wir sagen, wir haben uns linear nach oben bewegt. Ihr habt euch linear nach unten bewegt und ihr bewegt euch nun linear wieder nach oben und wir - in dieser Zeit, da wir uns berühren - bewegen uns linear nach unten. Das bedeutet, daß wir im Sinne der Wesenheit Zeit, eine Gemeinsamkeit sind und dennoch eine unterschiedliche Differenzierung des eigenen Seins in uns tragen. Wenn wir nun die Symbole wieder in die Zusammenfügung bringen, dann heißt das, daß wir Vergangenheit und Zukunft wieder in einen gemeinsamen Zustand bringen.
Dieses, was ihr erleben werdet, ist etwas, was weit über die Vorstellung eures Seins hinausgeht und dennoch bereits Teil eures eigenen Seins ist.

[bbbbrrrrrr....]

Mathias:
Gryconne, entschuldige einen Augenblick. Der Fahrer mit unserer Pizza hat geläutet... [kurze Pause]

Gryconne:
So ist allezeit hier auch der Raum für eure Physis, ihr Geliebten, und für das Frohlokken eurer Körper für das, was ihr bereitstellt für euch in diesen Stunden. So fahre ich nun fort, euch zu sprechen von diesen Begrifflichkeiten inbezug auf Vergangenheit und Zukunft. Ein jeder von euch ist über die **Lichtsäule** an das eigene Sein angeschlossen. Dies bedeutet inbezug auf Zeit, daß er

seinem vergangenen Ursprung näher gebracht wird. Im linearen Denken erscheint dies wie eine Unendlichkeit, doch in dem anderen [subjektiven] Zustand von Zeit, von dem ich euch sprach, befindet sich diese Vergangenheit allezeit im Gegenwärtigen. Dies wird es gelten für euch zu verstehen. Es wird euch gegeben das eine und das andere, das euch dient, euch in die Weite zu führen. Zwar sind wir im Vergleich zu euch unterschiedliche Wesenheiten - wir haben eigenständige Individualitäten und eigene Körper, aber dennoch repräsentieren wir eine Zeitqualität, einen Teil eures Seins aus dem linearen Vergangenen und aus dem linearen Zukünftigen. So ist dies wiederum eine Möglichkeit für euch, euch in die Resonanz zu führen und euch zu erweitern in dieser Hinsicht.

Wir erleben in unseren Zeitbahnen nicht das Ablegen unserer Physis, so wie ihr dieses kennt aus eurer Dreidimensionalität. Die Dreidimenionalität und der Weg des Vergessens, den ihr vorgesehen habt für euch selbst, beinhaltet ein Ablegen des Körpers nicht aus innerer Bereitschaft, sondern gezwungenermaßen. Auf diese Art und Weise des körperlichen Sich-In-Das-Vergessen-Gebens [Sterbens] führt ihr jedes Mal die Seele heraus aus den materiellen Bereichen und hinein in die Freiheit. Für uns gilt das nicht. **Auf unserer Ebene gibt es keine Friedhöfe. Es gibt bei uns nicht die Räume, wo die Physis Platz findet. Wir haben die Möglichkeit über die Kraft des Geistes, unsere Körperlichkeit und die Physis zu regenerieren.**

Je nach energetischen Einflüssen, denen wir uns aussetzen, sind wir jedoch ebenfalls in einer gewissen Art der Anfälligkeit. Dies trifft zu, wenn wir uns zum Beispiel in die Atmosphären der Erdanziehung und der dort vorherrschenden Energiefrequenzen begeben. Wir unterliegen dort Prozessen, die unsere Physis in eine große Anstrengung führen. Dies ist in der Zwangsläufigkeit, da wir in Berührung gehen mit dem, was uns hier begegnet. Auf der anderen Seite haben wir die Möglichkeit, uns aus unserer Bewußtheit wieder gänzlich zu regenerieren. Dieses bedeutet, daß wir erleiden die Erkrankung. Wir erleiden eine energetische Konfrontation mit der Schwingung unseres eigenen Seins und der Schwingung eures Seins, aber wir haben die Möglichkeit es zu regenerieren.

**Wir haben ebenso die Möglichkeit, uns aus der Kraft und aus dem Wunsche unserer Individualität einen Körper zu formen, eine gänzliche neue Physis zu gebären und zu kreieren. Dies ist auf unserer Ebene möglich.**
So verstehe Bruder, unsere Entwicklung zeigt sich in anderen Begriffen als die eure. Dennoch beinhaltet unsere Entwicklung die eure und umgekehrt. Dies macht uns aus im Gegenpolaren. Und so wie ihr aus unseren Bereichen auf die Erde gekommen seid, so repräsentiert ihr ebenso die Weite [der Sternenbrüder]. Ihr seid weit mehr als das, was ihr in eurer Dreidimensionalität von euch wahrnehmt. Das habt ihr verstanden. Ich hoffe, ich war im Verständlichen für euch in meiner Mitteilung über die Relativität der Zeit, ihre unendlichen Möglichkeiten und ihre unterschiedlichen Objektivitäten. Ist dieses nun verstanden, geliebter Bruder und deine Frage beantwortet? So bitte ich dich und ich bitte euch, zu sprechen.

> „In der 5ten Dimension gibt es keine Friedhöfe. Kraft unseres Geistes haben wir die Möglichkeit, den Körper zu regenerieren“

Mathias:
Mein dreidimensionaler Verstand hat gewisse Schwierigkeiten. Ich kann es ansatzweise verstehen. Meine Seele versteht mehr in Form eines diffusen Gefühls. Aber ich bin mit deiner Antwort zufrieden und habe im Augenblick keine Zusatzfrage.

Kathrin:
Verstehe ich dich richtig, Gryconne, daß die Zeit in ihren verschiedenen Zuständen qualitative Aspekte von Zeit darstellt? Mir fällt dazu vergleichsweise unser astrologisches System ein, wo wir einerseits das astrologische Gesamtbild des Horoskops haben und andererseits unterschiedliche Zeitqualitäten. Ist es das, was du meinst?

Gryconne:
Dieses ist es, was ich meine. Das, was Zeit im Objektiven bedeutet, ist nicht meßbar. Es ist ein Zustand des Seins. So ihr schlaft, so habt ihr keinen Bezug zur Zeit. Ihr seid in der Subjektivität - und dennoch in der größeren Objektivität. Dies ist paradox und es ist nicht [besser] verständlich zu machen. Es ist das, was du, Bruder, beschreibst, als das Diffuse. Es ist ein Zustand des Seins. Die Zeit ist. Sie existiert nicht und sie existiert dennoch. Sie existiert nicht und sie existiert doch in der Art und Weise, wie die unterschiedlichen Spezies dieses Universums sie für sich definieren.

So definiert ihr Zeit über die Wahrnehmung eures Planetensystems [und dessen Rhythmen] und mittels der Wissenschaft der Astrologie [Astronomie]. Dies geschieht aus der Sichtweise eurer Erdposition. Eine andere planetarische Wesenheit, die eurer Planetensystem anschaut, käme zu einer gänzlich anderen Wahrnehmung eurer [scheinbaren] Objektivität von Zeit. Dieses Wesen von einem anderen Planeten mag eure objektive Umgangsform mit Zeit sehen, dennoch aber eine andere subjektive Umgangsform damit haben, denn es hat ein anderes Angeschlossensein an die Zeit als Gesamtzustand. Dieses bedeutet, daß ihr aufgerufen seid, weit über euer Denken hinauszugehen. Es bedeutet nicht, daß ihr gehen werdet in die Leere des Nichtseins. Ihr werdet nicht gehen in die Verlustigkeit eures Seins, doch ihr werdet den Mut benötigen, denn **es werden sich Wahrnehmungen verschieben**. Es wird etwas in den Vordergrund treten, was sich mit dem Zeitmesser, mit den Zifferblättern eurer Instrumente, nicht mehr in die Deckung bringen läßt. Hier bitten wir euch, gänzlich im Frieden mit euch zu sein. Wir bitten euch, nicht in das Arg oder das Sich-Beengen mit euch zu gehen. Dieses ist das wesentliche, das wichtige Wort, das ich spreche. Es ist nicht angesagt für euch in das Ängstliche zu gehen, sondern in die Bereitschaft, neue Wahrnehmungen zu unternehmen und zu erfahren.

So du reist, geliebte Schwester, über deinen Geist hin zu einem Planeten deiner Wahl, wenn du also bereit bist, deinen Körper hier für eine Weile zu verlassen und dich dort einzulassen, dann wirst du Teil dieses anderen Planeten und du durchdringst die Relativität von Zeit. Du wirst dort einen neuen Raum erschließen. Du wirst eine neue Erfahrung machen über die Weite und die Kraft deines Geistes und du wirst teilhaftig werden eines gänzlich neuen und völlig anderen Begriffes der Zeit. Dieser existiert in der dir vertrauten Form so nur auf eurer Erde. Jede andere

Wesenheit auf einem anderen Planeten hat bezüglich der Zeit eine andere Form und eine andere individuelle Umgehensweise. Ihr wählt eine Zeitstruktur im Linearen und orientiert euch daran gänzlich und dies gibt euch Sicherheit. Ihr habt aber die Möglichkeit, auch Sicherheit zu finden in Bereichen der diffusen Zeit - wie Du Bruder dies ausdrückst. Ihr könnt dort gänzlich neue Formen wahrnehmen und es muß sich kein Widerspruch für euch ergeben zur linearen Zeit.

Es ist uns bewußt, daß das, was wir hier vermitteln über die Zeit, nur ein Teilaspekt sein kann vom Gesamten in der großen Tragweite. Es ist jetzt nicht möglich und es ist nicht vorgesehen und es wäre nicht im Dienlichen, dies im gänzlich Abstrakten darzustellen. **Zeit ist etwas in Sich-Abstraktes, es existiert nicht und dennoch existiert es.** Nehmt einen [Blinden], der nicht sieht mit seinem Augenlicht, so hat er eine andere Orientierungsform in sich als das, was ihr nennt das Zifferblatt. Es ist einer, der lernt über das subjektive Innere, um sich in einen Zeitfluß zu geben und hier nimmt er gänzlich andere Symbole und andere Möglichkeiten wahr, um sich zu orientieren. Ebenso orientiert sich ein Kind aus seinem Sein und aus seinem Rhythmus. So lernet ihr im Zukünftigen neue Rhythmen in euch selbst kennenzulernen. Dies bedeutet, daß ihr sein werdet über geraume Zeitabläufe im Diffusen.

Es ist in der Bedeutsamkeit und es ist Wunsch eurer geistigen Führung ebenso, daß dieses [Thema] euch bekannt gemacht wird, daß diese Worte heute zu euch gesprochen sind. Denn es ist nicht im Dienlichen, euch zu bringen in die Skepsis und in die Ängstlichkeit mit eurem eigenen Sein. Ihr habt die Möglichkeit, über eure Kraft und eure Erfahrungen und über das, was ihr in euch tragt, den Mut aufzubringen, um euch in neue Bereiche zu geben, die sich euch zeigen werden in den kommenden Stunden, Tagen und Zeitabläufen. Und so dies in eurem Wunsche sein wird, so werden wir im Künftigen diese Begrifflichkeit der Zeit im Kleineren und im Größeren fassen. So beratschlagt, ob dies in eurem Wunsche ist. Dann werden wir uns vorbereiten und die Möglichkeiten schaffen in euren Stunden der Schule ebenso, euch in die Erfahrungen der Zeit zu setzen gänzlich ...

---

Juni 1998

Gryconne:

**... Zeit ist etwas Relatives. Du verstehst sie linear, Sekunde nach Sekunde. Doch Zeit ist in Wirklichkeit mehrdimensional. Sie hat Körper, Seele und Geist. Zeit ist räumlich, Zeit verändert sich in der Permanenz. Zeit ist ein Lebewesen, geliebte Seele, sie ist ein Lebewesen!** Wenn du einer Seele begegnest und du sie nur mit einem Auge anschaust, sie also nur unter einem Aspekt siehst, so wirst du sie immer nur unvollständig sehen. Doch so du gehst in die Entwicklung, in das Dich-Erkennen, so du gehst in das Verstehen und in das Erforschen dieser Seele, so wirst du erkennen mehr und mehr Eigenschaften und Aspekte dieses Wesens. Du wirst erkennen Körper, Geist und Seele. Ebenso ist es mit der Zeit, Geliebte [Kathrin]. **Zeit ist ein Lebewesen, in dem du dich bewegst. Je nach dem unter welchem Blickwinkel du mit Zeit in Beziehung gehst, wird sie sich anders darstellen. Veränderst du deinen Blickwinkel, dann wird dieses Wesen Zeit bereit sein, dir seine Geheimnisse zu enthüllen.** Du wirst die Tiefe der Zeit wahrnehmen, ihre Eigenschaften und Möglichkeiten und du wirst in neue Beziehungen und Resonanzen mit ihr gehen.

***

In fast allen Durchgaben wird immer von "linearer Zeit" gesprochen. Damit gemeint ist die uns vertraute Zeit nach unseren Uhren. Dem gegenüber scheint es aber auch eine nicht-lineare Zeit zu geben, von der in obiger Durchgabe die Rede ist. In der Arbeit mit Reinkarnations-Therapie ist uns diese auch alltäglich vertraut. In den Bildern der Klienten geben wir Zeit hinein (Zeitlupe in wichtigen Situationen) oder wir nehmen Zeit heraus (Zeitraffer und Sprung in der Zeit voran, wenn nichts besonders passiert). Wir gehen auf andere Wahrscheinlichkeitsebenen der Zeit und probieren alternative Verhaltensweisen aus. Was aber ist in unserem Alltag, wenn wir nicht gerade Therapie machen? Ich werde darauf nochmal beim Kapitel "Transformations-symptome" zurückkommen. Hier sei aber schon mal so viel gesagt: In der Tat, wir stellen in unserem Alltag Zeitverschiebungs-Phänomene fest. Wir erleben diese meist kaum merkbar, gelegentlich aber auch sensationell unerklärlich.

Zum Schluß dieses Kapitels möchte ich noch eine Vermutung äußern. Ich vermute, daß auch die 4te Dimension von Lebewesen bewohnt ist und denke, daß es sich dabei genau um die Außerirdischen handelt, die gelegentlich auf der Erde mit ihren Raumschiffen abstürzen und deren Überreste von der US-Regierung geheim gehalten werden. Diese Geschöpfe haben sich in der 4ten Dimension und der dort nur möglichen Entwicklung verirrt. Sie stehen am Ende einer Sackgasse. Die 4te Dimension ist vermutlich nur eine technische Passage, ohne Gefühlsqualität. Und das ist genau das Problem dieser Wesen. Sie haben einseitig nur ihren Verstand benutzt, Gefühl und Fortpflanzungsmöglichkeit auf normalem Weg sind ihnen abhanden gekommen und hier versuchen sie Anleihen bei uns Menschen zu machen. Sie sind gefangen - mit all ihrer technischen Brillanz, aber ohne seelische Regung. Ich komme unter anderem darauf, weil ich in der RT vor 2 Jahren eine Klientin hatte, die über mehrere Sitzungen mit diesen Geschöpfen zu tun hatte.
Zum besseren Verständnis mache ich noch eine Analogie: Nehmen wir ein Gedicht. Wesen der 4ten Dimension versuchen es zu analysieren mit ihren technischen Geräten. Sie können die einzelnen Buchstaben und Worte genau beschreiben und kennen die chemische Zusammensetzung der Tinte. Natürlich werden sie den Sinngehalt so niemals entdecken. Erst in einer 5ten Dimension, im Land des Lächelns und der Liebe, würde sie die Poesie berühren können. Diese Umstände kommen Dir aus unserer 3D-Welt bekannt vor. Oder?
Zusammengefaßt: Die 4te Dimension ist also nur ein Übergangszustand, in dem sich unsere gewohnte Raum-Zeit-Struktur auflöst. Und ***Zeit ist ein Lebewesen***. Alles klar?

# Vor dem Tor des Lichts: Große und kleine Transformation

Unter großer Transformation verstehe ich einen globalen Bewußtseinssprung, so wie im Kapitel "Stunde Null" von Gryconne beschrieben. Die kleine Transformation ist die eigentlich wichtigere, die mit einer großen - so diese denn überhaupt stattfinden sollte - einhergehen kann, aber nicht muß. Die kleine, persönlich-individuelle Transformation geschieht für einen Einzelnen oder eine kleinere Gruppe, unabhängig vom Rest der Welt. Und hier liegt unser Augenmerk. Es bedeutet in der Konsequenz, daß ein jeder es selbst in die Hand nehmen kann und aus eigener Kraft, eigener Verantwortung springen kann. So wenden sich die Durchgaben auch nicht an die Menschen schlechthin, sondern an Individuen oder kleine Gruppen. Andernfalls, würden wir eine globale Transformation für das Wichtige erachten, dann müßten wir beständig auf einen Zeitpunkt schauen, zu dem - bildlich gesprochen - der Bus abfährt, den wir nicht verpassen dürfen. Wir würden uns selbst vernachlässigen nach dem Motto: "Dabeisein ist alles - egal wie". Nein, so geht das nicht. Es ist umgekehrt. Wenn wir an einem bestimmten Entwicklungs- und Vorbereitungspunkt ankommen, wann auch immer dieses sein mag, dann wird der Bus bereit stehen. Er stand allezeit bereit und hat schon immer auf uns gewartet. Und ohne uns kann er gar nicht abfahren!

Was bedeutet es für uns, sich bereit zu machen für den Sprung von 3D zu 5D, vom Menschsein zum Sternenbrudersein? Die Sprecherin der Plejaden, Nyria, schildert die Situation in der Analogie zu einem Sprung über einen Graben folgendermaßen:

***

Januar 1998

... Sehet, es war einst gesprochen von den Meistern und von den Freunden aus den Bereichen des Andromeda von einem System, in dem ihr euch befindet und in dem ihr lebtet gar lange Zeit auf dieser Erde. Dieses System wird bezeichnet als das Waagschalensystem. Höret Freunde: **Waagschalen** - alle kennen dieses Prinzip der Waagschalen, des Auswägens, des Beschwerens und des Nehmens und des Beschauens um des Gewichtes und um des Gleichklanges der Waagschalen [Gegenseitige Einmischung, Projektion und Verwicklung ist damit gemeint]. Dies ist ein System, das ihr in euch tragt und es ist das alte System, in dem ihr euch bewegt. Ihr bewegt euch in diesem alten System, denn ihr seid verhaftet einander und miteinander. Ihr suchet das Göttliche, ihr suchet Gott, ihr suchet die Freiheit und ihr wählt die Enge, **ihr wählt eure Gefangenschaft und sucht die Freiheit.** Dies ist euer Vorgehen und es ist schwierig. Denn es ist nicht möglich, ich sage euch, es ist nicht möglich. Möglich jedoch ist, daß ihr das alte System, in dem ihr euch bewegt, durchleuchtet und versteht.

Das, was euch ist die Liebe, das, was ihr sucht in euren Herzen, um euch zu lieben, bedeutet, daß ihr euch verbindet mit dem, was göttlich ist. **In der Art und Weise, wie ihr seid Gott, seid ihr Liebe. Das, was ihr als Liebe interpretiert, Freunde, ist Gefangenschaft. Es ist die Hand legen an den Anderen. Es ist das Bestehlen des Anderen. Es ist das Schauen, was der Andere hat und was er nicht hat. Dieses macht euch zu Raben, dieses macht euch nicht zu Liebenden.** Dies [zu verstehen] ist wesentlich und bedeutsam. Schauet eure Waagschalen an. Ihr seht die, die in der Glückseligkeit sind, und ihr erfahrt den Neid und die Schuld in euch. Ihr erfahrt die Enge. Und in den schlimmsten Fällen geht ihr hin zu jenen und sagt: "Wer bist du, was glaubst du, wer du bist, daß du so großartig sein könntest!? Komm herunter von deinem Berg, hierhin in die Tiefe der Dunkelheit, hier gehörst du hin." Dies ist euer Vorgehen aus der Angst auf der einen Seite. Oder ihr befindet euch in der Größe, ihr befindet euch auf dem Berge und ihr findet euch schön und göttlich und ihr seht die, die jammern und die, die quietschen. Ihr bekommt dann ein schlechtes Gewissen. Ihr bekommt ein schlechtes Gefühl, einen schlechten Geschmack auf euren Lippen. Und ihr steigt herab voller Reue, euch herausgewagt zu haben aus dieser Gemeinschaft der Jammernden, aus der Gemeinschaft der Quietschenden. Und ihr geht zurück in eure Täler, in eure Dunkelheit voller Reue und voller **Schuld** und sagt: "Schaut, ich bin wieder da. Ich nehme meine Schuld wieder auf mich, denn ich bin anmaßend, ich bin nicht in der Größe, nein, versteht das, ich bin nicht in der Größe. So nehmt eure Gesetze von mir und verhaftet mich nicht."

Dies ist euer Vorgehen in euren Beziehungen. Ihr versucht euch gegenseitig die Munition zu liefern. Ihr gebt euch das gegenseitig, was ihr glaubt, das ihr selbst braucht, damit der Andere sich in Bewegung setzt, auf daß ihr ihn nicht zurücklassen müßt. Ihr nennt dieses Liebe, Freunde, ihr nennt es Liebe. Aber ihr versteht nicht, daß eine Seele frei ist, frei zu wählen, wo sie stehen mag und wo sie gehen mag, wo sie sich bewegen mag. Ich sage euch Freunde, **vergeßt dieses Waagschalensystem!** Erkennt es in euch und legt es beiseite. Legt es beiseite als ein Instrument, das euch gedient hat in der Erschaffung dieser Erde. Doch dieses ist nicht mehr notwendig.

Stellt euch vor, die Hebamme würde alle Instrumentarien, die sie zur Geburt eines Kindes benötigt, weiterhin schleppen zu der Mutter und sagen: "Nehme du diese Instrumente, denn das Kind wird sie brauchen." Die Mutter würde lachen und würde sagen: "Mein Kind geht bereits, mein Kind braucht keine Binden, es braucht hier keine Schnüre mehr für die Nabelschnur. Siehe, Hebamme, du bist nicht in der Zeit." So seid ihr nicht in der Zeit mit euch und mit dem, was sich entwickeln möchte in euch. Verstehet, daß ihr einzig sein könnt ihr selbst. Ihr könnt gänzlich nur entscheiden aus eurem eigenen Sein. Und so wählet, hat der Lehrer [Khan-Khan] gesagt, wählet. Und ich sage euch auch: Wählet, wählet das, was zu euch gehört! **Wählet euch, wählet euch selbst. Dies ist der erste Schritt.** Löset euch von euren Ängsten, für den Anderen nicht mehr in der Fürsorge sein zu können. Denn **es ist nicht die Fürsorge, die ihr gabet. Es ist die Angst, aus der heraus ihr eure relativen Einheiten auf dieser Erde aufrecht erhalten wollt.** Und dennoch droht in der Tiefe eures Bauches der Tod. Ihr fürchtet den Tod und ihr versucht die, die ihr liebt, zusammenzuhalten und euch nicht zu bewegen [Sicherungssysteme]. Ihr sagt euch: "Ich kann nicht aus den Tälern der Jammernden aufsteigen auf die Berge, nein, dieses kann ich nicht. Denn ich würde jene zurücklassen, die ich liebe." Wisset, höret, die Liebe verbindet euch mit Gott. Sie zeigt euch den Weg, den ihr gehen könnt in der Schönheit, in der Liebe und nicht in der Angst. Dieses könnt ihr all jenen geben, die ihr liebt, all jenen, die beabsichtigen in den Tälern der Jammernden zurückzubleiben - für eine gewisse Zeit noch oder für immer. Ich spreche nicht vom Egoismus hier. Von dem habt ihr genug genossen. Dies meine ich nicht. Ich spreche von der Liebe.

Stellt euch vor, ihr steht an einem **Graben** nebeneinander in einer langen Linie und das Leben sagt: "Auf der anderen Seite geht es weiter." Ihr sprecht miteinander und ihr versucht herauszufinden, wie ihr diesen Graben überwinden könnt. Und so setzen die einen schon an zum Sprung. Die anderen eilen herbei und sagen: "Springe du nicht, du wirst abstürzen, du wirst gänzlich in das Vergessene gehen. Springe du nicht, springe du nicht. Das Leben lügt. Dieser Graben ist nicht der Graben, um den es geht. Laßt uns zurückgehen, hin zu jenen Ländern, wo wir diesen Graben nicht sehen." Und so benutzt ihr eure ganze Kraft, um umzukehren von diesem Graben und zurückzugehen. Doch eure Seelen drehen euch immer wieder hin zu diesem Graben, denn sie wissen um den Weg. Sie wissen gänzlich ganz allein um diesen Weg. Und so rufen euch die Seelen zu: "Gehet, gehet zu diesem Graben." Und eure Angst führt euch zurück in eure Länder. Einige wollen umdrehen und dem Weg der Seele folgen und andere rufen: "Bleib stehen, du Verräter, bleib stehen und gehe mit uns zurück." Und dieses nennt ihr die Fürsorge für den Anderen, wenn ihr ruft: "Gehe du zurück." Anstatt zu sagen: "Ich entscheide für mich, ich entscheide und ich wähle zurückzugehen" - oder ein anderer, [für den es stimmt], mag gehen zu diesem Graben. Oder zu sagen: "Ich wähle zu diesem Graben zu gehen und ein jeder mag aus seiner Freiheit zurückgehen. Ich bewerte dieses nicht. Ich verurteile nicht mich und ich verurteile nicht den anderen. Denn ich weiß, daß ich gehen werde einst."

„Was ihr unter Liebe versteht, ist Gefangenschaft

Und stellt euch vor, es wird immer welche geben, die stehen an diesem Graben und die legen ihre Hände in das Vertrauen Gottes, die legen ihre Hände in das Göttliche. Stellt euch dieses vor, dieses Unglaubliche. **Stellt euch dieses Unglaubliche vor:** da steht eine Seele, die ist in der Angst und die gibt ihre Hand und sagt: "Vater, führe mich, ich werde springen über diesen Graben. Denn Vater, ich bin und ich werde sein ewig und unendlich. Ich werde springen. Ich werde es wagen." Stellt euch vor, da sind welche, die springen und stellt euch vor, da sind welche, die kommen auf der anderen Seite an! Und stellt euch vor, die, die zurückgeblieben sind, schauen und sagen zueinander: "Es ist möglich, es ist möglich. Denn schauet, da auf der anderen Seite geht eine Seele im Licht. Da geht eine Seele, die das Vertrauen gefunden hat. Da geht eine Seele, die glaubt an sich, die weiß um sich. Da geht eine Seele, die ist, sie ist, sie ist." Das ist es, was ihr füreinander tun könnt. Das ist Liebe, das ist Sich-um-den-Anderen-Kümmern. Und **[diese gewohnte Haltung der Fürsorge] ist nicht die Liebe. Es ist die Angst.** Es ist die Angst. Findet heraus, was euch die größte Angst ist - und ihr werdet den Tod finden. Ihr werdet die Angst finden, allein zu sein. Ihr werdet die Angst finden, daß Andere gehen und ihr bleibt zurück oder daß ihr geht und andere bleiben zurück. Und dann wäre das, was ihr "das einheitliche, liebevolle Familiengefühl" nennt, nicht mehr da. Freunde, es ist die Illusion. Denn dies ist nicht wirklich die Liebe. Es ist die Angst.

Die Art und Weise, wie ihr euch aneinander kettet, euch die Energien, die Worte, die Fürsorge gebt - all dieses ist schön, doch versteht die Ursache und die Wirkung. Ihr gebt einander mit einer Absicht, auf daß der Andere dieses nimmt und aus dem schöpft, was ihr gebt. Und so er dieses nicht tut, so straft ihr ihn mit Verachtung und ihr wertet das ab, was ihr zu geben habt. Dies ist eine nächste Erkenntnis: Überlegt, wie oft ihr den Jammernden sprecht: "Steh du auf. Ich habe das Rezept für dich, ich habe es, denn ich weiß es." Und der Andere hört und der Andere nimmt und der Andere kommt in die Schuld. Denn er glaubt, etwas nehmen zu müssen. Oder er nimmt es gänzlich freiwillig. Er nimmt es und er versucht es umzusetzen. Aber es ist schlicht nicht seins - doch er fühlt sich in der Verpflichtung dem gegenüber, der ihm gab.

So seid frei, seid frei und gebet das, was ihr geben möget. Aber gebet dieses aus dem Wunsche gänzlich des Gebens und erwartet nichts [... erwartet kein "Dankeschön"]. Seid frei, indem ihr gebt. Seid frei, in dem, was ihr nehmt. Nehmt das, was das Leben euch gibt. Und wisset, daß ihr allezeit frei seid. Ihr seid frei, frei, frei, frei. Versteht es, ihr seid frei! Ihr seid nicht in der Schuld, ihr seid nicht in der Verpflichtung. Denn Schöpfung hat kein Ziel. Schöpfung hat keine Absicht außer Geben um des Gebenswillen und Schöpfen um des Schöpfenswillen. Hier ist kein Ziel. Hier ist keine Absicht. Hier ist nichts, was sich ereignen müßte. Denn Gott fließt und Gott ist die Schöpfung.

Schauet diese Freude, die hier entstehen kann in euch selbst, indem ihr die Liebe seid, indem ihr gebt und indem ihr überlaßt dem Anderen seine Freiheit, um zu wählen das Eine und zu lassen das Andere. Erlebet diese Freude und diese Freiheit, wenn euch gegeben wird und ihr nehmet es und ihr wisset, ihr seid damit frei. Niemals wird so der Gebende Hand anlegen können an euch oder euch verwickeln können in Dankesgesprächen bis in alle Ewigkeit. Dankt euch niemals bis in alle Ewigkeit. Denn dieses macht euch das Gefängnis ewig.

Wählt eure Worte, schaut was ihr sprecht den ganzen Tag, was ihr vor euch hinplappert. Und ich sage euch, die Kinder sind bewußter in dem, was sie sagen, als ihr. Ihr fühlt euch immerzu verpflichtet und dies verwikkelt euch gänzlich, dies macht euch klein, macht euch Angst. Ich sage euch: Ihr seid frei. Geht und seid Schöpfergötter, schöpft, erschafft diese Welt neu. Und ihr steht da und fragt: "Wie?" Und ich sage euch: Tut's! Schaut eure Verwicklungen an und löst euch mit eurem Bewußtsein daraus. Dies ist eine große Möglichkeit, die ihr habt. Und hierin, Freunde, liegt eine große Demut.

Niemals stehen wir hier, niemals sprechen wir hier zu euch mit der Absicht, euch etwas zu geben und in der Erwartung, ihr nehmt dieses. Wir sind nicht unglücklich, wenn ihr dieses nicht nehmt. Wir sind nicht unglücklich, wir ziehen uns nicht zurück, wenn ihr dieses nicht nehmt. **Ihr seid frei und es ist euch gesprochen, daß wir warten bis in alle Ewigkeit, bis ihr öffnet eure Kinderaugen.** Ja, wir warten, wir warten und wir gehen dennoch unseren Weg. Wir gehen unseren Weg im Frieden. Denn wir haben uns erfahren auf unserem Weg und wir erfahren uns durch euch. **Wir erfahren uns gänzlich durch euer Sein in der Verwicklung, in der Angst, in der Gier, in der Furcht, in dem Handanlegen aneinander.** Dies erfahren und beobachten wir bei euch - und glaubet nur nicht, daß wir einst frei waren von dem, was euch ausmacht. **Denn wir sind ihr und ihr seid wir.** Dieses ist bedeutsam und dennoch sind wir nicht verhaftet. Wir legen nicht die Hand an euch, so wie wir nicht erlauben, daß ihr legt die Hand an uns. Allezeit ist Freiheit. Wählet, wählet diese Freiheit. Dies ist mein Wort heute. Dies ist mein Wort und dies ist meine Kunde, die ich euch verkünde in dem Heute.

Ihr seid die Suchenden und ihr seid die Verzagten, ihr seid die Verwickelten, ihr seid die Ängstlichen. Ihr geht zu diesem Graben und ihr geht wieder zurück. Oftmals standet ihr bereits an diesem Graben, Freunde, oftmals standet ihr dort und oftmals seid ihr zurückgegangen in eure Ländereien und habt versucht zu vergessen diesen Graben, der euch führt in die Freiheit, der euch werden läßt zu Göttern! Niemals habt ihr ihn vergessen, niemals habt ihr ihn vergessen - also, was macht ihr euch vor in dieser Hinsicht? Ihr tut so, als könntet ihr euch umdrehen und das Göttliche in euch vergessen. Ich sage euch: Es geht nicht. Denn ihr seid Gott und niemals könnt ihr das vergessen, was ihr seid. Ihr könnt es nicht vergessen, denn ihr seid dieses.

**So ihr eure Ängste erkennt, so seid ihr Schöpfergötter. Gebt die Angst in die Hände eurer geistigen Führungen.** Dies ist eine große Hilfe. Wenn ihr nicht in der Lage seid, die Angst aus euch selbst heraus aufzulösen, so gebt sie ab. Es ist die Hilfe da. Erschafft das neu, was ihr nicht haben möchtet, erschafft es neu. Doch ich sage euch: Mit dem Erschaffen ist es so, wie mit dem Geben und dem Nehmen. Das Erschaffen selbst ist frei. Das Erschaffen selbst erhofft sich nichts, es ist. **Es ist kein Ziel da. Denn der Weg ist das Ziel und nicht das Ziel der Weg. So sage ich euch: Löset euch von [der Fixierung auf] ein Ziel und begebt euch auf den Weg. Erschafft um des Erschaffenswillen und sehet nicht nach dem, was ihr in eurer Gier wieder nehmen könntet oder in eurer Angst oder in euerem Verzweifeltsein. Erschaffet aus der Freude des Erschaffens und schauet nicht hin, welches Ergebnis dieses haben könnte. Erschaffet aus euren Herzen und aus eurer Liebe diese Welt neu. Doch löset euch von der Kralle, die ihr legt auf eure Schöpfung hin zu dem, was ihr geboren habt.** Denn euer Kind entwickelt sich. Es wird sein Eigenes sein, es ist selbständig in seiner Seele. Ihr könnt auch nicht erziehen eure Kinder nach euren Zielvorstellungen - dies ist nicht möglich. Stellt euch die Eltern vor, die versuchen ihre Kinder [nach ihren Vorstellungen] zu formen und schaut euch die Kinder an, wie sie geraten. Gar oft könnt ihr dieses sehen. Das Beispiel der Kinder ist ein gutes Beispiel

> „Springt aus eurer Freiheit, springt für euch, springt für eure Liebe!"

So gehet und erschaffet und befreiet euch von euren Ängsten. Ich sage es euch: **Es ist möglich! Springt aus eurer Freiheit, springt für euch, springt für eure Liebe und wisset, ihr seid die Liebe.** Und wisset, daß jeder ist frei zu springen oder zurückzukehren in sein Land. Denn überall ist Schöpfung und überall ist Gott - auch im Tal des Jammerns und des Quietschens ist Gott in seiner Schönheit, Gott in seiner Größe, Gott in seiner Ewigkeit und in seiner Unendlichkeit. Ihr entscheidet, ob ihr dieses Kapitel des Göttlichen mit eurer Kraft ausfüllt oder ob ihr wählt einen anderen Weg.

Dieses ist mein Wort. Ich bin in der Dankbarkeit, in der unendlichen Dankbarkeit, sprechen zu dürfen, dankbar, euch geben zu dürfen. Ihr seid frei, Freunde, ihr seid frei, ihr seid frei, ihr seid frei. Frei, frei, frei, ihr seid frei! Ihr müßt dieses nicht nehmen. Doch wisset, ich, Nyria, gebe es euch aus der Liebe, ich gebe es aus meiner Freiheit, aus meiner Schönheit, aus meiner Göttlichkeit. Ich gebe es und ich bin frei. So ist das Wort gesprochen, ihr Geliebten. So werde ich gehen aus dieser Stimme in der Dankbarkeit, der Dankbarkeit, der Dankbarkeit. Wir lieben euch, wir lieben euch, wir lieben euch.

***

Klare Worte, manches auch schockierend und herausfordernd. Etwa die Haltung der "Fürsorglichkeit". Ist dies nicht ein hochgepriesener Wert in unserem Verständnis? Bei genauerem Hinsehen teile ich die Meinung von Nyria: Es ist Ausdruck von Angst! Ich liebe ihre kompromißlose Art ohne Wenn und Aber. Den Begriff "Fürsorge" ersetzen die Ätherischen inzwischen durch den Begriff der "Fürliebe". Sie kennzeichnen mit diesem Begriff die neue innere Haltung der Zuwendung aus der Eigenständigkeit und nicht aus der Verwicklung und dem Mitleid.

Wenn wir also den Plan, von 3D nach 5D zu kommen, für möglich halten, dann kann man fragen, unter welchen Voraussetzungen könnte dieses stattfinden? Diese Voraussetzungen sind keine äußeren, sondern innere. **Welche inneren Haltungen sind unserem Vorhaben dienlich?** - Das ist die Frage. Und hierauf möchte ich in den folgenden Kapiteln einige Antworten geben. Ich unterscheide dabei zwischen inneren Haltungen zum einen und technischen Werkzeugen zum anderen. Denn eine innere Haltung bedarf auch einer Form im Ausdruck. Am Ende der 3D-Welt der Polarität geht es im Kern darum, sich bewußt zu werden über bisher selbstverständliche Grundhaltungen (zB. Fürsorge), davon loszulassen im Segen und in der

Anerkennung und sich zu öffnen für eine neue Vision. Die jetzige Phase des Übergangs, wo Altes und Neues nebeneinander existiert, erleben wir oft wie eine Schere, die auseinandergeht. Dies auszuhalten ist nicht leicht und bedarf eines andauernden offenen Gesprächs - jedoch keiner neuen oder anderer Dogmen und Verhaltensregeln. Wir führen diese Gespräche unter uns und mit den Sternenbrüdern.

**Noch ein Wort zu Kindern**: Manche Eltern fragen sich vielleicht, was im Fall einer großen, globalen Transformation aus den Kindern wird. Und wir haben das Gryconne auch gefragt. Seine Antwort sinngemäß: Zum einen sind nur die Körper klein und der Verstand noch nicht so ausgebildet. Aber in Wirklichkeit sind das alte Seelen, die in vielen Inkarnationen alle möglichen Erfahrungen der Polarität gemacht haben. Sie inkarnieren jetzt, um mit einem Körper ihren Inkarnationszyklus möglicherweise abzuschließen [siehe Kapitel "Das Jenseits"]. Zum zweiten, so Gryconne's Kommentar, ergibt sich aus dem kleinen Verstand der große Vorteil, daß sich nämlich Kinder mit Transformation viel leichter tun als Erwachsene. Kinder haben noch gar kein Verstandesgerüst, das loszulassen wäre. Sie gehen noch sehr selbstverständlich mit spirituellen Erlebnissen um. Und das Wichtigste: Alles was sich liebt, wird sich finden. Und sei es in einer anderen Dimension.

# Verwicklung

Aus meiner Therapeuten-Praxis weiß ich, daß neben der Schuld, die Verwicklung eines der größten Probleme ist. Verwicklung bedeutet, in Abhängigkeit zu sein mit Personen oder Situationen. Dabei ist es letztlich egal, ob wir uns als Opfer oder Täter in solchen Situationen wiederfinden. Beziehung zieht. In jedem Fall hindern wir uns daran, uns eigenständig, selbstverantwortlich, frei zu fühlen, zu denken und zu handeln. Dabei ist der Konzernchef mindestens genauso abhängig von seiner Firma wie ein einzelner, weisungsgebundener Angestellter. Unsichtbare Gummifäden verbinden einen jeden Beteiligten mit einer gemeinsamen Sache, die sich schon längst verselbständigt hat. Das nennt sich dann Sachzwang und dem haben sich alle unterzuordnen. In den privaten Beziehungen, vor allem zwischen Mann und Frau, treten zu den Sachzwängen gefühlsmäßige Abhängigkeiten. Partnerschaften gründen sich meist unbewußt mehr auf Tauschhandel als auf Freiwilligkeit und Zuneigung. Dies gilt für wirtschaftliche genauso wie für seelische Beziehungen.

Heißt das jetzt - so höre ich manche Leser fragen - daß wir uns aus allen Beziehungen lösen sollten, nur noch als Singles leben und freiberuflich arbeiten? Kinder werden irgendwo abgegeben - Fürsorge ist ja nicht mehr angesagt. Jeglicher Beziehung, die verwickeln könnte, gehen wir lieber aus dem Weg. Ist es das, was die Transformation erleichtert? Natürlich nicht. "Sollen und müssen" - müssen wir gar nichts. Das mal grundsätzlich. Es geht nicht um das WAS, sondern um das WIE! Äußerlich brauchen wir kaum etwas zu ändern. Aber innerlich! Was heißt das? Ich versuche es an meinem **"Aschenbecherbeispiel"** deutlich zu machen. Dem liegt eine kleine, alltägliche Begebenheit aus den letzten Wochen zugrunde, die ich kurz erzähle:

In meinen Praxisräumen läuft eine Woche lang Ausbildungskurs für Therapeuten. In den Pausen gehen die Raucher jeweils in den Hof. 3 Aschenbecher stehen dort bereit. Doch eines Nachmittags sind alle Aschenbecher verschwunden. Rätsel. Einer Vermutung folgend, gebe ich eine Fahndung in alle Briefkästen des Hauses. Und in der Tat, ich werde fündig. Ein anderer Hausbewohner fühlte sich durch die Aschenbecher und die Raucher gestört. Er versenkte die Aschenbecher kurzerhand in der Mülltonne. Er rief mich an und gab zu erkennen, daß er die Raucher am liebsten auch in der Tonne verschwinden lassen würde. Auf meinen Einwand hin, daß wir doch nicht im wilden Westen seien, meinte er, darüber werde er nicht diskutieren. Er sei im Recht und wisse sich zu wehren. Fertig und aufgelegt!

> Verwicklungen halten den Zustand der Polarität aufrecht. Wir können loslassen!

Ich kochte vor Wut. Auch deshalb, weil ich mich hilflos und gedemütigt fühlte. Sollte ich etwa wegen 3 Aschenbecher für 4,95 DM einen Prozeß anfangen? Sollte ich klein beigeben, es einfach schlucken und irgendwann davon (und ähnlichen Begebenheiten) platzen? Sollte ich meiner skorpionischen Terrorader freien Lauf lassen und vielleicht das Schlüsselloch dieses arroganten Nachbarn mit Klebstoff füllen? Oh ja, da geht die Phantasie mit mir durch. Sind Dir, lieber Leser, ähnliche Situationen aus Deinem Leben bekannt? Was war zu tun? Alle Reaktionen würden in Verwicklung führen oder mich auf meiner Wut hokken lassen, was vielleicht noch schlimmer ist. Meistens schluckt man es ja hinunter, führt noch eine zeitlang innere Vergeltungsdialoge und vergißt es nach einer Weile. Das wiederholt sich im Lauf eines Lebens solange, bis man entsprechende Körpersymptome bekommt, die man damit aber nicht mehr in Verbindung bringt. Solche Klienten lerne ich regelmäßig kennen.

Doch zurück zu meiner Geschichte. Der Zustand des Kochens hielt vielleicht eine halbe Stunde an und dann wurde ich eines Zustandes in mir gewahr, den die ätherischen Freunde mit **Neutralität** bezeichnen. Nachdem ich meine Wut angenommen hatte und sie dadurch auch verraucht war, gelang es mir, sie loszulassen und von dem Ereignis überhaupt, loszulassen von drei Aschenbechern und den 4,95 DM und von der Arroganz, die mir in Figur dieses Nachbarn (übrigens einem Rechtsanwalt) begegnet war. Ich wurde leicht und durchlässig und lachte. Wir würden in Zukunft eben mit Wasser gefüllte Plastikbecher als Aschenbecher nehmen. Was soll's? Wie komme ich dazu, mich von diesem Menschen ärgern und verwickeln zu lassen? Ich ziehe mir seinen Schuh nicht an, ich nehme **sein** Problem und Thema einfach nicht an. Ich gehe in den Frieden mit **mir**. Ich lebe mich und bleibe bei mir. Ich bleibe beziehungslos und wähle für mich aus meiner Freiheit, nicht in die Beziehung zu diesem Mensch, zu dieser Situation, zu meiner Wut zu gehen. Fertig und abgelegt!

Bevor ich nun im Folgenden eine Durchgabe des geistigen Lehrers Khan-Khans, gesprochen von Gryconne, zu diesem Thema vorstelle, möchte ich noch die erstaunliche Pointe zu der Aschenbechergeschichte berichten: Vielleicht eine halbe Stunde, nachdem ich für mich den Frieden gemacht hatte, rief selbiger Nachbar wieder an. Er war diesmal wie ausgewechselt, entschuldigte sich für sein Benehmen und machte gut Wetter. Es ergab sich ein nettes Gespräch und er erklärte mir seine Probleme mit dem Rauch. Ich konnte ihm verständnisvoll zuhören. Und einige Tage später klingelte seine Frau an unserer Tür und brachte drei neue Aschenbecher ...

Die Lösung dieser Geschichte lag also nicht darin, WAS ich zu tun beschloß, sondern in der Haltung des WIE. Ich tat nichts, was auf Dauer zu einem Magengeschwür führen kann. WIE ich nichts tat, das war der Schlüssel, nämlich aus der Neutralität, der Durchlässigkeit und der Beziehungslosigkeit. Ich blieb letztlich bei mir. Und genau diese Haltung ist es, die die Ätherischen uns lehren. Raus aus den Verwicklungen! Etwas Anderes, sehr wichtiges hat mich diese kleine Geschichte auch gelehrt: Um Frieden zu machen, brauche ich nicht das Einverständnis des Gegners. Ich kann das ganz allein für mich machen! Und das ist etwas sensationell Neues!

***

März 1997

Gryconne:
... So sind vorbereitet die Worte um das Zeitgeschehen, das sich immer mehr in die Zwangsläufigkeit begibt. Wir nehmen Bezug auf die Zeitqualitäten, die sich nun vermehrt in die Konzentration bringen werden. Unser Wort ist ein Wort, das vorbereitet und geschrieben steht, aus den Händen der Meister selbst. Wir wiederum haben die dankbare Aufgabe übernommen, das gesprochene Wort der Meister an euch hier zu übermitteln - im Sein und dem gänzlichen Miteinander. Sri Yukteswar und der Meister Khan-Khan haben diese Worte vorbereitet, die ich, Gryconne, nun zu euch sprechen werde. So werde ich nun lesen aus dieser Schrift, die gerichtet ist hin zu euch und eurer Ehrlichkeit:

Sehet ihr Geliebten, sehet, es ist die Zeit, in der sich die Tore nun öffnen werden in der Gänzlichkeit. Es ist dies der Zeitpunkt, wo das Licht in einer starken Konzentration die Möglichkeit findet und finden wird hin zu euch und zu den Resonanzen, die ihr schafft aus eurem Sein selbst. Es ist in der Bedeutsamkeit für euch zu wissen, daß die Erde aus ihrem Schöpfungsakt selbst und aus den Resonanzen, die sie zusammen mit ihren Bewohnern in der Polarität aussendet, die Tore öffnet auch für die Dunkelenergie. Diese dunkle Energie ist Ausdruck dessen, was der Organismus Erde in seiner Lebendigkeit über seinen langen Entwicklungsweg getragen hat und noch trägt.

So geben wir euch aus diesem Buche nun den Vergleich an die Hand, euch zu verstehen, zu begreifen: So war der Mensch von jeher zu finden in der Repräsentation des Baumes. Die Analogie bezieht sich auf Entwicklung, Wesenhaftigkeit und Anfälligkeit. So verstehet, ihr seid die Bäume ebenso in eurem Wesen. Eure Seelen tragen die Jahresringe für die Zeitabläufe ebenso in sich, die Aufschluß geben über euer Sein, eure [Geschichte], über Verletzungen und Brandmarkungen, die analog dazu in die Rinde eingedrungen sind. Dieses zu heilen ist euer Bestreben und nicht etwa, die Verletzungen tiefer zu eurem Sein hin eindringen zu lassen. So werdet ihr erfahren, ihr Geliebten, daß die **Symbolfigur Baum** im Laufe der folgenden Zeitabläufe immer häufiger in das Sterben gehen wird.

„Geht in die Abgrenzung und in die Eigenständigkeit"

Es werden die Bäume in ihrer Gänzlichkeit und Schönheit auf dieser Erde weiterhin zu finden sein. Es wird dem einen oder anderen Baum möglich sein, seinen Transformationsprozeß gänzlich in die Durchführung zu bringen und sein Sein in die neue Zeitqualität zu tragen. Er wird so seine Entwicklung hin zum bewußten Sein auf der neuen Ebene kontinuierlich fortsetzen können. Empfindet euch für einen Moment als dieser Baum, der sich dort in die Gesundwerdung begibt, in die Heilung und in die Gänzlichkeit seiner Kraft. Gebt euch mit eurem inneren Vermögen in den Zustand, einen **Wald** zu bilden. Ihr geliebten Brüder und Schwestern, ihr werdet in diesem Wald Bäume finden in der Gesundheit und Klarheit. Und ihr werdet Bäume in der Schwachheit, Kraftlosigkeit, in der Krankheit finden und in der Resonanz zur Metamorphose, hin zum physischen Tod, der den Geist wieder befreit.

Ihr werdet von uns geschult in eurer Kraft, eurer Gänzlichkeit und der Fähigkeit, **aus eigener Kraft** und Erfahrung über viele, viele Zeitabläufe hinweg, ein Baum zu sein, der den Angriffen von Insekten und Vögeln widersteht. So wisset, ihr Geliebten, und es ist euch im Bekannten: Es ist möglich, den physischen Körper eines Baumes in die Durchhöhlung und in die Metamorphose zu führen, wenn dieser sich nicht mehr gänzlich selbst bewohnt und sich so instabil macht. Dann ist es dem Getier und dem Wesen Anderer möglich, ihren Nutzen zu ziehen und den Baum auszuhöhlen. So gibt es in eurem Walde, in dem ihr euch befindet, in der direkten Nachbarschaft Bäume, die ihre Kraftlosigkeit bekundet haben. Sie befinden sich in der Degeneration, Vögel und Käfer nisten sich dort ein und alles mögliche Getier befindet sich in den Baumkörpern, um diesen [in den Tod] zu begleiten - so ist dieses deren Aufgabe und Weg. Die schwachen Bäume erkennen nicht, daß dieser Prozeß Ausdruck ist ihrer eigenen Wegbeschreibung und des eigenen Blickwinkels. So werdet ihr diese [kranken] Baumbewußtheiten in eurer Nachbarschaft spüren. Sie sind in der Resonanz mit dem, was nicht im Lichte und nicht in der Liebe ist. Diese Wesenheiten haben beschlossen, sich der Degeneration und Metamorphose hinzugeben. Jedoch ist ihr Bestreben, in die Umgebung zu schauen und die kräftigen, starken Bäume dort nicht zuzulassen, sondern auch die Gesunden in diesen Prozeß zu führen, den sie für sich als den stimmigen erachtet haben [nämlich in den Tod].

Es ist in ihnen nicht im Bewußtsein, daß sie nur die Möglichkeit haben, aus eigener Kraft und Struktur in die Gesundung zu kommen. Ihr Bestreben zielt auf das Gegenteil. Es ist ein Bestreben den gesamten Wald in diesen [Negativ-] Prozeß zu bringen. Und so schikken sie nach ihrem Wunsch und Willen die Heerscharen der Getiere, die diesem Prozeß der Transformation und Metamorphose dienen, hin zu jenen, die sich dort in ihrer gänzlichen Kräftigkeit und Schönheit befinden. Ihr, die ihr euch im Auge des Lichtes, in der Schönheit und Kraft befindet und die ihr euch entschieden habt, in den Prozeß der Ganzheit zu gehen - ihr werdet die Kolonnen der Getiere erfahren, die zu euren Wurzeln gesandt werden, hin zu euren Stämmen und Wipfeln, um Löcher da hinein zu treiben, die Rinden zu sprengen, euch zu schwächen. Denn dies ist der Glauben der sich im Sterben befindlichen Baumwesen, daß dieses ein Akt der Gemeinschaftlichkeit darstelle. Sie glauben, daß es Struktur und Gesetzmäßigkeit der Welt sei, sich an die Macht zu bringen.

So versteht und begreift, ihr geliebten Bäume in der Schönheit, daß es hier für euch nichts zu fürchten gilt, weder das Getier noch den Schnabel des Spechtes, der hier das eine oder andere Mal versucht, das Loch in eure Äste zu treiben. Der kräftige Baum hat solche Unterfangen und Schläge nicht zu fürchten. Vielmehr ist es für ihn die Gelegenheit, sich in seiner Stärke, Kraft und in der Möglichkeit seiner Ausdehnung und Ausstrahlung erneut zu zeigen. Er setzt damit das Signal für die [schwachen] Wesen, daß sie sich nicht in der Möglichkeit [der Schwächung anderer] befinden. Das Getier, das sich erfolglos an euch versucht, ist schnell und möchte nicht dort bleiben, wo es nicht hin gehört. Es mag dahin gehen,, wo es gewünscht und gebraucht wird. [Den letzten Satz mal im Orginaltext: " Es ist das Getier schnell, das dort nicht in den Vollzug gerät, und das hier versteht, nicht an dem Platze zu sein, wo sein Tun und seine Aufgabe in dem Bedürfnis und in dem Wunsche sich befindet."]

So wisset, daß die Stürme kommen werden in den Naturgesetzmäßigkeiten wie im sozialen Bereich eures Seins ebenso. Es sind die Stürme, die sich dort bereits im Tosen befinden. Es ist euch nicht im Bewußten und Bekannten, was bereits entfesselt ist an Energien und sich ebenso in die Naturgesetzmäßikeiten ['98 war das Jahr der Naturkatastrophen, nach offiziellen Angaben] begibt wie in die Energiefelder und in die Körperlichkeiten der Menschen selbst. So ist das Wasser und das Feuer ebenso in dem sich Entbrennen. Es ist das Astrale in seinen Bereichen der Erdgebundenheit im Bedürfnis, das Dunkle zu verdichten und [Front zu machen] gegen das, was sich der Verdichtung widersetzt, das ihm nicht gehorcht und sich in das Licht und die Freiheit selbst begeben will.

So wird der Baum, der sich in der Starre befindet, in diesen Stürmen abbrechen. Es wird der Baum aufgerufen sein, sich in das flexible Sein zu begeben und ebenso in seine Kraft und seine Stärke. Es wird der Baum [in der Stärke] sein, der seine Zweige in die Beweglichkeit bringt. Und dieser Zweig wird dann das Eindringen eines anderen Baumes in seine Rinde verhindern, sollte der versuchen, sich vom Saft zu nähren, den der [gesunde] Baum in sich trägt und der ihm Weichheit und Flexibilität garantiert. So wisset, es ist das Wasser, das ihr in euch aufnehmt und dann in euch tragt, das euch in die Flexibilität eures Standes, eures Seins und in die Beweglichkeit selbst führt. Es wird also Zweige geben, die sich in euer Sein zu treiben versuchen. **Es ist im Recht und in der Billigung, wenn ihr hier in die Abgrenzung geht. Wehrt die Zweige nach euren Möglichkeiten und Mitteln ab, die ihr nach den menschlichen Gesetzmäßigkeiten dieser Welt habt. Bringt euch in die Klarheit in der Abwehr der Zweige und ebenso der Wurzeln, die in euer Erdreich dringen wollen, um sich aus dem zu ernähren, was ihr aus eurem Sein heraus für euch selbst in die Arbeit und Vollendung gebracht habt, in die Blüten und Früchte, die nun weiter in das Gedeihen gehen wollen.**

> „Ihr seid bereit, dieses Abenteuer mit euch zu erleben und in die Freude selbst zu gehen"

Beachtet die Prozesse der Jahreszeiten. Ihr werdet lernen, das Blattwerk zu tragen, die Blüte und die Früchte. Ihr werdet lernen, eure Wurzel tiefer und tiefer zu treiben, um die Standfestigkeit zu erhöhen. Ihr werdet beweglich sein im Stamm und in Zeiten der Stürme werdet ihr lernen, eure Blüten zu schließen und die Blätter zu schützen. Ihr werdet euch nicht fürchten. Werdet der Sturm und geht ebenso in die Kommunikation mit dem Wind. Es ist unsere Aufgabe, euch diese Worte zu verkünden. **So wird neben euch das Dunkle ebenso in die Manifestation gehen wie es in eurer Gemeinschaft in der Üblichkeit ist, euch für das zu entscheiden, was im Lichte, in der Liebe und in der Freiheit sich zu bewegen sucht. Und so ist die Lehre und die Schule, die wir in euch und mit euch in die Weiterführung bringen, die gänzliche Möglichkeit, euch das an die Hand zu geben, was ihr schon lange seid. Wir führen euch in die Befruchtung eures Selbst aus eurer eigenen Kraft heraus. Es ist nicht mehr Wunsch und Wille eures Seins, euch in die Zwangsläufigkeit von Vernichtung zu begeben. So habt ihr euch schon lange entschlossen und es ist euch auf der Seelenebene bewußt, einen Weg zu gehen, der gänzlich im Neuen und Unbekannten liegt. Ihr seid bereit, diese Abenteuer in und mit euch zu erleben und in die Freude selbst zu gehen.**

Bringt die Liebe, Zuversicht und das Licht nicht zu eurem Horizont. Sie sind dort bereits. Es ist nicht eure Aufgabe, euer Licht und eure Liebe an den Horizont zu tragen. Erinnert euch an die Botschaft, daß die Verankerung bereits geschehen ist zwischen dem was in euch ist und Gott. So habt vollständiges Vertrauen und Glauben inbezug auf diese Verankerung und geht mit eurer Aufmerksamkeit, mit eurem Licht und eurer Liebe hin zu den [alltäglichen] Schritten eures Lebens, hin zu eurer Bewußtwerdung in der Gänzlichkeit. Lenkt eure Liebe hin zu einem jeden eurer Tage, in die Aufmerksamkeit einer jeden Sekunde, hin zur Gemeinsamkeit und zum Alleinsein. Schaut nicht nur zum Horizont, um dort das Licht hin zu tragen. Wisset, ihr Geliebten, wisset, das Licht befindet sich dort ebenso wie in eurem Sein. Und so dürft ihr aus dem Frieden und aus dem Vertrauen heraus euch bewegen von Schritt zu Schritt, von Frage zu Antwort, von Antwort zu Frage. Ihr dürft euch bewegen auf der Spirale eures Seins. Ihr müßt euch nicht in die Schnelligkeit begeben, in die Striktheit mit euch. Begebt euch in den Frieden, die Freiheit und in die Freude an eurem Sein - einen jeden Tag.

Achtet, ihr Geliebten, achtet präzise auf eure Gedanken, Worte und all das, was sich an Altem noch in euch befindet. Achtet auf das in euch, wovon ihr fürchtet, daß es in Verbindung gehen könnte mit den [kranken und sterbenden] Bäumen. Diese glauben in das Wuchern gehen zu müssen. Sie strecken ihre Wurzeln nicht in die Tiefe ihres Standplatzes, sondern in die Nachbarschaft, weil sie dort Teilhabe erhoffen an der Feuchtigkeit und Beweglichkeit der [gesunden] Bäume, die aus sich selbst heraus die Bohrung in die Tiefe bewerkstelligt haben. Dieses, so wisset, ist nicht in der Möglichkeit und Zulässigkeit, wenn ihr euch gedanklich in die Präsenz, in die Klarheit, in die gänzlich neue Art des Denkens, in das Sein und in das Vertrauen begebt. **Überprüft euch aus eurem Frieden heraus, aus der Liebe zu eurem Sein und zu dem Alten, das ebenso Nährboden und Möglichkeit für euch war, in die Vollkommenheit zu gehen. Prüft euch und werft von euch das, was sich in der Last befindet, was zu dem Alten und den Gesetzmäßigkeiten der alten Welten gehört. Gebt euch in die neue und präzise Art des Denkens und des Geistes selbst. Lernt euch in der Weite und Freiheit eures Geistes selbst zu schätzen und in die Wahrnehmung zu bringen.**

So sind dies die Worte der Meister selbst. Wir [Gryconne] haben vorbereitet nun die Worte ebenso für euch, euer Sein und eure Wege: So legen wir zunächst die Möglichkeit in eure Hände, eure Fragen an uns zu richten. Oder wenn es in eurem Wunsch und Willen ist, auf diese Art fortzufahren, euch zu lehren und zu schulen.

... Wir sehen eure Bemühungen, eure Skepsis und Zweifel. Wir bitten euch, dies nun gänzlich der Vergangenheit angehören zu lassen. Es diente euch in der Vergangenheit, in den alten Gesetzmäßigkeiten - genauso wie die euch bekannten Ereignisse der Weltelementale selbst. Dieses Geschehen sucht sich in die Vergangenheit zu begeben. So legt Zweifel und Skepsis aus eurer Hand. Sie sind nicht mehr die Instrumente, die euch dienlich sind auf dem Wege, den ihr nun vollführt und bereits begangen habt im Neuen und Gänzlichen. Wir sagen es in der Klarheit: Nehmt den Zweifel gänzlich aus eurem Bewußtsein heraus. Gebt ihn gänzlich in die Vergangenheit, nehmt ihn nicht mehr in eure Hände und Herzen. Gebt euch in das Suchen, in das Verstehen- und Erkennenwollen, in das euch Zeigenwollen aus eurer Ehrlichkeit selbst heraus. Wir spüren in euch zutiefst die Ehrlichkeit. Diese ist euch dienlich und hilfreich für den Weg, den ihr nun zu begehen beginnt in einer größeren Dynamik und Stärke: Hiermit bringt ihr euch in die Anpassung dessen, was geschieht auf diesem Erdenrund in der Schnelligkeit der Energien selbst.

So ist dieses alte Handwerkszeug des Zweifels ein Instrument, das euch in die nicht notwendige Stagnation führt. Es ist der Stillstand nicht notwendig. Es ist eine Bitte, die zutiefst aus unserem Herzen kommt: gebt den Zweifel in die Vergangenheit selbst und schult euch auf der Basis eurer Ehrlichkeit. Schult euch im Vertrauen zu euch selbst. Seid euch einander in der Liebe Spiegel, Handwerkszeug und Begegnungsmöglichkeit für euch selbst. Dienet einander aus dieser Ehrlichkeit, euch in das Erkennen und Unterstützen eurer Schönheit und eurer Göttlichkeit selbst zu führen. So ist dies die Saat, die wir erkennen, in einem Jeden von euch. Wir sehen hier nicht die Saat allein - wir sehen die Wurzeln ebenso, die diese Saat bereits treibt. Und wir sehen die Pflanze ebenso, die diese Saat aus sich hervorbringt in dem Kraute und wir sehen die Blüte ebenso, die sich noch in der Knospe befindet und die sich in ihre vollkommene Schönheit begeben möchte ...

***

Es ist uns meist überhaupt nicht bewußt, in welchem Ausmaß wir uns abhängig machen von den Reaktionen und Meinungen anderer. Es gibt Menschen - und das sind nicht wenige - die definieren sich ausschließlich über andere und wissen nicht, wer sie sind und was sie wollen. Zombies führen Maskenspiele auf. In der RT gibt es als Test die Beschreibung eines Hauses. Das ist ein einfaches Symbol, das in der ersten Sitzung der RT dazu dient, einen ersten diagnostischen Eindruck vom Klienten zu bekommen. Im Vorgespräch hat er mir vielleicht in vielen Worten erzählt, wer er ist und was im wichtig ist im Leben. Beeindruckend. Sein gebildertes Haus ist aber nur ein Schuppen oder gar eine Ruine mit einem einzigen ziemlich kargen Raum und ohne Keller. Was sagt dieses? Haus ist Symbol für Persönlichkeit und die einzelnen Räume beschreiben die verschiedenen Seelenaspekte. Keller ist der Bereich des Unbewußten. Schuppen oder Ruine heißt also im Klartext und ohne beschönigende Maske wie beim Gespräch: "ich kenne mich nicht und habe keinen Zugang zu tieferen Schichten meiner Seele." Das wird sich sicher ändern in den Folgesitzungen. Aber in diesem Zombie-Zustand kommen manche Klienten erst mal an.

Repräsentativ für Verwicklung, Treueschwüre und Bindungen bis über den Tod hinaus sind für mich die Sätze im Film "Der 1te Ritter" geworden. Die Mannen geben König Arthur den Treueschwur mit den Worten: "Von Bruder zu Bruder der Eure, bis in den Tod". Eine ergreifende Szene, wollen sie doch alle für das Gute und gegen das Böse kämpfen. Es gibt einen entsprechenden Satz, den die Sternenbrüder untereinander oder zu uns sprechen, wenn sie etwas nehmen oder geben und eine tiefe innigliche Beziehung ausdrücken wollen. Er lautet:

***Von Bruder zu Bruder,***
***in der Freiheit der Liebe,***
***von Ewigkeit zu Ewigkeit.***

Wir haben im Verlauf von vielen Inkarnationen über die Zeiten des Projekts Erde hinweg gelernt, Verwicklung als etwas zu nehmen, was ein ganz selbstverständlicher Grundpfeiler des Lebens war. Und das war stimmig im Zusammenhang mit unserer Aufgabe im Projekt Erde. Verwicklung fand statt im Bereich von Krieg und Frieden und genauso im Bereich von Liebe und Haß in der Partnerschaft. Wozu diente dieses? Es diente dazu, Schöpfung in ihren Absichten zu manifestieren. Worin liegt die Absicht? Sternenrassen unterschiedlicher Eigenschaften sollten sich so durchdringen, daß eine neue Wurzelrasse dabei herauskommt, die alle Eigenschaften in sich vereint. Genau das war der Sinn von Verwicklung. Und darauf liegt der Segen. Wir haben unseren Job sicher gut gemacht. Aber jetzt können wir auseinandergehen, voneinander loslassen und das Ergebnis beschauen. Und diejenigen, die noch ein bißchen weitermachen wollen, die wollen es besonders gut machen. Kein Groll, keine Wertung darauf!

Die nun folgende Durchgabe handelt von diesem Waagschalensystem, mit dem die Sternenbrüder und die Ätherischen den Zustand der Verwicklung beschreiben. Ich habe mit Gryconne heftig diskutiert, weil damals mein

…en an bestimmten Punkten aufhörte. Heute, ein Jahr später, manifestierte ich immerhin schon ein Aschenbecherbeispiel. Ich machte noch weitere, verbindlichere Erfahrungen, was das Einseitig-Frieden-Machende angeht. Dabei ging es um eine halbe Million Mark und einen Krieg, der mich 15 Jahr lang begleitet und beinahe ruiniert hätte. Ich will diese Geschichte nicht ausführlich erzählen, denn sie läuft auf das gleiche Prinzip wie mit dem Aschenbecher hinaus. Sie zeigte mir aber sehr verbindlich wie wichtig es für mich war, Gryconne genau zuzuhören, auch wenn ich es damals noch gar nicht verstand:

***

Juni 1997

Gryconne:
**... die Menschen haben sich darin geübt, sich dessen zu bemächtigen, was sie erblicken im Außen, um das eigene Ungleichgewicht ins Ausgeglichensein zu bringen. Anstelle sich aus sich selbst heraus ins Gleichgewicht zu bringen, haben die Menschen sich anderer Menschen bedient und [versucht diese gemäß ihren Bedürfnissen passend zu machen].** [Anm.: Er spricht hier von "Projektion" und "Symbiosen"]. Dies war ein Prozeß, den die Menschenseelen wählten, um sich zu geben in eine Form der **Verwicklung**, so nennt dieses Instrument diese Vorgehensweise. Dieses ist schon oft gesprochen und gegeben auf euren Geist. So wiederhole ich dieses in der Klarheit: dieses war der Wunsch der Menschenseelen und hat sie geführt in die Bereiche der Schwere, der Dreidimensionalität. [Hier sollten sie auch hin,] um in die Bewerkstelligung des eigenen Auftrages und des eigenen Seins zu gehen. So sind die Worte bereits gesprochen über diese Technik, die die Menschenseelen entwickelt haben, um dieses in sich zu finden oder in die Loslösung zu führen. So sind die Menschenseelen im Bedürfnis zu greifen nach dem, was sich bietet und ebenfalls zu geben [Täter-Opfer].

So ist das Bedürfnis des Menschen zu teilen die Freude ebenso wie das Leid. Also wisset, es ist alle Zeit eine Bereitschaft auf beiden Seiten, sich gänzlich auszutauschen, was dann aber das Ungleichgewicht herstellt in einer Menschenseele. Es ist die große Freude genauso ein Ungleichgewicht wie die tiefe Trauer ein Ungleichgewicht darstellt. Die Menschenseele entwickelt das Bedürfnis, sich allezeit in das Ausgewogene zu führen. So greift der, der sich in der Trauer befindet, nach dem Glück des Anderen und versucht sich dieses einzuverleiben. So er dieses vermag, so führt ihn dieses in eine Form des Gleichgewichtes. So kann es ebenso sein, daß der, der sich in der Trauer befindet, nicht sucht die Freude. Er empfindet seine Trauer aber in der Unerträglichkeit und sucht sich deshalb den Menschen, der in sich ebenfalls die Trauer trägt. Es ist das Bedürfnis des sich Ausgleichens gegeben und so greifen die trauernden Menschen in der Unkenntnis nach der Trauer der anderen Seele und führen sich aus dem Ungleichgewicht tiefer in die Trauerbereiche hinein bis ein Punkt der Nivellierung entsteht. [Anm.: Wenn beide traurig sind, gibt es keine Spannung sondern ein relatives Gleichgewicht und Ausgeglichensein in der Trauer]. Ich gebe euch das **Bild von Waagschalen**: Die Trauer geht dann soweit bis die [doppelt] schwere Waagschale auf dem Boden auftrifft und sich dann im Höherschwingen wieder zu befreien sucht. So ist meine Botschaft an euch, dieses in die Beobachtung zu führen bei euch selbst. **So ihr die Freude spürt, so wünscht ihr Menschen, die teilen mit euch diese Freude. Aber es ist dann auch das eine oder andere Mal die Furcht, daß da einer legen wird die Trauer auf die andere Seite dieser Waagschale.**

Unsere Reaktionen sind abhängig vom Verhalten des Gegenüber.
Das ist das Waagschalensystem

Ich spreche euch jetzt das Wort vom Zukünftigen, wie ihr nämlich diese Waagschalen in die Auflösung führen könnt. Es ist unser Bedürfnis und unser Wunsch, euch die Möglichkeit zu geben, euch zu schulen in der Auflösung dieser Waagschalen, die ihr glaubt in die permanente Ausgewogenheit führen zu müssen. Denn dies ist Sinn und Zweck von Waagschalen. **Die Waagschalen-Technik war den Menschenseelen dienlich, sich in die Inkarnationen und in ihre Missionen auf der Erde zu bringen. Denn dadurch entstand die Durchmischung, dadurch entstand die Impulsgebung und die Aufnahme von Andersartigkeit, im Sinn des Resonanzgesetzes. Dieses System trägt allerdings das "Sterben" in sich. Ihr seid jetzt vorbereitet, euch davon zu lösen. Dies bedeutet, daß ihr lernen werdet, so dies in eurem Wunsche liegt, euch in die [physische] Unsterblichkeit zu führen, indem ihr bearbeiten und verstehen werdet euer altes System und die alten Techniken. Führt euch also in die Ausgewogenheit eures inneren Seins.**

So werden wir in Zusammenarbeit mit den Techniken, die ihr hier erlernen werdet über die Schwester [Isabel - Tachyonen], die hier in der Vorbereitung ist in der Schnelligkeit und mit der Unterstützung der Ihren, dort werdet ihr lernen das Eine oder Andere zu verstehen, über die Art der Transformatoren und über die Möglichkeiten, euch gänzlich in die Standhaftigkeit eurer Lichtsäule zu führen und somit dieses alte System zu überwinden. [Vertikalisierung der Chakren mittels Tachyonen, siehe Kapitel "Handwerkszeuge"]. **Begreift euch als die, die sind und nicht die, die nach anderen greifen, um sich in die Ausgewogenheit zu bringen.** So ist im Ähnlichen, Bruder [Mathias], deine Erfahrung, die du machtest in der Tiefe mit der Trauer deiner Seele. Die alte Waagschalen-Technik mag dir dienen zu erkennen, was dir fehlt. Wenn du im Licht bist und hoch schwingst mit der einen Waagschale, dann spürst du in dir das Bedürfnis nach Ausgleich und hast das Bedürfnis, Blei zu legen auf die andere Seite der Waage - aus Angst, daß ein Anderer kommen könnte und dieses tut. Das ist das Grundverständnis der Seele, nämlich daß es ein Anderer tut. Es gilt, dieses Waage-System in die Relativierung zu bringen. So gebe ich euch hier die Worte, um euch des weiteren in die Schulung zu führen, in den großen Arbeitsbereich, den ihr diesbezüglich in die Planung gegeben habt. Habt ihr verstanden meine Worte, im Hinblick auf dieses alte System und auf die Waagschalen-Techniken, die in dem Tiefen der Menschenseelen liegen?

Mathias:
Ich glaube, ich habe schon verstanden, theoretisch. Ich bringe es in Zusammenhang mit dem Thema Neutralität und dem Einfach-Sein. Aber immer dahin zu kommen, erscheint mir erst mal noch in der Schwierigkeit.

Gryconne:
Nun, dieses ist in einer ebenso großen Zwangsläufigkeit. So seid ihr vorbereitet und geschult in der **Neutralität**. So ist euch hier gegeben worden ein Großteil des Fundamentes für die neue Technik, die es zu erlernen gilt, um der Welt zu begegnen. So war es nicht unser Wunsch, euch gänzlich in die leeren Hände zu führen und euch zu nehmen mit unser Schulung die [alten] Instrumentarien, die euch hilfreich waren und sind. So ist es von Bedeutung, daß ihr in der Schönheit euer Fundament baut und euch in Beziehung bringt mit dem Prinzip Neutralität, mit dem Prinzip Stille, mit dem Prinzip Friede und mit dem Prinzip Liebe. Dies ist in der Bedeutsamkeit und so seid ihr geschult, ja, ihr seid geschult über diese geraume Zeit und ihr habt euch sehr intensiv in die Lehre begeben. Dies ist nun die Basis für euch, Stück für Stück abzulegen die alte Technik.

**So versucht ihr das Neue [Singularität] zu verbinden mit der alten Technik [Waagschale] und dies führt euch immer wieder zurück zu den alten Techniken, mit denen ihr euch zu verstehen sucht.** Dies ist im Gewünschten, denn so habt ihr die Zeit euch zu verstehen im Neuen und aus dem Neuen und euch aus der Neutralität heraus zu betrachten im Alten, solange bis ihr einst die Bereitschaft in euch findet, abzulegen gänzlich, möglicherweise auch Stück für Stück, die alte Technik. "Stück für Stück" möchte ich meinen, denn ihr werdet die alte Technik langsam ablegen. Ist euch dieses im Verständlichen, ist euch verständlich die Unmöglichkeit, die ihr hier das eine oder andere Mal spürt, euch hier in die Neutralität zu führen?

Mathias:
Ja, das ist für mich ein Erfahrungswert. Ich muß manchmal kämpfen um diese Neutralität, so wie diese Woche.

Gryconne:
So wisse, Bruder, Neutralität beinhaltet in sich Kampflosigkeit. In die Neutralität gehen, bedeutet neutral zu sein. So du "in die Neutralität gehen" formulierst mit "aus dem Kampf heraus", so mache dir hier deutlich das neue Instrument, das du hast und das du aus deinem Sein und aus deiner Entwicklung verbindest mit dem alten Instrument. **So möge dir verständlich werden, daß du hier das Alte und das Neue zu verbinden suchst. Dies ist nicht in der Möglichkeit.** Und so erfährst du hier das Richtige für dich. Du machst die Erfahrung, dich in der Klarheit zu erfahren, wenn auch noch in der Unkenntnis. So spreche ich meine Worte, um dir die Kenntnis hineinzulegen in den Prozeß, der sich hier vollzieht in euren Bewußtseinsebenen, in eurer Wahrnehmung und auf eurem Weg in die Vollkommenheit.

> „Geht aus dem eigenen Gleichgewicht über das weit gespannte Seil eures Universums"

Mathias:
Ich will dir ein Beispiel geben. Wenn mir ein Pflasterstein auf den Fuß fällt, dann springe ich erst mal vor Schmerz hin und her. Und ich habe keine Vorstellung darüber in dem Augenblick des Schmerzes, wie ich in dieser Situation in die Neutralität kommen kann! Da geht's erst mal hoch und runter - und wenn der Schmerz dann nachläßt nach einer Weile, dann mag wieder Neutralität entstehen. Aber in dem Augenblick, wo der Stein auf den Fuß fällt, ist erst mal der Schmerz. Und so auch auf den analogen gefühlsmäßigen Ebenen, so erlebe ich's.

Gryconne:
Dieses ist ein sehr gutes Beispiel, Bruder. Siehe, der Stein, der da fällt auf deinen Fuß, löst in dir als Reaktion Schmerz aus - so warst du es geschult und gewohnt eine lange, lange, lange Zeit, geliebter Bruder. So ist zum Ersten das Fallen des Steins nicht in der Zwangsläufigkeit. Dieser Schmerz und dieser Stein sind gewachsen über Erfahrungsbereiche, die dir dienlich waren in den alten Welten, in den dunklen Welten, um dich in die Achtsamkeit oder dich in die Reaktion zu bringen. So nennst du dieses "in die Sprünge zu gehen". So ist dieses in der Zwangsläufigkeit. So wisse, daß die Neutralität, die es im Neuen, die es im Präzisen und im Klaren zu erlernen gibt, eine Form ist, die dich gar nicht mehr führt in Situationen, wo hier fallen die Steine auf deine Füße - denn du bist nicht in Erwartung, daß Steine auf deine Füße fallen müssen, um dich in eine Reaktion zu führen. Das ist das Ziel.

Zum Zweiten: Der Schritt dorthin wird sein, daß du die Steine siehst und daß du den Stein auf deinem Fuße wahrnimmst. **Doch der Stein wird dir nicht den Schmerz und nicht die Verletzung geben. Denn du wirst im Bewußtsein über deinen Körper und über die Kraft deines Geistes dich in die energetische Stärkung führen. Und somit wird der Stein, sollte er fallen, keinen Schaden anrichten! Er wird dir keinen Schaden anrichten, wenn du dich weiter begibst in die Manifestation des neuen Instrumentariums, von dem ich euch sprechen werde und dessen Basis die Säule des Lichtes darstellt.** Wenn die Resonanz dazu nicht mehr da ist, dann werden auch keine Steine mehr auf Füße fallen - weder körperlich noch seelisch. Bruder, ist dieses verstanden?

Mathias:
Ich kann verstehen, daß ohne Resonanz und ohne Angst vor Steinen auf Füßen, die Steine auch nicht mehr auftauchen. Ich kann mir aber noch nicht vorstellen, daß der Stein, so er mir auf den Fuß fällt, nicht mehr weh tut. Dieses ist in meinem Erfahrungsbereich nicht vorhanden!

Gryconne:
Bist du bereit, so ist meine Frage, mit dir hier in die Erfahrung zu gehen, dich zu schulen und an die Hand zu nehmen das neue Handwerkszeug, um dich in die Erfahrung zu bringen? Bist du bereit, dich in die Stärke deines Geistes zu führen und in die Klarheit deiner Mächtigkeit, um selbst zu entscheiden über den Schmerz und über das Empfinden? Bist du bereit, dich in das hochheilige Sein deines eigenen Geistes und deiner eigenen Seele zu bringen?

Mathias:
Ja, bereit bin ich und das sind wir alle! Bereit, um dieses zu erfahren und das Handwerkszeug zu bekommen und zu erarbeiten nach eurer Anleitung. Obwohl im Augenblick

bei mir, bei uns, noch keine Idee darüber da ist, wie dieses zu bewerkstelligen sei. Aber die Bereitschaft und der Wille und der Wunsch ist auf jeden Fall da.

Gryconne:
**Wir haben nicht die Möglichkeit, euch das System in der Gänzlichkeit in euer Sein zu geben. Es wäre sonst nur eine Adaption, kein Sich-Hinein-Gebären und es würde nicht wirklich zu euch gehören.** So ist dies nicht unser Bestreben. So sprechen wir nicht die Worte zu euch, um euch zu führen hier in die Lösung eures Seins, nein, dies ist nicht unser Bestreben und so bitten wir sehr um euer Verstehen, denn ihr wisset, **wir geben euch die Impulse** [dasselbe gilt für Dich, lieber Leser. Ich gebe hier Impulse, gehen muß jeder selbst]. Schauet auf eure Erfahrungswege zurück, wie weit ihr gegangen seid bereits mit den Instrumentarien, die euch neu in die Hände gegeben wurden. So mag dies ein Prozeß sein, in dem ihr euch selbst bewegt und euch selbst die Möglichkeit gebt, euch zu erfahren und loszulassen und loszulösen von der alten Hand. **Geht aus dem eigenen Gleichgewicht über das weit gespannte Seil eures Universums. Wenn ihr das verstanden habt, dann gibt es keine festhaltende Hand mehr von hinten oder von vorne, sondern nur das Finden des Gleichgewichts aus dem eigenen Sein!**

So ist heute meine Absicht, euch zu sagen, daß ihr euch dann nicht mehr in Resonanzen bringt, wenn ihr loslaßt von eurem Wunsch auszugleichen durch Freud oder Leid. Die alte, hier zugrunde liegende Technik habt ihr gelebt in den Beziehungen zu Menschen, mit denen ihr in der Enge, in der Dichte und in der Verbundenheit, ja, in der Verbundenheit, seid. Seht dieses Wort "**Verbundensein**". Es ist ein Wort, das es ebenfalls gilt in dem weiteren einer genaueren Betrachtung zu unterziehen. **Es gilt, das "Verbundensein" in die Freiheit zu geben und nicht zu binden und Aneinander-Zu-Legen. Mit dieser Art der Technik kommt ihr nicht in das Neue.** Ich wählte das Wort "Technik". Aber dieser Begriff trifft nicht genau das, was ich meine. "Technik" hat den Klang von mathematischer Strukturierung. Ich meine nicht diese kalte "Technik". Es ist vielmehr gemeint die Umsetzung, das sich In-Beziehung-Setzen des eigenen Seins zueinander - und dies bedarf der einen oder anderen Überlegung wie ihr euch selbst begegnet. [Anm.: Es geht um die Umgehensweise mit sich inbezug auf andere]. Wir sind bereit, mit euch an diesem Thema weiter zu gehen ...

***

Glaubst Du lieber Leser, daß ein Dimensionswechsel möglich ist auf dem Hintergrund einiger banaler Lebensweisheiten? Das würde mir keinen Sinn machen. Wenn ich die 3D-Welt in ihren Grundfesten auflösen möchte, dann wird auch mein bisheriges Denken und Fühlen in den Grundfesten ein Erdbeben erfahren. So scheint mir das plausibel. Weil das Thema der Verwicklung ein so wichtiges ist, hierzu noch eine Durchgabe, diesmal von Nyria, Sprecherin der Plejaden und Dir, lieber Leser, inzwischen mit ihrer liebevoll-kernigen Art wohlbekannt:

***

Mai 1998 (Ausbildungskurs RTA98/3)

Nyria:
Wir sitzen da, wir sitzen da, wir sitzen da, Freunde. Wir sitzen da. Ich, Nyria bin da. Wir lieben euch, wir lieben euch, wir lieben euch. [... wieder mal typisch plejadisch. Gryconne fragt erst mal, ob er hereinkommen darf. Nyria sitzt gleich da. Damit sind wir inzwischen im Frieden und im Lächeln].

Wir: Wir lieben euch, wir lieben euch, wir lieben dich

Nyria:
Habt den Dank, habt den Dank, ihr Berührenden, ihr Weisen, ihr Wirklichen, ihr Werdenden, ihr wundervollen Seelen dieser Erde, habt den Dank. Ihr berührt uns, ihr erfahrt uns, ihr seht uns, ihr bemerkt uns. Dies ist großartig, es ist großartig, es ist großartig. Denn ihr wachst, ihr wachst, ihr wachst. **Doch ihr wißt nicht, was es bedeutet zu wachsen**, nein, ihr wißt es noch nicht. Doch seid ihr gänzlich in der Ruhe mit euch. Ihr werdet es erfahren, Stück für Stück und Schritt für Schritt, denn ihr seid vollkommen. Ihr seid vollkommene Wesen des Schöpfers. Ihr seid Schöpfung und ihr seid einsam, ihr seid einsam, ihr geliebten Freunde. Ihr seid ein-Same und somit seid ihr einsam. Höret, ein-Same, einsam. **So fürchtet ihr euch, einsam zu sein, denn ihr fürchtet ein-Same zu sein**, der in sich trägt sein Sein, seine Botschaft, seine Wirklichkeit, seine Wurzeln bereits gänzlich, wie ebenso seine Blätter und seine Blüte.

Dieses ist euch zu eng. Und so sucht ihr andere Samen, um euch [diesen] unterzuschieben, auf daß ein Anderer euren Samen ausbrüten möge. Dieses ist erlaubt, denn es ist das Spiel dieser Erde. So kennt ihr dieses [Vorgehen] aus dem Prinzip des Eies, das ich unterlege einem Anderen, auf daß er es ausbrüte, auf daß er die Mühe hat mit dem, was ich bin, auf daß er erschrecken möge über das, was ich erzeugt habe durch mein Sein. **So seid ihr [wie] ein Ei und ihr sucht ein Nest, auf daß ein Anderer euch ausbrüten möge.** Dieses ist rechtmäßig, dieses Spiel der Eier, es ist das Spiel der Samen. Komm und netze mich, gib mir das Wasser, gib mir die Kraft, gib mir die Energie, die ich brauche, denn ich bin zu stolz, um selber zu sein.

**Freunde, dieses Spiel ist zu Ende, es ist zu Ende, es ist gänzlich zu Ende.** Deshalb seid ihr einsam. Ihr seid einsam, höret, einsam. Dies ist die Bedeutung eures Seins. Erwachet, erwachet. Es ist nicht die Schuld, es ist nicht der Schmerz, einsam zu sein. Nein, es ist die Schöpfung das "ich bin" zu verstehen. So, ihr sucht das Nest des Anderen, so gebt ihr euer "Ich bin" weg. Es wäre ein Jammer, es wäre schade, wenn ihr die Schönheit, die ihr seid, weggeben würdet an einen Anderen, der sich erfreut an dem, was ihr seid. Zurückbleibt dann ein leerer Platz, ein einsamer Platz, denn es fehlt der Same. So ihr seid in eurer Absicht, so ihr seid auf dem Wege, erkennet euch, erkennet eure Kräfte, so bitte ich euch. Ihr spielt mit dem Feuer, doch wisset, es ist euer Feuer und ihr sucht die Häuser der Anderen anzuzünden, weil ihr fürchtet euer eigenes Feuer. Doch ihr könnt nicht sein ohne das, was ihr seid.

So seht, so werde ich [Folgendes] sprechen: Seht, ihr seid jene, deren Seelen bereit sind. Ihr glaubt in eurem Sein, daß dieses ein Spiel ist. Es ist ein Spiel in der Tat, doch es ist nicht das Spiel der Karten und der Bretter, die ihr gewohnt seid in euren gemeinsamen Dingen und Zeiten zu organisieren, um euch zu belustigen, auf daß ihr das Brett [danach] weglegt und euch einer anderen Tätigkeit zuwendet. Nein, dieses Spiel hier ist ernsthaft. Es ist ein einsames Spiel. Es ist ein Spiel der Samen, es ist ein Spiel des Seins, es ist ein Spiel der Wahrhaftigkeit. Und in der Art und Weise, wie eure Seelen in die Bereitschaft gehen, dieses Spiel zu spielen, in dieser Art und Weise, Freunde, seid ihr dabei in diesem Spiel, ihr seid dabei. So habt ihr uns gestern in dieser großartigen Art und Weise die Möglichkeit gegeben, daß wir euch die Hilfe geben konnten, euch das zurückzugeben, was wir euch, Freunde, im Rahmen des Spiels weggenommen hatten [am Vorabend haben wir die Cassette Nyria 2 - DNA gehört]. Es ist dies das ernsthafte Spiel. So könnt ihr nicht so tun, obwohl ihr dieses versuchen werdet, als ob ihr niemals, niemals an den Start gegangen wäret.

**Dies ist euer Wunsch, euch gänzlich aus dem zu verdrücken, was ihr seid - nämlich einsam. Es ist dies auch eine Möglichkeit, euch auf andere Aspekte [des Lebens] zu konzentrieren und so zu tun, als hättet ihr keine Ahnung. Natürlich, auch das ist gesegnet, es ist Teil des Spiels. Doch es ist nicht mehr die Zeit[qualität], Freunde, zu vergessen und wegzuschauen. Es ist die Zeit, in der der Same seiner Energie und Kraft bewußt wird.** Es ist die Zeit, daß der Same bewußt wird der Gänzlichkeit seines Seins im Same-Sein. Überlegt euch diese Bedeutung: Ein Same wird bewußt, ein Same wird bewußt, ein Same wird bewußt. Schaut einen Samen an: Ist er bewußt? Nein, er ist ein Same, er ist dieses, was ist ein Same, ohne das Bewußtsein. Doch in diesem Samen liegt gänzlich das Universum. So wie ihr euch erlebt und so wie wir euch wahrnehmen und eure energetischen Felder registrieren, erfahren wir eine große Glückseligkeit, denn ihr seid auf dem Wege, euch zu verstehen. Dies macht eng, denn ihr werdet nicht finden die Nester für eure Eier. Ihr werdet nicht finden eine andere Hand, die bewässert eure Erde. **Ihr werdet haben euer Landstück gänzlich nur für euch allein.** Dies bedeutet im Konkreten und so rufe ich euch dazu auf, euer Land zu bestellen, das ihr seid. Denn ihr ruft die Instrumentarien [= Medium], ihr seid bereit zu gehen. Ihr nehmt Möglichkeiten auf eurem Weg wahr. Werdet also bewußt, werdet bewußt, werdet bewußt und lernt zu unterscheiden das Alte von dem Neuen. Lernet zu unterscheiden eine jegliche Handlung, die ihr begeht. Lernet zu unterscheiden einen jeglichen Gedanken, den ihr habt. **Denn ihr werdet das werden, was ihr seid und was ihr denkt. Ihr werdet euch zu dem machen, was euer geistiges Gut ist.** Dies ist ein Spiel, es ist ein ernsthaftes Spiel, es ist ein einsames Spiel, Freunde. Doch es ist ein Spiel der Leichtigkeit, der Freude und der Schönheit, wenn ihr in euch erfahrt diesen Aspekt der Leichtigkeit und der Schönheit des Schöpfers.

> „Es ist nicht mehr die Zeit, Freunde, zu vergessen und wegzuschauen.
> Ihr seid einsam.
> Ihr seid ein Same"

**Das, was euer Gedanke ist, was die Energie eures Geistes ist, dieses ist das, was ihr manifestiert habt schon immer auf eurem Weg durch diese Erde. Nichts anderes ist euch begegnet auf dieser Erde in euren Inkarnationen als das, was ihr geboren habt über die Gedanken, über euren Geist und über eure Kraft - nichts anderes ist es! So tut nicht so, als seid ihr jene, die die Eier anderer ausbrüten. Nein, das seid ihr nicht. Ihr brütet das aus, was ihr sucht. Und so ihr sucht die Eier der anderen, so werden die anderen kommen und sie werden euch unterschieben die Eier.** So ihr bewußt werdet, so werdet ihr verstehen, daß ihr sorgt für euer eigenes Nest und ihr werdet verstehen, daß ihr einsam seid, einsam mit dem, was ist der Same. So rufen wir euch auf, so rufen wir euch auf, so rufen wir euch auf: Gehet und seid und werdet klar. Werdet klar mit dem, was ist der Gedanke, der Geist, der euch ausmacht, der ihr seid. **Denn ihr erschafft das, was ihr denkt. Ihr erschafft das, was ihr seid von Anfang an. Vom Beginn dieser Zeit bis in alle Ewigkeit werdet ihr das sein, was euer Geist ist.**

So ist die Zeit gekommen und es ist uns ein großer Wunsch und ein großes tiefes Bedürfnis, diesen Schöpfergöttern, die ihr seid, diesen wundervollen gesegneten Wesen dieser Erde, diesen Brüdern und Schwestern aus den eigenen Bereichen [der Plejaden], aus den Bereichen anderer Heimstätten zuzurufen: "Stehet auf und werdet klar in euch, klar um die energetischen Körper, die ihr tragt. Werdet klar um die Energien, die ihr erzeugt. Werdet klar um die Träume, die ihr habt. Werdet klar um den Gedanken, den ihr habt und segnet diesen." Es ist nicht in der Schwierigkeit zu sagen: "Dieses möchte ich nicht denken" - nein, dieses ist nicht das, was ich meine. Es ist die Klarheit unterscheiden zu können, was mich verbindet mit dem Alten und was gestaltet das Neue. Und dies macht euch einsam. Doch es macht euch [gleichzeitig] zu Schöpfergöttern. **Es macht euch zu glücklichen Wesen in der Leichtigkeit. Denn ihr werdet erfahren, daß es eine große Leichtigkeit ist, im Eigenen zu sein und zu beackern und zu bewerkstelligen das eigene Flurstück auf dieser Erde.**

Ihr seid großartig, ihr seid wundervoll und ihr seid im Werden. Das sind die Worte, die mir beauftragt sind, zu sprechen. **Wir [Plejadier] sind in der Leichtigkeit, wir sind großartige, energetische Geschöpfe - doch wisset, wir sind nicht dumm. Wir wissen um unser Sein, wir wissen um unsere Größe, um unsere Schönheit, doch wir verbinden uns nicht mit euch. So, wie wir euch nicht ersuchen, euch mit uns zu verbinden. Nein, dafür ist es nicht die Zeit. Es ist nicht die Zeit, in der ihr euch zu verbinden versucht mit jener Phase eurer unendlichen Existenz, die euch die Heimstätte war, nein! Wir werden nicht die neuen Heimstätten für euch sein und nicht das neue Zuhause. Denn ihr seid der Same. Ihr werdet erschaffen eine Heimstatt für euch und für viele, viele andere.** So, seid ihr dafür bereit, rufe ich euch zu. Seid ihr bereit? So antwortet.

Wir: - Ja

Nyria: - Lauter!

Wir (lauter): - Jaaa

Nyria: - Seid ihr bereit?

Wir (noch lauter): - Jaaaaaaa

Nyria:
Dieses ist klar, dieses ist Energie, dieses ist Geist. Doch wißt ihr, was ihr da sagt? Wißt ihr, was dieses bedeutet? [schweigende Pause, betretende Gesichter]. Mit diesem "Ja" sprecht ihr aus: "Ich bin bereit, ein-Same zu sein. Ich bin bereit einsam zu sein. Ich bin bereit, mein eigenes inneres Universum zu erkunden. Ich bin bereit, meine Hände wegzunehmen von anderen. Ich bin bereit, meine Eier für mich zu behalten. Ich bin bereit, nicht die Samen anderer zu suchen, sondern mich aus mir selbst zu ernähren." Seid ihr bereit?

Wir: - Ja.

Nyria: - Amen.

Wir: - Amen.

Nyria:
Großartig, ihr Schöpfer, unendliche Wesen der Ewigkeit - ich spreche euch an, ihr, die ihr seid die Götter: erschaffet, erschaffet, erschaffet. **Gehet, und führet euch in die Klarheit. Gehet und lernet zu unterscheiden. Gehet und lernet zu transformieren. Es kommt da niemand, der geht für euch den Weg. Es kommt niemand, der nimmt von euch die Last. Doch es kann eine große Freude sein, eine unendliche Glückseligkeit, wenn ihr die Sache anpackt, euch ein Herz faßt, euch die Freiheit und die Rechtmäßigkeit gebt, wenn ihr euch die Liebe gebt, um die Schöpfung zu erfahren in der Erschaffung eurer Visionen. Seid kühn, seid kühn. Nichts ist zu heilig, nichts ist zu lichtvoll und nichts ist zu weit weg. Es ist alles gänzlich da.** Öffnet eure Augen, öffnet eure Augen, öffnet eure Augen und ruft ein jedes Mal in euren Tagen dieses "Ja". "Ja, ich bin bereit Leben, ich bin da, ich liebe dich Leben." Und das Leben wird sprechen: "Du, Seele, ich liebe dich". Und das Universum wird sagen: "Ich trage dich, ich schenke dir. Nehme du, nehme und gebe und erschaffe und erfreue dich an dem, was du erschaffst. **So du bist im Licht, so erschaffst du das Licht. So du bist in der Dunkelheit, so erschaffst du die Dunkelheit.**"

Diese Zeit[qualität], die ihr nun habt, Freunde, ist die Zeit, das Eine und das Andere zu unterscheiden. So vermischet nicht die alte Welt, vermischet nicht das, was euch ist die Erfahrung in euren Inkarnationen, mit der Zukunft. Wenn ihr in dieser Hinsicht nicht klar seid, so werdet ihr erschaffen die Vermischung. Dieses ist eindeutig, dieses macht euch Angst, dieses läßt euch fürchten, ja. Doch es ist dies die Zeit[qualität]. Ihr seid einsam, ihr seid ein Same und dieser Same bestimmt gänzlich sein Sein, er bestimmt gänzlich das, was er werden möchte. So seid klar, werdet klar und rufet das "Ja". Rufet es aus eurem Herzen, denn es gibt keinen anderer Ort, der dieses "Ja" geben würde in die Kraft, in die Energie. So sehet, die energetischen Situationen in eurem Sein. Sie verändern sich aufgrund der Tatsache, daß wir euch die Hilfe geben durften [... am Vorabend über die DNA-Cassette]. **Diese Energien, die in das Höher- und Höherschwingen gehen, werden euch in Situationen führen, die ihr euch nicht erträumen könnt.** Sie werden weiter und weiter gehen, euch tiefer und tiefer bringen. Und ihr werdet in euch das Einsame finden.

> „Ihr werdet in große Krisen gehen. Das ist möglich. Doch es ist heilsam“

**Ihr werdet die Zeit verfluchen, in der ihr euch bereit erklärt habt, das "Ja" zu sprechen. Ihr werdet in große Krisen gehen. Dieses ist möglich. Doch dieses ist heilsam. Denn zurück bleibt der Same. Niemals, niemals, niemals könnt ihr zerstören diesen Samen, Freunde.** Das Weitere, was diese hohe Schwingung der Energie in sich trägt - so höret und lauschet und sperret auf die Türen eurer Herzen - es ist das, was ihr die Christusliebe nennt. Es ist das, was ihr die Schöpferliebe nennt. Es ist das, was ihr Jeshua Ben Josef nennt. Es ist die Barmherzigkeit, Güte und das Einverstandensein. Dieses kann euch eine große Angst machen, Freunde. Denn **die Macht, mit der ihr gewohnt seid, eure Systeme und Mauern aufrecht zu erhalten, diese Macht hindert die Energie.** Und dies bedeutet, daß ihr gehen werdet in tiefe Prozesse eures Seins, in denen ihr verstehen werdet, daß da, wo die Barmherzigkeit ist, die Güte, das Verstehen - und nicht das Verständnis, Freunde - das Verstehen, die Liebe, die Weite, das was Jeshua Ben Josef in euren Herzen ausmacht, daß da **kein Platz und Raum ist für das, was ihr Ego nennt**. So unterschätzet diesen Prozeß nicht, indem ihr euch verwickelt. Suchet nicht die Energien in euch zu beherrschen. Dieses ist nicht möglich. Doch wisset, daß in diesen Zeiten die Energie kommt nicht allein. Sie ist getragen und geborgen in der Kraft der Liebe. Das Christusbewußtsein ist Träger dieser Energie. **So ist die Liebe gegeben in eine jeglichen Stunde, in der ihr euch erfahrt.**

So sage ich euch - und hier bin ich der Bote des Bruders [Jeshua], der ist in der Anwesenheit, der ist in der Mitte dieses Raumes gänzlich - für ihn spreche ich: "Fürchtet euch nicht, fürchtet euch nicht, **fürchtet euch nicht. Denn es ist die Liebe, die euch trägt.** Es ist die Liebe, die bereit ist, in euch zu gehen, sich in euch zu gebären, den Platz zu finden und somit aus der Liebe des Seins aufzusteigen Stufe für Stufe. Scheuet euch nicht, denn es ist der Vater. Scheuet euch nicht, denn es ist die Liebe, es ist das Licht und es ist die Freiheit, in die ihr geht und die euch erwarten." So sehet, so spricht der Bruder. So sehet, so ist der Bruder die Lebendigkeit der Schöpfung. Er ist die Energie, er ist die Liebe, er ist das Herz. Er ist das Sein, das alle Brüder und Schwestern, unterschiedlich in ihrer Herkunft, unterschiedlich in ihrem Sein, verbindet. So ihr gehen werdet, so werdet ihr euch studieren und ihr werdet euch einsam fühlen. Es wird sein die Stunde, in der ihr empfindet eine große Glückseligkeit ein-Same zu sein, ein-Same der Schöpfung. Und somit seid ihr die Schöpfung, ein-Same der Göttlichkeit und somit seid ihr die Göttlichkeit. So gehet und erwachet, erwachet, erwachet und rufet das "Ja" und das "Amen". Rufet es, rufet es, rufet es. Es ist der Ruf aus eurem Herzen. Es ist der Moment, es ist der Moment, Freunde, es ist der Moment [auf den es ankommt?]. In den Momenten, in denen eure Seelen einmal die Gelegenheit haben, zu sprechen gänzlich aus der Zukunft zu euch, so holet die Zukunft in eure Gegenwart, Freunde, holet sie.

So werde ich gehen aus dieser Stimme. Ich gebe und entbiete euch den Gruß und die Liebe eines jeden [Sternen-]Bruders und einer jeden Schwester an eurer Seite, den tiefen Dank um die Berührung in der Wahrhaftigkeit, den tiefen Dank um das Wort, das gegeben werden kann. Ich gebe euch den tiefen Dank um euer wachsames Auge, mit dem ihr das wahrnehmt, was uns erlaubt ist, euch an Erkennen zu geben. So suchet nicht im Außen, sondern im Innen. Suchet in eurer Einsamkeit, suchet in eurem Samen und werdet frei. Dies sage ich euch: "**Werdet das Leben, denn ihr seid das Leben!**" So gehe ich aus dieser Stimme aus der tiefen, großen, unendlichen Dankbarkeit, ihr Unendlichen, ihr Geliebten, ihr unendlich tiefgeliebten, gesegneten Schöpfergötter. Gehet in die Leichtigkeit, seid frei, seid das Leben, seid die Liebe und die Wahrhaftigkeit. Denn dieses bedeutet, der Same zu sein, der ihr seid.

Der Urschöpfer ist in der Vorbereitung, auf daß dieser Same, der ihr seid, gehen wird in das Sich-Entfalten, auf daß die neue Wurzelrasse entstehen möge. Die neue Wurzelrasse wird entstehen. So sehet und höret ebenso mit euren Augen und Ohren und mit den Herzen in dieses Universum, das wartet auf die Geburt. **Alle warten auf euch, alle warten auf euch, alle warten auf euch. Doch, so wie das Kind im Leibe der Mutter, so benötigt ihr die Zeit. So leitet nicht die Frühgeburt ein. Nein, leitet sie nicht ein.** Verlasset euch auf den Weg eurer Seele. Sie wird vollziehen das Heranwachsen eures eigenen Seins. Ihr gedeiht in der Schönheit, ihr gedeihet in der Schönheit, ihr gedeihet in der Schönheit. **Ihr werdet sein die lichten Wesen der neuen Rasse, der neuen Wurzelrasse in diesem Universum. Und wir sind die Paten, wir sind die Paten gänzlich.** Habet den Dank, ihr Geliebten, habet den Dank. So gehe ich, Nyria, aus dieser Stimme in der tiefen Demut, in der großen Liebe und in der tiefen Freundschaft mit euch. Wir lieben euch, wir lieben euch, wir lieben euch.

Wir: - Wir lieben euch, wir lieben euch, wir lieben euch.

# Besetzung

Besetzung ist eine Steigerung von Verwicklung. Macht, so habe ich bereits ausgeführt, Macht ist ein Ersatz für ursprüngliche Einheit, wie wir sie in der 5ten Dimension, aus der wir kommen, lebten. Aus der RT und natürlich aus der einfachen Beobachtung des Lebens kennen wir verschiedene **Ebenen der Macht:**

- ❒ Körperliche Kraft: Krieger, Bodybuilder
- ❒ Politische, strategische Macht: Konzernchef, Präsident
- ❒ Reichtum: Kaufmann, Erbe
- ❒ Geistige Macht: Wissenschaftler, Autor, Bischof

Es sind dies Kategorien der profanen Macht, die auf natürliche Weise mit dem Tod enden und in einer nächsten Inkarnation mag die Seele des Betreffenden eine Lebenssituation der Armut und Ohnmacht wählen. Es gibt noch eine Ebene der Macht, die in diesen "modernen" Zeiten gar nicht mehr gesehen wird, die dennoch einen ungeheueren Einfluß auf die Ereignisse der Welt hat: Die **magische Macht**. Ich fasse mich hier kurz, im "Maskenball der Seele" habe ich mich darüber ausführlich geäußert.

**Magische Macht bedeutet mehr oder weniger bewußter Umgang mit feinstofflicher Energie.** Seele und unsere Energiekörper sind aus verschiedenen Frequenzen feinstofflicher Energie gebaut. Es ist die Seele, die im Wechsel zwischen Diesseits und Jenseits unsere Individualität weiterträgt und mit immer neuen Erfahrungen anreichert. Verwicklungen und Knoten, die die Seele sich aufgrund magischer Manipulationen einfängt, die verschwinden nicht einfach mit dem Tod, sondern haben über viele Inkarnationen hinweg Bestand und Wirksamkeit. Ein solcher Einfluß erscheint unserem Alltagsdenken fremd und unwirklich. Auf der Basis vieler Hundert Schutzgeistsitzungen, bei denen ich zugegen war, würde ich heute behaupten, daß etwa 25% aller Klienten eine solche magische Verknotung in sich tragen. Das heißt konkret, daß ich Ab- und Auflösung durch geistige Welt in bisher über Hundert Fällen direkt miterleben konnte.

Ich komme gleich im Detail darauf zu sprechen. Zuvor aber ein paar Worte zum Verständnis in Rahmen des bisherigen Weltbildes: Es war eine große Kunst für die Sternenbrüder, hier in 3D zu bleiben oder erst mal herunterzukommen. Dazu dienten, wie im Kapitel "Tor des Vergessens" beschrieben, die Bleigewichte, die von der Zwischenerde oder den Plejadiern geliefert wurden. In diesem gesegneten und dienlichen Sinn verstehe ich auch magische Verwicklungen. In dieser Zeit der Transformation haben sie jedoch ausgedient und dürfen aufgelöst werden, sofern der Betroffene dies wünscht.

> Magie ist der Umgang mit feinstofflichen Energien

Was geschieht bei einer **Auflösung**? Das, was es hier in die Auflösung zu bringen gilt, nennt sich **Elemental**. Wir alle sind dauernd von großen und kleinen Elemtalen umgeben und werden davon beeinflußt. Wenn ich jetzt schon wieder zu einer Zigarette greife, dann gibt ein Elemental dazu den Impuls. **Elementale sind eingefrorene, gewohntheitsmäßige, reflexartige Verhaltensweisen.** Sie bilden die Blockaden im Körper, Gefühl und Denken. Manche dieser Gedankengebilde können so stark werden, daß sie fast zu einer eigenständigen, scheinbar von Außen kommenden Persönlichkeit, werden, die zu Handlungen zwingt und den freien Willen einschränkt. In der RT haben wir andauernd damit zu tun. Solche Muster werden im Verlauf einer Therapie erkannt, bearbeitet und im günstigen Fall aufgelöst. Wichtig dabei ist, daß die Energie, die bei der Auflösung und Verwandlung frei wird, dem Betroffenen wieder zurückgegeben wird. Denn es ist sein Werk, seine Manifestation aus seiner eigenen Energie. Sekundenphänomene, wie sie gelegentlich in der RT zu beobachten sind, lassen sich erklären durch eine sehr schnelle Auflösung eines Elementals. Die dann zurückströmende Energie kann das eine oder andere Symptom schlagartig zum Verschwinden bringen. In einer Schutzgeistsitzung macht der Schutzgeist dasselbe - nur sehr viel schneller und zielgerichteter. Denn Schutzgeister sehen auf feinstofflichen Ebenen genauso so gut wie wir in unserer 3D-Welt mit unseren Augen. Als Therapeut bin ich sozusagen blind im Astralen und muß, zusammen mit dem Klienten, erst mal herausfinden, worum es geht.

Die heftigere Version von Verwicklung ist die **Besetzung** und die daraus folgende, mögliche **Ablösung**. Besetzung findet im Grunde auch bei Gaby statt, wenn sie medial arbeitet. Ein feinstoffliches Wesen besetzt sie für die Zeit der Durchgabe, übernimmt ihren Sprechapparat - aber geht dann nach der Durchgabe auch wieder. Und das ist der Unterschied zur Besetzung: Der Besetzer beeinflußt oder steuert eine Seele schon seit vielen Inkarnationen und denkt gar nicht daran, sie wieder frei zu geben. Er macht sich natürlich nicht durch eigenständige Rede bemerkbar - oder nur sehr selten -, sondern er versteckt sich in der Persönlichkeit des Betroffenen. Wenn es der Wunsch des Besetzten ist, kann er von dem Besetzer befreit werden. Ergebnis einer Ablösung: Die Seele des Klienten ist grundsätzlich frei und der Besetzer ist ebenfalls wieder frei und nimmt alle Energien, mit denen er sich an seinen menschlichen Partner geheftet hat, wieder mit. Denn es sind seine.

Ein Besetzer ernährt sich oft aus der Angst seines "Opfers". Er muß also danach trachten, daß immer genügend Angst da ist. Also wird er seinen Wirt zu Verhaltens- Denk- und Gefühlsmustern anhalten, die Angst produzieren. Er wird alles zu verhindern wissen, was aus der Angst, Verwicklung und Depression herausführen könnte. Jeder Impuls, der in die Freiheit, Eigenständigkeit und Weite geht, wird verhindert. Daraus ergibt sich ein innerer Kampf im Besetzten, den dieser bis zu Ablösung immer verloren hat. Er nimmt inzwischen, nach vielen Inkarnationen, diese Situation als eine normale Gesetzmäßigkeit an und vermutet, daß es bei anderen Menschen auch so ist. Es fällt ihm schlicht gar nicht mehr auf. Rückt der Termin für die Schutzgeistsitzung näher, wird der Besetzer alles mögliche veranstalten, um den Betroffenen davon abzuhalten. Das kann sich so darstellen, daß dieser im Stau stecken bleibt oder aus unerfindlichen Gründen vor der Tür von Gaby's Praxis wieder kehrt macht. Ich vermute, daß ein Großteil der Menschen in Irrenanstalten in einer solchen Situation existieren, ohne daß sie selbst oder die Ärzte auch nur einen Schimmer davon haben, was eigentlich los ist. Kunstvolle, lateinische Diagnosebezeichnungen sind da ebensowenig behilflich wie das Zubetonieren der Seele mit Psychopharmaka. Ich habe aber Verständnis für diese Vorgehensweise und ich wüßte nicht, ob ich es besser hinkriegen würde.

In der Regel macht im Rahmen einer Schutzgeistsitzung nur der Engel Michael die Ablösungen, zusammen mit seinem Helfer Sarahel. Im Gegensatz zu uns Therapeuten erkennt die geistige Welt sofort, was bei einer Seele Sache ist und handelt entsprechend. Da wird zunächst die Geschichte erzählt, wie es überhaupt zu der Besetzung kam und wozu diese diente. Dann wird der Betroffene gefragt, ob er eine Befreiung wünscht. Und wenn er dieses laut bejaht, dann ist der Rest eine Sache von 5 Minuten. Dem Besetzer wird für seinen Dienst an dieser Seele gedankt, er erfährt eine liebevolle Ansprache und wird dann ohne Wenn und Aber von der Seele gelöst und auf die Ebene geschickt, wo er seine eigene Entwicklung fortsetzen kann.

Wer oder was kommt als Besetzer in Frage? Die Antwort ist eine sehr vielfältige und ich staune immer wieder, wieviele Varianten es gibt. Im Kapitel "Tor des Vergessens" ist eine solche Ablösung in Form der entsprechenden Durchgabe dokumentiert. Als Besetzer kommen in Frage: Plejadier, Wesen der Zwischenerde, Menschenseelen mit hoher magischer Kunstfertigkeit aus früheren Leben, erdgebundene Verstorbene, ganze Volksstämme, usw. Zur Veranschaulichung will ich kurz einige Ablösungen der letzten Wochen, die mir noch erinnerlich sind, nacherzählen:

> Ein Besetzer dient der besetzten Seele auf ihrem Entwicklungsweg

1) Eine Seele aus der 7ten Dimension einer Sonne kommt als Sternenschwester über einen 5D-Planeten als Zwischenstation zur Erde, um am Projekt Erde teilzunehmen. Sie ist Sonnenpriesterin im damaligen Mexiko und führt ein Volk. Über ihre Medialität, die zu jener Anfangszeit noch normal war, steht sie arglos im Kontakt zu ihrem Ursprung. Die Ernten werden schlecht. Volk hungert. Was tun? Sie erhält die mediale Botschaft, die Felder mit Blut zu düngen. Urheber dieser Botschaft waren in Wirklichkeit aber die Plejadier, die ihren Auftrag erfüllten, Seelen ins Vergessen zu führen. Sie denkt sich noch nichts Schlimmes, als sie alle Erstgeborenen dieses Volkes umbringen läßt. Erst danach dämmert es ihr, daß es dieses wohl nicht war. Sie erfährt Urtrauma über Schuld, bringt sich um. Besetzt war sie nun - nein, nicht von den Plejadiern - sondern von den verzweifelten und rachedurstigen Eltern der umgebrachten Kinder. Seit jener Zeit! Über viele Inkarnationen hinweg! Bis vor ein paar Wochen.

***

2) Etwa zur Zeit von Christi Geburt erfährt eine Frau eine tiefe, hingebungsvolle - aber nicht freie - Liebesbeziehung mit einem Mann. Die politischen Wirren der damaligen Zeit bringen beide in die Verfolgung und in der Konsequenz zur Steinigung bis zum Tod. Kurz bevor sie ihre Körper verlassen, machen sie einen Austausch, der die Liebe bis über den Tod hinaus besiegeln soll: Jeder gibt dem Partner die Hälfte seines Herzens. Seither lebt jede Seele nur mit der Hälfte seines Eigenen. Und das führt zu einer Reihe von Problemen und Symptomen. Jeder erhält sein vollständiges Herz zurück und nimmt die Finger weg vom anderen. So kann jeder für sich, seine Aufgaben bearbeiten in der Freiheit.

***

3) Eine Sternenschwester von Daxon, Andromeda, kommt zu einer Zeit auf die Erde, als die Naturgewalten am Toben sind. Sie versucht durch ihre Heilungsgesänge wieder Harmonie zu schaffen. Das geht natürlich nicht, weil der übergeordnete Auftrag war, Seelen ins Vergessen zu bringen. Frust, Nichtverstehen und Urtrauma bei ihr. Sie verbindet sich mit einem Erdwesen, das ihr zeigt, wie mit den Erdkräften umzugehen sei. In den Folgeinkarnationen ist sie immerzu damit beschäftigt, Urgewalten zu bändigen, zu kanalisieren, einzudämmen. Heutiges Symptom: Zwanghaftigkeit. Sie versucht, ihre eigenen triebhaften Urgewalten zu beherrschen. Ablösung des Erdwesens. Freiheit für vitale Kräfte.

***

Im Rahmen der RT ist es nur schwer möglich, Besetzer abzulösen. Das scheitert meist daran, daß diese sich so gut verstecken und der Therapeut nicht weiß, ob es sich um Elementale, um Besetzer oder nur den alltäglichen Wahnsinn handelt. Gelingt es aber, Ursprungssituation und Namen des Besetzers in den Bildern ausfindig zu machen, dann ist es einem guten Therapeuten, der sich mit diesen Dingen auskennt, jedoch durchaus möglich, diese Situation zu bereinigen. Selbst in Gruppen gelang dieses schon. Aufklärung gab es danach, als die betreffenden Klienten zur

Schutzgeistsitzung kamen und ihnen die gelungene Ablösung nochmal erklärt wurde.

Liebe Leser, ich weiß, daß einige sich an dieser Stelle ängstlich fragen, ob sie vielleicht selber besetzt sind. Dies ist möglich, jedoch kein Grund zur Panik. Zunächst ist eine Besetzung kein Makel und ich warne hier vor Abwertungen. Zum zweiten hat ein möglicher Besetzer Dir in vielen Leben dabei gedient, Deinen Job hier im Projekt Erde gut zu machen - so wie du ihm gedient hast. Niemand fängt sich eine Besetzung zufällig ein. Da muß immer eine Resonanz da sein, ein gegenseitiges Einverständnis. Ein Besetzer beginnt sich in dem Maße zu lösen und zu wandeln, wie Du ihn liebevoll annimmst, ihm gleichzeitig aber auch Deinen Wunsch nach Freiheit mitteilst. Um Klarheit zu haben, kannst Du Dich bei Gaby für eine Schutzgeistsitzung anmelden. Im Rahmen der RT haben wir inzwischen Kriterien gefunden, die eine Besetzung wahrscheinlich erscheinen lassen, so daß auch in diesem Rahmen eine Klärung erfolgen kann.

Speziell an diejenigen Leser gerichtet, die im Rahmen einer Schutzgeistsitzung eine Ablösung erfahren haben, folgende Aufklärung: Nach einer Ablösung gibt es einen **Hall**. Ich will das deutlich machen an einer kurzen Filmszene mit Charly Chaplin. "Moderne Zeiten" hieß der Streifen. Er arbeitet da den ganzen Tag in einer Fabrik, wo er mit beiden Händen und zwei Schraubenschlüsseln Muttern von großen Schrauben anzieht und dabei immer die gleiche Bewegung macht. Als er am Abend nach Hause kommt, macht er immer noch diese Bewegung, obwohl es da natürlich weder Muttern, Schrauben, noch Schraubenschlüssel gibt. Das ist der Hall. Der Hall ist ein Reflex der Gewohnheit. Nach vielen Inkarnationen sitzen Gewohnheiten tief. Die ganze Persönlichkeit hat sich möglicherweise daran orientiert. Es kann Stunden bis Monate dauern, sich mit einem - jetzt erstmalig möglichen - neuen Verhalten in der Freiheit anzufreunden. Erstmal bemerkt der Betreffende oft gar keine Änderung. Manchmal ist das neue Lebensgefühl aber sofort sensationell anders. Beides konnte ich beobachten. Zur Auflösung des Halls ist RT eine große Hilfe.

> Die Ablösung eines Besetzers verändert das Verhalten des Besetzten manchmal schlagartig. Zu beachten ist der Hall

Am tückischsten sind Verwicklungen dort, wo wir sie am wenigsten vermuten, ja im Gegenteil, ganz andere Wertungen darauf legen. Das ist besonders der Fall bei Liebesbeziehungen, die oft nach dem Motto laufen: "Wenn du nicht eifersüchtig bist, dann liebst du mich nicht!" Zum Schluß dieses Kapitels möchte ich deshalb eine Liebesbeziehung ganz besonderer Art vorstellen, die zumindest von einer Seite eben <u>nicht</u> verwickelt ist. Es handelt sich dabei um eine Beziehung zwischen einem Sternenbruder und einer derzeit inkarnierten Frau, die bei mir in Therapie war und lange vor der nun folgenden Durchgabe von einem Wesen einer anderen Dimension schwärmte. Es stellt sich jetzt heraus, daß sie die Geliebte dieses Sternenbruders mit dem Namen Loranne war (ich glaube immer noch ist) und daß die beiden damals auf Daxon ein gemeinsames Kind hatten, dessen Seele auch in einen Inkarnationszyklus auf der Erde ging. Die Seele dieses Kindes ist heute inkarniert als Kind selbiger Frau, natürlich mit einem menschlichen Vater.

***

September 1997

Loranne:
Hab den Dank, Geliebte aus dem Einst, habe den Dank für dein Wort, das du nimmst aus der Kammer deines Herzens und das du mir reichst über die Vibration deiner Worte. So empfange ich diese deine Stimme, diese Worte, diese Liebe, lange, lange Zeit bereits. Es ist diese Stunde, die gegeben wird in dein Sein, auf deinen Weg, eine Stunde, die vollendet auf der einen Seite und die beginnen läßt auf der anderen Seite. Ich spreche den Dank aus der Liebe, die die Erlaubnis erteilte, mit dir zu sprechen. **Denn diese Stunde ist eine Stunde im Besonderen. Sie setzt das wieder in Beziehung, was einst in der Liebe verbunden war miteinander. So ist diese Liebe, so ist diese Beziehung, so ihr dieses nennt, in der Bedeutsamkeit für dich und für die Stunden, die Tage und die Zeiten, die ihr verweilen werdet noch auf dieser Erde, bis ihr einst durchschreiten werdet dieses Tor [des Lichts], auf dessen anderer Seite wir euch erwarten in der großen Liebe mit den ausgebreiteten Armen und mit den jubilierenden Herzen.**

So spreche ich den Dank all jenen, die hier die Erlaubnis erteilten. Denn wisse, dies was geschieht in dieser Stunde, ist ein Akt, der nicht im Gewöhnlichen ist auf dieser Erde. Es sprechen [zwei Wesen] zueinander aus dem Vertrauten und aus der Liebe, die verbunden sind in dem Einst und aus dem Einst, aber auch im Gegenwärtigen und im Zukünftigen. So wurde dir gegeben einst über diese Stimme [von Gaby] und über den Bruder Gryconne mein Name, die Schwingungsenergie, die sich ausdrückt für dein Ohr, mit meinem Namen Loranne. Dies ist die Schwingung, die dich erinnert tief in dir an das Einst. Und so werde ich heute sprechen. Denn das Einst ist verknüpft und verbunden mit der Situation, Geliebte, in der du dich befindest. Und so sollen meine Worte in dem Heute dir Aufschluß geben über das Vergangene und somit über die Bezüge zu dem, was du erfährst [heute]. Es geht darum, dir das zu reichen, was du [dir selbst] bereit gelegt hast, auf daß du gehen wirst in deine Vollendung auf deine Art und Weise.

So wisse, daß wir lebten auf diesem Planeten Daxon. Daxon ist das Heim für mich noch heute und es wird sein für eine Zeit dein Heim wiederum. Dein Heim, um dich zu erkennen, dein Heim, um dich zu regenerieren von diesem langen Weg, den du beschritten hast auf dieser Erde. So lebt ihr dort [auf der Erde] und ich bin jener, mit dem du lebtest in der Gemeinschaft aus der Liebe, aus der Liebe des Herzens, aus der Resonanz der Schwingungen zueinander [auf Daxon]. So sind die Frequenzen unseres Seins dort gewesen die Saiten, die schwangen in der Harmonie. Und so wir uns verbinden, so schwingen diese Saiten in einer **Melodie** und so geben wir euch in diesen Stunden die Melodien. Wir geben euch die Schwingungsfrequenzen, die Töne, um euch zu erinnern. Denn es sind die Saiten, die euren Zellfrequenzen und den Schwingungseinheiten eurer Energiekörper helfen werden, sich zu erinnern und in die Schwingung und in die Resonanz zu bringen, so sie diese Melodie vernehmen und sich in Resonanz setzen zu den Melodien, den Schwingungen und den Tönen aus dem Einst.

**So wisse, ich bin jener, der mit dir gemeinsam aus der gemeinsamen Schwingung heraus gebar diese Seele, die heute gegeben ist dir an die Seite als das Kind, diese alte Seele, die mit dir lebt im Körper des Kindes.** Es war einst eine Phase und eine Zeit auf unserem Planeten, in dem wir uns befanden in der Gänzlichkeit, wir befanden uns in der Wahrhaftigkeit, in der Wirklichkeit und in der Resonanz, mit dem was ist. Wir waren jene, die in der Offenbarung lebten für eine gewisse Zeit auf diesem Planeten. Und so gebaren wir gemeinsam den Körper, den diese Seele bewohnte im Damaligen. Dies war uns gegeben und so haben wir genommen und geteilt unser Sein mit dieser Seele, die heute wiederum dir gegeben ist an die Seite aus einer gänzlich anderen Resonanz. Sie ist dir gegeben aus der Resonanz des Irdischen. Und so wählte sie [das heutige Kind von Klientin] zu nehmen diesen [heutigen] Körper, um zu erfahren über die Resonanz des Irdischen die Resonanz der Erinnerung an das Heim [= Daxon] und an das, was dort im Ziel liegt für euch. Es möchte erfahren die Heimstatt, die euch erwartet und die bereitet ist für die Ankunft eurer Körper, eures Seins.

Denn so wisse, daß zwischen dir und mir die tiefe Beziehung liegt, die tiefe Liebe und die wahrhaftige Erfahrung über das Herz - allerdings heute über unsere Körperlichkeit in den unterschiedlichen Frequenzen - doch im Gleichschwingen wie im Damaligen. Die Zeit, in der du dich löstest - und die Seele, die heute dein Sohn ist, sich ebenfalls löste, um auf die Erde zu gehen, war eine Zeit der Freude. Es war keine Zeit des Schmerzes, sondern es war eine Zeit des Sich-Erfahrens. Wir waren bewußt, daß der Weg, den du gehen wirst, ein Weg sein wird, der dich bringen wird zurück in der völligen Veränderung deines energetischen Seins. **Denn [es war klar im Damaligen], daß du einen Weg gehen würdest, den diejenigen nicht gehen würden, die zurückblieben auf diesem Planeten [Daxon]. Nein, wir sind gegangen einen anderen Weg. Wir haben uns vervollkommnet weiter in unserem Sein und wir sind gegangen ebenso den Weg der Entwicklung auf einer anderen Ebene. Doch ist dies eine Ebene, die sich einst verbinden wird wieder mit der euren. Und so wird entstehen das gänzlich Neue. Und so werdet ihr, ihr Geliebten aus dem Einst, ihr werdet tragen die Güter in euch und ihr werdet bringen dort die Schätze eures Seins - das Licht, daß ihr getragen habt so mühsam über diesen Weg des Vergessens.**

> „Ihr werdet das Licht nach Hause bringen, das ihr so mühsam getragen habt über diesen Weg des Vergessens"

Wisset, daß hier [bei uns] die Freude war, [als ihr zur Erde ginget] - es war nicht das Wissen um das, was euch erwartete und es war nicht das Wissen um das, was uns erwartete, die wir zurückblieben - so möchte ich ausdrücken diese Tatsache der Trennung, die damals stattfand. Doch wir wußten, daß einstmals kommen wird diese Stunde, in der wir uns erneut begegnen werden und in der unsere Hände und unsere Herzen sich berühren werden. Und dann wird sein das Neue, es wird sein ein neues Sich-Erfahren, ein neues Umgehen miteinander, auf der Basis des Alten. Denn die Basis des Alten ist allezeit die Liebe. **Allezeit ist die Liebe die Basis, die trägt und die reicht von Dimension zu Dimension.** Sie macht möglich mein Erscheinen, mein Mich-Geben in diesen Körper [von Gaby] hier. Wenn du schaust diesen Körper [von Gaby], wenn du schaust das Gesicht der Schwester, die spricht meine Worte, so wirst du schauen auf mein Sein, du wirst erschauen mein Sein, das gelegt ist auf dieses Gesicht in der Genauigkeit. Geliebte, du gingst in der Freude und in der Liebe und du verbrachtest deine Zeiten und deine Stunden auf dieser Erde. Am Anfang im Glanze, denn du warst in der Lage wie gar viele auf dieser Erde, weiterhin dich in die Beziehung zu setzen mit dem, was mich ausmacht und mit den Brüdern und Schwestern [= Sternenbrüder], die heute wiederum in den Kontakt gehen mit euch. So ist eine Zeit angebrochen, so weißt du dieses, in der du gingst in den Schatten des Vergessens. In dem Maße wie du dich einließest auf Erde und dich in Beziehung brachtest mit anderen Menschen, die teils aus den unterschiedlichen planetarischen Konstellationen und teils aus der Erde selbst stammten, so erlebtest du auf diesem Weg des Vergessens das Sich-Verbinden. Doch du wußtest um den einen, der wartet tief in dir. Du wußtest allezeit um den einen, der in der Weite ist, der in der Ferne ist und den du suchtest. Du vergaßest [deine Herkunft] und du gingst auf die Suche, um gänzlich mich zu finden auf dieser Erde. Denn ich bin das, was repräsentiert das, was ihr nennt die **duale Seele**. So suchst du die unserige Schwingung allezeit in der Harmonie mit denen, die dir begegnen in den Beziehungen und in den Freundschaften. So bist du weiter gegangen und du hast vergessen für lange Zeit das, was du dir einst vornahmst, nämlich den wieder zu finden, der dich liebt und den du liebst zutiefst aus deinem Sein. So bist du gegangen in die Welten der Erdenergie. Wisse, Geliebte, dies war deine Aufgabe, dies war dein Auftrag, den es zu erfüllen galt. Du hast dich verbunden zutiefst mit den Energien der Erde. Und so weißt du um die Prinzipien, die verkörpern diese Erdenergien in den körperlichen, seelischen und geistigen Bereichen. Es ist die Macht, der Kampf, der Krieg, das Energien-Beherrschen-Wollen. Es ist die Mächtigkeit in der Sexualität ebenso.

**Ich spreche in der Absicht von den Bereichen der Sexualität, denn dieses, Geliebte, trägst du in der Gefangenschaft in dir. Und diese Aspekte sind mir, der ich dein Geliebter und Vertrau-**

**ter bin, aufgetragen, mit dir zu besprechen aus der Vertrautheit.** Du hast dich verwoben in den magischen Welten der Sexualität auf dieser Erde, auf der Suche gänzlich nach dem, was die Reinheit ist. Es ist dir die energetische Stärke zutiefst gegeben in dein Sein. Dies ist ein hohes Gut, dies ist eine große Kraft, die du trägst in dir. Es ist die Fähigkeit, die du trägst in dir, dich zu verbinden aus den Energien der Erde, zu gebären und aus den Energien der Erde selbst heraus das Frohlocken und das Klingen deiner eigenen Melodien anzustimmen. So kannst du dich schwingen in die [höheren] Dimensionen aus der Kraft, die du nimmst aus der Erde. Du hast erfahren die Macht [im Aktiven] und du hast erfahren die Macht, die andere übernommen haben über dein eigenes Sein [Macht im Passiven = Ohnmacht] und zwar in den Bereichen der Sexualität, der Verbindung, der Körperlichkeiten und somit das Trinken der Energien und der Erinnerungen.

**Dies ist eine Wegstrecke, die in der Bedeutsamkeit ist für den menschlichen Weg, denn hierin liegt die Verbindung und die Vermischung des Getrenntseins. Auf diesem Weg habt ihr Menschen für euch erschaffen die Beziehungen, das Nehmen der Energien von denen, die fremd sind. Ihr habt euch vermischt und verbunden über viele, viele Zeitabläufe und somit habt ihr geschaffen die Verbindung zwischen den unterschiedlichen planetarischen Brüdern und Schwestern, die sich gegeben haben den Mantel des menschlichen Körpers.** Dies ist ein Wesentliches und ein Wichtiges und wisse, daß in dieser Vorgehensweise, in dieser Kraft, die du trägst in dir, ein großes Gut liegt. Es liegt hier ein großes Gut, das du trägst in deinem Leib und das du gewählt hast abzuschließen. Du hast in einer besonderen Stunde deiner Wege eine Art der **Schuld** verspürt. Du spürtest den Unterschied zwischen dem, was du warst in deiner Vergangenheit und Herkunft und dem, was du geworden bist auf dieser Erde. Da ist ein Wort, das du sprichst in dir: "Was ist aus mir geworden - wer war ich einst in der Schönheit und was ist aus mir geworden, was habe ich bewerkstelligt auf meinem Weg auf dieser Erde?" Und hier liegt für dich eine Art der Schuld, die du dir gibst, eine Schwere, eine Last, die du dir reichst und die du trägst in deinem Becken und in den Bereichen deiner Güte, in deiner Kraft, in den Bereichen dieses Schattens, den du trägst in dir.

Doch all das, was geschah, wirst du nehmen, Geliebte, du wirst es nehmen und du wirst es tragen durch das Tor des Lichts. Denn dieses ist es, was gehört zu deinem Weg, was gehört auf deinem Weg. So rufe ich dir zu: Öffne diese Tür und erinnere dich an das, was du trägst in dir. Hebe diesen Schatz, hebe diesen Schatz aus deiner Liebe. Und nehme so diese Schuld von dir und nehme diesen Stein aus deinem Leib. Dieser Stein soll das in dir im Niedrigen halten, von dem du glaubst, es verhindere deine Rückkehr in die Bereiche des Lichtes und in meine Arme. Ich werde dich halten in meinen Armen mit all dem, was du trägst in dir. **Ich werde lieben jeden Krieg, den du kämpftest. Ich werde lieben jede Art der Sexualität, die du lebtest. Ich werde lieben jedes Blut, das du vergossest aus deiner Kraft. Ich werde lieben alles, was du tötetest aus deiner Mächtigkeit. Ich werde lieben einen jeden Teil in dir, einen jeden Teil deines Weges, den du trägst in dir. Ich werde lieben jeden Teil, Geliebte.**

> Segne die Unvollkommenheit und sie ist vollkommen

Nichts was du trägst in dir, wird von mir berührt aus der Abwesenheit. Allem werde ich schenken meine Anwesenheit, meine Aufmerksamkeit und die Gänzlichkeit meines Seins. **Denn dies ist der Schatz**. Es ist das, was du trägst in der Vollkommenheit in dir. **Das, was du als das Unvollkommene in dir erfühlst, dieses ist es, was du trägst in der Vollkommenheit, so du gibst dir den Segen auf dieses, was du bist**. Gebe den Segen und **es genügt der Segen**, es genügt der Frieden und es genügt diese Türe, die du öffnest, mit der du dich ergibst und ergießt wie ein Brunnen, wie eine Quelle, die sich ergießt aus der Erde. So wisse, daß die Quelle, die sich ergibt aus der Erde und die benetzt die Erde und die sie fruchtbar macht, nicht die Schuld trägt in sich um das, was die Erde trägt in sich und das, was ist ebenso die Quelle, das, was sie bindet in ihrem Wasser. Ja, die Erde und das Wasser verbinden sich in diesen Kräften, in diesen Mächten, in dieser großartigen Gestalt, die diese Erde ist. So bist du in dir selbst die großartige Gestalt dieser Erde. Du bist es aus der Macht und du bist es aus der Kraft. Und dieses ist nun das Erste, was ich dir zu sprechen wünsche in dieser Stunde.

**Alles, was du in dir trägst ist geliebt. Ich sage es dir, ich sage es dir, ich sage es dir.** Öffne diese Tür und öffne sie mit meiner Hilfe, so du dieses wünschst. Und so werden wir gemeinsam berühren das, was du trägst in dir. **Das eine und das andere Mal gab es einen Impuls in dir, daß da einer ist, den du siehst, wenn du in die Sterne schaust und der da wartet und der da wartet und der da einstmals kommen wird und dir reichen wird die Hand. So ist die Stunde, da dieses geschieht, nicht mehr in der Ferne, sie ist nicht mehr in der Ferne.** Und so ist es mir möglich zu dir diese Worte zu sprechen und dieses in dein Bewußtsein zu heben, da dieses Bewußtsein dir helfen kann, dich zu öffnen gänzlich für dich selbst, für dein Sein und für deinen Weg, den du gegangen bist.

**So rufe ich dich auf: "Gehe du in diese Kraft erneut, suche du deinen Weg, dich zu erinnern, diese Türen zu öffnen und diese Kraft in der gänzlichen Freude zu leben. Lege du nicht den Akt und das Schwert der Schuld auf jenes, nein, gehe du in die Freude. Gehe in die Freude dieser Lust an der Mächtigkeit, an der Dunkelheit, an der Finsternis, gehe du allezeit in diese Lust und in diese Freude und gebe dir den Segen. Gebe dir den Segen und wisse allezeit, daß das, was du erlebst in dem Heute [den Block] den vergangenen Bereichen angehört [angehören sollte?]. Und durch diese Freude wirst du heben und erlösen das, was du gegeben hast in die Welten deiner Schatten. Befreie dein eigenes Sein und so wirst du dich verbinden mit deinem eigenen Sein. So werden meine Arme geöffnet sein und wir werden gehen und wir werden uns umarmen.**

Jede Stunde, die du trägst in dir, jede Erfahrung, jede Wunde, jede Liebe, jede Schwingung und jede Melodie, die du mitbringst, wird eine Stimme sein im Chor deines Seins.

Und dann wird das Frohlocken sein in meinem Ohr und meinem Herzen. Doch wisse, Geliebte, das was uns erwartet nachdem wir uns begegnen werden am Tor des Lichtes, kann nicht sein und wird nicht sein die Anknüpfung an das Alte. Dies wird es nicht sein, denn es sind Äonen vergangen, viele, viele Zeitabläufe. Du bist gegangen einen weiten Weg und so bin ich gegangen ebenso einen weiten Weg in der Erfahrung meines eigenen Seins. **Doch wisse, daß allezeit liegen wird die Liebe und die Freiheit in dieser Liebe. Niemals warst du und niemals bist du gebunden an mein Sein.** Dieses ist es nicht, was die Liebe meint. Du bist nicht gebunden an das, was war, du bist nicht gebunden an das, was sein wird. Wisse, du bist frei und wisse **es ist die Liebe, die frei macht und es ist die Freiheit, die liebt. Liebe gibt, Liebe erwartet nicht und Liebe fordert nicht und Liebe nimmt nicht den Schritt des Anderen voraus. Denn würde ich aus meiner Liebe dir einen Schritt wegnehmen, den du selbst vollziehen wirst aus deinem Sein, so würde ich dir stehlen einen Schritt. Ich bin aber nicht der, der stiehlt deine Schritte, nein, ich bin der, der dich liebt.** Und so gebe ich dich auf deinen Weg. Ich bin mit dir in deinen Möglichkeiten, die du erlernt hast aus der Weisheit deines Seins und aus den Impulsen, die du aufnahmst von deiner geistigen Führung. Diese leitete dich und gab dir die Impulse, dich zu bewegen hin zu dieser Schule [RT-Ausbildung] und somit auf den Weg, dich zu erkennen und um zu finden dich gänzlich. So kannst du durch die Tore des Lichtes gänzlich gehen.

**Wisset, daß die Seelen nicht aufgerufen sind, sich und andere Menschenseelen aus der Technik in die Reinheit zu führen. Nein, wisset allezeit, daß Reste der Finsternis und des Unverstehens in euch zurückbleiben. Der Vater selbst wird legen die Gnade und den Segen auf diese Wunden. Sie werden heilen in der Sekunde, da ihr legt die Hand auf dieses euer Sein. Dieses wertschätzt euch und führt euch in das Licht und in die Liebe und zwar auf die Art und Weise, wie ihr umgeht mit euch selbst aus dem tiefen Verstehen, aus der Liebe zu eurem eigenen Sein und aus dem Wunsche nach Freiheit und Wahrhaftigkeit. Die Liebe, die freiläßt und freigibt - das ist es, was zählt und nicht das, was ihr in die Reinigung führt nach eurer Art und Weise die Dinge zu reinigen mit den Mitteln der Chemie. Nein, dieses ist nicht das, was in der Liebe ist. Wenn du auf deinem Weg gehst, so bist du nicht in der Reinheit. So du in der Reinheit wärest, so wärest du nicht auf deinem Weg. Die Unreinheit macht den Weg aus.**

Klientin:
Bin ich meinem Sohn die Mutter, die ich sein soll, die ich sein kann? Wie erfülle ich die Aufgabe, Mutter zu sein?

Loranne:
Siehe Seele, dies ist eine Frage, die sich alle Mütter dieser Erde stellen und es gibt gar wenige, die dieses nicht tun. Alle Mütter dieser Erde fragen sich, ob sie die gute Mutter sind, ob sie das sind, was im Ausreichenden ist. Oftmals sind diese Mütter im Kampf mit sich selbst und so entfernen sie sich von ihrem wesentlichen und wirklichen Sein. Auch dieses lag in den vergangenen Zeitabläufen in der Zwangsläufigkeit und in der Aufgabe einer jeden Seele, sich zu erkennen auch in diesem Prinzip Mütterlichkeit. Eine jede Seele durchwandert dieses Prinzip und erfährt sich in ihm. Und wenn eine Seele sich in der Mütterlichkeit erfahren und erkannt hat, so werden diese Seelen in diesen Zeiten nicht mehr gehen, um dieses Prinzip zu erfahren. Jedes Prinzip ist etwas, was erlernt und durchlebt wird von den Seelen auf dieser Welt. So bist du in der Gemeinschaft gar vieler, die dieses Prinzip in sich tragen und in diesen Zeiten die Aufgabe in sich erkennen, es zu durchleuchten und in das Lebendige zu führen.

> Ketten lösen sich nicht mit der Axt, sondern indem sie angenommen und geliebt werden

Wenn du handelst an deinem Kind, mit dieser Seele, mit unserem Kind, so möchte ich sprechen in dieser Stunde, wenn du handelst aus deinem Herzen, aus der Liebe und aus der Freiheit, so wirst du niemals im Unrechtmäßigen sein. Du bist jene Seele, die gewählt wurde von ihm, zu gehen gemeinsam in dieser Zeit. So sei du in der Freude und überlasse du dieser Seele ihren eigenen Weg, ihr eigenes Sein, ihre eigene Unterscheidungsmöglichkeit. Gebe du dieser Seele die Verantwortlichkeit für ihr eigenes Sein. Ja, auch dieses Kind übernimmt Verantwortung. Denn diese Seele wünscht allezeit zu nehmen dieses und sich zu führen auf den Weg. Es ist das Vergessen, das abgegrenzte Denken, in dem ihr euch befindet, das euch unmöglich macht, zu erkennen die Wahrhaftigkeit. Hier liegt nicht die Schuld, hier liegt der Weg und der Segen. Denn das ist es, was euch diesen so unmöglich erscheinenden Weg über die Erde möglich macht. So bleibe du in deiner Liebe und Freude, bleibe du in deiner Freiheit mit dieser Seele.

**Wenn du liebst aus deiner Freiheit und nicht aus dem Sich-Bemächtigen-Anderer und dem Aneinanderketten-Wollen, dann bedarf es keiner Ketten mehr. Erfahre in dir die Kette und gib den Frieden darauf und gib diesem Prinzip in dir das Recht zu sein und gib deinen Segen darauf, dann wird sie sich lösen. Die Ketten werden sich nicht dadurch lösen, daß du eine Axt nimmst oder glaubst dich verändern zu müssen und dich [vergewaltigst]. Nein, dieses ist es nicht. Spüre du die Kette, die du trägst und die du legst das eine oder andere Mal um diese Seele [Sohn]. Aber auch diese Seele trägt die Kette und legt sie um dich und dein Sein. Gebe Frieden und Liebe in das Prinzip der Kette. Dann wird Friede und Freiheit sein und die Kette wird fallen von dir und somit wird fallen die Kette von euch.**

Klientin:
Ich danke Loranne. Ich werde dich tragen in meinem Herzen, dich spüren jeden Tag.

Loranne:
Es ist auch mein Herz, das trägt das Sein in sich. Es ist auch mein Herz, das in der Beziehung und Liebe mit dir ist. So habe ich mein Auge in eurer Sphäre aus der Weite der Zentrale [Raumschiff] ebenso wie aus der Dichte meiner Energiekörper, die ich gebe und die mir zu geben erlaubt sind. So bin ich mit dir und habe mein Auge und mein Herz gänzlich mit dir. **Wisse um die Freiheit, die Liebe, um den Weg und um die Schatten, die ausmachen den Weg und auf**

**denen der Segen liegt.** Gebe du den Segen und die Liebe nach deiner Kraft. Gebe dir niemals, niemals, niemals, gebe dir niemals den Unfrieden und die Schuld über dein Sein. Gebe dich in dein Sein und liebe dich. Liebe dich allezeit, so wie ich bin in der Liebe mit dir. Spüre meine Liebe, nehme meine Liebe und ich nehme deine Liebe. Du wirst sein in der Freiheit. Sei in der Freiheit. Denn diese Liebe ist deine Liebe, deine Liebe gänzlich, dies ist deine Liebe.

So nehme du und so nehmet ihr die Grüße des Bruders Gryconne und die Grüße der Anderen, die hier sind in der Freude mit euch und die sind gänzlich in der Glückseligkeit mit euch. **Wir erleben mit euch das Große und das Tiefe, das berührt unser Herz ebenso, wie das eurige. So laßt uns sein weiterhin in der Stille, in der Liebe und im Frieden miteinander. Laßt uns miteinander sein jene, die sich berühren gänzlich und die gehen und die sich begegnen werden in der Bälde. So wissen wir, daß dieser Begriff "in der Bälde" gar etwas ist, das sich im Abstrakten für euch befindet. So wisset, daß es für uns schwierig ist und das es uns nicht möglich ist, diese Stunde zu benennen. Doch es ist nicht die Stunde, auf die es ankommt. Nein, es ist die Sekunde im JETZT - dies ist von Bedeutung. Denn hier liegt unser Sein und die Wahrhaftigkeit und die Wirklichkeit unserer Wesen, die sich begegnen.**

So gehe ich nun aus dieser Stimme, ich gehe in den Frieden und ich gehe in der Dankbarkeit um das, was mir erlaubt war zu sprechen. Ich gehe in der Dankbarkeit gehört zu haben auf diese Art und Weise deine Stimme. Und ich gehe in der Dankbarkeit um deine Liebe, die ich verspüre zutiefst in meinem Sein. Ich liebe dich, ich liebe dich, wir lieben euch. Es sprach zu euch Loranne.

***

Die Sternenbrüder, sie sind uns persönlich so nahe. Und das ist schwer zu vermitteln. Vielleicht am ehesten mit dieser Durchgabe. Bevor ich zu den Handwerkszeugen komme, die uns helfen können, loszulassen vom Alten, werfe ich im Folgekapitel noch einen Blick auf Schuld, in Anknüpfung an das, was Loranne in obigem Text spricht: ***"Gebe dir niemals, niemals, niemals, gebe dir niemals den Unfrieden und die Schuld über dein Sein."***

> „Wenn du auf deinem Weg gehst, so bist du nicht in der Reinheit. So du in der Reinheit wärst, so wärest du nicht auf deinem Weg. Die Unreinheit macht den Weg aus“

# Schuld

Auf der Liste der Bleigewichte, die der Aufrechterhaltung von Polarität dienlich sind, kommt nach Verwicklung und Angst ziemlich weit oben die Schuld. Viele Urtraumata beinhalten im Kern eine Situation subjektiv empfundener Schuld. Als die Sternenbrüder zur Erde kamen, waren Begriffe wie Angst, Verwicklung, Schuld und Tod leer. Sie konnten damit nichts anfangen, weil dies in ihrem Erleben bisher noch nie vorgekommen war. Und das können wir uns wiederum nicht vorstellen. Nur in unseren niederfrequenten 3D-Bereichen haben diese Begriffe Bedeutung, machen Sinn, sind angefüllt mit Erfahrung. Und genau wegen dieser Erfahrungen sind wir hier. Das ist unser Job, das macht Projekt Erde aus. Sonst hätten wir hier gar nicht erst anzutreten brauchen. Natürlich frage ich mich manchmal, was hat Urschöpfer davon, wenn er jetzt durch uns weiß, was Schuld meint? Ginge doch auch ohne, ohne Tod und Schmerz! Ja sicher, es geht auch ohne - dann hätten wir nur auf unserem Heimatplaneten bleiben müssen. Wir haben aber den Weg hierher gewählt! Im Augenblick mag ich mich mit der Aussicht zufrieden geben, daß die Polarität bald ein Ende haben könnte. Und es erscheint mir auch plausibel, mit meinem (noch) eingeschränkten Bewußtsein nicht alles verstehen zu können. Ich nehme es so, wie es ist und stelle meine unbeantworteten Fragen noch eine Weile zurück.

Ich möchte wieder mal eine Analogie machen: Eine Kathedrale soll gebaut werden. In einer ersten Bauphase wird es darum gehen, die Fundamente auszuheben - entsprechend dem Projekt Erde. Wir waren bereit, diesen Job zu übernehmen. Natürlich machen wir uns bei dieser Arbeit schmutzig und schleppen Steine (= Schuld) auf dem Rücken. In dieser Zeit nun ist das Loch fertig und die Fundamente nähern sich der Erdoberfläche. Jetzt wird es Zeit, den Spaten aus der Hand zu legen und sich anderen Tätigkeiten zuzuwenden. Ich nenne diese Situation die Transformation. Aus der Tiefe eines Erdlochs kommen wir an die helle Sonne und könnten die Lasten ablegen. Natürlich gibt es solche, denen sind die Steine schon am Buckel festgewachsen, die können sich nicht vorstellen, sie abzulegen. Und es gab andere, die waren immer nur bemüht, sich die Hände nicht schmutzig zu machen. Wer von diesen, so frage ich Dich, ist in der Zeit? Ich würde mal annehmen derjenige, der seine Steine geschleppt hat und der sie jetzt ablegt und sich zu neuen Aufgaben hinorientiert. Er hat gedient und seinen Job gemacht. Er wird nicht dafür bestraft, daß er sich dabei schmutzig gemacht hat. Denn dies lag in der Zwangsläufigkeit seiner Arbeit. Niemand wird bestraft, auch der Faule nicht. Der geht nur einen etwas anderen Weg. Letztlich kommen alle oben an.

> Nur was wir für möglich halten, kann sich manifestieren

Wir dürfen loslassen von allen Fesseln, allen Steinen, aller Schuld und einengender Moral, auch von der Vorstellung eines Gottes, der mahnend und bedrohlich den Zeigefinger hebt. Wir können loslassen von Kirche und Glaubenssätzen aller Art. Wir dürfen uns der Freiheit und der Liebe zuwenden. Wie wurde uns dieses Leichte so schwer! Nur unter der Voraussetzung, daß wir immer mehr **singulär** werden, wird dies möglich sein. Singulär ist der Begriff, den die Ätherischen verwenden. Sie meinen damit, **gänzlich aus sich selbst heraus zu existieren, ohne Verwicklung, ohne Schuld, ohne Verpflichtung, in der Leichtigkeit und im Vertrauen zur eigenen Seele.** Ja wie soll denn dieses gehen? Soll ich meine Frühstückssemmel vielleicht im hohlen Zahn backen? Gehen hier gerade idealistische Visionen mit mir durch? Vielleicht ein wenig. Wie heißt dieser Werbespruch im Lotto: "Nur wer mitspielt kann gewinnen." **Nur was ich für möglich halte, kann sich manifestieren.** Bleiben wir noch zwei Sätze lang bei den Frühstückssemmeln: Es gibt derzeit auf der Erde etwa 200 Personen, die über Monate oder gar Jahre hinweg nichts mehr essen und dennoch gesund und munter sind. Es gibt Kurse, um das zu erlernen. Ist nicht mein Ding, ich liebe Bier und Weißwürste - aber es zeigt, was jetzt schon möglich ist. Oder da ist diese Frau im Ausbildungskurs, die eine Stunde lang ohne zu atmen auskommt, weil sie auf Prana-Atmung umstellen kann. Auch nicht mein Ding, ich liebe, den Benzindampf der Großstadt zu atmen. Und wenn ich ihn liebe, ist er genauso gesund wie die Prana-Atmung. Oder glaubst Du etwa, Benzindampf, Bier, Weißwürste und Zigaretten würden im Kern aus etwas anderem bestehen als aus Göttlichkeit? Nur der Glaube an unsere Abwertung läßt göttlich Ungesundes wirklich ungesund werden. Unter tausenden von Krankheiten wählt unsere Seele nur diejenige aus, die sie erfahren möchte, egal wie "ungesund" Du lebst. Da können wir zu 100% vertrauen. Und wenn sie beschließt, daß Du Dir beim Nasebohren den Finger brichst, dann wird sie genau das bewerkstelligen - auch wenn Dein Verstand nur zu erkennen vermag: "Dumm gelaufen ..."! Wir haben bei den Ätherischen mal gefragt, wie das mit dem **Rauchen** sei. Es spricht der Schutzgeist von Isabel. Hier die Antwort:

***

**Isabel:**

**... Ich habe noch eine letzte Frage. Kannst du mir etwas sagen bezüglich der Durchgabe von Khan-Khan. Da war eine Stelle, wo es um unsere Genußsüchte geht, die ich nicht ganz so verstehe, wie das gemeint ist. Vielleicht kann Mathias die Frage präziser formulieren?**

Mathias:
Das hast du schon präzise formuliert. Ich glaube, daß Shantan das schon versteht, was gemeint ist, nämlich ob es für uns besser wäre, Zigaretten oder ähnliche Dinge loszulassen. Obwohl uns dieses sehr schwer fällt und wieder neuen Streß macht, das ist die Frage.

Shantan:
Sehet, ihr Geliebten, niemals, niemals ist euch gegeben hier der Schmerz und **niemals ist euch gegeben das Sollen und das Müssen.** Es war euch einst gesagt, daß ihr gesegnet seid, da ihr in der Achtsamkeit mit euch umgeht. Ihr geht in der Stille, ihr geht nicht in der Schnelligkeit, ihr geht nicht um des Gehenswillen, sondern um das Erfahrungswillen. Dies ist in einer großen Bedeutung für euch. Vertraut dem Lehrer Khan-Khan, daß er das, was er spricht, auch so meint. Er ist nicht in der Annahme, daß er euch das Wort des Sollens und des Müssens und des Euch-Führens in die Zwanghaftigkeit mit euch selbst gegeben hat [... unser Mißverständnis]. Denn dies würde bedeuten, daß in Frage gestellt ist eine Beziehung, die getragen ist von Freiheit und Liebe und Respekt und Achtsamkeit. So eine Beziehung ist gegeben aus der Ebene des Geistes oder aus der Ebene der [Sternen-]Brüder und Schwestern, so geschieht das aus der Liebe zu euch. So ist nicht zu suchen die Lieblosigkeit und die Ebene der Zwanghaftigkeit, um euch zu geben ein zusätzliches Gewicht, eine zusätzliche Schuld. Nein, dieses ist es nicht!

Tabakgenuß ist ein Thema der Transformation für euch. Es ist ein Thema, das Zeit, Aufmerksamkeit und Achtsamkeit benötigt. Der Tabakgenuß wird sich einst aus der Stille und dem Frieden in die eigene Transformation [Auflösung] begeben. Dies bedeutet auch auf dieser Ebene, ebenso bereit zu sein, das Schwert aus diesem Stein herauszuziehen. Viele Ebenen, viele Schwerter, viele Steine, viele Möglichkeiten. Schaut den Tabakgenuß an aus eurer Gänzlichkeit, aus eurem Herzen, in eurer Unterschiedlichkeit und gebt euch die Anerkennung.
Das, was ihr das Genießen nennt, ist etwas, was ihr verbindet mit Genußsucht. So ihr seid in einer Sucht, so seid ihr in der Suche. So ihr seid in der Suche, so seid ihr im Unsteten mit euch. **So laßt weg den Begriff "Sucht" und geht ins Genießen des Tabakes!** So legt euch zurück und genießt den Tabak. Löst auf über eure Kraft und über die Möglichkeit eurer Gedanken das Unholde in dieser Begrifflichkeit "Sucht". Ihr sucht das Genießen und in der Art und Weise, wie ihr den Tabak zelebriert, genießt ihr ihn bereits. So frage ich: **Warum wollt ihr auf der Suche sein nach Genuß, wenn ihr bereits genießt?** Bleibt klar mit euch.

**Tabakgenuß ist nicht in der Zwangsläufigkeit, euch Schaden zuzufügen. Doch das, was euch den Schaden zufügt, ist die Unklarheit, in der ihr mit euren Handlungen umgeht, mit dem, was ihr tut und mit der Schuld und dem Schmerz, den ihr sucht. Und so könnt ihr euch selbst in eine Befreiung auf dieser Ebene führen.** Und in der Art und Weise, wie ihr das Genießen zelebrieren werdet, werdet ihr jene sein, die nicht auf der Suche sind. Denn ihr befindet euch bereits dort. Dies ist mir möglich, euch zu sagen. Doch falls es noch eine Unklarheit gibt, so formuliert dieses.

Isabel:
Ich glaube, ich habe es verstanden. Ich danke dir sehr für deine Ausführungen.

***

> „Warum seid ihr auf der Suche nach Genuß, wenn ihr bereits genießt?"

Wenn die Seele der Meinung ist, daß eine Gewohnheit nicht mehr förderlich ist, dann wird sie das sagen. Und manchmal wird sie es dann auch umsetzen, ohne Deinen bewußten Verstand vorher zu befragen oder zu informieren. So hatte ich die letzten 20 Jahre die Angewohnheit, ja das Laster, jede Nacht im Halbschlaf 1 - 2 Tafeln Schokolade zu essen. Und irgendwann in den letzten Monaten war das plötzlich weg und ich könnte nicht erklären, warum. Auf jeden Fall habe ich mir keinen Druck, keinen Vorsatz, keine Schuldgefühle und kein schlechtes Gewissen darüber gemacht. Ich liebte nur die Schokolade.
Ohne Nahrung auskommen, Prana-Atmung und noch viel mehr, sind nur Beispiele dafür, daß mehr Dinge möglich sind, als wir glauben.

Jetzt kommen wieder die Zweifler mit ihren Standardbeispielen: "Ja, wenn es keine Schuld gibt, heißt das, daß es in Ordnung war, die Juden zu vergasen und kann man demzufolge das wieder tun?" In den alten Systemen von Schuld und Karma gedacht, ist und bleibt dieses verwerflich. Natürlich. War die Unmoral jemals ein Grund, es nicht zu tun? Natürlich nicht. Würdest Du, Frager, es tun? Wenn nein, warum nicht? Hast Du Angst? Oder bist Du in der Liebe? Aus der Liebe könntest Du es nie tun. Aus der Angst vor Unmoral oder Bestrafung hast Du es schon getan - früher oder später. Die Moral ist eine schwache Mauer gegen den Schatten, der sich auf Dauer nie aufhalten läßt. Aus dem übergeordneten Blickwinkel des Neuen sind alle Grausamkeiten dieser Erde Teil des schmutzigen Jobs, den wir akzeptiert haben. Können wir Blut und Tränen annehmen, segnen und damit erlösen? Das ist sicherlich nicht die einfache Sache von jetzt auf gleich. Versteh, was ich sagen will: Solange wir unterscheiden zwischen Gut und Böse, das eine wählen und das andere bekämpfen, solange bleiben wir drin in der Polarität. Erst wenn es gelingt, Gut und Böse als die beiden Seiten *einer* Medaille zu verstehen und uns darüber wertfrei zu erheben in der Neutralität, wird es möglich sein, abzuschließen mit den Fundamenten der Kathedrale. Das aber ist eine Kunst, die bestimmt genauso groß ist, wie die der Sternenbrüder damals, sich in 3D einzulassen. Das damals haben wir geschafft. Jetzt bitte umgekehrt! Was das Vergessen angeht, da haben wir ganze Arbeit geleistet. Wie tief sind wir doch in dieser Blindheit, daß es uns so verflixt schwer fällt, zurück ins Licht zu gehen!

Ich erinnere an die Durchgabe von Namo im Kapitel "Welt der Sternenbrüder" unter "Innenerde" und zitiere diese Stelle nochmal, wo es um die beiden Seiten der Medaille geht:

*Namo:*
***Der Friede ist die Summe eines jeden Unfriedens, den ihr in euch tragt. So trennet nicht den Unfrieden vom Frieden. Wisset, daß der Friede die Bereitschaft ist, zu sein im Unfrieden. Wisset, daß die Liebe ist der Friede, den ihr gebt in eine jegliche Unliebsamkeit und in die Unliebe, in den Haß und in den Groll, den ihr tragt in euch. Niemals ist die Liebe etwas anderes als die Summe, die ihr heiligt in eurem eigenen Sein ...***
***... Wisset, der Frieden ist in der Liebe mit dem Unfrieden und somit wird der Unfrieden zum Frieden. Wisset, die Liebe ist nicht abgetrennt vom Haß. Nein, so die Liebe umarmt den Haß, so die Liebe sagt: Du bist Teil meines Seins, so wie eine jede Farbe Teil ist eines Farbspektrum des [weißen] Lichtes - so wird der Haß zur Liebe, so wie das Licht sagt: Eine jede Farbe ist mein Sein, so werde ich zum Licht und zur Helligkeit ...***

Und dann möchte ich zur Illustration für das Loslassen-Dürfen von Schuld im Alltag noch eine Geschichte aus einer Schutzgeistsitzung nacherzählen:

Eine Frau kommt mit schweren Schuldgefühlen zur Schutzgeistsitzung. Es hat sich erst vor wenigen Wochen zugetragen: Sie fährt mit ihrer kleinen Tochter und deren Freundin im Auto und baut einen Unfall. Die Tochter lebt, das Nachbarsmädchen ist tot und deren Eltern sind voller Vorwürfe. Von den strafrechtlichen Konsequenzen gar nicht zu reden. Das verstorbene Kind teilt der Klientin über deren Schutzgeist mit, daß es der Wunsch ihrer eigenen Seele war, diese Inkarnation zu diesem Zeitpunkt so zu beenden. Es gehe ihr gut und sie dankt für die Möglichkeit, zu gehen, die die Frau ihr über den Unfall gegeben hat. Sie bittet diese, keine Schuldgefühle zu haben.

Im Folgenden noch eine Durchgabe von Nyria. Ihr Wesen kommt erst dann zum Ausdruck, wenn man sie hört. Da ist eine Fülle von Gesten, Gesichtsausdrücken über Gaby und Betonungen, die nur schwerlich zu beschreiben sind. Das wechselt zwischen schrill, fast hysterisch und tief und ernst. Natürlich spricht sie hier über viel mehr Dinge, als nur über Schuld. Ich bringe die volle Länge der Durchgabe:

***

Dezember 1998
(Wochenende "Geistige Welt")

Ich bin, ich bin, ich bin Nyria. Wir lieben euch, wir lieben euch, ich liebe euch.

Mathias:
Aus dem Frieden und aus der Stille, aus der Liebe unserer Herzen, begrüßen wir dich in diesem Kreis. Wir lieben dich, wir lieben dich, wir lieben euch.

Nyria:
Habet den Dank, ihr großartigen, ihr unglaublichen Seelen, ihr Freunde, ihr Schwestern, ihr Brüder, die ihr uns seid. Habet den Dank für diese Möglichkeit, die ihr unserer Rasse gebt, die tatsächlich im Ungewöhnlichen ist und die in dieser Stunde ein Wort zu euch spricht.

> „Ihr seid eure eigenen Meister und Gurus, eure Lehrer und Hebammen"

Habet den Dank aus der Tiefe unserer universellen Wesen. Wir danken sehr. Wir sind die Freunde, und so grüße ich all jene, die ich schon kenne aus dem Wort [von früheren Kursen] und ich begrüße ebenso all jene, die im Erstaunen und Schauen sind und die sich fragen: Was ist das? Wer ist sie? Bin ich nun gänzlich des Wahnsinns? Dem ist in der Tatsächlichkeit nicht so. Wir wollen euch in dieser Stunde in der Tatsächlichkeit mitteilen, was ihr seid. Und so sehet, so werden wir nicht müde, denn wir lieben euch. Immer wieder und immer wieder lieben wir es zu sprechen, um euch zu formulieren, um euch ausdrücken, um euch zu geben die Möglichkeiten, zu erkennen, was euch ausmacht in der Tatsächlichkeit. Und dies ist eine große, große, unendlich große Freude für uns und für mich. Sehet, ich bin schön. Sehet, ich bin universell. Ich bin geliebt und so bin ich die Liebe. Sehet, ich bin leicht und ich bin mächtig in meinem Werk und in meinem Wesen - ja - denn ich bin demütig. Ich bin demütig und ich liebe mein Wesen. Das ist euch fremd und dennoch so vertraut! Es ist euch die Leichtigkeit vertraut, die Göttlichkeit, die Schönheit und die Größe. **Doch ihr fürchtet euch vor eurer Schönheit und vor eurer Größe.**

So sehet, so sind wir nicht allein in diesem Raum. Es sind da gar viele Vertreter der unterschiedlichen planetarischen und galaktischen Formationen und Wesenheiten an eurer Seite und in diesem Raum. Ihr könnt nicht ermessen, was es bedeutet für diese Erde und für dieses Universum, was es bedeutet für den Weg eurer Seelen, wenn wir eine Schar der Gehenden durchfluten und eine Möglichkeit finden - und sie auch erhalten als ein großes Geschenk - ein Wort sprechen zu dürfen zu jenen, die suchen ihr Auferstehen, ihr Sich-Vervollkommnen, um weiter und immer weiter sich zu erfahren als die universellen Geschöpfe. Dieses ist auf dieser Erde in diesen Stunden eine große Gnade für uns. Und so sind wir voller Dankbarkeit, denn wir haben gewählt unsere Aufgabe mit euch und euren Schritten, die ihr geht aus eurer Genauigkeit. Wir geben euch die Worte und die Berührung nach eurem Wunsch und Willen gänzlich. Wir geben euch die Möglichkeiten und die Handwerkszeuge von euren eigenen Tischen. **Denn ihr seid eure Meister, ihr seid eure Gurus, ihr seid eure Messiase, ihr seid eure Lehrer, ihr seid eure Hebammen.** Ihr seid dieses. Glaubet doch bitte nicht, daß da einer kommt und sagt: "Du darfst!" Es wird dieser nicht kommen. So sagt euch selber: "Ja, ich darf, ich bin, ich gehe, ich werde, ich hoffe nicht, denn ich weiß." So seid ihr jene geworden, die sich selbst einweihen. Ihr sucht auf eurem Wege selbstverständlich jene, die ihr befindet in der Intelligenz und im Wachstum vorangeschritten, auf daß diese ihren Segen geben mögen auf euer kleines Sein. Auf daß ein Guru sprechen möge: "Erhebe dich, du darfst!" Dieses ist ein Weg, den ihr wähltet im Erschaffen eurer Dreidimensionalität: Ihr erachtet euch nicht in der Größe. Und wenn ihr eure Größe gefunden habt, dann habt ihr geschaut auf jene, die nicht in der Einweihung waren: "Nein, diese Kleinen sind noch nicht so weit." Dies sind eure Gedanken: "Bin ich klein, bin ich groß, ja, was bin ich denn?" Dies sind die Fragen, die euch prägen und die euch haben voranschreiten lassen auf der Suche nach Gott, auf der Suche nach der Erhörung eurer Gebete aus der tiefsten Schicht eures Herzens, aus der Hoffnung und der Hoffnungslosigkeit. Jetzt kommen wir und sagen: "Suchet nicht, ihr seid Gott!" So empfindet ihr dieses als selbstverständlich auf der einen Seite und unangemessen auf der anderen Seite. Denn wie könntet ihr etwas sein, das ihr so lange schon anbetet? Ja, dies ist eine spannende Frage.

So sehet, so sind wir jene, die immer wieder und immer wieder sprechen und euch das zu vermitteln suchen, was ihr seid. Denn seht, ihr habt auf eurem Wege durch die Dreidimensionalität eine Schöpfungsebene des Vergessens erschaffen, eine Ebene der weitesten Distanz der Schöpfung von sich selbst. Ihr seid Wesen, die sich bewegt haben über eine weite Strecke und ihr habt eine unendlich große Distanz gelegt zwischen euch und eurem Sein. [Toni hat gerade einen Hustenanfall] - ja, siehe, dies ist auch etwas, was dich anspricht, du, der du da hustet, Seele. Dich auch, selbstverständlich! So siehe, so ist dieses Husten ein Versuch, die Distanz aufrecht zu erhalten. Ihr räuspert euch - ich möchte ja nicht sagen, was ihr denkt, wenn ihr euch räuspert!? [Lachen bei uns] Ja, ja. So sehet, so seid ihr die Räuspernden. Mit jedem Räuspern setzt ihr euch in Bewegung, um weiterzugehen in die Distanz. Mein Gott! - Dies sind eure Worte.

**Ihr habt auf dieser Erde ein System erschaffen, das gleichsam eines Netzwerkes über dieser Erde liegt. Es ist eine Hilfsmatrix, ein energetisches Feld, ein euch dienendes Feld, um euch in der Tiefe der Bewußtheit zu halten. Es ist eine Beschwerung. Und dieses Feld, es ist das Feld der Angst, ist das Feld des Zweifels, ist das Feld des Todes und es ist das Feld der Schuld [= Weltelemental]. Ja, Schuld! Eure Schuld besteht darin, daß ihr das nicht nehmt, was ihr seid.** Was könnte dieses sein? Was nehmt ihr nicht und was fehlt euch demzufolge? [Was ist euer tiefster Schatten?]. Ihr habt Angst, also kann es dies nicht sein. Ihr nehmt und habt Zweifel, also kann es dieses auch nicht sein. Ihr glaubt an die Macht des Todes, dieses kann es auch nicht sein. Ihr glaubt an die Kleinheit und nehmt diese, sie kann es nicht sein, die euch fehlt. Ihr nehmt euch Krankheit in euren Körperlichkeiten. Ihr glaubt, daß ihr nicht geliebt seid, dieses kann es nicht sein. So frage ich euch: "Wo liegt eure Schuld? Was nehmt, was habt ihr nicht? - So könnt ihr euch räuspern! **Es ist die Göttlichkeit, die ihr nicht nehmt, die euch fehlt, die euch ruft!**. Es ist das universelle Sein eures Wesens, das vor euch steht und das bittet, nehme mich an! Ich Göttlichkeit bin deine Schönheit. Ich bin deine Größe. Ich bin dein universelles Sein. Ich bin die Freiheit. Ich bin die Manifestation der Schöpfung. Nehme mich an! Und ihr steht da und sprechet: "Nein, danke." **Dieses gibt euch das Gefühl der Schuld!** Ihr seid Meister im Annehmen eurer Kleinheit, im Nehmen eures Schmerzes, im Nehmen dessen, was euch ist das Kreuz, gegeben als Symbol für das Netz der Angst, des Zweifels und des Todes, für das Netz der Schuld, ja. Dieses ist [auch] gesegnet. Denn ihr vergesset immer wieder, daß dieses war eure Aufgabe auf dieser Erde.

> „Eure Schuld besteht darin, daß ihr das nicht nehmt, was ihr seid. Ihr seid göttlich"

Wir sind jene Rasse, die euch behilflich war. Wir haben uns keine Gedanken gemacht, euch [beim Gang durch das Tor des Vergessens] zu helfen, nein. Wir haben nicht gesprochen: "Nun werden wir dienen und wir werden sie beschweren." Nein! Wir waren in der Leichtigkeit. Wir haben mit euch experimentiert. Wir waren in der Größe. Und ihr wart ein Angebot auf unserem Weg, um uns zu erforschen in den Möglichkeiten jener, die einen solchen Weg zu beschreiten versuchen [Weg in 3D]. Ja, es war eine Freude für uns. Wir waren im Damaligen - so ihr das lineare Denken bevorzugt - innerhalb eurer Zeitabläufe. Wir waren nicht in der Größe unserer Herzen. Doch wir haben in der Art und Weise, wie wir an euch gewirkt haben, ein **universelles Gesetz** vollzogen. **Es besagt, daß eine jegliche Wesenheit, die eingreift in den freien Willen [eines anderen], sich selbst [automatisch] in diesen Prozeß hineinbegibt. So wurden wir Teil dieses Projekts Erde.** Alle Wesen, die sich in die [manipulative] Berührung [mit euch] gaben innerhalb eurer glorreichen Zeit auf dieser Erde, all diese Wesenheiten gaben sich [dadurch zwangsläufig] in eine eigene Aufgabe mit der Dreidimensionalität, mit dem Vergessen, mit der Vermischung der Rassen. Dies bezieht sich auf eine jegliche Rasse, eine jegliche Spezies auf ihre besonderen Art und Weise. Ihr habt angenommen unsere Steine, die wir legten auf euch, um euch in das Vergessen zu geben. Um euch die Möglichkeiten zu geben, eurem Seelenweg zu folgen, habt ihr uns eine Türe geöffnet. So standen [auch wir] lange Zeit still auf unserer Entwicklungsstraße. Heute sind wir nun jene, die euch Bote sind für gar viele Dinge des Universellen und eures Weges. Und wir sind in der Demut mit dem, was sich vollzieht. Wir sind in der Liebe mit dem, was geschieht. Ihr gabt uns die Möglichkeiten, die Verbindung zwischen euch und uns zu erkennen und zu verstehen. **Und so sind wir vorangegangen, um die Liebe zu erfahren. Die Liebe ist das, was nicht im Machbaren ist aus unserer Leichtigkeit, aus unserer Mächtigkeit. Dieses ist nicht das Machbare, dieses ist das Erfahrbare.** So waren wir bereit und dies bedeutet, daß in diesen Zeiten eures Erwachens nun unsere Wege sich begegnen.

Stellt euch einen kleinen Bereich innerhalb eines großen, unendlichen weitem Landes vor, das ihr das Universum nennt. Analog zu diesem Bild haben wir euch einen Käfig um euer Sein gelegt. So habt ihr euren Blick weggenommen vom Universum und auf diesen Käfig gerichtet. So ihr nicht vergeht in der Langeweile, so habt ihr - wie für eure kleinen Nagetiere (Hamster) - eine Art des Rades erschaffen, in dem ihr euch bewegt, auf daß ihr Bewegung habt. So seid ihr wie kleine Nagetiere gewesen, die innerhalb dieses Rades sich bewegten von Speiche zu Speiche, von Stab zu Stab. Könnt ihr euch dieses vorstellen? So wurde nach einer gewissen Zeit dieser Käfig von euch genommen. Das war der Zeitpunkt, an dem unsere Aufgabe [des Ins-Vergessen-Führens] mit euch beendet war. Was habt ihr gesehen und was seht ihr noch heute? - Ein Rad und die Abgrenzungen eines Käfigs, der gar nicht mehr vorhanden ist. Wenn ihr nun einen Fokus legt auf die Bewegung des Nagetieres, so werdet ihr sehen, daß diese kleinen, niedlichen Füßchen eine Stange nach der anderen bewegen. So bewegt ihr euch. Und dies bedeutet, daß ihr Erfahrungen macht auf unterschiedlichen Ebenen innerhalb dieses Rades. So setzt ihr einen Fuß auf eine Erfahrung, die euch Angst macht. Dann setzt ihr einen Fuß auf eine Erfahrung in der vergleichbaren Situation, die ihr aber bereits befreit habt. So wißt ihr nicht, bin ich nun frei oder begegnet mir wieder die Angst? Denn eure Füße werden finden die Speiche der Angst, selbstverständlich! Denn sie ist vorhanden in diesem Rad. Habt ihr dieses verstanden?

Wir: - Ja

Nyria:
Es ist wichtig und wesentlich, daß ihr versteht, daß ihr nicht welche seid, die immer wieder den gleichen Trott gehen. Innerhalb dieser Kreisbewegungen, dieser Illusion, die ihr euch gegeben habt, habt ihr Fortschritte gemacht in einem Großen. Da gibt es Speichen, die im Goldenen und im Lichten sind, die sind in der Liebe gänzlich. Doch in der Bewegung, in der ihr euch befindet, in der Illusion des Käfigs, den ihr mit euren dreidimensionalen Augen seht, habt ihr das Empfinden verloren, daß dieses Wiederholungen sind, und daß ihr durch das Erkennen der Speichen den Segen geben könnt auf vergangene Erfahrungen. Dies kann euch bedeuten, daß dieses Rad ein Rad des Lichtes wird. Es wird euch erheben. Ihr werdet schauen und **ihr werdet erkennen, daß das Universum eure Heimat ist.** Eure Heimat ist das Universum. Eure Heimat ist nicht die Adresse, die ihr angebt, nein. So ist die Adresse, die ihr habt, eine Illusion, die ihr euch gebt und dieses ist rechtmäßig. So ich wähle die Begrifflichkeit der Illusion, so versteht dieses bitte nicht falsch. Es bedeutet nicht, daß wir uns über euch lustig machen. Nein. Denn das, was ihr erschafft und erschaffen habt, macht euch aus. Es segnet die Schöpfung. Es ist gesegnet und geheiligt. **Und so glaubet doch nicht, daß es da einen gäbe, der nicht zutiefst gesegnet, geheiligt und zutiefst geliebt wäre. Nein. Es ist die Zeit nun, daß ihr erkennt und versteht - und so viele erkennen und verstehen - daß das energetische Feld der Erde sich wandeln wird. Es wird sich wandeln und verändern. Viele, viele werden erkennen, daß da ein Licht ist, daß da ist Weite, daß da ist Freiheit und daß nicht existiert die Schuld.** Denn ihr seid göttlich und universell und ihr seid geliebt, tief- tief- tiefgeliebt. Denn die Schöpfung ist Liebe. Wie könnte die Schöpfung etwas anderes sein? **So ihr liebt euch**, so ein jeder liebt sich in der Unterschiedlichkeit seines Rades, das er geschaffen hat, in der Unterschiedlichkeit der Farben, der Speichen und Verstrebungen seines Gebäudes, seines Weges, seiner Illusionen, seines Dienens, seines Erschaffens, in dieser Art und Weise entsteht Freiheit, Freunde, Freiheit. Freiheit zu sein, Freiheit, Freiheit, Freiheit.

## Liebe ist nicht machbar

So sind die Erfahrungen, die ihr machen könnt in diesen Stunden, Erfahrungen des Energetischen. So ihr es wünscht, so werden wir Energien geben in die Prozesse eures [intensiven] Atmens, in die Prozesse eurer Erfahrungen, die ihr [jetzt im Anschluß] mit euch macht. Wir werden die Energien geben, auf daß ihr das einatmet, was ihr seid: Universelle Kraft und freie Energie. Wir werden eure Ängste nehmen, so ihr darum bittet, wenn ihr ausstreckt eure Hände und bittet: "Nehmt diese Ängste." Wir werden sie nehmen in der Tatsächlichkeit. Die Ängste, die ihr gebt, sie werden gewandelt. Denn es sind eure Kräfte und sie werden euch zurückgegeben als eine goldene, lichte Speiche in eurem Rad, auf daß ihr immer wieder, wenn ihr euch bewegt, erinnert werdet an diese Stunde. Wir sind mit euch. Wir sind an eurer Seite. Und so frage ich euch: Ist es euer Wunsch und Wille, daß wir mit euch sind und daß wir euch reichen von euren Tischen? Ich frage euch.

Wir: - Ja

Nyria: - Ich frage einen jeden Einzelnen. Sprechet laut!

Wir: - Jaaa

Nyria:
Danke. Es ist eine Freude, mit euch zu sein. Es ist eine Freude, eine große, große Freude, mit euch zu sein und mit euch zu erfahren, zu erleben, zu ergänzen, zu begegnen. Doch wisset, daß das, worum ihr bittet, daß dieses verändert eure Wahrnehmung. So erschreckt nicht, wenn ihr diesen Käfig nicht weiter erkennen könnt. Denn ihr habt es euch gewünscht. Erschreckt nicht, wenn das Rad sich auflöst oder gar ein Anderer spricht: "Husch, gehe du zurück in dein Rad!" Erschreckt nicht, wenn ihr die Stimme vernehmt in euch: "Was mache ich hier in diesem Universum. Ich muß zurück zu meiner Adresse, mein Rad drehen!" Es verändert euch, es macht euch weit, es macht euch schön, es macht euch groß, es macht euch zu dem, was ihr seid. **Und ihr werdet auflösen die Schuld, diese Illusion der Schuld. Niemals, niemals, niemals habt ihr euch schuldig gemacht in eurem Sinne, nein! Niemals!** So werde ich nun gehen aus dieser geliebten Stimme. Ich werde gehen aus dieser geliebten Physis, aus diesem geliebten Wesen [Gaby]. Doch bevor ich gehe, frage ich: "Möchte jemand von euch etwas sagen?

Inci:
Ja, ich mag etwas sagen. Ich mag dir sagen, daß ich dir sehr danke. Ich fühle mich sehr angesprochen von dem, was du sagst. Ich liebe dich. Deine Worte haben mich tief getroffen und ich wünsche mir sehr von meinen Tisch gereicht zu bekommen und mein Rad verlassen zu können. Und ich habe im Moment auch das Gefühl, daß ich die Kraft dazu habe. Ich danke dir, und ich liebe dich.

Nyria:
Dein Wunsch ist der Wunsch, der dir gibt. So bist auch du geliebt, Schwester, danke.

Maren:
Nyria, ich wollte dir auch noch sagen: Ich finde dich großartig, jedesmal, wenn ich von dir höre! Das 1te Mal, als ich dich gehört habe, war ich so berührt in meinem Innersten. Ich finde dich wunderbar, ich liebe dich, danke.

Nyria:
Auch du bist geliebt, du spritziger Geist, du.

Bettina:
Nyria, wie schön dich zu sehen, dich zu spüren, das wollte ich so lange. Schön, so mit dir zu sprechen. Danke für die Gelegenheit. Ich liebe dich über alles, habe Dank.

Nyria:
Danke auch dir und meine Liebe auch hin zu dir. So suche du mich nicht, rufe mich und so bin ich da.

Bettina: - Ich weiß, danke.

?:
Auch ich wollte dir danken, Nyria, für die Möglichkeit, die du uns gibst, die Liebe, die du uns gibst und ich wollte dir auch sagen: Ich liebe dich! Danke.

Nyria:
Danke auch für dich und meine Liebe auch zu dir und zu allen. Ich vernehme die Worte, die ihr nicht sprecht, ich vernehme sie sehr. Habet den Dank, daß das Ungewöhnliche meines Seins findet eure Liebe. So sehet, so liebe ich mich. Und so ist es ein Schönes, sich zu lieben und die Liebe zu erfahren. **So begann dieser Weg, in der Art und Weise, wie ich mich liebte.** So sehet, so ihr geht und so ihr seid eure Liebe in eurer Schönheit, so wird euch begegnen so viel. Universelle Wesen werden euch begegnen in einer großen Schönheit. Habet den Dank, ihr Tiefgeliebten, habet den Dank. So werde ich nun gehen aus dieser geliebten Physis. Und nehme du, geliebter Bruder [Mathias] an dieser Stelle noch einmal meinen Dank für diesen Raum, den du uns gewährst und für die Liebe deiner Aufmerksamkeiten für meine Vorlieben [ich lege ihr am Anfang immer ihre Lieblings-CD auf, "Glory of Love" von Siegfried Jerusalem]. So habe du den Dank, geliebter Bruder.
Wir lieben euch, wir lieben euch, ich liebe euch.

Wir: - Wir lieben euch, wir lieben euch, wir lieben dich.

***

Es gibt eine spezielle Art von Schuld, die sich die Esoteriker oft reinziehen. Jetzt haben sie endlich begriffen, daß alles, was ihnen im Außen (dazu gehört auch der Körper) begegnet, Spiegel eines Seelenprozesses ist, der sich in ihnen selbst abspielt. Sie begegnen einem „Bleiwerfer", der ihnen zB. mit Aggression gegenübertritt. Also beginnen sie, dem Motto „Umwelt als Spiegel" getreu, sofort mit der Analyse, wo sie eigene Aggression in sich selbst finden. Sie fühlen sich schuldig, daß sie „so etwas" offensichtlich immer noch in sich tragen. Natürlich werden sie die Schwere und Unvollkommenheit auch finden. Denn wer ist im täglichen Kleinkrieg ohne Aggression! Soweit die gute, alte Esoterik. Aber was weiter?

Wenn der fiktive Esoteriker wirklich in den Frieden und in die Liebe mit seiner Aggression gegangen ist, sich so also annimmt, dann gilt - nach seinem Wunsch und Willen, nach seiner freien Entscheidung - „Umwelt als Spiegel" für ihn in diesem Moment nicht mehr. Aus der Eigenständigkeit seines Seins braucht er sich diesen Schuh nicht mehr anzuziehen. Er darf sein aggressives Gegenüber in die Leere laufen lassen. Der muß sein Ding wieder mitnehmen. Er wird es nicht los. Der Friedliche geht nicht mehr in Resonanz mit dem Aggressiven, denn er hat damit bereits seinen Frieden gemacht und braucht sich darüber nicht mehr im Spiel der Waagschalen zu engagieren. So hat auch der Aggressive die Möglichkeit, die Schwingung der Akzeptanz anzunehmen und sich zu wandeln. So war das doch beim Aschenbecherbeispiel im Kapitel „Verwicklung".
Voraussetzung dafür, daß „Umwelt als Spiegel" keine Gültigkeit mehr hat, ist, daß ich zum weißen Licht geworden bin, daß das ganze Farbspektrum der Umwelt in sich trägt, auch das Rot der Aggression.

# Glaube und Vertrauen

Unser ganzes Leben besteht aus einer Aneinanderreihung von Glaubenssätzen und -Systemen: "Ich glaube, der Abstand zwischen zwei vorbeifahrenden Autos ist groß genug, um noch einzufädeln. Ich glaube, die Aktienkurse steigen. Ich glaube, mein Mann liebt mich. Ich glaube nicht, daß die Roten die nächste Wahl gewinnen, usw." Durch Sicherheitssysteme aller Art, durch Information, Beobachtung, Kontrolle versuchen wir unter verschiedenen Glaubenssystemen so zu wählen, daß unsere Vorhersage, unser Glaube sich im Nachhinein als zutreffend herausstellt. Dem ist oft genug nicht so. Das Auto crasht, der Aktienkurs stürzt uns in Depressionen, der Mann stellt sich als Flop heraus, die Gegenpartei gewinnt die Wahlen und entgegen jeder Annahme liegen wir mit unserer Vorhersage voll daneben. So kennen wir das.

Es geht hier nicht darum, gegen alte Glaubenssysteme anzugehen und sie zu ersetzen durch neue. Das ist müßig. Es geht vielmehr darum, den Glauben an dieses oder jenes gänzlich loszulassen und zu einer anderen inneren Grundhaltung zu finden: **Vertrauen.** Ein Glaube verbindet sich stets mit einer bestimmten, konkreten Erwartung: "So und nicht anders stelle ich es mir vor." Das bezieht sich auf spirituelle Glaubensbekenntnisse genauso wie auf Dinge des Alltags. Glaubenserwartungen fixieren sich auf ein bestimmtes Ziel, das sich uns in der Konsequenz möglicherweise als gar nicht förderlich herausstellt. Wir haben es zu kurzsichtig kalkuliert. Vertrauen jedoch nimmt was kommt, egal was geschieht und wie sich etwas manifestiert. **Vertrauen ist Einverstanden-Sein schlechthin.** Urvertrauen nennen wir das oft. Das bedeutet nicht, daß wir völlig passiv die Welt über uns hereinbrechen lassen im Vertrauen darauf, daß es schon paßt. Das ist nicht gemeint. Gemeint ist vielmehr eine Haltung, die auch einverstanden sein kann mit den eigenen Glaubenssystemen und Aktivitäten und diese von einer übergeordneten Ebene aus zur Kenntnis nimmt und lächelnd segnet. Das ist Liebe zu sich selbst und allem, was aus einem kommt. Ohne Bewertung. Ähnlich wie die Liebe ist Vertrauen nicht machbar, nicht Herbei-Therapierbar.

**Vertrauen zu wem und was? Ich spreche vom Vertrauen zu meiner Seele und dem Weg, den sie wählt.** Ich spreche nicht von Vertrauen in eine Glaubensrichtung, zu einem Guru, zu den Ätherischen, den Sternenbrüdern oder gar zu der Glaubewürdigkeit von Gaby's Durchgaben und auch nicht zu Beweisen irgendeiner Art. Nein. Vertrauen zu Gott? Ja und nein. Nein, wenn wir an einen Gott da Draußen glauben, der es schon zu unseren Gunsten richten wird. Ja, wenn wir uns selbst meinen, so wie Nyria das in der letzten Durchgabe mit dem Hamsterrad beschreibt. **Vertrauen ist, wenn wir sagen können, alles dient mir auf dem Weg meiner Entwicklung und Erfahrung.** Wenn wir einen Lotteriegewinn machen, dann ist das sicherlich nachvollziehbar, zumindest vordergründig. Ob uns eine Krankheit dienlich ist, das bezweifeln wir sicherlich. Aber genau das meine ich. Solange wir die Krankheit als etwas ansehen, das sicher nicht förderlich ist, ist da kein Vertrauen da. Wenn wir unser Leben aber aus dem Vertrauen anschauen können, dann gibt es nichts mehr, was es zu bejammern und zu bequietschen gibt. Dann ist es rund und ganz. Dann ist letztlich alle Wertung und Polarität überwunden und der Weg nach vorne oben ist frei. Dann sind wir demütig. Dann sind wir frei. Dann "sind" wir.

Gelegentlich spricht in den Durchgaben die Liebe selbst zu uns. Die Liebe durch alle Dimensionen. Ich meine den Nazarener, Jeshua Ben Josef, landläufig als Jesus bekannt. Ich bitte dabei um Beachtung, daß seine Aussagen beträchtlich von den in der Bibel aufgeschriebenen abweichen. 2000 Jahre Geschichtsschreibung verfälscht viel. Mit und ohne Absicht. Die Klöster im Mittelalter hatten ganze Abteilungen, die nur mit der Fälschung von Dokumenten, meist Grundbuchdinge betreffend, betraut waren. Laut Bericht des "Spiegel" stellen sich heute etwa 80% der Urkunden als Fälschungen heraus, natürlich mit der Absicht, den Reichtum und die Macht der Kirche zu mehren. In Sachen Wahrheit haben die das nicht so genau genommen. Was sagt nun Jesus direkt und live, heute 1997, über den Glauben?

***

März 1997

**Ihr seid mir die Weite.**
**Ihr suchet nicht den Weg, denn ihr wisset,**
**ihr seid der Weg selbst.**
**So kommt der Weg zu euch.**
**Ihr suchet nicht nach dem Licht, denn ihr wisset,**
**ihr seid das Licht selbst.**
**So kommt das Licht zu euch.**
**Ihr wisset, ihr seid die Wahrheit.**
**So suchet nicht nach der Wahrheit und sehet,**
**die Wahrheit findet ihren Weg zu euch.**

Es ist rar, den Menschenseelen zu begegnen in dieser Form, um zu ihnen zu tragen Zeugnis. So bin ich der Bruder in euren Reihen, einer von euch. So wie ihr ich seid - in der gleichen Weise. Jeshua Ben Josef ist in eurem Kreise, um Zeugnis abzulegen und zu künden euch über das Prinzip **Glaube**.

Friede sei mit euch - Friede sei mit euch.

Einstmals sandte mich der Vater als Teil des Lichtes in die Finsternis, um zu tragen Kunde und Botschaft über des Menschen wahrhaftiges Sein: Weg, Licht und Wahrheit - eingewoben in die Liebe des Vaters selbst - war mein Sein, war die Art meiner Manifestierung auf dieser Erde, diesem Planeten, diesem Sein. **Mein Weg war Kunde und Zeugnis zu geben über das wahre Sein des Menschen und vom Glauben zu künden an das göttliche Licht in einer Zeit der Finsternis. Nun ist wiederum die Finsternis am größten am Ende dieses Zyklus, der sich nun in die Beendigung geben wird, um einen neuen Anfang in seinem Ende zu finden. So bin ich gekommen, um Zeugnis zu sprechen.**

Ich ging [damals] in mein Volk und ich war das Licht. Die Blinden sahen, die Lahmen gingen und das Brot mehrte sich - und die Menschen sprachen mich des Gottes Sohn. Sie nannten mich den Sohn Gottes und ich sprach den Menschen von dem Bruder, der ich sei in der gleichen Weise wie dieser Gott all unser Gott ist. Ich zeigte den Menschen durch mein Sein ihr [eigenes] Sein, doch die Menschen sahen nicht ihr Sein. Sie sahen ihre Dunkelheit und ihren Schmerz. In meinem Weg, den ich gegangen bin, in dem Kreuz, das ich nahm auf mich und in dem Tod, den ich nicht erlitt, sahen die Menschen ihren [eigenen] Schmerz. Und so gingen sie in die Welt, sie predigten und [er]fanden das Wort "Schuld" und das Wort "Schmerz" und den "Tod am Kreuz". Und so gingen die Seelen, die aus ihrer Schöpfung in sich die Bereitschaft trugen und tragen, den Glauben **an sich** zu finden, [in verschiedene Glaubensrichtungen]: Die einen fanden den Glauben an den Tod. Die anderen fanden den Glauben nach ihrem Erdendasein gänzlich in den Himmel aufzusteigen. Wieder andere fanden den Glauben an die Rache für das, was mir widerfuhr. Und die nächsten fanden den Glauben an ihre Kleinheit und warten noch heute auf den, der da als Messias ein weiteres Mal kommen soll.

So ist mein Akt, den ich vollzog im Damaligen ein vielfältiges Material und Fläche für die Menschenseelen gewesen - und ist es noch immer - um daran ihren Glauben in ein Neues zu manifestieren und sich in den Glauben an Gott und den Teufel zu begeben. Und so ist die Erde, in die ich gegeben wurde und gänzlich lebte, Zeugnis für das Sein der Gegensätzlichkeit dieser Welt, in die ich zutiefst meine Liebe und meine Hingabe brachte. Ich trug mich in dieses Sein [der polaren Erde], um leibhaftiges Zeugnis abzulegen für das, was das Göttliche ist und um den Menschen neue Spiegelflächen zu bieten und sich im Glauben zu finden. So sehet die Welt an, sehet die Schriften und höret die Worte. [Meine Botschaft jedoch war] damals auf meinem Weg in jener Zeit, daß dasselbe Sein in einer jeden Menschenseele ist. Auch eure Seelen haben in den darauffolgenden Zeitabläufen ihre Glaubenssätze gebildet, ihre Wege und ihr Licht gesucht, die Dunkelheit erlebt und auch die Schatten, die auch ich erlebte in meiner Weise in meinem Leben, dort in meiner Manifestation.

> „Ihr seid die Wahrheit so suchet nicht nach der Wahrheit. Sehet, die Wahrheit findet ihren Weg zu euch"

**Sehet, die Menschen, sie glauben an das Kreuz, sie glauben an den Tod. Sie sehen sich im Sterben, das Leid teilend mit mir. Dies gibt ihnen [in nicht stimmiger Weise] Salbung, Wärme, Sinn und Inhalt für ihr Sein. Sie getrauen sich [jedoch] nicht in die Erfahrungen zu gehen, sich selbst in das Göttliche zu geben, aufzustehen um zu heilen, zu dienen und diese Welt zu durchlichten auf ihre göttliche Art und Weise.** So höret meine Botschaft und höret meine Kunde, ihr, die ihr mir die Schwestern und du, der du mir der Bruder bist. Ich, Jeshua Ben Josef, spreche zu euch von Bruder zu Bruder und von Bruder zu Schwester:

**Stehet auf und wählet nicht die Worte.**
**Es sind der Worte genug gewählt.**
**Stehet auf und wählet nicht die Schriften.**
**Es sind der Schriften genug gewählt.**
**Stehet auf und wählet nicht die Gesetze.**
**Es sind der Gesetze genug manifestiert.**
**Stehet auf und gehet und seid die, die ihr seid.**
**Wandelt im Licht und im Heil, das ihr seid.**
**Ihr seid das Licht und ihr seid die, die heilen durch ihr Sein. Nicht durch das Wort, nicht durch die Tat, nicht durch die Gesetze, die ihr verkündet.**

Es gibt dort kein Gesetz, das die Menschenseele führt in das Reich unseres Vaters. Es gibt dort keine Tat, die die Menschenseele in die Erlösung führt. Es sei denn, die Menschenseele geht in das Tun aus der **Eigenständigkeit**. Es gibt dort kein Wort, das ihr finden würdet, das die Herzen öffnen könnte. Ein Herz, das sich in Verschlossenheit befindet, ist ein Herz, das nur aus der eigenen Liebe und der Begegnung mit der Liebe selbst in die Öffnung sich zu geben wagen wird. So sehet dies und manifestiert das Licht. Tut euer Werk in den Tagen und tut euer Werk in den Nächten. Und so ist meine Bitte an euch, gehet und seid das Licht, seid die Heilung und seid das Heilige. Gehet in der euch zutiefst liegenden Demut in diese Zeit und begegnet dieser Welt mit eurem Sein. Gehet und begegnet der Welt mit eurem Sein von Angesicht zu Angesicht. Seid Heilung, seid Licht, seid Liebe, seid Friede. In euch, tief in euch, seid ihr Liebe, Licht und Friede. Gebt dieses in die Welt durch euer Sein, so daß ein anderes Auge und ein anderes Herz dies erblicken möge, [jemand] der den Frieden, die Liebe und das Heil [sucht].

**So gehet und erhebet eure Hände, um zu heilen. So gehet und öffnet eure Herzen aus der Liebe. So gehet und richtet nicht einander. Gehet und seid in der Liebe mit dem Bruder und mit der Schwester.**

**Gehet in die Liebe, doch verliebet euch nicht.**
**Gebet euch, aber vergebet euch nicht.**
**Schenket euch, aber verschenket euch nicht.**
**Dies heißt, ihr Geliebten, seid zutiefst der, der ihr seid.**
**Seid das, was das Göttliche in euch meint und traget euch in diese Welt aus der Liebe zu dem, was ist.**

Die Brüder und Schwestern eurer zukünftigen Vergangenheit [Sternenbrüder] sind gesandt, um euch zu führen und zu lehren. Es sind die Dimensionen bereit, die Tore zu öffnen und das zu geben, was ihr benötigt. Das, was euch das Öl ist auf eurem Wege ist der Glaube [Hier im Sinn von Vertrauen]. So wisset, es sind die Tische bereitet und die Kelche und die Krüge gefüllt aus eurem Glauben, der euch das Öl ist, diese Zeiten zu erfahren. So gehet in die Welt, um diesen Abschnitt der Existenz in die Vollkommenheit und in die Vollendung zu führen. Gehet und traget das Licht, gehet und traget den Frieden in euch und mit euch.

Und so sprach ich euch, daß ihr die Wissenden seid: **Ihr seid die Wissenden über euren Kleinmut, über eure Friedlosigkeit und über euer kriegerisches Sein ebenso. Ihr seid die Wissenden um eure Lieblosigkeit. Ihr seid die Wissenden über euren Richterspruch, den ihr aneinander fällt. So wisset um dieses und gebet euch den Frieden, die Liebe und den Segen für euer Sein einen jeden Tag und eine jede Stunde und eine jede Minute, die ihr die seid und verbindet nun Himmel und Erde miteinander. Ihr seid die, die das Licht bringen in die Schatten - dorthin, wo das Licht lebt, wo der Samen sprießt und wo die Rose öffnet ihre Blätter. Dort bringt euch hin in eurem Sein, aus der Wahrheit, dem Weg und dem Licht, das ihr seid.** So bringe ich heute diese Botschaft und das Zeugnis meines Seins.

**Sehet nicht das Kreuz, das ich trug.**
**Sehet die Heilung, die ich war aus meinem Sein.**
**Sehet den Weg, den ich ging aus meinem Sein.**
**Sehet das Licht, das ich war aus meinem Sein.**
**Sehet all dieses und sehet dieses in euch.**

Seid das göttliche Licht, das aus sich selbst heraus heilt, ohne die Kreuze zu tragen und ohne den Tod zu suchen. So gehet ihr in die Freiheit, in das göttliche Licht. Gehet ihr die Stufen des Lichtes mit mir gemeinsam in einer Reihe. Ich werde euch folgen, wie ihr mir folgt und sie werden uns folgen, wie wir ihnen folgen. So habt den Frieden und habt den Segen und habt die Liebe des Vaters in eure Herzen. Amen.

***

Klingt nach Kirche, ist es aber nicht. Die Inquisition hätte uns dafür vor einigen Jahrhunderten noch auf dem Scheiterhaufen verbrannt. Wegen Ketzerei. Samt Jeshua.

# Handwerkszeuge

**Techniken sind das Machbare, um das Nicht-Machbare zu bitten.** Stell Dir vor, Du suchst in München eine Mietwohnung. Keine einfache Sache. Wochenlang liest Du Anzeigen, sprichst mit Maklern und bekniest Hausbesitzer. Nichts. Das ist das Machbare. Dann fragt Dich ein Bekannter, ob Du von jemandem weißt, der seine Wohnung übernimmt. Er zieht dort aus. Und genau diese Wohnung ist es. Das war das Nicht-Machbare. Und ich sage Dir: Dieser Bekannte wäre Dir nicht über den Weg gelaufen, hättest Du zuvor nicht wochenlang im Bereich des Machbaren Deine Bitte nach einer Wohnung ausgesprochen. Unsere geistigen Lehrer weisen immer wieder darauf hin, daß wir nicht in Ehrgeiz oder Ungeduld mit uns selber verfallen sollen. Es geht darum, in der Leichtigkeit, im Spielerischen zu bleiben und dennoch im Fokus auf ein Ziel. Klingt paradox. Wahrheit ist immer paradox, wenn sie gänzlich beide Pole der Gegensätzlichkeit umfaßt.

Gehen wir noch einen Schritt weiter. Letztlich wird sich auch das Ziel der Technik auflösen. Dann gibt es nur noch das Tun um der Liebe willen aus sich selbst und aus dem Augenblick heraus. Das wird dann möglich, wenn sich der bewußte Verstand, das Wollen, völlig aufgelöst hat im Vertrauen in die Seele. Seele wird dann aus ihrer Impulsgebung heraus den kürzesten aller möglichen Wege wählen, um ihre Erfahrung zu machen. Verstand ist nur noch Zuschauer. Wir nennen das "Handeln aus der Intuition". Soviel vorweg zum Möglichen und Unmöglichen von Techniken.

## Neutralität

ist der Gegenpol zu Verwicklung - wollte ich gerade schreiben und merke dabei, daß ich mich mit dieser Formulierung ja schon wieder in eine Haltung gegen das eine und für das andere hineinschwatze. So stimmt es nicht. Also nochmal von vorne: Neutralität im Sinn der Ätherischen beschreibt eine Grundhaltung, die es mir ermöglicht, in mir selbst zu ruhen wie ein Berg - egal ob laue Lüfte wehen oder Orkane toben, egal ob ich gerade neutral (im üblichen Sinn) bin oder ob ich mich verwickle. **Neutral in der Verwicklung, das ist der Punkt.** Ich vergleiche es mit verschiedenen Bewußtseinsebenen, die wie in einer Hierarchie übereinander liegen. Ganz unten mag Verwicklung sein. Und darüber und gleichzeitig ist Stille, Friede und Liebe. Wie mag so etwas praktisch aussehen? Da schimpft einer und regt sich fürchterlich auf. Im nächsten Augenblick hält er inne und beginnt zu lachen über sich und die Situation. Die Ebene, die lacht und trotz mißlicher Umstände leicht ist, das ist die übergeordnete Ebene der Neutralität in der Verwicklung. Davon ist hier die Rede.

Es war der geistige Lehrer Sri Yukteswar, der uns Neutralität in vielen beschreibenden Begriffen und Symbolen lehrte, von denen ich einige wiedergeben möchte (wurde von einem anderen Medium, Andrea, gechannelt):

***

Juli 1996

Sri Yukteswar:

... Ihr seid der **Adler**. Ihr erfaßt die Erde und den Himmel. Er **harrt** und **wartet absichtslos, besitzlos, voller Ruhe**. Lernt dieses Gefühl. Der Adler sitzt auf einem Baum. Er harrt. Er wartet. Er ist nicht auf der Erde. Er ist nicht im Himmel. Harrt! Wartet! Seid neutral!

... Ihr seid die Summe eurer Entwicklungsprozesse. Da ist nichts zu empfangen. Ihr seid dies. Erdenkt nichts. Holt nichts. Erwartet nichts. Nehmt dieses Gefühl an.

... Das nächste Gefühl, das ihr üben möget ist dieses: **Seid beziehungslos!** Beziehungen sind Verknüpfungen. Beziehungen sind neue Summen. Ihr werdet Beziehungen knüpfen mit anderen, die in der Liebe sind. In diesem Schritt möget ihr ein Bild suchen, ein Bild für euch selbst, das euch immer dient hinsichtlich der Neutralität. Eure Seele gibt euch dieses Bild. Es ist das Bild, das ihr in euch tragt ohne eine Beziehung. Laßt es euch geben von eurem höheren Bewußtsein (*). Verfolgt diese Schritte immerdar. Erübt sie in euch bevor ihr mit einer Arbeit beginnet und endet mit diesem Bild, mit diesem Gefühl, daß ihr ohne Beziehung seid.

... Was nun bedeutet es, **durchlässig** zu werden? Dies bedeutet zu verstehen, was ein Berg ist. Er ist Feld. Er ist Stein. Er ist eins. Er ist. Der Berg steht für sich in Ruhe und er erlebt die Unterschiede. Er erlebt den Unterschied von Tag und Nacht, von Bronzezeit und Eisenzeit. Dieses ist durchlässig werden. Der Berg steht wie ein Tor für weitere Zeiten und Ereignisse. Fügt euer eigenes Symbol in das Gefühl, Fels zu sein, ein.

***

(*) Nochmal hier der Ablauf der einfachen Übung, die darin besteht, sich einen Knoten ins Taschentuch zu machen. Knoten als Erinnerung für den Zustand der Neutralität in Situationen des Alltags.

1) Setz Dich zur Meditation hin, Augen geschlossen und finde in Dir den Zustand von Neutralität. Das Bild des harrenden Adlers mag Dir ein Anhaltspunkt sein.

2) Bitte Deine Seele, Dein höheres Selbst, Dir Dein ganz persönliches, entsprechendes Bild zu geben. Das kann alles mögliche sein, was für Dich

Neutralität, Ruhe und Sein verkörpert: Eine aufgehende Sonne, eine goldene Kugel, der Standpunkt auf einer Brücke über einen Fluß oder der Blick vom Gipfel eines Berges. Erhalte für Dich dieses Symbol und fülle es mit Deinem Gefühl des Beziehungslosen, dennoch Aufmerksamen, nur Schauenden, ohne Wertung.

3) Wenn der Chef tobt, die Kinder quietschen oder Sorge und Angst nach Dir greifen, dann hole Dir dieses innere Bild in einer Sekunde her. Und das war's auch schon.

4) Dein Bild kann sich im Lauf der Zeit verändern.

## Installieren der Lichtsäule

Ziel dieser Übung ist, sich mit dem neuen Paradigma, dem neuen Magnetgitternetz, das bereits um die Erde gelegt ist, zu verbinden und sich an die hochschwingenden Energien mit Körper, Seele und Geist anzuschließen. Und das geht so: Augen schließen und in innere Bilder gehen. Innere Bilder, das kann empfunden werden als Vorstellung, Imagination, Gedanken oder Phantasie. Alles gleich gut. Du stellst Dir jetzt eine Säule aus Licht vor, die vom inneren Mittelpunkt der Erde ausgeht und durch Deine Wirbelsäule von unten nach oben durchläuft, Dein Herz dabei berührt, durch Deinen Scheitel rauskommt und dann nach oben, weiter und weiter bis ins Universum läuft und Dich dort mit einem lichten Gitternetz verbindet. Hörst Du das satte Schmatzen, wenn sie sich einklinkt? Diese Vorstellung kannst Du in Sekunden innerlich herholen. Jederzeit. Das ist erstmal schon alles.

Wenn es Dir zu langweilig wird, dann kannst Du anfangen zu spielen. Probier alles aus, was Dir einfällt. Du kannst Dir zum Beispiel vorstellen wie sich das anfühlt, wenn Du um diese Säule als Achse rotierst und dabei hoch und runter schwebst. Rotierst Du rechts- oder links herum? Dann kannst Du in Deine hell-transparente Säule eine Farbe Deiner Wahl dazugeben. Du könntest Dir auch vorstellen, daß Du aus der Säule eine Art Schlauch abzweigst und mit dem Farblicht irgendeine Stelle Deines Körpers "bewässerst". Nach einer Weile wirst Du auch feststellen, daß der Durchmesser der Säule immer größer wird, weil Dein Schädel sich immer mehr gedehnt und geöffnet hat. Zum Schluß mag die Säule gar nicht mehr durch Dich hindurch gehen. Jetzt sitzt Du ganz und gar in der Säule drin. Alles gut. Komm aber bloß nicht auf die Idee, mit der Lichtsäule an anderen Menschen herumzufummeln! Weder in heilerischer Absicht, noch um die Freundin zu beglücken. Bleib bei Dir! Sei Du selbst und sonst erst mal gar nichts.

Zwei Durchgaben zur genaueren Erläuterung. Die von Nyria zuerst. Es dürfen sich insbesondere die Faulen, die Vergeßlichen, die Gestreßten und die angesprochen fühlen, für die das alles zutrifft:

***

> Die Lichtsäule reicht vom Mittelpunkt der Erde über die Wirbelsäule, Dein Herz und den Scheitel bis ins Universum

Oktober 1998

Nyria:
... sehet, ich liebe eure Ewigkeit. So wie ich liebe euer Sein, euer Fragen und euer **ein wenig Stillstehen**. Ich komme in dem Heute zu euch, um euch zu sprechen von dem, was euch möglich sein kann. Ihr studiert, ihr hört, ihr geht, ihr geht so wundervolle schöne Schritte. Ihr geht und ihr fragt. Und wisset, es gibt gar wenige, die fragen, denn sie fürchten die Antwort. So fürchtet von euch keiner die Antwort. Denn ihr seid mutig. Schauet diese Welt und schauet die vielen, vielen Seelen, die ihre Fragen vergessen und die die Antworten anderer als die bare Münze für sich selbst nehmen. Dieses ist ein Trugschluß und ein Irrweg für eine gewisse Zeit. Doch ihr wißt, ein jeglicher Weg ist gesegnet. Ja, ja, ja, er ist gesegnet. **Doch ihr könnt euch hilfreich sein in diesen Zeiten. Denn diese Zeiten werden schwieriger und immer schwieriger**. Ich spreche dieses aus in der Deutlichkeit, denn ich weiß, ihr fürchtet diese Worte und Begrifflichkeiten nicht. Ich würde diese Dinge nicht aussprechen, wenn ich wüßte, daß ihr furchtsame Häschen seid. Nein, ihr seid nicht die furchtsamen Häschen, doch gleichsam seid ihr weich und zärtlich wie ein Häschen. In Wirklichkeit seid ihr die Löwen, die Löwenherzen. [Lachen von uns]. Diese Begrifflichkeit gefällt euch zutiefst. Ihr seid Löwenherzen und ihr seid kuschlige, weiche Häschen. So berühre ich das Herz des starken, kraftvollen Löwen in euch.
In dieser Stunde möchte ich euch die Möglichkeiten näherbringen, die in diesen Zeiten der Turbulenzen in euren Händen liegen. Die Energien in eurer Atmosphäre werden unberechenbarer mehr und mehr. Es gibt kein System, das berechnen könnte die Veränderung, die nun in das Deutlichere gehen wird in einem Starken. Und dennoch habt ihr die Möglichkeit, mit diesen unsteten Energien und Frequenzen in den Einklang zu gehen. So werde ich mit euch eine **Übung machen**. Ich bitte euch, zunächst zu bedenken, daß die Übungen, die wir euch beibringen, keine Übungen der Einmaligkeit sind! Dies bedeutet, sie müssen sich nicht beschränken auf diese eine Stunde. Nein, ihr dürft sie weiter fortsetzen. Dies bedeutet, ihr dürft üben. Dies bedeutet, ihr dürft Bewußtsein legen auf das, was ihr könnt. Dies bedeutet, ihr dürft euer Handwerkszeug in eure geheiligten Hände nehmen und ihr dürft wachsen. Ihr dürft, ihr dürft, ihr dürft! **Was hindert euch daran, so frage ich euch, euch täglich mit eurer Lichtsäule bewußt zu verbinden?** Was hindert euch daran, so frage ich euch, euch in die Höhe des Paradigmas zu schwingen? Was hindert euch daran, eurer Seele den Weg freizugeben und zu sprechen: "Schwinge Seele! Schwinge und erkenne die Informationen der hohen Frequenzen." Ich frage euch in der Tatsächlichkeit: "Was hindert euch?"

Kathrin: - Die Trägheit hindert mich.

Nyria: Dies ist ein gutes Argument.

Caro: - Ja, mich hindert oft die Schnelligkeit des Alltags.

Nyria: - Dies ist ebenso ein sehr gutes Argument.

Mathias: - Ich vergesse es manchmal einfach.

Nyria: - Dieses ist vortrefflich und praktisch.

Ute: - Auf mich treffen alle drei Argumente zu

Nyria: - Dieses ist intelligent.

Ihr seid gelähmt, ihr seid schnell, ihr seid vergeßlich. Einer für Alle, alle für Einen. Wie gut, daß schon einer diese Worte sprach!? Da muß ich nicht denken [zu Ute]. Ja, lächelt, lächelt, lächelt, lacht. Lacht laut, ich bitte euch, lacht laut. Lacht über euch, lacht freundlich über euch. Schaut nicht auf euch herab, seid freundlich zu euch. Ihr seid die Lahmen, die Schnellen, die Vergeßlichen. Ihr seid die, die alles sind, was die anderen sind. Sehet, **dies ist eine Schule der Bewußtheit**. So gestattet euch, lahm zu sein und schnell und vergeßlich, mit vielen Dingen beschäftigt. **Doch seid euch bewußt darüber, was ihr seid** [nämlich faul, vergeßlich, gestreßt und dies alles zusammen]. Ihr quietscht in euren Stunden selten und ich liebe es, wenn es euch auffällt. Denn das bedeutet, daß ihr euch zuhört. So ihr quietscht dennoch, so werdet euch bewußt: "Ich bin gerade lahm. Ich bin sehr schnell. Ich bin vergeßlich." Aber immerhin: "Ich habe alles in meinen Händen." So könnt ihr lernen, mehr und mehr das umzusetzen, was ihr wißt, das, was ihr geschult erhaltet aus der Ebene der Liebe. **Es ist dies kein Zwang.** Eure Lahmheit, Schnelligkeit und Vergeßlichkeit ist eine Zwangsläufigkeit eurer Zeiten, des Lebens auf dieser Erde in den Rahmenbedingungen des Vergessens. Ihr seid Vergessen, ihr habt das Vergessen erschaffen. So ist es kein Wunder, daß das, was ihr erhaltet, von euch zur Seite gelegt wird und ihr nach vorne schaut, um neue Möglichkeiten zu erhalten. Dieses ist gesegnet. Glaubt mir, eure Seelen werken und wirken gänzlich in der Zeit eurer Lahmheit, euer Schnelligkeit, eures Vergessens. Sie gehen und sie verstehen und sie vollziehen eine Menge mehr als ihr euren Seelen zutraut.

**So schlage ich vor, daß ihr 5 Minuten eurer linearen Zeit an einem Tage eurer Lichtsäule widmet**, widmet euren hohen Frequenzen, die ihr erfahren könnt. Widmet dem Paradigma, das in einer großen Schönheit errichtet ist um eure Erde. Widmet euch den Möglichkeiten, die Frequenzen eurer energetischen Körper zu erhöhen. Ich schlage euch vor, 5 Minuten eurer Zeit zu finden, trotz Schnelligkeit, trotz Lahmheit, trotz Vergeßlichkeit und der Summe dessen, und dieses zu tun. 5 Minuten eurer Zeit! Haltet ihr dieses für möglich?

> Am Tag 5 Minuten für die Lichtsäule!

Wir: - Ja

Nyria: - Gibt es etwas, was euch hindern könnte?

Wir: - Nein.

Nyria: Ist es euer Wunsch und Wille?

Wir: - Ja.

Nyria: - Dieses erwarte ich in einem Lauteren!

Wir: - Jaaaa

Nyria:
So, ihr dieses lauter sprecht, Freunde, so gebt ihr dieses "Ja" aus euren Stimmbändern nicht allein, sondern auch aus eurem Bauch, aus eurem emotionalen Körper. Es ist wesentlich, das, was ihr sprecht, deutlich zu sprechen aus eurem Sein. Dieses wird euch eine ganze Menge über euch selbst bewußt machen. Denn ihr seid eure Meister und Lehrer. Ihr verspürt gänzlich in der Art und Weise wie ihr die Botschaften und Literaturen studiert, daß ihr tragt gänzlich die Möglichkeit in euch [meisterlich zu sein aus euch selbst] und daß das Handwerkszeug anderer nicht das eure ist, nein. Denn ihr seid die eigenen Baumeister eures Seins. **Diese 5 Minuten können euch helfen, euch in die Harmonie eurer Mitte zu führen. Diese 5 Minuten können euch helfen, eure Physis auszuvibrieren in der Gänzlichkeit.**

Wenn ihr wünscht, werden wir nun die Möglichkeit der hohen Energien in diese Runde geben. Dies bedeutet, daß ihr euch öffnet und daß ihr die Lichtsäule übt ein weiteres Mal. Gebt euch da hinein, ohne Wenn und Aber. Bringt euch in die hohen Frequenzen und koppelt an den Möglichkeiten des neuen Energienetzes an. Wir werden die Energie in diesem Raum nun anheben um ein Viel- Viel-Vielfaches. Ist dies euer Wunsch und euer Wille, ist es euer Bedürfnis, dieses jetzt zu unternehmen?

Wir: - Ja

Nyria:
So laßt uns einander berühren. Findet einen Weg [wir rutschen näher um Gaby herum, die ihre Fingerspitzen mit uns in Berührung bringt], um euch an den Fingerspitzen zu berühren und diesen Kreis zu schließen. Sucht die Spitzen der Finger, dieses ist bedeutsam. So frage ich euch: Könnt ihr vernehmen die Energie?

Wir: - Ja

Nyria:
**So öffnet euren Scheitel und bittet die Lichtsäule in euch hinein in einer großen Klarheit, in einer großen Deutlichkeit. So fließt für kurze Zeit die Energie im Kreis in einer großen Schnelligkeit. In einer großen Schnelligkeit wird diese Energie fließen.** So löst die Hände und sprecht die Worte:

Ich bitte dich, Seele, die ich dich liebe,
schwinge uns in die Höhe,
in die höchste Ebene der Frequenz und der Möglichkeit.

Ich bitte dich, Geist, den ich liebe,
dehne dich aus grenzenlos.

So bitte ich dich, Physis, die ich liebe,
schwinge, schwinge, schwinge
mit einer jeglichen Zelle in die hohe Frequenz.

Und dieses vollzieht sich nun. Ihr Wundervollen, ihr wundervollen Durchlichteten. So sprecht die Worte weiter:

Ein jedes Mal, wenn ich aus meiner
Freiheit,

aus meinem Wunsch und Willen
die hohen Ebenen erschließe, segne und
löse ich auf
in meinem Geist, in meiner Seele und in
meinem Körper,
was mich hindert und was mir diente.

Ich bin bereit, zu wachsen, zu wachsen, zu
wachsen.
Friede sei mit mir, mit dieser Erde,
mit einer jeglichen Seele,
mit meinem Weg, der mich führen wird
in mein wahrhaftiges, wirkliches Sein.
Amen.

Nyria:
So ihr es wünscht, so wendet eure Aufmerksamkeit wieder zu mir. Ihr müßt euch nicht [von den hohen Frequenzen] entfernen. Ihr müßt nicht herabsteigen. Ihr müßt keine Impulse finden, um euch zu erden. **Ihr seid geerdet durch eure Liebe zu dieser Erde. Ihr seid geerdet durch euer Einverstandensein mit eurem Weg. Ihr seid geerdet durch euren Segen, den ihr auf das gebt, was war, was ist und auf das, was sein wird. Es ist die Liebe, die euch die Balance gibt. Es ist die Liebe gänzlich.** Es ist die Liebe und das ohne Wenn und Aber, welches bedeutet, in der Klarheit eures Geistes zu sein. So segnet euch in den Zeiten, so ihr dieses vergeßt immer wieder. Ihr habt vergessen über Äonen auf dieser Erde. Ihr habt euch im Vergessen geschult. Ihr seid Meister des Vergessens gewesen und nun seid ihr mehr und mehr Meister der Gänzlichkeit und der Erinnerung. Dies brachte ich euch in dieser Stunde in die Erinnerung. Ihr seid in der Tatsächlichkeit des Samens, der nun aufgeht mehr und mehr in einer großen Schönheit. Es ist die Erinnerung an das Vehikel, das ihr seid, das Vehikel in der Schönheit. Es bedarf dieser kurzen Zeit nur. Es bedarf der Regelmäßigkeit dieser 5 Minuten an einem Tag, um euch zu erinnern.

**Sucht mit den Fingerspitzen meine Fingerspitzen, wenn ihr diese Übung allein macht. Ich werde euch berühren und euch den Kontakt geben, auf daß sich ein Kreis schließen mag und auf daß der Lichtkörper in eine Rotation geht. Dies ist eine Möglichkeit, die ich euch anbiete, auf daß sich euer Lichtkörper wieder erinnert an die vertikale Ausrichtung und an die Rotation im Vertikalen, im Rechtsdrehenden, so wie eure Chakren. Dies bedeutet, daß ihr die Lichtsäule manifestiert. Euer Lichtkörper rotiert dabei um die Säule. Dies bedeutet, daß ihr mit diesen Instrumentarien mehr und mehr die Gravitation überwindet. Doch es bedarf eurer Aufmerksamkeit und es bedarf 5 Minuten eurer linearen Zeit.**

> „Ihr seid geerdet durch eure Liebe zur Erde"

**Es gibt nichts, was es zu erlernen gäbe, außer der Liebe, der Liebe, der Liebe. Die Schulung, die ich euch übermittle, die Erinnerung, die ich euch gebe, ist nichts im Vergleich zur Liebe. Doch das, was ich euch mitteile, kann euch helfen, die Liebe in den Stunden eures Tages wahrzunehmen, euch zu erkennen als die Liebe, als die Weite, als die Heilenergie, die Kraft und die Berührung.** Es kann euch dienlich sein, meine Finger zu berühren und die Lichtenergie in die Rotation zu bringen, euch in die Lichtsäule zu führen, in die Klarheit, die Ruhe und die Stärke eures Seins. In den hohen Ebenen des Paradigmas dieser Erde zu sein bedeutet, euch zu erinnern, daß ihr seid Vertrauen zu eurem Weg, daß ihr seid Klarheit eures Weges, daß ihr seid Stabilität unter euren Füßen. Diese 5 Minuten eurer linearen Zeit mögen euch erinnern, gänzlich erinnern.

***

Für Dich, lieber Leser, gilt das Angebot natürlich genauso. Du kannst Nyria jederzeit bitten, daß sie Dir einen Energieimpuls über Deine Fingerspitzen gibt. Ausprobieren, dran bleiben, eigene Erfahrungen machen. Den Text, den wir Nyria nachsprechen, den brauchst Du natürlich nicht auswendig zu lernen. Er beschreibt die Grundhaltung bei dieser Übung. Die meisten Menschen - ich gehöre auch dazu -, die Nyria schon mal direkt life im Kurs über Gaby berührt haben, erhalten einen gewaltigen Energiestoß. Das äußert sich über Körperzittern, Augen verdrehen und leises Aufstöhnen. Fühlt sich gut an, wenn man es zuläßt. Wenn Du die vorgeschlagene Übung machst, erwarte aber bitte keine Sensationen. Das kann ganz still ablaufen und tut es allein auch meist.

Wenn Nyria davon spricht, daß über die Lichtsäule die Gravitation aufzuheben sei, so habe ich das bisher noch bei Niemandem beobachten können. Ich halte es aber für möglich, daß sich dieses im Lauf der Zeit einstellt. Ist erst mal nur wichtig für Fakire im Zirkus. Ansonsten nehmen wir ein Flugzeug. Gryconne wird in diesem Zusammenhang von der Merkabah sprechen.

Mit **"Lichtkörper"** ist der feinstoffliche Körper gemeint, den Sternenbrüder haben. Wir haben natürlich auch einen, auch wenn uns dieses nicht bewußt ist. Im Zeitalter des Vergessens lag der auf Eis. Jetzt wird er wieder "aufgetaut". Ein Prozeß, bei dem wir selbst kräftig und bewußt mithelfen können. Lassen wir jetzt Gryconne mit seiner leisen und differenzierten Art nochmal zur Lichtsäule zu Wort kommen:

***

November 1998

Gryconne:
... so ist euch Nyria eine Zeitlang ein Anstoß gewesen, ein Impulsgeber für die Rotation eurer Lichtkörper über eure Finger. Somit konntet ihr euer Ernergiekleid erleben, wie es in der Lichtsäule aufsteigt. So habt ihr euch geschult. Ihr könnt nun beginnen, diesen Impuls aus euch selbst euch zu geben. Das bedeutet natürlich, daß ihr trotzdem weiterhin Nyria bitten könnt, daß sie euch den Impuls gibt. Sie wird dieses in der Freude und Liebe mit euch tun. Doch ihr könnt euch ebenso erproben, diesen Impuls selbständig aus eurer Lichtsäule in eure Fingerspitzen gleiten zu lassen und eure Lichtsäule auszudehnen und euch somit selbst den Impuls geben. Dies wird bedeuten, daß ihr in euch funktionierende und rotierende Lichtkörperlichkeiten werdet.

Dies ist eine Zeit der Schule. Ich bitte euch in der Geduld, in der Aufrichtigkeit, in der Freude und in der Leichtigkeit zu bleiben in diesem Trainieren, in diesem euch Erproben und Erüben - und so könnt ihr euch verstehen als eine Rotationskraft. Du Schwester [Ute], die du uns das Auge bist [Ute kann manchmal in Feinstofflichkeiten sehen], hast dich bei deinen diesbezüglichen Übungen mit der Lichtsäule in einer gegenläufigen Rotation erlebt. Dies ist ein Vorgehen, das du in der Genauigkeit wahrnimmst. Ihr werdet dies in der Genauigkeit wahrnehmen, ein jeglicher zu seiner Stunde, ein jeglicher in seiner Bereitschaft. **Ihr werdet erfahren, daß ihr zweierlei Energiekörper aufbauen werdet, einen rechts- und einen linksdrehenden Energiekörper, der in der Gegenläufigkeit ein Energiefeld erzeugen wird, das euch machen kann zu einer Merkabah [das ist eine Art Raumschiff aus dem völlig Eigenständigen].**

In dieses Energiefeld tretet ihr ein in den folgenden Zeitabläufen. Ihr werdet wiederum gehen in die Stille, in den Frieden - so wie der Winterboden. Ihr werdet euch erproben, euch beobachten, die Freiheit eurer Seele einbringen in diese Prozesse der Rotation - ohne das Wollen - gänzlich mit einem Hauch und einem Lächeln. **Ihr könnt diese wahrnehmen in der Art und Weise, wir ihr mit eurem Energiekleid in der Rechtsdrehung das [neue] Magnetgitternetz berührt und von ihm einen Impuls erhaltet, der euer Energiekleid aufteilt in einem rechts- und in einem linksdrehenden Körper. Dies bedeutet, daß der Emotionalkörper und der Mentalkörper sich in diesen Beweglichkeiten befinden.** Laßt dabei los von Irritationen. Ihr erprobt euch und ihr seid wahrlich große Energiemeister. Ich bitte euch, diese Übungen in der Regelmäßigkeit durchzuführen. **Ihr werdet mehr und mehr zu dem, was ihr für möglich haltet.**

So sehet, so sind eure Tagesabläufe in der Unterschiedlichkeit. Dies bedeutet, daß eure Seelen euch führen in alte und in neue Situationen, um diese Bereiche in eure Aufmerksamkeit zu heben, auf daß ihr euch nicht aus der Unwillkürlichkeit und der Unkenntnis, in euren Tagen bewegt. Aus der Bewußtheit um euer Sein könnt ihr erlernen, euch gänzlich in alle Situationen eurer Umgebung einzufinden. So könnt ihr eure Umwelt erfahren, erleben, Teil der Begegnungen sein - und dennoch in der gänzlichen Singularität [Eigenständigkeit] des Eigenen bleiben.

Eine Lektion in der Theorie bedarf einer Lektion der Praxis, um Erfahrungsbereiche zu sammeln. So dienen euch diese Erprobungen dazu, euch in das Erwachen und Verstehen von euch selbst zu führen. Es ist euch nichts gegeben auf euren Weg, das euch führen möchte in das Vergessen zurück, nein. Ihr werdet ohne Wenn und Aber - dies ist euer Wort - euch erproben. So werdet ihr wie aufsteigende Ballone sein. Ballone, die nicht von einer fremden Kraft angetrieben sind, sondern die eine eigene Energiequelle in sich tragen. So wisset, daß die universelle Energie euch gänzlich zur Verfügung steht. Es ist der freie Geist, der euch zur Verfügung steht. Ihr seid in der Erprobung der Wahrnehmungen, auf welche Art und Weise ihr diese Kraft nehmen könnt, sie umsetzen und einfügen dürft.

> Emotional- und Mentalkörper rotieren gegenläufig und erzeugen ein Energiefeld

Die Erprobungen, die ihr nun unternehmt, können bedeuten, daß ihr in Situationen, in denen ihr euch befindet, eine Sekunde innehaltet, euch in der Deutlichkeit bewußt macht und euch fragt, in welcher Situation befinde ich mich gerade? Wie kann die universelle Energie mir hier dienen, wie kann ich sie rufen und sie installieren? Ein erster Schritt kann sein, euch dieses energetischen Feldes [neues Magnetgitternetz] bewußt zu werden und euch somit in die Neutralität und Eigenständigkeit eurer Energiekörper zu erheben. Ihr tut dieses bereits und so heben wir dieses euch nochmal ins Bewußtsein in der Leichtigkeit. Bleibt bei den Beobachtungen in der Leichtigkeit der Freiheit, in der Liebe, in der Achtsamkeit, in der Barmherzigkeit mit Anderen. Kein Groll, keine Abweisung. Wählt Situationen in der Freiheit und erkennt diese an oder wendet euch ab. Dies sind die Möglichkeiten.

Und so seid ihr die wahrlich Meisterlichen, ein jeglicher in seiner Individualität, in seinem Zyklus, an seinem Ort, den er wählt und der ihm gegeben ist in diesen Stunden und in den noch folgenden Stunden. **Wisset allezeit, ihr seid am rechten Ort**, ihr seid nicht an einem Ort, der nicht ist im Rechten für euch und für euer Voranschreiten in einer großen Schönheit. So habet den Dank für diese Möglichkeiten, die nun waren gegeben durch dieses Instrument in diesen Kreis. Und so ist an diesem Abend, in dieser Zeit nun, es ist Raum, zu gehen in das Gespräch, um die eine und die andere Aufklärung zu geben oder gar den einen und den anderen Hintergrund noch einmal in den Augenschein zu nehmen. Und so werde ich gehen nun in die Stille und ich werde nun geben Raum, auf daß ihr ergreifen möget das Wort, um zu uns zu sprechen, ihr Tiefgeliebten, du, Bruder, und ihr geliebten Schwestern.

Kathrin:
Ich habe das, glaube ich, sehr gut verstanden, was du gesagt hast, so mit diesem Moment des Innehaltens, dieses Potential, was da drin liegt. Ich merke aber auch in mir immer wieder, daß es Verwirrung schafft mit dem Linksdrehen und Rechtsdrehen. Da dringt so ein Mechanismus in mir ein, der versucht herauszufinden, ob es gerade rechts- oder linksdreht. Ich bin mir noch unsicher im Umgehen damit.

Gryconne: Ist dies eine Frage, Geliebte?

Kathrin:
Ja, ich möchte wissen, ob das etwas ist, was sich von selber einfügt, ob es da einen Moment geben wird, wo ich das einfach spüre. Oder ob es etwas ist, was ich schulen kann, in der Art der Wahrnehmung, die ich schulen kann?

Gryconne:
Siehe, du hast zunächst die Möglichkeit, deine **Absicht zu erklären**. So du gehst in die Stille - erinnert euch an die **Schule der Neutralität** - so wirst du eine Absicht inbezug auf das folgende Geschehen erklären. So du deiner Seele die Absicht gibst, sie möge dich erheben in die hochschwingenden Energien und deine Lichtkörper in die Rotation bringen, so ist dies eine Absicht und so kannst du gehen in die Stille. Du kannst sein ein dich selbst Beobachtender, einer, der lernt **der Seele zu vertrauen**, der beobachtet, in

welcher Art und Weise sie schwingt und dieses wahrnimmt. Und so du das Chaotische - wie du dieses bezeichnest - empfindest, so bleibe in der Stille. **Du wirst erfahren, daß es sich ordnet aus einer universellen Gesetzmäßigkeit heraus. So du es frei gibst und so du gehst in das Vertrauen, so wirst du erleben, daß die Energiekörper eine gewisse Ordnung einnehmen. Sie können nicht anders als sich in diese Ordnung zu fügen.** Und hier kannst du dich beobachten, Geliebte, hier kannst du sein in der Freiheit. Es ist dies kein Akt des Wollens und kein Akt der Formelgebung und der Gesetzmäßigkeiten, die du im Zwanghaften erfühlen könntest. Nein, denn deine Energiekörper, sie wissen um ihr Sein, sie wissen um ihre Möglichkeiten. Du kannst in die Gelassenheit gehen und in die Leichtigkeit, dich zu erproben und zu erfühlen, welche Frequenzen, welche Möglichkeiten deine Energiekörper wählen. Du wirst ihnen vertrauen.

**Der erste Schritt ist die Bewußtwerdung der Situation, in der du dich befindest - so wiederhole ich dieses. Der zweite Impuls ist die Absicht. Der dritte Impuls ist, die Energie über deine Finger zu geben aus dir selbst oder über Nyria. Und der vierte Impuls ist das Geschehenlassen, die Loslösung. So wie gleichsam die vierte Dimension ist die Loslösung der Systeme und der Strukturen in der Abtrennung von Raum und Zeit.** Hier gehst du also in einen vierten Impuls des Geschehenlassens und der Wahrnehmung. Und dies kann dir bedeuten eine gänzlich neue Erfahrung, geliebte Schwester.

Kathrin: Ja, das verstehe ich. Ich danke dir.

Caroline:
Auf welche Art und Weise kann uns die Nullpunktenergie dienen? Du hast gesagt, man soll da nachspüren. Mich würde es interessieren, was hat das mit der Lichtsäule zu tun, die Nullpunktenergie?

Gryconne:
Die Nullpunktenergie ist die Energie der Lichtsäule ebenso [Nullpunktenergie ist der übergeordnete Begriff]. Die Hauptenergie dieser Lichtsäule ist die Nullpunktenergie. Es ist eine neutrale Energie. Es ist eine Energie, die in sich trägt die Liebe ebenso und sie trägt die Impulsgebung deiner übergeordneten Dimensionen, deiner übergeordneten Entwicklungsstufen und Matrizen [Baupläne]. Dieses liegt alles in der Lichtsäule und die Kraft der Lichtsäule ist die Nullpunktenergie. Der Lichtkörper ist an sich unabhängig von der Nullpunktenergie. Die Lichtsäule gibt einen Impuls in den Lichtkörper, eine Information der eigenen Kraft und der eigenen Schwingung, um dem Lichtkörper in langvergessene Strukturen, Umdrehungen und Frequenzen zu geben. Die Lichtsäule ist eine Erinnerungsenergie. **Die Lichtsäule ist dir eine Nullpunkt- und eine Erinnerungsenergie, wie sie dir ebenso ist die Kraft deines eigenen Seins, die Kraft deiner eigenen universellen geistigen Freiheit.** Aus deiner Seele ist eine Kraft gegeben in den Aspekten der Liebe und des freien Geistes, deiner unendlich ewigen geistigen Weite hinein in die Lichtsäule. Es ist ein besonderes Instrument diese Lichtsäule und es wird getragen durch die Nullpunktenergie. **Die Nullpunktenergie bewirkt, daß der freie Geist und die Liebe der Seele eine Art der Struktur in dieser Säule findet, auf daß sie dir einen Fokus gibt**, somit eine Zentrierung, somit eine Dynamisierung in dir selbst, auf daß der freie Geist sich nicht verströmt in das Universelle, denn dieses ist ihm möglich. **Die Lichtsäule gibt dir eine Art des Haltes, um dich zu bewegen in diesen Zeiten**, in denen die Frequenzunterschiede und die Turbulenzen in einem Großen sind. Dies bedeutet nicht, daß die Freiheit deines Geistes eingeschränkt ist. Es bedeutet, daß deine geistige Kraft und deine Seele dir dient.

> „Die Lichtsäule ist eine Erinnerungsenergie an deine eigene universelle Freiheit"

Du hast über diese Säule die Möglichkeit, eine besondere Wahrnehmung der Lebendigkeit zu erfühlen und dich zu differenzieren. Dies ohne Bewertung aus der Neutralität. So ist es dir möglich über die Lichtsäule, die universelle Kraft zu rufen. Universelle Kraft bedeutet nicht einzig und allein Nullpunktenergie, Schwester, sie bedeutet auch Vitalis, Lebenskraft, ewiges Leben. Das Universum ist Impulsgeber in den Bereichen der Nullpunktenergie. Sie ist eine vitale, eine lebensschenkende Kraft, die Impulse in eine jegliche Zelle führt. Sie sagt, daß in diesem Universum Leben möglich ist, sie erhält alles am Leben, was sich öffnet für das Lebendige, für die Ewigkeit, für die Unendlichkeit, für die Grenzenlosigkeit.

So bitte ich, dieses zu unterscheiden, obwohl es nicht unterscheidbar ist in der Ganzheit des Universums. Dennoch wählen wir die Differenzierung, auf daß ihr eine Möglichkeit haben könnt, euch in der Unterscheidung zu erfahren. So wisse, daß du gehen und daß du auflösen wirst diese Unterscheidungen. Du wirst sie auflösen und als die Gänzlichkeit erfahren. Du wirst sie erfühlen. Du wirst über die Weite deines Geistes in einer großen Klarheit deinen Fokus auf das legen, was du erbittest und erfragst aus dem Universum und auf das, was du erhältst aus der universellen Möglichkeit. Es gibt viele unterschiedliche Kräfte und Energiefelder in den Universen. Die universelle Kraft ist der Begriff, der gewählt wird durch den Sprachgebrauch dieses Instrumentes. Universelle Kraft bedeutet Vitalität, Lebenskraft, Unendlichkeit, ewige Hochschwingung, Freiheit. So hast du dieses nun verstanden in einem Näheren, geliebte Schwester?

***

## Auflösung von Angst

Alle Techniken, die wir von den Sternenbrüdern bekommen, sind sehr einfach und funktionieren aus der Leichtigkeit mit einem Lächeln und einem Hauch. Diese Einfachheit ist vielleicht das Schwierigste für uns. Wir sind eine Haltung gewohnt nach dem Motto: "Wenn es nicht mühsam und anstrengend ist, dann taugt es nicht." "Geliebt werde ich nur, wenn ich Leistung bringe und Erwartungen erfülle." Alles Quatsch. Altes System. Beschwernis. Ich, mit meinem Steinbock-Mond, tue mich da besonders schwer. Deshalb wiederhole ich:

Immer locker und leicht bleiben bei den Übungen. Lächeln und Hauchen. Und wie werden wir jetzt unsere Angst los? - **Wir geben sie einfach ab!** Natürlich nicht als Projektion auf unsere Mitmenschen. Die haben selbst genug davon. Wir würden sie nur beschuldigen oder wären in der Fürsorge. Nein, wir geben sie ab an Sternenbrüder oder an die Ätherischen, am besten an den persönlichen Schutzgeist. Das ist ein ähnlicher Vorgang wie bei den "Auflösungen" in einem der vorigen Kapitel.

Du kannst Dir vorstellen, daß Du Deine konkrete Angst vor der Prüfung, der Schwiegermutter oder was auch immer, nimmst und in einen Karton abfüllst, Schnur drumherum oder einen Klebestreifen. Jungfrauen machen noch ein Etikett drauf: "Dies ist meine Angst vor meiner Schönheit, meiner Größe und Weite ". Meine Ausformulierungen dieser Gedankenbilder sind natürlich nur Beispiele. Jetzt übergibst Du Deinen Angstkarton Deinem Schutzgeist, auch unbekannterweise, und bittest ihn (**Bitte ist immer wichtig!**), ihn zu nehmen und zu wandeln. Tut der. Garantiert. Jetzt kommt die eigentliche Schwierigkeit dieser Vorgehensweise, nämlich **das Loslassen von Deinem Angstpaket.** Klingt wieder mal paradox. Wer will schon Angst haben? Die möchten wir doch alle loswerden. Jetzt ist die Gelegenheit dazu! Wenn Du also nicht zu sehr an Deiner Angst klebst, dann wird der Schutzgeist diese nehmen können und Dir nach kurzer Zeit in gewandelter, goldener Form zurückgeben. Denn die ursprüngliche Substanz der Angst ist Deine Kraft, Deine Energie. Probier es aus.
Heute, wo ich das schreibe, ist Weihnachten 98 und ich merke gerade, daß die folgende Durchgabe von Gryconne genau heute vor einem Jahr war. Auszüge:

***

Weihnachten 1997

Gryconne:
... so habet zunächst Dank für die Zeit, habet den Dank für das Sein mit uns im Vergangenen. Wir sind uns darüber ebenso bewußt wie ihr, daß sich nach eurem linearen Zeitdenken nun nähert die Stunde unserer ersten Begegnung [es war der 26.12.96]. Und so sind wir voll des Dankes und der Freude und wir wünschen dieses mitzuteilen euch und eurem Sein und eurem Weg. Wir sind gegangen in diesen vergangenen Abläufen der Monde und der Sonne [also in diesem vergangenen Jahr] ebenso in die unterschiedlichen Prozesse unseres eigenen Seins [Entwicklung findet in allen Dimensionen statt!]. **Wisset, wir erfahren uns auf unseren Entwicklungswegen ebenso in Bewußtseins-Schritten mit uns selbst. In der Art und Weise wie wir mit euch sind, erfahren wir eine großartige Möglichkeit, uns ebenso zu schulen, uns zu führen in klarere Formen, uns zu geben über dieses Instrument [Gaby] und über die Energie der Berührungen mit euch. Wir lernen von euch und von eurer Umgehensweise mit euren Seelenwegen, mit euren Wünschen, mit euren Hoffnungen. Wir sind zwar angesiedelt auf einer anderen Dimension, aber wir erleben dort analoge Bewußtseinsprozesse.**

> „Wir erleben analoge Bewußtseinsprozesse wie ihr“"

Wir verfolgen ebenso wie ihr Entwicklungswege. Das, was wir vollziehen mit euch, ist ein Großteil unserer Wegstrecke im Gegenwärtigen. Wir wünschen uns, daß sich unsere Wege kreuzen, auf daß eine neue Lichtbahn entsteht, eine neue Möglichkeit, um sich energetisch weiterführen zu können über diese Dimensionen hinweg, durch dieses Universum. **Und so sehet, daß ihr seid für uns die große Hilfe. Ihr seid niemals diejenigen für uns, die uns führen in die Behinderung. Ihr seid niemals diejenigen, die wir schauen mit argvollen [lästigen?] Augen. Denn wir sind in der Liebe. Wir sind in der Verwandtschaft. Wir sind in der Berührung mit euch und mit eurem Sein, mit eurem Weh und Ach, mit euren Fragen und mit den Hindernissen, die ihr vernehmt auf euren Wegen. So wisset, daß es auf unseren Wegen auch eine Art der Hindernisse gibt, die allerdings nicht im Direkten vergleichbar sind mit dem, was euch betrübt. Unsere Hindernisse beziehen sich auf die Schnelligkeit unseres Vorgehens [in der Situation jetzt mit euch und Erde]. Uns standen für unsere Schritte tausende von Jahren Zeit zur Verfügung - so wir wählen euren Zeitbegriff.** Und so sind wir nun welche, die gehen in der Tatsächlichkeit in die Stille gänzlich. Wir gehen gänzlich in die Ruhe. Wir harren gleich ihr harret und ihr lernt zu harren, so wie wir lernen zu harren und aufmerksam uns zuzuwenden einer energetischen Vorgehensweise [nämlich der menschlichen], die uns im Fremden erscheint. Dies erfüllt uns mit einer großen Freude. Denn wir haben vernommen, daß dies eine großartige Möglichkeit für uns ist, uns zu erfühlen und uns zu erfahren in den Bereichen der Seelenverwandtschaft. Das sind die Bereiche, die ihr uns gebt. Sie sind ein unbewußter Teil unserer eigenen Vergangenheit. Dies erfüllt uns mit großer Freude.

Und so wisset, daß wir dankbar sind für die Zeit [des vergangenen Jahres], in der ihr aus der Tiefe eurer Herzen bereit wart, mit uns zu leben und Erfahrungen zu machen. Wir sind voll der Dankbarkeit, daß ihr das habt nehmen wollen, was wir euch reichten aus unseren Händen - aber von euren Tischen. Dies bedeutet, ihr sagt Ja zu eurem eigenen Sein. So [ähnlich] habt ihr dieses vorhin am Tisch auch untereinander und miteinander besprochen. Ihr legt die Geschenke nicht zur Seite und erhofft immer neue Gaben für euch auf eurer Wegstrecke. So ist uns dieses eine große Freude. So habet den Dank im Namen eurer eigenen Seelen, daß ihr nicht weglegt die Geschenke wie das Spielzeug, das sich ansammelt in den Ecken der Zimmer eurer Kinder. Wir werden erfahren dürfen, daß wir aus der Bewußtheit all das an euch abgeben können, was wir noch in uns tragen und was ihr noch nicht genommen und nachvollzogen habt in der Genauigkeit und Bewußtheit. Wir tragen dieses noch in unseren Händen. Und so werdet ihr dieses immer bewußter nehmen und wir werden geben können mehr als das Wort. Wir werden geben können die

Gabe gänzlich in eure Hände. Ihr werdet den Entschluß fassen und die Absicht erklären, die bereits gegebenen Botschaften genauestens zu nehmen und zu reflektieren. Dies ist ein großes Geschenk, das ihr uns macht. Habt hier den tiefen Dank, habt den tiefen, tiefen Dank aus unserem Sein, aus dem, was wir sind und aus dem, was unsere Beziehung ausmacht, die Freundschaft und die Liebe.

Das Weitere, das wir euch geben mögen, ist eine Art des Geschenkes, so dieses möglich ist zwischen unseren Ebenen. **Wir haben vorbereitet für euch eine Art des Geschenkes für diese Stunde.** Dieses Geschenk ist wohl bedacht. Es ist gewählt in der Genauigkeit aus unserem Sein und aus dem Sein eurer geistigen Führungen und aus dem Sein des Rates der Weisen. Diese entbieten euch ebenfalls den Gruß und die Freude und den Segen für euer Sein und für euer Handeln und für die Schritte, mit denen ihr in der Präzision und Genauigkeit weiter geht.

So geben wir euch in dem Heute, so ihr dieses annehmen möget, eine weitere Möglichkeit der Vorgehensweise, in der wir euch schulen mögen. **Heute geben wir euch ein weiteres Handwerkszeug**, damit ihr euer Sein verinnerlichen und selbstbewußter werden könnt. Ihr könnt damit eure Möglichkeiten in die Weite führen und eure Geisteskraft in der Genauigkeit einsetzen. Es wird euch möglich sein, eure Absichten nicht nur als Idee zu haben, sondern auch auszustatten mit der Kraft und Energie der Neutralität. So haben wir dieses Geschenk in unseren Händen. Und so ist unsere Frage an euch: Wünscht ihr zu öffnen in dieser Stunde dieses Geschenk, das wir geben mögen in euren Kreis und in eure Hände oder habt ihr noch andere Anliegen, über die ihr zunächst sprechen möchtet? So wählet und wisset, ihr seid frei und allezeit liegt es in euren Händen, wie wir voranschreiten in unseren Zusammentreffen.

[Wir sind alle bereit, das Geschenk jetzt zu nehmen, schließlich ist Weihnachten und wir sind neugierig]

Gryconne:
Habt den Dank. Habt den Dank und so werden wir mit euch zusammen das öffnen, was wir tragen in unseren Händen. Wir bitten um das Verzeihen, daß das Geschenk verbunden ist mit einer Art der Aktivität von eurer Seite. Dieses macht das Geschenk lebendig und es gibt euch die Möglichkeit, das Leben zu erfühlen und die Energien, die gegeben sind in dieses Geschenk hinein. Das, was gewählt wurde für euch und für diese Stunde, ist ein Geschenk, das euch geben soll eine Aufschlußmöglichkeit über die Kraft eures Geistes selbst. So, wie ihr euch beobachtet und erfahren habt in den Stunden des Vergangenen, so hat ein jeder von euch auf seine Art und Weise eine Art der Frage, eine Art des Wunsches, eine Art des tiefen Sehnens seiner Seele vernommen und wünscht dieses im Genaueren zu erfahren. Wir gehen nun für eine kurze Zeit in die Stille. Es ist möglich, daß du, geliebter Bruder, für diese Zeit die Töne und das "Gloria" in diesen Kreis gibst. Wir werden nun beschreiben die Vorgehensweise dessen, was wir vorbereitet haben:

> Die Struktur der Angst lösen wir auf. Den Inhalt behalten wir. Er besteht aus unserer lichten Energie

So ist zunächst Zeit für die Stille. Ihr habt die Möglichkeit, euch zu verbinden mit der **Lichtsäule**, die euch verknüpft mit dem Paradigma, diese Möglichkeit besteht. Des weiteren besteht die Möglichkeit, daß ihr über eure Stille, über euren Frieden und über eure Liebe erfühlt eure Seele. Erfühlt eure Seele und erfühlt den Bereich eures Herzens, um hier wahrzunehmen einen wesentlichen Wunsch eures Herzens. Dies ist das Vorgesehene. Und dann erfühlt, was den Wunsch hindert, in die Tatsächlichkeit sich zu geben, diesen Schöpferakt zu manifestieren. So habt ihr Zeit, eine oder mehrere eigene Denkvorstellungen und alte Muster zu spüren und zu formulieren. Dieses wäre ein weiterer Abschnitt des Geschenkes und dieser Gabe. Wir bitten euch, euch in dieser Stunde mit einem einzigen Wunsch in der Klarheit in Bezug zu setzen. Denn dieses macht euch möglich, in die Klarheit eures eigenen Seins zu gehen. Nehmt etwas, was ihr euch wünscht für das Morgen oder für das Übermorgen oder für die nächste Zeit. Nehmt einen Herzenswunsch, etwas, was euch die große Freude machen würde, was ihr als großen Segen für euer Leben erachten würdet. Dieses erspürt und formuliert es. Und auf der anderen Seite findet ihr eine bis möglicherweise fünf alte Denkgerüste, von denen ihr glaubt, daß sie euch hindern, den Wunsch umzusetzen. Wir legen Wert darauf, daß ihr die gegenpolaren Energien in die Deutlichkeit bringt. So wird - nach eurem Wunsch und Willen - ein jeder einzeln aussprechen zunächst das, was ihm ist das Alte, die Furcht, die **Angst**. Sprecht eure Ängste aus. Aus der Kraft der Lichtsäule und aus der Weite eures Geistes wird einer nach dem anderen seine Angst in diese Schale geben. Zunächst aber sprechet mir folgende Worte nach:

**Aus meiner Rechtmäßigkeit,**
**aus meiner Befugnis,**
**aus meinem Ursprung**
**und aus meiner Kraft**
**erhebe ich meinen Geist**
**und gestatte mir die Weite,**
**das Erfahren der Unendlichkeit,**
**die Akzeptanz des Universums**
**in meinem eigenen Sein.**

**Ich bin das Universum**
**und dieses Universum ist ich.**
**Niemals gehe ich verloren.**
**Niemals bin ich vergessen.**
**Allezeit bin ich strahlend**
**der Schöpfer,**
**Teil des allgegenwärtigen, ewigen**
**Seins.**

**Aus dieser Kraft**
**und mit diesem Licht, das ich bin,**
**umhülle ich eine jegliche Angst in mir**
**vor meinem inneren Auge**
**kraft meines Amtes, kraft meines**
**Seins.**

**Und ich begleite eine jede Angst**
**aus meinem Sein gänzlich hinaus**
**und hinein in das vorbereitete Gefäß**
**und ich werde dann diese Angst**
**auffordern,**
**bitten und begnadigen,**
**sich aufzulösen in Freiheit, in Liebe**
**und in der Wertschätzung meines**
**eigenen Seins**
**Amen.**

Sehet, dies ist die Kraft und die Möglichkeit eures Geistes. Ihr habt gesprochen die Worte und ihr seid. Ihr Geliebten, ihr seid. Und dies macht euch möglich, euch zu befreien aus euren eigenen Ketten, aus euren eigenen Verknotungen und aus den Gerüsten und Strukturen, die ihr angelegt habt in der Festigkeit um eurer eigenes Sein. Es ist das, was ihr nennt die Furcht und die Angst. Im weiteren Vorgehen wird jeder einzelne der Reihe nach seine Angst aussprechen. Und so ihr formuliert eine Angst, so sprecht: **Ich umhülle dich mit der Kraft und dem Willen meines Geistes und ich geleite dich endgültig aus meinem Sein, in dieses Gefäß hinein.** Begleitet die Angst endgültig aus euren Körperlichkeiten, aus eurem Energiefeld, aus eurer Physis, begleitet sie in dieses vorbereiteten Gefäß. So vollzieht dieses jetzt nach eurem Wunsch und Willen und habet den Dank und den Segen.

[Wir sprechen unsere Ängste konkret aus und legen sie in die Schale]

Gryconne:
**Endgültig, ihr Geliebten, endgültig [Abgabe der Angst]!**
**Dieses ist das Schlüsselwort. Dieses löst euch von den Ängsten, die nun in den Kelch gegeben sind aus eurer Kraft und aus eurem Wunsche nach Freiheit. Ihr Geliebten, ihr seid frei von dieser Angst, macht euch dieses bewußt. Kraft eures Seins und kraft eures Geistes habt ihr euch befreit von diesen Ängsten. Sie existieren nun in der Tatsächlichkeit nicht mehr in euch.** Macht euch dieses bewußt. Ihr seid in der Größe. Ihr seid in der Weite kraft eures Geistes. Ihr habt nun das abgegeben aus eurem energetischen Kleid, was ihr angesammelt habt im Schweren über viele, viele Inkarnationen. Ihr habt euch befreit, ihr habt euch befreit, ihr habt euch befreit. Ihr seid frei, ihr seid frei, ihr seid frei.

**Es ist der Segen gegeben auf das, was sich jetzt vollzieht in diesem Gefäß. Es erscheint in einem hellen Lichte. So beschreiben wir euch dieses, was nicht sichtbar ist für euch. Dieses Gefäß ist in der Farbe und aus der Materie des hochschwingenden Goldes. Dieses, was nun stattfindet in diesem Gefäß, ist die Umwandlung der Finsternis in das Licht. Die Finsternis wandelt sich in diesem Gefäß in das warme Licht der Liebe, in das warme Licht der Kraft, in das warme Licht des Göttlichen, in den Funken des Christus, den ihr tragt in euch. Dieses ist gegeben in den Kelch und es wird dort verweilen. Und eines Tages werdet ihr erblicken diesen Kelch. Er wird gehütet und bewahrt von unserer Seite. Eines Tages werden wir ihn euch zeigen und ihr werdet euch erinnern an diese Stunde. Ihr werdet euch erinnern, und ihr werdet in der Freude sein über das lebendige Licht, das ihr gebracht habt über eure Kraft und über euren Mut in die Weite, damit es gehen kann in dieses Universum und in euer Sein. Ihr seid frei, ihr seid frei, ihr seid frei von diesen Ängsten. Dies ist gegeben und so ist es, so ist es, so ist es.**

> Transmutation:
> Finsternis wandelt sich in das lebendige und warme Licht der Liebe

So werden wir im Weiteren vollziehen das Nächste. Und so wird ein jeder von euch das aussprechen, was er wünscht. Achtet darauf, daß ihr dabei in der Freiheit seid. Achtet darauf, daß ihr in dieser Stunde in der Weite seid und in der Größe eurer göttlichen Schöpfungskraft. Gehet in die göttliche Schöpfungskraft. Ihr seid Gott. Erlebt euch im Gott-Sein. Scheuet euch nicht Gott zu sein. Denn dies würde bedeuten, daß ihr scheuet der zu sein, der ihr seid. Gehet und seid groß. Gehet und seid weit. Sprechet das Folgende aus: **So ich bin Gott, so ich bin Liebe, so ich bin Geist, so gebe ich meine Absicht, die Vollendung meines Wunsches in dieses Universum. Und so sprecht aus diesen Wunsch und sagt zum Schluß ein: So sei es und ein Amen.** So vollzieht dieses nun.

[Und jeder spricht im Folgenden seinen Herzenswunsch aus]

Gryconne:
So wird es sein, daß ein jeder jetzt noch folgenden Satz ausspricht: **Ich gebe diesen Wunsch in dieses Universum. Ich löse mich von diesem Wunsch, von dieser Kraft, von dem, was ich gab nun in das Wort. Ich löse mich, und ich gebe es voller Vertrauen in dieses Universum nun.**

[Wir sprechen den Satz jeweils laut aus]

... So ziehen die Energien in dieses Universum. Voller Licht sind sie. So tanzen eure Wünsche noch umeinander und miteinander. Sie berühren sich. Sie ziehen weg von dieser Mutter Erde, sie ziehen weg in dieses Universum. Sie werden sich verbinden mit der universellen Kraft, mit der Ebene der Liebe, mit der Ebene der Gnade. Sie werden aus eurer Schöpfung und aus eurer Liebe die Impulse finden, um zu erkunden die Ebenen der Liebe und dort Raum und Platz zu finden, um die Schöpfung in das Gedeihen zu bringen. **Dieses ist Schöpfung.** Dieses ist Schöpfung, ihr Geliebten. Ihr seid die Schöpfer an euch selbst und auf eurem Weg. Und so habet den Dank, daß ihr genommen habt dieses Geschenk. Es war uns eine tiefe Freude, es euch zu reichen in euer Sein, in eure Hände, in euer Wesen, in euer Herz. Habet den tiefen Dank für die liebevolle Auswahl dessen, was ihr zu wünschen gegeben habt in diese Stunde. Über die Kraft eures Geistes werdet ihr es in die Vollkommenheit führen. So erfahret euch allezeit als die Weiten im Geiste, als die Rechtmäßigen. **Und wisset allezeit, daß dieses, was euch war die Angst, nicht mehr Teil eures Seins ist.**

***

## Tachyonen

Tachyonen sind bunte Glassteine in verschiedenen Farben und Geometrien, einige Zentimeter groß. In einem physikalischen Prozeß, bei dem hohe elektromagnetische Felder und Vakuum eine Rolle spielen, werden sie **mit Nullpunktenergie, mit freier, universeller Energie "geladen"**. Bei Anwendungen verbraucht sich diese nicht. Physikalisch messen kann man diese nicht. Scharlatanerie? Hast Du schon mal das Ausmaß von Verliebtsein gemessen? Bezweifelst Du, schon mal verliebt gewesen zu sein? Wohl kaum, denn Du hast die Auswirkungen deutlich gespürt, subjektiv.

Wozu verwenden wir Tachyonen? - Zum **Vertikalisieren von Chakren und zur Heilunterstützung von Körpersymptomen.** Bleiben wir zunächst bei Ersterem. Doch zuvor möchte ich sagen, daß aufgrund meiner Kurzfassung hier, es nicht möglich ist, dieses bereits anzuwenden. Dazu bedarf es, neben der Steine selbst, mindestens eines einführenden Wochenendseminars. Termine kannst Du bei mir erfragen.

Chakren sind die Organe unseres feinstofflichen Körpers. Die 7 Hauptchakren sind längs der Wirbelsäule angeordnet und drehen, wenn die Person auf dem Rücken liegt, im Normalzustand im Uhrzeigersinn rechts (beim Draufschauen von oben). Im blockierten Zustand drehen sie links oder stehen still. Mit einem **Lot** (= Pendel) läßt sich das alles schnell und leicht feststellen. Durch Auflegen der Tachyonen-Steine auf den Körper werden auch die blockierten Chakren binnen 15 Minuten wieder rechtsdrehend. Aber es geschieht noch mehr und zwar automatisch: Die Chakren, die man sich in diesem Modell wie Donats (Ring mit Loch in der Mitte) vorstellen kann, werden vertikalisiert. Was heißt nun dieses wieder? Stell Dir vor, Du lochst einen Stapel Papier und bevor Du beim Ordner bist, verrutschen die Blätter. Das Loch ist zu. Das würde nicht-vertikalisierten Chakren entsprechen. Du stößt den Papierstapel jetzt rechtwinklig auf: Loch ist wieder da. Analog werden die Chakren durch die Tachyonen vertikalisiert. Die Löcher liegen genau senkrecht übereinander und es läßt sich jetzt die **Lichtsäule** sauber hindurchfädeln wie bei einem Steckerlfisch (für Nicht-Bayern: Ein Fisch wird auf einen Stock gespießt und über der Glut gebraten). Du siehst, wie die verschiedenen Techniken einander ergänzen.

Um mit Tachyonen zu heilen, braucht es mehr als ein Wochenendseminar. Die Heilung bezieht sich auf körperliche Symptome, aktuell oder chronisch und auf seelische Prozesse. Was dabei möglich sein kann (natürlich sind Tachyonen keine Wundermittel, die alles automatisch heilen), mag folgendes Beispiel aus dem Ausbildungskurs für RT-Therapeuten vor einigen Wochen verdeutlichen:

Die betreffende Frau hatte einen Autounfall. Dabei wurde ihr die rechte Gesichtshälfte so eingedrückt, daß der Knochen hinter oder um das Auge gebrochen war. Das Auge war nach unten abgesunken und sie konnte nur noch teilweise und völlig verschoben sehen. Die Ärzte erachteten eine Operation für absolut notwendig, allerdings mit der Gefahr, daß das Auge ganz blind werden könnte. Die Frau lehnt die Operation ab und behandelt sich selbst vor allem am Auge mit Tachyonen. Nach 2-3 Wochen ist das Auge wieder in Ordnung. Unfaßbar für die Ärzte. Die Pointe: Die Sehschärfe des Auges war nach der Tachyonen-Behandlung von 100% auf 130% gestiegen!

> Chakren zu vertikalisieren bedeutet, singulär zu werden

Die Erfindung der Tachyonen ist zunächst mal eine menschliche - soweit ich informiert bin. Die Weiterentwicklung der Geometrien erfolgt aber mit Hilfe von Medien. Und wir haben, da wir immer alles von der Quelle her wissen wollen, über unser Medium Gaby die Ätherischen und die Sternenbrüder ebenfalls gefragt:

***

Juli 1997

Gryconne:
...ich sprach euch von den horizontalen Energierädern [= Chakren]. Diese waren dienlich in der Begegnung der Menschen untereinander. Sie waren gerichtet in einer Form, die möglich machte das duale Leben, das Vergessen, das Leben im eigenen Willen. Auf diese Weise fand die gegenseitige Aufnahme und Abgabe von Energien statt, die hinführt in das sich Gegenseitig-Ausrauben. Das sich energetisch gegenseitige Aussaugen der Energien bedeutet, daß gänzlich die Hände gegeben und genommen werden, um die Waagschalen in die Ausgleichung zu führen. **Die horizontalen Energieräder und das System der Waage entsprechen einander in der Wirkungsweise. Dies war die Möglichkeit, sich in der Dreidimensionalität zu halten. Führt ihr eure Energieräder aber in die Vertikalisierung und schließt euch so an das Energiefeld des Höheren, an die Lichtsäule, die euch nährt und mit dem eigenen Sein verbindet, an, dann werdet ihr das energetische Greifen in die Felder des Anderen und das Erlauben des Greifens in das eigene Feld beenden. Dies bedeutet, daß ihr in die Freiheit eures eigenen Seins geht. Es ist in der Wichtigkeit, daß ihr dieses versteht in der Genauigkeit - dies bedeutet, ihr werdet euch führen aus der Dualität.** Ihr werdet euch führen aus einer gewissen Form des polaren Anschauens dieser Welt, das euch gänzlich in die Bereiche der Dreidimensionalität führt. Es ist in der Notwendigkeit dies zu verstehen. Bedeutet es doch, daß ihr loslaßt ein Stück, daß ihr bereit seid der Vergangenheit hinzugeben das, was in die Vergangenheiten gehört.

***

Das ist nur ein kurzer Ausschnitt aus vielleicht 20 Seiten zu diesem Thema. Ich habe ihn gewählt, weil er wieder einen Zusammenhang zwischen den Techniken aufzeigt. Vertikalisierung der Chakren bedeutet, singulär zu werden, aus sich selbst heraus leben zu können. Erst dann sind auch freie und glückliche Beziehungen möglich. Gryconne erläutert im Folgenden die Energieströme bei rechts- oder linksdrehenden Chakren sehr genau und erklärt die Krankheit **Krebs**:

Juli 1997 (Fortsetzung von oben)

Gryconne:
... ein **linksdrehendes Rad** [= Chakra] dreht sich in den Körper hinein wie ein Trichter. Es macht so die Verwicklung mit der Physis und den anderen [feinstofflichen] Körperlichkeiten. Es entsteht ein **Sog**, der ansaugt aus dem eigenen Körper und dem anderer. So versucht sich dieses Rad Sicherheit und Halt zu geben. **Grundlage der Linksdrehung ist eine Art der Furcht, eine tiefe Angst.** Diese Angst, die sich im Zentrum des Wirbels in die Körperlichkeit manifestiert, ist Ausdruck der Angst vor einem unbekannten Bereich, der sich hier ernähren will. Er befindet sich in der Angst, im Zweifel und in den Bereichen des Todes. **Dieses ist in der Zwangsläufigkeit eures Seins und der angstvolle Bereich gehört zu dem alten System der Waagschalen.** Ein linksdrehendes Rad ist also ein Rad, das sich bewegt wie ein Strudel in das Innere des Seins, in das Innere des Menschen, um dort die linksdrehenden Energien zu deponieren. Ein linksdrehendes Rad ist also bestrebt, linksdrehende Energien aufzunehmen, in sich zu geben, um sich dort von dem zu ernähren, was sich im Linksdrehenden befindet. So habt ihr in der Wahrhaftigkeit [beim Üben und Forschen] unterschieden, die linksdrehenden und die rechtsdrehenden Energien. Das Linksdrehende, das sich begibt aus der Ängstlichkeit in die Ängstlichkeit hinein, nimmt aus den eigenen, nach außen geordneten Energiefeldern und es entsteht so ein Sog in den Energiekörpern. Das linksdrehende Chakra wird also versuchen, die eigenen Körperlichkeiten in sich aufzunehmen. Es hat die Furcht in die Weite und in die Eigenständigkeit zu gehen. Es versucht, sich zu nähren aus dem eigenen Leib [frißt sich selbst auf = Krebs, Autoimmunkrankheiten]. Es nimmt aus dem Sog Energien auf und verdichtet sie in der Physis und den tiefschwingenden Zellbereichen. **Dies hat zur Folge, daß in den Seelenkleidern anderer, die hier in der Begegnung sind, ebenso ein Sog entsteht und die Energiekleider sich bei dem anderen ausdehnen im Unguten. Sie werden mit Zwang weggenommen. Diese Art der Ausdehnung ist im Unguten und der Mensch, dem dies widerfährt, daß seine Energie nach Außen ausgebeult wird, wehrt sich. Er bekommt die alte Angst, daß ihm etwas weggenommen wird. Und so entwickelt auch er die Linksdrehung, um das Eigene aus dem Sog zurückzuholen.** Und so hoffe ich, daß hier in der Verständlichkeit ist für euch, dieses Geben und Nehmen aus den Energiekleidern und dieses Verletzen der energetischen Formen und der energetischen Farben. Dies bedeutet die Linksdrehung.

> „Wenn Angst sich verdichtet, entstehen Tumore“

Wenn die Angst sich verdichtet, entstehen die **Tumore**. Dies bedeutet, daß sich die Furcht gänzlich in die Eigenständigkeit führt, die Furcht bekommt eine Physis, der Charakter der Angst bekommt so einen physischen Körper. Und so gibt der physische Leib des Menschen einen Teilbereich frei, um diesen in die Eigenständigkeit zu führen und sich somit gänzlich loszulösen von diesem Bereich, der sich in die Angst begibt. **[Beim Tumor] entsteht in der Verdichtung der Materie ein gewisses Stillstehen des Chakrarades. Dies bedeutet, daß Verselbständigung des verdichteten Organismus bereits stattgefunden hat. Und dieser Organismus in sich selbst wiederum entwickelt dann eigene Energieräder und ernährt sich aus der [restlichen] Körperlichkeit selbst. Diese Körper, die in die Eigenständigkeit gehen [Metastasen], entwickeln mit der Zeit wiederum ihre eigenen Energiefelder und Energiekleider.** Ihr kennt die Vervielfältigung dieser verselbständigten Körper [Metastasen] im eigenen physischen Leib. In dieser Phase ist gänzlicher Stillstand. Es ist nicht unsere Aufgabe euch zu formulieren, ob es in euren Möglichkeiten liegt, dies in das Weiterschwingen zu führen [Heilung von Krebs]. Würden wir dieses formulieren, so würden wir legen die Aspekte des Ehrgeizes in euer Sein. Es ist nicht unser Wunsch euch zu geben in die Aspekte des Ehrgeizes, nein. Es ist unser Wunsch, euch zu unterstützen im Forschen und im Verstehen und euch zu geben in die Leichtigkeit und Liebe zu dem was ist und was eine jede Seele für ihr eigenes Sein will. So verstehet hier, daß uns nicht möglich ist, euch begreiflich zu machen die vielfältigen Möglichkeiten in eurem Sein. Ihr werdet gehen und verstehen die Möglichkeiten eurer Instrumentarien [hier Tachyonen], die gelegt sind in eure Hände von euren Tischen. Dies waren die Worte, die ich spreche zu den linksdrehenden Energierädern.

So schauen wir nun das **rechtsdrehende Energierad** an:
Die rechtsdrehenden Energien haben das gegensätzliche Bedürfnis, sich in den gänzlichen Anschluß des eigenen Anspruchs zu führen. Das Rechtsdrehende hat das Bestreben, sich in das Vertikale zu bewegen. Dies habt ihr wiederum im Wahren vernommen. **Das rechtsdrehende Energierad begibt sich von innen nach außen. Es hat den Wunsch, sich zu verbinden mit den eigenen Energieschwingungen. Es möchte die Verbindung herstellen zwischen den eigenen Körpern und in die Berührung gehen mit den außenliegenden Energierädern. Das Motiv ist ein Sich-Verbinden-Wollen mit dem Eigenen. Ein rechtsdrehendes Rad ist in der Konzentration gerichtet in die eigenen energetischen Bereiche - und zwar im Frieden!**

So unterscheidet sich auch die Rechtsdrehung von der Linksdrehung inbezug auf die Wirkung auf andere Menschen. Stellt euch einen ängstlichen, unsicheren Menschen vor, der einem rechtsdrehenden Menschen begegnet. Der linksdrehende wird aus seiner Angst, nicht im Gleichklang zu sein, das Blei auf die Waagschalen des rechtsdrehenden Menschen werfen, um Ausgewogenheit herzustellen. Dies ist im alten System möglich. Allerdings wird der rechtsdrehende dabei ermüdet, wenn er im alten System des Gebens und Nehmens steckt. Dies ist in der Bedeutung für euch. Wenn die Waagschale ausgewogen ist aus dem eigenen Frieden, so wird dieses Rad sich begeben in die Rechtsdrehung und den Wunsch haben, sich zu verbinden mit den eigenen Energierädern. **So ihr wählt den Weg in die Eigenständigkeit, um euch zu vertikalisieren, euch aufzurichten, euch in eurer Gänzlichkeit wahrzunehmen, euch anzubinden und zu verankern mit dem, was ihr seid, so wird das rechtsdrehende Rad den Wunsch in sich verspüren, sich in das Aufrechte zu begeben.**

Sind eure **Räder im Aufrechten**, so wölben sie sich, so die Beschreibung des Bildes, nach außen. Sie geben sich nach außen, sie geben sich als Teil der Lichtsäule in die Lichtröhre eures Seins. Und so nehmt ihr die Energie und die Beziehung auf über diese Lichtröhre und versorgt über diese Lichtröhre und über euer Rückgrat und über euer eigenes Sein die Gänzlichkeiten eures Wesens. Denn eure unterschiedlichen Körper sind ebenfalls angeschlossen an diese Lichtkörper. So wisset, sie sind angeschlossen an die Energieräder und an euer Sein. So seid ihr da in der Ganzheit, ihr seid in der Gesamtheit.

So ihr also euch in das Aufrechte begebt, so übt ihr euch zu orientieren an der Vertikalität eures Seins. **So ihr Stille, Friede und Liebe nehmt als Maßstab, den ihr tragt in eurer Säule, so werden die Energieräder sich mehr und mehr geben in das Aufrechte.** Die Energieräder der Rechtsdrehung werden sich weiterhin begeben in die Vertikalisierung, um so wahrzunehmen die neue Form, sie werden wahrnehmen die neue Form. **So ihr in dem nächsten Schritt euch verhaftet wiederum mit dem System der Waagschale, so werden diese Energieräder sich begeben wiederum in die Linksschwingung.** So ihr in die Berührung geht mit jenen, die nehmen wollen von euch, so ihr das Recht in euch nicht erkennt, dort zu geben und zu nehmen nach eurem <u>eigenen</u> Wunsch und nach eurer eigenen Klarheit, so werden sich geben diese Räder ebenfalls wieder in das Linksdrehen eures eigenen Seins. Die Ursache ist wieder das Waagschalensystem. Und so ist dieses in der Zwangsläufigkeit.

***

Die Sache mit den Tachyonen wird dauernd weiterentwickelt und ist uns in großem Maß dienlich. Isabel hat sich hier spezialisiert (Anschrift über mich). Man kann damit auch Räume energetisch klären und Wasser aufbereiten.

## Reinkarnations-Therapie

Vor 20 Jahren habe ich mit dieser Form der Psychotherapie angefangen. Das bedeutet konkret, daß ich 15 000 bis 20 000 Therapiestunden in all den Jahren mit Klienten gearbeitet habe. Seit fast 10 Jahren gebe ich Ausbildungskurse in dieser Therapieform für angehende Therapeuten. Fast alle Menschen, von denen hier die Rede ist, arbeiten ebenfalls seit Jahren mit dieser Technik. Sie ist die Basis, uns selbst und Seele schlechthin zu erforschen. Erst vor 2 Jahren wurden wir von unseren heutigen geistigen Lehrern und den Sternenbrüdern auf diese Themen hin angesprochen (siehe Kapitel "Sternenbrüder", erste Durchgabe von Gryconne). Wie fügt sich nun das alte Weltbild, das sich über RT entwickelt hat, und das neue, wie es sich in den Durchgaben darstellt, zusammen? - **Nahtlos!** Das erstaunt mich schon sehr. Das 1993 von mir und Ute York geschriebene Buch "Maskenball der Seele", das die Grundlagen der RT und deren praktische Anwendung beschreibt, hatte den Arbeitstitel "Mut zur Sünde". Mit diesen drei Wörtern wollte ich ausdrücken, daß wir nur dadurch ganz, rund und heil werden, wenn es gelingt, die Herzensqualität "Mut" in Verbindung zu bringen mit dem Ausgegrenzten, dem Schatten, der Sünde. Und genau das ist eines der Hauptanliegen unserer Freunde aus den Anderwelten. Inzwischen haben sie uns noch viel mehr beigebracht und all dieses fließt heute in die RT mit ein.

> Bilder sind die Sprache der Seele. RT arbeitet damit

RT deckt also ein breites Spektrum ab. Eine normale Therapie dauert 4 Wochen, täglich außer Wochenende 2 Zeitstunden, und kostet je nach Therapeut 100-150 DM pro Stunde. Kürzere Teiltherapien sind möglich. Bundesweit gibt es nur einige wenige Therapeuten, die RT so machen, wie ich mir das vorstelle. Diese Therapieform, so wie sie heute von uns angewendet wird, ist hilfreich für verschiedenste Ausgangssituationen eines Klienten: Für den körperlich Kranken über den seelisch Ver(w)irrten bis hin zum spirituell Suchenden. Dabei ist es egal, ob ein Klient an Reinkarnation oder geistige Welten glaubt. Ich versuche ihn weder von dem einen noch vom anderen zu überzeugen. Nur die Bilder, die <u>seine</u> Seele ins Bewußtsein hebt, sind entscheident. RT besteht aus zwei Haupttechniken: Dem Aussprechen von inneren Bildern und dem intensiven Atmen. Da das Atmen auch als eigenständige Technik auf Empfehlung bzw. Zustimmung der Ätherischen eingesetzt wird, und da man dieses nach einiger Übung unter Anleitung auch selbständig ausführen kann, einige Worte dazu:

Wir atmen den ganzen Tag. Logisch, sonst würden wir nach ein paar Minuten sterben. Beim **intensiven Atmen** atmen wir genauso wie sonst auch, nur eben intensiver. Das ist natürlich im Alltag auch der Fall, wenn wir uns körperlich anstrengen. Also soweit nichts Neues. Das Neue und Andere besteht jetzt darin, daß wir intensiv atmen, körperlich aber ruhig auf der Liege bleiben. Und jetzt geht die Atemenergie in Körper **und** Seele. Und das merkst Du bereits nach ein paar Minuten, wenn es anfängt in Deinem Körper zu vibrieren und zu summen und Gefühle auftauchen, obwohl es dafür gar keinen äußeren Grund gibt. Deine feinstofflichen Körper aktivieren sich deutlich fühlbar. Freilich fliegen Dir auch so manche Blockaden um die Ohren: Traurigkeit, Angst, Körperkrämpfe kann es geben. Ich mache wieder eine Analogie: Kanalsystem mit Wasser. Verstopft und verschlammt. Muß geputzt werden. Also alle Schleusen auf, Überschwemmung der Leitungen über intensives Atmen. Das spült den ganzen Dreck raus und danach fühlst Du Dich wie neu geboren. Daher auch der andere Name für diese Technik: Rebirthing. Innerhalb einer Stunde geschieht Reinigung, Klärung und Öffnung für einen vitaleren Alltag.

In der RT dient das Atmen als Einstieg in innere Bilder und frühere Leben. Inbezug auf geistige Welten und 5te Dimension verhilft der Atem zu spirituellen Erlebnissen aus einer großen Klarheit heraus. Die Wände zwischen stofflicher und feinstofflicher Welt werden dünner!

Ich will an dieser Stelle keine Beschreibung von RT abgeben, sondern auf das bereits erwähnte Buch "Maskenball der Seele" (Droemer-Knaur) verweisen, in dem alles genau drinsteht. Klienten führen Tagebuch über ihre RT, wenn sie das mögen. Aus einem solchen Tagebuch möchte ich einige Passagen zitieren, die weit über "frühere Leben" hinausgehen:

***

1997

Tagebuch Freitag
Etwas ganz Unglaubliches, Wunderbares, Unfaßbares ist heute [in der Therapie] geschehen. Mir wurde eine unbeschreibliche Gnade zuteil. Klingt das pathetisch? Selbst der allergrößte Pathos würde dem, was ich gesehen habe, nicht gerecht. Ich kann nur mit meinen kleinen bescheidenen Worten versuchen, es zu beschreiben. Ich laufe nach der Sitzung stundenlang wie betäubt durch den Englischen Garten, zugleich aber irgendwie hellwach, mit unheimlich geschärfter Wahrnehmung. Ich besetze für eine weitere Stunde die Schaukel auf einem Kinderspielplatz - mir ist einfach danach. Was ist passiert? Ich sollte die gesamte Sitzung durchatmen, um meine Energie zu zentrieren, durchzuspülen, sozusagen die Chakren zu vertikalisieren. Versteh ich auch alles, ist mir irgendwie bekannt. Auch der Sinn und das Prinzip der Tachyonensteine [Atmen und Tachyonen kombiniere ich oft] ist mir klar. Ich atme also, und fühle irgendwo, daß heute etwas eigenartiges geschehen könnte. Ich fühle ganz genau die Kraft der Steine, die Du [Mathias] auf meinen Körper legst. An den goldenen Kugeln in meinen verkrampften Händen halte ich mich regelrecht fest. Sie tun mir gut. Und besonders intensiv spüre ich meine Stirn, mein Scheitelchakra. Herz und Solarplexus sind zu, sagst Du. Das sind genau die Stellen, die mir in den Bildern am meisten wehtun. Ich gerate allmählich in einen merkwürdigen Zustand.

Die Krämpfe lösen sich, mein Geist bewegt sich in eine andere Dimension. Ich spüre meinen Körper immer noch, aber ich sehe eine andere Welt. Sehr vertraut, warm, nah. Du fühlst das, ich vertraue Deiner Führung absolut und atme da hindurch. Ich empfinde meine Kraft, für die ich mich immer so geschämt habe, als grenzenlose Kraft. Ich sehe mich über eine unendliche Wasserfläche gehen. Ich bin die Erde und das Wasser, der Regenbogen, Stein, Pflanze, Tier und Geist zugleich. Meine Energie, meine Kraft ist allumfassend. Ich stehe auf der Erde und mein Kopf ragt in die Sterne, mein Geist fällt in sie hinein. Ein unbeschreibliches Gefühl - sicher verankert und doch frei von jedem Zwang und jeder selbst auferlegten Beschränkung.

> „Daß der Atem eine so machtvolle Energie darstellt, war mir bis heute nicht bewußt"

Daß der Atem eine solch machtvolle Energie darstellt, war mir bis heute in diesem Ausmaß nicht bewußt. Und was bitte hast Du mit meinen Füßen gemacht? Es ist mal wieder genau das Richtige im richtigen Moment. Nach einer kleinen Schrecksekunde lasse ich mich in die Berührung fallen, verstehe sie, genieße die Nähe. Und ich gerate immer tiefer in eine Art von ekstatischem Zustand. Mein Atem fließt weicher, langsamer, steht still. In dieser Stille falle ich in eine andere Welt. Vor mir erscheint eine hohe weibliche Gestalt, unglaublich schön, nah, weiß und golden strahlend. Ich empfinde ein unendliches tiefes Gefühl von Heimkehr, Friede, Liebe - Glück. Sie spricht zu meinen Gedanken: "Ich war immer bei Dir. Ich werde immer bei Dir sein. Weil ich Dich liebe wie mich selbst, (Ich höre dies ganz deutlich!), habe ich Dich geschaffen, habe ich Dich inszeniert (Zitat!), Du brauchst nie wieder etwas zu fürchten, weil ich Dich liebe. All Deine Masken benötigst Du nicht, weil ich Dich liebe. All diese Spiele sind überflüssig, weil ich Dich liebe. Vertraue Dir, vertraue [mir,] Deiner Seele, Deiner Kraft. Sie tut nie etwas Falsches, denn ich liebe Dich."

Ich stehe fassungslos vor ihr, begreife nicht, womit ich dieses unendliche Gefühl, diese Gnade der Liebe verdient habe, da sagt sie: "Sieh, wer hier auf Dich wartet." Und sie weist nach ihrer linken Seite. Und ich sehe ihn. ER ist es, ich erkenne ihn. Strahlend lächelnd kommt er auf mich zu, mein ewiger Geliebter, mein Freund, mein Vertrauter, Hälfte meines Lebens, und er nimmt meine Hände. Sagt: "Ich war immer da und hier werde ich auf Dich warten. Sei stark in Deiner Liebe, gib sie." Unsere Körper aus Licht und Energie verschmelzen miteinander, und nichts, nichts auf dieser Welt, nichts war jemals für mich so richtig, tief, allumfassend, glückselig, heilig. **Gemessen an dieser Erfahrung ist jeder irdische Liebesakt nur täppisches Getast**. Irgendwann, nach einer viel zu kurzen Ewigkeit, lösen wir uns voneinander, meine Kehle ist zugeschnürt, Tränen laufen über mein Gesicht und ganz weit weg spüre ich, daß Du mich mit Deiner Kraft unterstützt, da ist die Berührung auf meiner Stirn, meinem Haar ... Und ER läßt mich gehen, zurück in diese Welt.

Deine Stimme ruft mich zurück ins Hier und Jetzt. Ich folge, aber ich kann nicht reden, mein Hals schmerzt und die Stelle, an der Du meine Stirn berührt hast. Ich weiß nicht, warum. Ich bin dann ein paar Minuten allein, versuche mich so gut es geht zu sammeln, aber die kurze Zeit reicht dafür bei weitem nicht. Ich brauche eine ganze Ewigkeit, so scheint es mir, um auf diese Erde zurückzukehren. Ob Du weißt, was in mir vorgeht? Jedenfalls wartest Du geduldig bis ich ausgeschnieft habe, reichst mir - auf mir ganz unerklärliche Weise - ein Taschentuch nach dem anderen. Ich hocke da und bin außerstande, irgendetwas zur Erklärung zu sagen. Das Gefühl von Verlust und Angst wird übertönt vom Bewußtsein, einer universellen, unvergänglichen, selbstlosen Liebe teilhaftig geworden zu sein. Etwas in mir hat sich geöffnet, ganz weit, und **nach dieser Erfahrung kann nichts weiter so sein wie vorher, nie mehr.** Die Ahnung, Heiliges berührt zu haben ...

**Ich habe jetzt, viele Stunden danach, noch immer das sichere Gefühl, nie wieder hassen zu können, Schlechtes zu reden, zu verachten. Meine Arro-**

**ganz, mein Hochmut ist - tatsächlich! - einem Gefühl von umfassendem Frieden, Verstehen, Begreifen und Liebe gewichen** - einer Liebe, die alle Menschen, alles Leben in sich einschließt. Es ist ganz und gar überwältigend, unglaublich. Es ist das klare Bewußtsein, ENDLICH begriffen zu haben.

KEINER meiner Panzer, keines meiner Machtspiele, nicht eine von all meinen Masken ist jetzt noch notwendig, weil dieses Wesen MICH LIEBT. Ich liebe, und ich werde geliebt. Ich KANN lieben. Meine Angst und Scham vor dieser gewaltigen Kraft ist verschwunden, weg. Was magst Du jetzt wohl von mir denken? Geht das alles ein bißchen zu schnell? Kannst Du mir überhaupt glauben? **Aber ich schwöre bei Gott und meinem Leben: Niemals zuvor war etwas so wahr und so ehrlich wie dieses Empfinden.** Ich hoffe nur, und bete darum, daß ich es irgendwie halten kann, daß ich es jeden Tag neu fühlen und erschaffen kann.

Wie kann ich JETZT noch irgend etwas fürchten? Den Tod habe ich von jeher nur respektiert. Er ist wertfrei und gerecht. Aber noch nicht einmal das Sterben ängstigt mich jetzt mehr. Ich weiß, was, wer auf der anderen Seite auf mich wartet und ich freue mich darauf. Diese letzte Vereinigung wird der Abschluß meiner hiesigen Verantwortung werden. Ja. Verantwortung. Ich nehme sie an, ich nehme sie auf mich, ich akzeptiere sie. Sie ist der Sinn. Die **Verantwortung für die eigene Entwicklung.** Darum ging es immer und nun endlich habe ich es begriffen. Ich habe zudem noch das Gefühl, alles was ich möchte, tun zu können. Ich hatte vor dem Fasten zum Beispiel immer Angst und nun denke ich, daß ich, wenn es sein muß, zwei oder drei Wochen ohne Nahrung auskomme. Ich habe Liebe, Licht und Frieden gesehen, und mehr brauche ich nicht. So kommt es mir jedenfalls gerade eben vor.

Zum ersten Mal in meinem jetzigen Leben - und von allen Leben - fühle ich tief hier drin, daß da etwas ist, das mir so lange gefehlt, das ich so lange schmerzhaft entbehrt habe. Und nun endlich habe ich es in mir selbst gefunden, habe ich den Schatz gehoben. Jetzt muß ich ihn "nur" noch weise einsetzen, ihn richtig und endgültig verstehen. Schon wieder so ein Haufen Philosophie, aber gerade das geht mir eben durch den Kopf, durch meine Seele, mein neu entdecktes Herz. Ich spürte deutlich die immense selbstlose Kraft in Deinen Händen. Woher kommt diese Kraft? Wie machst Du das? Woher weißt Du immer um den richtigen Zeitpunkt? Ist es Erfahrung, Wissen, Vertrauen, Intuition? Alles zugleich? Ist das Deine besondere Aufgabe und Begabung? Ja, ich glaube, das ist es. Morgen werde ich mir "Contact" [Kinofilm] ansehen. Und jetzt werde ich schlafen, ich bin zum Umfallen müde.

> „Zum allerersten Mal gibt es mehr Antworten als Fragen in meinem Leben"

Tagebuch Samstag
Irgendetwas in mir hat sich verändert, grundlegend, endgültig. Ich fühle mich ausgezeichnet damit, ein bißchen gewachsen zu sein, ein bißchen größer, vollständiger zu sein. Mir diesen Film nahezulegen, war ein Volltreffer. Es klingt verrückt, aber alles, was dieser Film zeigte, war mir absolut sonnenklar. Ob es die dreidimensionale Botschaft ist oder der Transporter, der das Raum-Zeit-Kontinuum verändert, die Krümmung von Raum und Zeit verstärkt und, wie soll ich das nennen - beschleunigt. Jedenfalls erkannte ich das alles wieder. Es war wie nach Hause kommen. **Zum ersten, zum allerersten Mal gibt es mehr Antworten als Fragen in meinem Leben.** Ich sollte vielleicht zu dem Wesen [= ER], das ich gestern gesehen habe, etwas ergänzen. Es ist viel älter als die Rasse, von der ich stamme. Das heißt ER ist, wenn ich das so selbstverständlich sagen darf, älter als die Plejadier. (Du bist der Einzige, dem ich das so sage. Ich glaube, andere Leute sperren einen für "sowas" ein.). Sie [die Wesen, zu denen ER gehört] sagten leider nicht, woher sie kommen, aber ich verstand, daß ihr Streben eine einheitliche vollkommene Sternrasse ist. Sie waren weiß und golden, während mein Körper eher blau [= plejadisch] leuchtete. Die Harmonie zwischen uns war überwältigend, perfekt. ER sagte noch, daß er seine Aufgabe, Macht zu verstehen, bereits erfüllt hätte und meine Aufgabe sei es, Gefühl zu integrieren. Wir seien am Schluß dieser Reise wieder eine Einheit, vollständiger und wissender. Ich kann dem Erlebnis tatsächlich den Namen "Kontakt" geben. **Ich war mir noch niemals einer Sache so sicher.** Die tiefe Dankbarkeit, die ich empfinde, kann ich mit Worten nicht beschreiben.

Tagebuch Sonntag
Was soll ich sagen? Mir ist, als könnte ich nie wieder aufhören zu lächeln. Keine Zweifel mehr, nur noch Gewißheit. Keine Angst mehr, nur noch Vertrauen, liebevolle Heiterkeit. Keine Arroganz, kein Hochmut, kein Panzer mehr, dafür demutsvolle Dankbarkeit und unendliche Liebe. Reine Harmonie, endgültiges Begreifen. Ich wünschte mir so sehr, daß jeder Mensch das nur ein einziges Mal im Leben erfahren darf. Die Welt würde in sehr kurzer Zeit gewandelt werden. Ich fürchte keine Verletzung mehr. Ich weiß, jede Wunde, jede Narbe, alle Tränen haben Sinn, Ziel. Alles, was ich jemals getan oder nicht getan habe, war gut und richtig. Ich weiß. Ich habe verstanden. Ich habe gesehen.

Ich habe Dich endlich wiedergefunden, mein Freund, ich war nie allein, und wenn du mich auf Deiner Wanderschaft je vermißt hast, ich war immer bei dir. Ich kenne Dich schon so lange. Länger, als dieser Planet besteht. Ich weiß es, es ist so. Ich möchte zum Dichter, zum Prediger werden, um dieses Gefühl zu beschreiben, aber ich ahne, daß dem kein Wort gerecht wird. Heute war ich kurz zu Hause [Adresse in 3D], ein paar Stunden nur. Das Gefühl für meinen Mann hat sich grundlegend gewandelt. Er spürte es genau und war erstaunt und glücklich über die Veränderung. Ich bin zutiefst dankbar für seine Anwesenheit in meinem Leben, für seine Geduld, sein Bemühen um Verständnis und ich sagte ihm das auch so. Es geht endlich nicht mehr um Angst und Bosheit, Unterdrückung und Überlegenheit. Das alles ist nicht mehr nötig ...

***

# Transformationssymptome

Wir können aus dem körperlosen Zustand des Jenseits durch das Tor des Lichts gehen oder mit Körper vom Diesseits aus. Da ich hier die Lebenden anspreche, taucht die Frage auf, was wird mit unserem materiellen Körper? Mit Hühneraugen und sonstigen Gebrechen werden wir in der 5ten Dimension wohl nicht ankommen. **Was also wird mit unseren materiellen Körpern? - Sie transformieren sich zu feinstofflichen Lichtkörpern** wie gehabt, als wir noch Sternenbrüder waren - so ist die Ansage. Klingt gut, aber wie soll das gehen? Kaum vorstellbar! Kein Wunder. Diese Erfahrung gab es im Projekt Erde bisher genauso wenig, wie es für Sternenbrüder auf ihren 5D-Planeten die Erfahrung von Tod gibt. Mit Tod hingegen kennen wir uns zur Genüge aus.

Wenn dem so ist, daß wir uns in diesem Leben auf ein Dimensionstor zubewegen, bewußt oder unbewußt, dann wäre sicherlich mit ganz persönlichen **Erschütterungen im Körper, in der Seele, im Geist** zu rechnen. Diese Erschütterungen nenne ich **Transformationssymptome**. Ich glaube, diese wahrnehmen zu können, obwohl ich darüber keine Statistik mache. Mein Beobachtungsfeld bin ich persönlich, Freunde, Teilnehmer von Kursen und Klienten in der Einzeltherapie. Meine Beobachtungen sagen, daß in diesen Zeiten in verstärktem Ausmaß Schatten, also Verdrängungen, hochspringen und sich im Alltag manifestieren. Die hüpfen deshalb hoch, weil sozusagen von oben her ein globales, immer dichter werdendes, hochschwingendes Energiefeld anliegt, das wie ein **Schattenmagnet** wirkt. Aus dem Zusammenspiel von hoher, feinstofflicher Energie und gleichzeitiger Aktivierung von Schattenenergie ergeben sich völlig neue Symptomfelder in seelischer und körperlicher Hinsicht. Darüber steht nichts in den Lehrbüchern einer ratlosen Fabrikmedizin, die gezwungen ist, im Akkord zu arbeiten. Wie drückt das unsere Blumenfrau an der Ecke aus: "Noch nie gab es so viele völlig durchgeknallte Kunden und noch nie so viele liebevolle". Man hat oft das Gefühl, daß die Seelenfelder der Menschen gären und sich zu reinigen suchen, so als wollten sie den Staub aus den Kleidern schütteln, bevor sie zum Lichttor kommen. Und da wirbelt es ganz schön. Gryconne spricht in diesem Zusammenhang vom "Ausvibrieren" (siehe Durchgabe weiter unten). Damit meint er, daß Schatten jetzt schneller zur Bearbeitung ansteht. Der eine mag dies unerlöst ausleben, mit dem Baseballschläger in der Hand. Der andere mag sich verstärkt seiner Seele mit Hilfe von Therapie zuwenden. Das wäre eine bewußtere, erlöstere Form. Wie auch immer - die gemütlichen Zeiten scheinen vorbei zu sein.

**Körpersymptome** sind Ausdruck von Schatten in der Seele. Sie drückt Mangelbedürfnisse direkt über Körper aus. In der RT nutzen wir Symptome als Wegweiser hin zum Schatten, den es letztlich zu integrieren gilt. Wir bekämpfen sie nicht, sondern suchen sie zu verstehen. Ich beobachte in den letzten Jahren immer mehr Symptome, die folgende Eigenschaften haben:

1. Trotz körperlichem Unwohlsein geht es der Seele gut. Oder das Gegenteil: obwohl die Symptome nicht beängstigend sind, lösen sie Panik aus.
2. Oft verschwinden die Symptome nach kurzer Zeit, wenigen Tagen, spurlos, unerklärlich. Die Ärzte zucken die Achseln.
3. Innerhalb unserer Gruppe stellen wir erstaunliche Parallelen fest. Zum gleichen Zeitpunkt beginnend haben wir ähnliche, seltsame Symptome.

**Ich deute diese Phänomene als Transformationssymptome. Da drückt sich nicht nur der Schatten aus, der ausbrechen muß, weil das Faß überläuft. Da wirbelt auch Schatten hoch, obwohl das Faß noch gar nicht voll ist. Es ist so, als würde der Körper Großputz machen wollen.** Versteht der Betreffende die Signale als Reinigung, so wird er ruhig bleiben, im Vertrauen und schnell wieder gesund werden. Versteht er nur, daß er immer kränker zu werden scheint, reagiert er mit Panik und manifestiert die Symptome erst recht. Wieder sind wir zutiefst auf uns selbst zurückgeworfen. Wem könnten wir uns anvertrauen außer uns selbst, dem Weg unserer Seele? Daß ein Arzt Verantwortung für uns übernehmen will oder soll, ist lächerlich. Der leidet so wie jeder andere nur sein eigenes Leid. Geht gar nicht anders.

Hier einige körperliche Symptome, mit denen wir uns als Begleiter auf unserem Transformationsweg angefreundet haben, wobei nicht jeder alles hat oder hatte:
**Kopfschmerz, Herzrhythmusstörungen, Haarausfall, Verdauungsprobleme, Gelenkschmerzen, Magenschmerz, Brennen in der Scheide, Ohrweh, Entzündung der Kieferhöhlen, Zahngeschichten**

Körpersymptome, die uns ungewöhnlich erscheinen:
**Kotzgefühl beim Zähneputzen, wie kurze Nadelstiche an verschiedensten Körperstellen, blaue Flecken ohne äußere Einwirkung, Nägel wachsen doppelt so schnell wie früher, Änderung von jahrzehntelangen Eßgewohnheiten, Hautflecken oder nässende Bläschen wie Mückenstiche, Juckreiz ohne ersichtlichen Grund, Sehstörungen**

Was für den Körper gilt, erleben wir in bizarren Ausmaßen auch im **Bereich der Gefühle und Wahrnehmungen**:
1) **Vergeßlichkeit**. Als wären Blackouts zwischen den Gedanken, das kann mitten in einem Satz sein, den man gerade ausspricht. Krankheitsfans würden das als beginnenden Alzheimer deuten (aber doch nicht gleichzeitig in einer Gruppe!). Die Sternenbrüder meinen, daß wir in den

Blackouts in einer anderen Dimension sind, ohne uns daran zu erinnern.

2) **Gefühl unter Strom zu stehen.** Ich liege im Halbschlaf und habe plötzlich den Eindruck, als würde ich mit zwei Fingern in der Steckdose stekken. Ähnlich pelziges Gefühl wie manchmal beim intensiven Atmen. Vergeht nach einigen Minuten wieder.

3) **Zeitphänomene.** In der subjektiven Wahrnehmung dehnt oder komprimiert sich die Zeit. Ich schaue auf die Uhr und beginne dann mit einer Tätigkeit, die nach meinem Empfinden vielleicht eine Viertelstunde dauert. Dann schaue ich wieder auf die Uhr und stelle fest, daß vielleicht eine Minute vergangen ist. Wenn etwa 10 Mitgliedern einer Gruppe unabhängig voneinander (verschiedene Städte) so etwas immer wieder passiert, dann wird es komisch. Das Schärfste war, als einer von uns in einer Zeitschleife gefangen war. Ähnlich wie bei dem Kinofilm "Und täglich grüßt das Murmeltier". Mehrere Male hintereinander hat er diesselben Erlebnisse. Diesselben Nachrichten, Kaffee kochen, zum Briefkasten gehen ...

4) **Beziehungsprobleme.** Die Zeitqualität scheint in einer Richtung zu laufen, wo viele verwickelte Beziehungen, vor allem zwischen Mann und Frau, auseinandergesprengt werden. Es kostet immer mehr Leid und Tränen, solche Beziehungen aufrecht zu erhalten. Nicht immer muß Trennung das Mittel der Wahl sein. Es kommt darauf an, zu lernen, den anderen in seinen Bedürfnissen frei zu lassen und eigene zu formulieren und sich dafür Raum zu geben. Und daran können beide Partner gemeinsam arbeiten. Sonst kommen sie in einer nächsten Beziehung vom Regen in die Traufe.

5) **Veränderte Wahrnehmung.** Gegenstände scheinen zu flirren und ihre Konturen sich aufzulösen. Farbauren eines Menschen werden wahrnehmbar. Gegenstände, die es gar nicht gibt, werden gesehen und umgekehrt, Gegenstände verschwinden für eine Zeit. Ich erinnere mich an die Geschichte einer Frau, die ihren größten Kochtopf nicht mehr fand. Sie durchsuchte die ganze Wohnung. Nach einer Stunde stand genau dieser Topf unerklärlicher Weise auf dem Herd. Das kann schon mal passieren, daß man den Wald vor lauter Bäumen nicht mehr sieht, aber nicht in dieser Häufung und bei mehreren Leuten.

6) **Störungen in der Elektrik und Elektronik.** Stereoanlagen oder Computer scheinen ein Eigenleben zu führen. Reparatur führt zu nichts, weil Fehler nicht aufzufinden sind oder nur sporadisch auftauchen. Unerklärliche Kurzschlüsse in der ganzen Wohnung beim Berühren eines Kabels, das anschließend einwandfrei funktioniert. Oder die Hauptsicherung einer ganzen Wohnung springt raus. Trotzdem brennt Licht in einem Raum weiter, was das Weltbild des Elektrikers zum Einsturz bringt. Fön mit Kippschalter oder Fernseher geht von ganz allein an. Fernseher ließ sich dann aber nicht mehr ausschalten, nur über das Rausziehen des Steckers. Oder die "belebte" Kaffeemaschine von Isabel, die neuerdings auf Zuruf anspringt. Wir tragen dieses alles und noch einiges mehr inzwischen mit Selbstverständlichkeit.

> Körper und Seele machen Großputz und bereiten sich so auf die Transmutation vor

Kein Wunder, daß manche Menschen, die so gar keine Erklärung dafür haben, glauben, sie werden irre. Gang zum Psychiater, Psychopharmaka und zum Schluß wissen sie überhaupt nicht mehr was los ist. Ich erkläre es mir ganz grob so, daß einerseits Energien in der Atmosphäre immer höher schwingen und solche Phänomene auslösen, und daß andererseits gegenläufige Schattenenergien immer schneller zur Bearbeitung aus der Seele hochdrängen. Wir werden in zwei Richtungen auseinandergezogen. Und das erklärt in einem ersten Modell dieses seltsame und individuell sehr unterschiedliche Gemisch von herunterziehenden und hochschwingenden Gefühlen gleichzeitig.

Wie weit Transformationssymptome gehen können, zeigen die Erlebnisse eines Kursteilnehmers:

Er ist Italiener und lebt in Wiesbaden. Nennen wir ihn Timo. Eines Tages ruft ihn ein Freund aus Mailand an und spricht vom letzten gemeinsamen Wochenende in Mailand, wo sie im Fußballstadion waren. Timo ist irritiert. Er war doch gar nicht in Mailand! Und auch nicht beim Fußball. Er war an besagtem Wochenende in Wiesbaden bei einem Golfturnier! Timo schaut in seinen Kleidern nach. Ja, da ist seine Teilnehmerkarte von diesem Golfturnier in Wiesbaden mit korrektem Datum. Er findet aber noch etwas anderes in seinem Mantel: Die Eintrittskarte zum Fußballspiel in Mailand mit demselben Datum!

Timo ging nicht zum Psychiater. Er macht einen gesunden und geistig normalen Eindruck. Solche und ähnliche Geschichten passieren ihm häufiger. Er geht zum Beispiel abends früh ins Bett und als er am nächsten Morgen aufwacht, hängt sein Anzug und Schlips über seinem Kleiderstuhl. Hat er gestern doch gar nicht angehabt! Und woher kommt das viele Geld in seiner Tasche? Es stellt sich durch Zeugenbefragung heraus, daß er die halbe Nacht im Spielcasino war und offensichtlich auch gewonnen hat ...

***

Wir nehmen ungewöhnliche Ereignisse inzwischen mit großer Gelassenheit und viel Gelächter. Manche erschrekkenden Körpersymptome wie etwa große Knoten in der (weiblichen) Brust oder starke Magenschmerzen führten allerdings auch zum Arzt. In diesen beiden Fällen war es kein Krebs und kein Geschwür. Achselzucken der Mediziner. Die empfehlenswerte Haltung all diesen Dingen gegenüber ist neben der Aufmerksamkeit wieder die der Neutralität mit sich selbst, das Durchlässig-Werden, das geduldige Harren und natürlich das innere Vertrauen, daß mir alles letztlich dienlich ist.

***

Februar 1998

Gryconne:
**... so spreche ich euch zunächst: Seid nicht in der Irritation um das, was in dieser Zeit geschieht. So sind wir und so seid ihr in der Schule allezeit. Es dienen die Situationen, die ihr sucht und die wir mit euch wählen, dazu, Leichtigkeit zu erfahren. So erfahrt ihr die Möglichkeiten, die euch über Struktur und Notwendigkeit eures Alltags hinausheben. Die alltäglichen Dinge stellen eine Notwendigkeit in euren Tagen dar. So seid in der Stille. Wir sind im Harren. Es ist uns ein Leichtes, ins Harren zu gehen. So seid die gelehrigen Schüler und wisset, daß das Harren allezeit eine Möglichkeit ist, sich wie auf einer Brücke zu bewegen von einem Punkt zu dem anderen Punkt. Und so ist Raum für den Fluß und seine Strömung, ohne ihn einzuengen oder zu stauen. Dieses wählt als eine Möglichkeit zu erkennen, daß das Harren hier eine gänzlich wundervolle Möglichkeit ist, sich zu erheben über das Tagtägliche und dennoch dem Tagtäglichen zu geben den Respekt und die Rechtmäßigkeiten des Geschehenwollens. Habet den Dank, daß ihr versteht dieses.**

Sehet, diese Stunde, die ihr wählt und die wir wählen, ist eine Stunde, in der wir vertiefen möchten eine Art der Lektion, eine Art des Verstehens, um weiterzugehen mit euch. Denn ihr seid in einer hohen Vibration, ihr seid im Euch-Höherschwingen mehr und mehr. Dies erlebt ihr im Spürbaren und im Nichtspürbaren. Ihr erlebt dieses in den Situationen des Euch-Vibrierens in den Nächten und in den Tagen und über **die Wahrnehmung, daß ihr mit euch im Unregelmäßigen seid.** Ja, ihr erlebt unterschiedliche Möglichkeiten in einer Art der Resonanz und Gegenresonanz der Vibration. Diese Phasen, in denen ihr euch derzeit befindet, sind von höchster Bedeutsamkeit. **Es bedeutet, daß ihr mehr und mehr euren Emotionalkörper ausvibriert.** Dies erlebt ihr individuell und so seid ihr euch Spiegel gänzlich für das, was geschieht, **ohne daß dies möglicherweise eine Tatsächlichkeit eures Erlebens ist [subjektive Wahrnehmungsverschiebungen].**

Ihr bedient euch des morphogenetischen Feldes eurer Erdstrukturen und dem Erreichen der <u>neuen</u> Gitterstruktur eures Erdgitternetzes. Wir sprechen von dem bereits erwähnten Paradigma, das wir euch in dieser Stunde nochmal in Erinnerung rufen. Neue Energien, hohe Schwingungen, neue Schwingungsmöglichkeiten - es ist das Gehen eurer Seelen und eurer energetischen Körper mehr und mehr, um sich zu verbinden mit den neuen, mit den hohen Energien eurer Daseinsformen. Diese sind geöffnet und ihr seid geöffnet, um diese aufzunehmen und wahrzunehmen. So sehet, daß ihr seid in der Rechtmäßigkeit, euch in die Vibrationen zu geben und die unterschiedlichen Qualitäten in euer Bewußtsein, in eure Hände, in eure Umarmung, in eure Liebe zu heben. Sehet, so ihr eure Resonanzflächen verändert - und dies tut ihr in einer großen Art und Weise - bedeutet dieses, daß ihr euch erhebt mehr und mehr aus dem Waagschalensystem - und das Lichtsäulensystem in euch installiert. **Dies kann bedeuten, daß ihr euch aus Beziehungen schält, daß ihr euch entflechtet aus Beziehungen der Verwicklung - so bezeichnet ihr diese Art und Weise des Umganges miteinander -, daß ihr sucht die Freiheit und daß ihr dennoch erkennt, daß unterschiedliche Gebiete und Bereiche eurer Emotionalkörper noch verhaftet sind und in Resonanzen gehen ...**

„Ihr kommt mit euch ins Unregelmäßige. Geht damit in die Leichtigkeit und ins Harren“

Mathias:
Ich möchte nochmal den Begriff des "Ausvibrierens" mit dir klären, Gryconne. Es gibt zunächst die eine Möglichkeit, es zu verstehen, nämlich den Schatten einfach so raus zu lassen. Eine Analogie wäre ein Eimer mit einem Loch unten, aus dem das Wasser - analog dem Schatten - einfach so herausfließt. Die andere Möglichkeit, wie wir es auch in der Therapie anwenden, wäre die, den Schatten zu bearbeiten. Das heißt, ihn bewußt anzuschauen, Kommunikation mit ihm aufnehmen und ihn letztlich lieben und integrieren zu lernen. Ich bitte dich, diesen Begriff des Ausvibrierens aus deinem Blickwinkel zu erläutern.

Gryconne:
Siehe, geliebter Bruder, hier gebe ich dir erneut den Aspekt der Resonanz und den Aspekt von Sender und Empfänger. Es gibt gar viele auf dieser Erde, die sich ausvibrieren nach ihrem Erkenntnisstand und nach den Möglichkeiten ihres Verstehens. Dies bedeutet, daß der Eimer mit dem Loch eine Möglichkeit ist, das, was du ausvibrieren möchtest, in die Unsichtbarkeit im Erdboden versickern zu lassen [mit dem Baseballschläger rumgehauen, nichts gelernt ...]. Dies bedeutet, daß die Seelen, die diesen Weg wählen, in einer Resonanz stehen zu ihrer Erfahrung, zu ihren Möglichkeiten. Es bedeutet nicht, daß es für diese Seelen keinen Weg gäbe, Liebe zu erfahren oder die Gänzlichkeit und das Tor des Lichtes, nein. Diese erfahren den Weg nach ihren Möglichkeiten und nach ihrem Entwicklungsstand und nach ihrem Wunsch und Willen.

Siehe, so bist du und so seid ihr Seelen, die sind in einem Prozeß mit sich auf ihrem Weg. So habet ihr auf eurem Weg gelegt die Möglichkeit dieses Arbeitens miteinander, um eine Ebene zu erschaffen und eine Ebene in euren Händen zu halten, die euch gibt ein Umgehen mit euch selbst, mit dem was ihr seid. Dies macht euch zu Schülern eures eigenen Seins. Dies macht euch zu jenen, die sich ausvibrieren aus einer großen Verantwortlichkeit inbezug auf das, was sie in sich tragen und zu dem, was sie ins Bewußtsein nehmen. Und so siehe, so erfährst du in der Resonanz das, was du wünschst, was du auf deinen Weg gibst und du erfährst keine andere Möglichkeit und du wirst suchen deine Gesetzmäßigkeiten, dich zu geben und dich zu erkennen und dich auszuvibrieren nach dem Stande deiner Erfahrung [also zB. RT]. **Sehet hier, so bitte ich euch, keine Bewertung.** Ich beschreibe die [Sachlage]. Unterschiedliche Individuen suchen unterschiedliche Möglichkeiten.

So ihr gebt einer Seele einen Tachyonenstein und wenn zB. die Farbe "rot" mit der Seele in Resonanz geht, dann benötigt dieser Organismus auf seinem Weg, an dieser Station seines Seins diese Schwingung. So du gehst in das Höherschwingen deines Seins, so wirst du erhalten eine höhere Frequenz und eine größere Durchmischung mit dem Spektrum "gold". Dies ist der Weg und dies sind Möglichkeiten einer Entwicklung. So habet ihr gewählt zu einer Zeit im Vergangenen, diese Erfahrungen [mit den Tachyonen] zu machen und dieses Handwerkszeug zu wählen für euren Weg, um euch in die Eigenständigkeit zu führen. Und so erhaltet ihr die Möglichkeit, euch auszuvibrieren über dieses Handwerkszeug. **Dies bedeutet nicht, daß andere Seelen verfügen über kein Handwerkszeug. Es gibt gar viele, die haben das Handwerkszeug und sie erkennen dieses nicht.** Es gibt gar viele, die suchen Löcher zu treiben in die Eimer, von denen du sprichst. Sie versuchen den Inhalt der Eimer ins Unverstehen, in die Unkenntnis zu geben [... zu verdrängen]. Doch sie werden erfahren, daß der Inhalt des Eimers nur den Boden tränkt und daß die Energien über die Füße ins eigene Sein zurückfließen. Aber es wird andere Wege geben, um sich in die Klarheit und in die Weite und in das Höherschwingen des Eigenen zu führen. **Gar viele, viele, viele Wege, gar viele wundervolle gesegnete Wege, sich zu begegnen - aber auch viele Wege, die führen weiter in das Unverstehen.**

Segne dieses, Bruder. Dieses ist die Erde. Du kannst dich befreien in einem Großen und du kannst wertschätzen sehr deinen Weg, den du wählst. Denn du bist dein [eigener] Schüler auf dem Weg deiner Seele. Du bist ebenso Meister und Lehrer für dich und gar viele. Und so wirst du jenen begegnen, die dir sind die Lehrer und jene, die dir sind die Schüler in einem. Und so bildet ihr diese Gemeinschaft und diesbezüglich seid ihr berechtigt, euch aufzurichten ein Stück, auf daß ihr im Laufe dieses Prozesses erkennt, daß ihr diesen Weg wählt, und daß ihr segnet euren Weg, und daß gesegnet ist ein jeder, der geht. Denn eine jede Seele ist in ihrer Individualität und sucht ihre Resonanzen und ihre Möglichkeiten nach der Art und Weise ihres Wunsches und ihrer Bereitschaft, sich zu geben in die hohen Schwingungsfrequenzen. Dies bedeutet, **Vertrauen** zu legen unter die Füße, Vertrauen in die Eigenständigkeit, Vertrauen in die eigene Liebe, Vertrauen in die eigene Größe, auf daß in einer Stunde sich öffnen wird das Herz und diese Liebe fließen wird über diese Erde und diese Liebe sein wird ein großer Segen für den Prozeß der Mutter Erde, geliebter Bruder. So hoffe ich, daß dieses dir Aufschluß gibt bezüglich deiner Frage?!

***

Vielleicht sollte ich noch erwähnen, daß alle Menschen (soweit mir bekannt) - nicht nur wir in der Familie - neben einer geistigen Führung, also einem Schutzgeist, auch noch einen Sternenbruder oder -Schwester aus den Bereichen ihrer Herkunft an der Seite haben. Es haben diese die spezielle Aufgabe, unseren materiellen Körper zu transformieren. Vor allem nachts, wenn wir schlafen, tun sie das. Wie die das genau machen, haben sie uns bisher nicht verraten. Wahrscheinlich würden wir damit auch nichts anfangen können. Aber, daß sie es machen, das kam schon mehrfach zur Sprache. Sollten Transformationssymptome mal zu heftig werden, dann kann man auch unbekannterweise darum bitten, daß sie eine Pause machen mögen. Machen die!

# Heilung

Geist erschafft Seele, Seele erschafft Körper - in dieser Reihenfolge läuft das ab. Ist Körper krank, dann reklamiere ich bei Seele. Ist Seele krank dann wende ich mich an den Geist. Heilung läuft in der umgekehrten Reihenfolge. Ich spreche vom Modell, dem Heilung zugrunde liegt. Es ist wie ein Dreieck, die Spitze des Geistes nach oben. Das Dreieck hat natürlich eine gewisse Breite, die sich nach oben hin verjüngt. An der Basis stehen in der Vielheit, alle möglichen dem Körper zugewandten Techniken, dann darüber, schon reduziert auf wenige Ursachen, die Therapieformen der Seele und ganz oben beim Geist steht nur noch Liebe. In diesem Modell würde knapp unterhalb der Grundlinie unser zweidimensionales offizielles Gesundheitssystem stehen. Darüber, ein bißchen höher, kommt Naturheilkunde, noch weiter oben die Homöopathie und vergleichbare Techniken. Auf der Seelenebene möchte ich nichts über Techniken sagen, die ich nicht gut genug kenne und beschränke mich deshalb auf RT. Ganz oben steht Jeshua, der sagt: "Nimm dein Bett und geh' ...". Soweit ein grober Überblick aus meiner Sichtweise.

Die Idee von Heilung ergibt sich aus dem Verstehen von Einheit und Polarität. Polarität besteht darin, Welt zu bewerten: Das ja, jenes nein. Aus dem Nein entsteht Getrenntes, Abgespaltenes, Schatten. Schatten wird in den Kerker verdrängt, löst sich dort aber nicht etwa in Nichts auf, sondern beginnt zu randalieren. Zuerst über das Gefühl, wenn das kein Gehör findet, eben über das Körpersymptom. Schmerz findet immer Zuwendung, zumindest von dem, der ihn erleidet. Kinder schreien manchmal so brutal, daß es eine Kunst ist herauszufinden, was los ist. Ein aktuelles Symptom kann erst mal blind machen. Also, was will der Schatten? Was wollen alle schreienden Kinder? - Sehnsucht nach Einheit, Angst vor Trennung. Kinder und Schatten wollen geliebt werden. Schatten will gesehen und gereinigt werden und gewaschen wieder mit am Tisch sitzen dürfen. Das "Nein" der Abwertung will gewandelt sein in ein "Ja" und Teil der Ganzheit sein. Aus diesem Verständnis ergibt sich eine Kernaussage: **"Alles, was geschieht, ist gut und willkommen. Alles dient mir. Ich habe Vertrauen. Ich unterscheide - nicht um zu werten - sondern um zu differenzieren."**

Jetzt ist ein konkretes Beispiel angesagt: Friedlicher Beamter kann keiner Fliege was zuleide tun, bekommt ein Magengeschwür. Aggressionen hat er in den Schatten verdrängt, solches lehnt er strikt ab, will er nicht haben. Wie komme ich darauf, diesem friedlichen Bürger Aggressionen zu unterstellen? Sein brennendes Magengeschwür sagt es! Wut im Bauch! Natürlich vergewissere ich mich in der Therapie nochmal in seinen Bildern und schaue sein Horoskop an. Der Sachverhalt könnte auch komplizierter sein. Aber das sind jetzt Feinheiten einer RT. Ich will hier nur die große Linie aufzeigen. Sein Aggressions-Schatten macht sich jetzt über ein Körpersymptom unübersehbar deutlich. Der Magen revoltiert. Der Schatten randaliert. Schneidende Schmerzen. Messer des Chirurgen ist eine Resonanz. Oder aber er beginnt, seiner unterdrückten Aggression freien Lauf zu lassen. Magengeschwür wird überflüssig und verschwindet, aber jetzt wird der Beamte zu einem unausstehlichen Menschen. **Schatten ist zwar bewußt aber noch nicht gereinigt**. Er ist noch unerlöst, wie wir Therapeuten sagen. Wenn es dem Beamten, vielleicht mit Beistand eines Therapeuten, gelingt die Aggression als etwas dienliches verständnisvoll anzunehmen und die Energie, die in der Wut steckt, weiter zu transformieren in konstruktives, aktives Handeln, dann nimmt der Schatten, gewaschen und frisiert, wieder am Alltagsgeschehen teil.
Schauen wir uns einige Ausschnitte einer Durchgabe von **Jeremia** an, einem geistigen Arzt. Sein Blickwinkel geht weit über Therapie der Seelenebene hinaus:

***

April 1998

Heilend, ihr geliebten Seelen, ist das Wesen des Lichtes und das Wesen der Liebe selbst. Verwoben ineinander und miteinander, ist das Heil, das Wesen von Licht und Liebe. Gott zum Gruße. Es spricht zu dir, geliebter Bruder, geliebte Seele und zu euch, ihr geliebten schwesterlichen Seelen, im Heute ein erstes Mal jener mit dem Namen Jeremia. Gott zum Gruße.

Wir: - Gott zum Gruße, Jeremia.

Jeremia:
Geliebte Seelen, geliebte heilende und weise Hände, die ihr habet und die ihr seid. Es ist nun eine Stunde, in der ich euch sprechen werde über das, was ist das Heil. So sehet diese Stunde ebenso als eine Stunde, die euch schulen kann, das Heil zu verstehen. Es ist dieses ein Weites und Gänzliches und ihr tragt diesbezüglich unterschiedliche Vorstellungen in euch. So wisset, daß ihr unterschiedliche Energiekörper mit gänzlich unterschiedlichen Frequenzen habt. Wisset, ihr werdet im Weiteren geschult werden in den Begrifflichkeiten der Energiekörper, die in höheren Frequenzen eures Seins liegen ...

... Um euch das Heil zu geben, ist euch gegeben das Bewußtsein an euer Gottsein, das Bewußtsein an eure Göttlichkeit. Dieses ist ein Ringen mit der Distanz. **Ihr glaubt in der Distanz zu sein mit dem Göttlichen. Dies gibt euch die Symptome und die Krankheit.** Dennoch ist dieser Prozeß in der Notwendigkeit, denn ihr werdet diese Erfahrung erkennen als ein Ringen mit der Illusion. Und ihr werdet erkennen, daß ihr nicht in der Distanz mit dem Göttlichen in euch seid, sondern daß ihr gänzlich in der Göttlichkeit mit euch selbst seid. **So seid im Frieden mit dem Heil und wisset: Es wird sein eine Stunde, in der eure See-**

**le aus der Weite nehmen wird das Heil und das Licht und sich anschließen wird in diesen Bereichen an das Göttliche ...**

Klientin:
Ich fühle mich im Moment wie ein Höhlenforscher auf der Suche nach etwas Schrecklichem. Wie kann ich da Vertrauen hineingeben, damit etwas Neues geboren wird?

Jeremia:
**Gib deinen Blick zu dem Grauen, das du verbindest mit dem Unterleib. Wende deinen Blick dort hin und schaue das, was du nicht schauen möchtest und umarme dieses. So wirst du erfahren, daß diese Aspekte dich führen weiter in die Dunkelheit, sie führen dich weiter. Scheue du nicht zu gehen in die Dunkelheit. Wähle du in deinen Stunden der Stille, dich führen zu lassen von deiner Seele in die Bereiche deiner Dunkelheit und schaue und erblicke und berühre du jene Elemente dort [Schattenkonfrontation]. Und siehe, sie werden dich führen in die tieferen Aspekte deines Seins. In den tiefen Aspekten deines Seins wohnt das Heil, wohnt das Licht, wohnt das, was dir geben kann das Vertrauen [Schätze heben aus dem Schatten und diesen verwandeln].**
**Wende du dich nicht ab, gehe du - dies ist mein Rat, geliebte Seele - schaue du und erblicke die Finsternis und fürchte du nicht weiter die Finsternis in dir. Gebe du der Finsternis die Befreiung. Denn es ist die Energie des Heils, die gebunden ist in diesen Kräften, die du belegst mit der Angst, mit der Not und mit der Panik.** Ja auch du bist hier in einem tiefen Prozeß. So gehe du aus der Liebe in diesen Prozeß. Es ist ein Prozeß, der dir vieles gibt, was du heben wirst und was du tragen wirst in deinen Händen. Gehe du ebenso aus deiner Freiheit in deinen Tagen in die Stille und in die Liebe zu dir. Es ist ein Schweres. Ja, dies ist uns bewußt auf unserer Ebene. Doch wisse dich hier in der Liebe und eingewoben in die Energie des Heiles und in die Energie des Mutes und des Glaubens und des Vertrauens an dein Eigenes. Dein Weg ist ein gesegneter Weg. Wisse, daß du bist nicht in der Einsamkeit auf deinem Weg, geliebte Seele, Tiefgeliebte ...

Jeremia:
Habet ihr den Dank für eure Liebe, habet ihr den Dank für eure Wärme und das mich Willkommen heißen auf eurer Daseinsebene. Habet den tiefen Dank und nehmet ihr meine Liebe ebenso aus der Ebene des Geistes.

> Das Heil wohnt im Schatten,
> hinter Not,Angst und Panik

**Wisset, es sind nicht die Wunder, die ihr leset in euren Büchern, es sind nicht die Wunder in dieser Art und Weise, die hier warten auf euch und auf jene, die suchen. Dennoch sind es die Wunder. Denn es wird möglich sein, nach dem Wunsch und Willen einer jeglichen Seele, sich zu erfahren und sich zu wandeln in ein Neues und sich zu geben in ein Großes und Weites. Es wird die Möglichkeit sein, ein großes Licht in die Dunkelheit zu führen. Denn da, wo der Schmerz ist, da ist das Licht in der Abwesenheit. Und so ist dieser Prozeß, den ihr durchschreitet, ein Prozeß, der ruft Licht und Liebe in eure Bereiche der Finsternis. So seid voll des Mutes und voll des Glaubens und des Vertrauens an euer Eigenes, denn es ist der Segen gegeben.**

***

Wir sehen normalerweise nur den Heiler, den Arzt und seine Techniken. Wir glauben, daß es darauf ankommt. Wir vergessen dabei zweierlei: Zum einen kann ein Heiler nur Vermittler und Brükke sein zwischen dem Göttlichen, wie es Jeremia nennt, und dem Klienten. Gibt er aus eigener Kraft, verwickelt er sich und ist bald leer. Zum anderen gibt es ja einen Gebenden, einen Vermittelnden und einen Nehmenden in diesem Prozeß des Heilens. Wenn nun der Nehmende nicht nimmt oder nehmen kann, dann ist alle Mühe umsonst. Wieder sind wir am entscheidenden Punkt der Eigenständigkeit, der Eigenverantwortlichkeit, der Singularität, des Sich-Öffnen-Könnens und des Vertrauens in die eigene Seele. **Ein äußerer Heiler kann nur Hilfe sein. Heilung selbst geschieht immer nur aus dem Eigenen!** Das drückt die Begrifflichkeit des „inneren Heilers" aus.
Wir schwimmen in einem Süßwasser-Meer von universeller Energie und verdursten. **Bitte um Heilung und sich dem stets Gegebenen öffnen und anvertrauen können, darauf kommt es an.**

# Das Jenseits

Das Jenseits ist der Bereich, wo wir uns zwischen den Inkarnationen aufhalten. Das Jenseits befindet sich im Emotionalkörper der Erde. Ich erinnere: Erde hat Körper, Seele und Geist. Körper ist klar - das, wo wir Löcher hineingraben können. Der geistige Bereich von Erde wird repräsentiert von den Heräern, im Kern der Erde, im Garten Agartha (sie Kapitel "Sternenbrüder/Innenerde"). Seele ist räumlich und zeitlich genauso wenig bestimmbar wie bei einem Menschen und enthält dunklere Schattenbereiche und lichtere Ebenen, so wie wir das von uns auch kennen. Diese Zustände meint Jenseits.

Im Verlauf einer großen Transformation löst sich auch das Jenseits auf. Analog dem Ausvibrieren unserer Gefühle, ist auch dieser Bereich im Aufruhr. Sollte eine globale Transformation demnächst stattfinden, dann gibt es bis dahin nur noch wenige Möglichkeiten zur Inkarnation. Da verstorbene keinen materiellen Körper mehr haben, steht dieser auch nicht zur Transmutation an. Ob der Weg durchs Tor des Lichts dadurch leichter oder schwerer wird, darauf haben wir noch keine Antwort gefunden - dies Frage mag auch nur pure Neugier sein. Ebensowenig wissen wir, was mit jenen Seelen geschieht, die möglicherweise die Kurve nicht kriegen. Gibt es überhaupt solche? Sicher ist nur, daß letztlich keiner, wirklich keiner, verloren geht und daß die Wege sehr unterschiedlich sind. Ein Schutzgeist erwähnte auch mal, daß es mehrere 3D-Planeten in der Polarität, ähnlich bevölkert wie Erde, gäbe. (Vermutlich ist „**Aldebaran**“ ein solcher.) Erde sei nur der erste Planet, der sich auf ein solches Abenteuer eingelassen habe. Das gibt genügend Stoff, um zu spekulieren. Bleiben wir also in den Sphären unserer Erde:

Das Jenseits ist bevölkert von verstorbenen Seelen, sieht man einmal von Bereichen der Zwischenerde und den Spiegelwelten ab, die ich ebenfalls im Emotionalkörper der Erde ansiedeln würde (Bleigewichtleger). Uns interessieren hier die Verstorbenen. Entgegen meiner Meinung, wie ich sie im "Maskenball der Seele" geäußert habe und die ich hiermit korrigiere, kann im Jenseits durchaus Entwicklung einer Seele stattfinden.

> Hinter dem Tor des Lichts wird es kein Jenseits mehr geben

Ich glaube, wir unterschätzen den Einfluß der Jenseitigen auf die Lebenden sehr. Ein Teil, wir nennen sie die erdgebundenen Seelen, sind über alle Maßen mit uns Lebenden verwickelt. Wie Besetzer. Nur merken wir tückischerweise in der Regel nichts davon, denn die Erdgebundenen schleichen sich in unsere Träume, in unsere Gefühlswelten hinein und ihre Gedanken und Gefühle erscheinen uns wie die eigenen. In Ländern, in denen Krieg ist, verstärken viele gefallene Soldaten den Haß der noch Kämpfenden. So entsteht ein Teufelskreis, der endlos scheint. Viele der Erdgebundenen würden gerne in höhere Schulungsebenen des Jenseits gehen, finden aber den Weg über eine Brükke des Lichts nicht, weil sie nur nach unten zur Erde hin schauen. Solchen Seelen ist am einfachsten durch lebendige Menschen zu helfen, die ihnen den Weg zeigen. Die Lebenden können genauso im Jenseits tätig werden, wie die Verstorbenen umgekehrt bei uns im Diesseits. Ich will dieses Spezialthema hier nicht weiter vertiefen, sondern die Geschichte von **Leanne** erzählen und ihn auch zu Wort kommen lassen.

Gaby läßt keine Verstorbenen direkt durch sich sprechen. Wenn in einer Schutzgeistsitzung die Frage gestellt wird, wie es der verstorbenen Oma geht, dann wird sie vom Schutzgeist des Klienten als Vermittler beantwortet. Bis jetzt hat jedoch noch keiner nach dem verlorengegangenen Rezept für Punschtorte gefragt - das nur die Oma kannte.
Jetzt gibt es bei Gaby eine Ausnahme. Und das ist Leanne. Der erste Kontakt kam jedoch nicht über Gaby, sondern über mich zustande und da habe ich nicht schlecht gestaunt. Hier die Geschichte:

Ich hatte auf meinem Computer einen Text für den Ausbildungskurs geschrieben, Ute hatte ihn korrigiert und ich hatte die Korrekturen umgesetzt. Einen Tag später druckte ich den Text aus und las ihn nochmal durch. Es waren plötzlich jede Menge Fehler drin. Nicht nur, daß Buchstaben fehlten oder hinzugekommen waren, ganze Wörter waren ausgetauscht! Anstelle "verknülltes Papier" stand jetzt da "verquältes Papier", usw. Das ging nicht mit rechten Dingen zu! Gaby kam auf die Idee, alle Fehler hintereinander zu schreiben. Gesagt, getan. Es kamen zwei Sätze heraus, die für mich einen sehr persönlichen und präzisen Sinn ergaben. Aus Gründen der Diskretion möchte ich diese Sätze hier nicht wiedergeben. Es ging nämlich um die Beziehung zwischen mir und einer zweiten, sehr bekannten Person, namens X. Aber wer hatte dies formuliert, wer hatte meinen Text so verändert? Und aus welchem Grund? Bei nächster Gelegenheit beschloß ich, Gryconne danach zu fragen. Hier sein Aufschluß:

***

April 1998

Gryconne:
... siehe, du und diese Schwester [Gaby], die spricht mein Wort, ihr beide seid gegangen aus den Bereichen des Hylax [Andromeda] auf diese Erde. So ist euch bereits gesprochen von der Qualität dieser Begegnung eurer Seelen auf diesem Wegstück [auf der

Erde] und so ist euch gegeben das Sich-Begegnen im Tieferen. Sehe, so spreche ich im Konkreten zu dir. So wurde in den Bereichen des Hylax innerhalb eurer Beziehung, in der du mit dieser Schwester in der Schönheit lebtest, ein Kind geboren. Eine Seele aus der 5ten Dimension hat über eure Beziehung einen hochschwingenden [5D-Licht-] Körper erhalten. Einen Körper in der hohen Schwingung zu erschaffen, ist nicht gleichzusetzen mit dem Erschaffen eines physischen Körpers in der Schwere eurer Dreidimensionalität. Die Seele dieses Kindes, einem Bruder, wurde teilhaftig eurer Gemeinschaft in der Freiheit. Er wurde teilhaftig der Strukturen der Schönheit der Kristalle und er war eingewoben in die Liebe. Dies ist eine große und eine geheiligte Form.

So siehe, so ist diese Seele [des damaligen Kindes] in der Anwesenheit und ich möchte weiter über sie sprechen. Diese Seele, der ich zunächst die Anonymität [Anm: später erfahren wir, daß sein Name damals **Leanne** war] gebe, hat nun Platz genommen an deiner linken Seite in der großen Bewußtheit über deine Freiheit, in der großen Bewußtheit über dein Sein und über das eigene Sein. So ist hier ein Aspekt der Freiheit gegeben und so frage ich im Namen dieser Seele, ob es erlaubt ist für sie, Platz zu nehmen an deiner Seite für diese Stunde, geliebter Bruder?

Mathias:
Ja, es ist in Ordnung und ich bitte darum, daß diese Seele so Platz nimmt.

Gryconne:
Habe den Dank für dieses Wort, das diese Seele gibt in ein Strahlen und in ein Glänzen gänzlich. Siehe, so hast du und so habt ihr [Mathias und Gaby] die Bereiche der Liebe, die Bereiche der Freiheit [auf dem Planeten Hylax] verlassen und ihr habt angetreten euren Weg auf dieser Erde, um eure Aufgabe zu erfüllen und euren Seelenweg in die Manifestation zu führen. So siehe, so hat diese Seele [Leanne] geteilt mit dir gewisse Wegstrecken. Diese Seele hat mit dir eine Wegstrecke geteilt, die wesentlich ist für den Aufschluß, den ich dir geben möchte. So wisse zunächst, daß diese Seele nicht nur eine Inkarnation mit dir hatte, sondern mehrere. Sie hatte auch mehrere unterschiedliche Inkarnationen mit der Seele [Gaby], die spricht und formuliert meine Worte. Doch ich wähle dir herauszunehmen eine wesentliche Inkarnation, in der du warst der **Zwillingsbruder** dieser Seele ...

[Es folgt nun eine seitenlange genaue Schilderung unseres damaligen gemeinsamen früheren Lebens als Templer, bei der die Person X eine zentrale Rolle spielte. Ähnlich wie in meinem heutigen Leben. Leanne wählte diesen gemeinsamen Bekannten nur als Erinnerung an seine Existenz, eigentlich war sein Anliegen ein ganz anderes ...]

> Verstorbene suchen nach der Brücke des Lichts. Wir können ihnen dabei helfen

... und so hat diese Seele [Leanne] seit geraumer Zeit erkannt, daß die liebende Beziehung, in der du mit dieser Schwester [Gaby] lebst, eine gute Möglichkeit für seine nächste Inkarnation wäre!!?? **[Aha, daher weht der Wind!]** Er hat sich lange Zeit bereits zu eurer Gemeinschaft dazugesellt in einer Art des Suchens, ob er hier willkommen wäre und eine Physis erhalten könnte [Anm: Gaby und Ute haben schon öfter bemerkt, daß sich in unserer Wohnung noch eine Seele aufhält, von der eine gute Schwingung ausgeht - und jetzt wissen wir, wer das ist]. Dieses ist gestattet, es ist in der Rechtmäßigkeit, denn diese Seele ist in der Liebe. Es ist allezeit eine Rechtmäßigkeit für eine Seele, die eine Physis sucht, daß sie sich nach Situationen umschaut, die die Voraussetzungen für ihren Inkarnationsweg bietet. Die Liebe und Offenheit deiner Seele machte es ihr möglich, bereits eine Zeitlang in eurer Gemeinschaft zu sein, um hier einen Weg zu suchen und um Klarheit und eine Absichtserklärung von dir und der Seele an deiner Seite [Gaby] zu erhalten, **ob seine Inkarnation bei euch in eurem Wunsch läge**. Siehe, hier liegt kein Zwang und keine Verpflichtung in diesem Wort, nein. Es ist nicht erlaubt, im Direkten eine solche Botschaft zu übermitteln [Anm: bewegt sich Gryconne und Leanne hier an der Grenze des Zulässigen?]. Doch in der Art und Weise wie du Bruder dich öffnest bereits für deinen Kanal - so nennt ihr dieses -, in der Art und Weise wie du in der Öffnung bist, wie du dich anschließt, allerdings noch in der Unklarheit mit den Ebenen, die du zu erreichen wünschst über deine Öffnung, war es dieser Seele möglich, dir in dieser Stunde, [in der Leanne über mich im Unbewußten den Text verändert hat] seine Anwesenheit mitzuteilen. So ist diese Seele dir also begegnet in einem Aspekt deines Eigenen. Dies hat in dir eine Unsicherheit ausgelöst.

**So war es also möglich - und es war nach dem Ratschlusse deiner geistigen Führung mit deinem eigenen höheren Sein gestattet - dir diese Erfahrung zu geben, nämlich daß diese Seele sich dir über dich selbst und über die Transformation deiner Handlung zu erkennen gibt im Augenscheinlichen. Er [Leanne] gab dir die Botschaft im Genauen und griff somit von Außen mit einem Impuls ein. Im Frieden wollte er dich erinnern an die Sache mit Person X und zum zweiten wollte er auf sein Anliegen nach Inkarnation bei euch aufmerksam machen. Denn es ist sein Wunsch, seinen Erfahrungsweg auf dieser Erde abzuschließen.**

Die Seele [Leanne] gibt dir des weiteren die Botschaft, daß es Seelen [im Jenseits] gibt, die auf dem Wege sind zu inkarnieren, die in der Liebe und im Frieden sind und die ebenso auf ihre Art und Weise hilfreich sein können. Sie können in der Freiheit sein mit den Seelen, die einen Körper haben auf dieser Erde. So ist es nicht nötig für dich, mit diesem [jenseitigen] Bereich gänzlich in die Ablehnung zu gehen. Desweiteren ist hier eine Möglichkeit für dich und für diese Seele, die spricht meine Worte in der Klarheit, sich zuzuwenden jener Seele [Leanne], die in eurer Gemeinschaft da ist. Sprecht eure Absicht für diese Inkarnation und euren weiteren Weg aus [...ob wir ein Kind wollen]. So ist diese Seele [Leanne] im Frieden, und er wird, [falls ihr kein Kind wollt,] sich andere Begebenheiten suchen, die im Angemessenen sind, um sich eine Physis zu geben und so seinen weiteren Weg auf dieser Erde beschreiten ...

***

Neu für mich, daß eine jenseitige Seele vorher bei den potentiellen Eltern anfragt, ob seine Inkarnation von den beiden erwünscht ist. Ich lerne ohne Ende dazu. Was war unsere Entscheidung inbezug auf Leanne's Anlagerungsbedürfnis?

***

Mai 1998

Mathias:
... ich möchte zunächst das Wort ergreifen, Gryconne, an Leanne gerichtet. Ich bitte dich, ihm auszurichten, daß das Instrument und ich aus unserer Freiheit zu dem Entschluß gekommen sind, daß wir eine Inkarnation von Leanne im Körperlichen bei uns nicht wünschen. Ich versuche das zu formulieren ohne das Schuldgefühl.

Gryconne:
Habe du den Dank, und nehme du die Liebe dieser Seele. Diese Seele benötigt nicht die Übermittlung von mir, denn sie ist in der Anwesenheit. Sie ist in der Erfahrung des Prozesses, der geschieht zwischen dir und zwischen dieser Seele [Gaby], die hier spricht mein Wort. Siehe, diese Seele [Leanne] ist in einer tiefen Liebe, in einer großen Liebe und in der Freiheit. Sie spricht Folgendes [über mich] zu dir und zu euch: "Ihr seid geliebt und ihr seid frei. Und so habet ihr eine Möglichkeit erfahren, zu wählen den eigenen Weg der Absicht aus der Freiheit. Dieses erfahren zu dürfen ist ein Großes und ein Schönes." Es ist ein Schönes erfahren zu dürfen, daß diese Seele [Leanne] geliebt ist. Sie ist geliebt. Sie ist berührt, ist berührt, ist berührt... Sie ist in der Rechtmäßigkeit zu bitten und ihren Wunsch vorzutragen. Die Art und Weise, wie ihr [Mathias und Gaby] nun dieser Bitte begegnet, ist eine geheiligte, schöne Art und Weise. So gehet ihr nicht in die Schuld, sondern nehmt diese Möglichkeit und eure Wahl als eine Tatsache für eure Freiheit allezeit wählen zu können. Aus dieser Freiheit müßt ihr nicht in der Unliebe sein mit einem der bittet.

Und so wisset, daß diese Seele noch eine gewisse Zeit nach ihrem Wunsch und aus dem Gefühl heraus, willkommen zu sein, verbleiben wird an eurer Seite. Aus sich selbst heraus wird sie entweder eine neue Inkarnation wählen oder sie sammelt Erfahrungen an eurer Seite auf diese Art und Weise [also aus dem Jenseitigen], wenn ihr dieses akzeptieren würdet. Möglicherweise wird sie sich auch eine andere Physis suchen bei einem freien, sich liebenden Paar, um so die Körperlichkeit zu erfahren. Diese Möglichkeiten beschäftigen diese Seele [Leanne]. Sie fragt sich wie sie nach dem eigenen Plan eine neue Situation schaffen kann, die sie in die Freiheit führt. So habe du [Mathias] den Dank von dieser Seele, habe du die Liebe und habe du den Segen. Wisse dich und wisset euch allezeit frei. Wisset euch geliebt und berührt und wisset euch gänzlich, gänzlich, gänzlich ohne Schuld. Dieses ist möglich und es ist die Wahrhaftigkeit und die Tatsächlichkeit und dieses ist gesegnet, Bruder, es ist gesegnet.

> Im Jenseits gibt es Möglichkeiten der Weiterentwicklung für eine Seele

Mathias:
Meine Liebe und meinen Dank an dich, Leanne. Sei dir versichert von unserer Seite, daß es für uns nicht nur akzeptabel, sondern auch in der Freude wäre, solltest du dich dafür entscheiden, im Feinstofflichen an unserer Seite zu sein. Du wärst im Fall dieser deiner Entscheidung von uns sehr willkommen.

Gryconne:
Habe den Dank und dies ist ein liebevolles Wort, das du sprichst. Und so höre, diese Seele [Leanne] formuliert dir, geliebter Bruder und dir, geliebte Schwester [Gaby]:

Leanne:
"Ihr, die ihr mir wart einst die Eltern aus der Liebe auf der Ebene des Lichtes und des Erkennens und der Freiheit [auf Hylax]: **Ich, Leanne, wähle zu gehen in dieser Zeit an eurer Seite. Habet den Dank, für das Mich-Willkommen-Heißen von Seele zu Seele und nicht von Vater und Mutter zu Kind und von Kind zu Vater und Mutter. Diese eure Entscheidung gibt mir die Möglichkeit einen Weg zu wählen, der gar im Raren ist auf dieser Erde. Es kommt selten vor, in Beziehung und Berührung zu sein vom Feinstofflichen zum Stofflichen und so zu lernen, zu erfahren und gehen zu dürfen.** So werde ich diesen Weg versuchen zu gehen. Ich möchte in die Vervollkommnung meines Eigenen gehen und meinen Kreis schließen, auf daß wir uns dann begegnen werden auf der Ebene des Höheren, in denen die Weite gänzlich stattgefunden hat und der Prozeß der Wandlung sich in eurem Sein gegeben hat in das Weite und Gänzliche. Im Gesegneten der 5ten Dimension kann eine neue Begegnung möglich sein. Ich wähle diese Möglichkeit. Es wäre mir eine große Freude, das eine und das andere Mal gehen zu dürfen in das Wort. Und so du, Bruder und du, geliebte Seele [Gaby], das eine und das andere Mal einen Gedanken, eine Berührung geben könntet hin zu mir, so wäre dieses eine große Freude und eine große Dankbarkeit in mir, so in die Berührung zu gehen. Und so wäre es vielleicht das eine und das andere Mal möglich, daß ich stelle die Frage über dieses Instrument [Gaby] ebenso - nicht oft, sondern im Sparsamen, auf daß ich das Eine und das Andere erkennen kann - so wäre mir dieses eine große Freude. Es wäre mir ein Schönes, euch das eine und das andere Mal aus meiner Freiheit eine Botschaft im Materiellen geben dürfte, die meine Anwesenheit in euren Bereichen des Sichtbaren und des Fühlbaren kundtut. Habet den Dank, ihr Geliebten, ihr Tiefgeliebten, ihr, die mir seid der Bruder und die Schwester. Ihr, die mir sein werdet jene, die mir begegnen werden auf der Ebene des Lichtes und der Freiheit. Habe den Dank, habe den Dank, habe den Dank. [Gaby = Leanne weint]

***

Ja, seither ist Leanne an unserer Seite, im Unsichtbaren, jedoch nicht im Sprachlosen. Er hat seither mehrere Durchgaben, auch im Kurs gegeben. Ihm verdanken wir viel Wissen über das Jenseits. Und manchmal treibt er mit uns einfach nur Schabernack. Zum Beispiel liegt bei uns Zuhause in einem waagrechten Regal eine Glocke. Eines abends fällt das Ding mit Donnergetöse zu Boden. Gaby und ich sitzen meterweit davon entfernt. Was war denn das schon wieder?

***

August 1998

Leanne:
... so ihr Fragen habt an mich, die ihr zusammentragen könnt, was die Bereiche unserer jenseitigen Daseinsebene betrifft, so werde ich euch zu diesem Thema sprechen nach meinen Möglichkeiten und euch Aufschluß geben. Möchte noch jemand etwas sprechen, so vernehme ich hier noch einen Impuls, Bruder, möchtest du noch etwas sagen, bevor ich mich aus diesem Instrument [Gaby] entferne?

Mathias:
Das mit der Glocke, die aus dem Regal gefallen ist, warst du das?

Leanne:
Ja, das war ich und es war sehr lustig. Es war sehr lustig, euch zu schauen. Ich habe lange Zeit gebraucht und es war ein großer Energieaufwand. Es war ein großer, großer Energieaufwand. **Doch es war die Mühe wert** und es hat viel Spaß gemacht, Bruder. Ich war voller Freude, daß dein erster Gedanke nicht der der Logik war, sondern deine erste Idee bei mir war und dies hat mich berührt, Bruder ...

***

# Aktualisierung Oktober 99

Nachdem die Nachfrage nach diesem Buch größer als erwartet ist, entschließen wir uns, es richtig drucken zu lassen. Bisher haben wir nur gebundene Fotokopien, oft zum Selbstkostenpreis, abgegeben. Wir taten dies auch aus dem einfachen Grund, daß es so möglich war, jederzeit Aktualisierungen hinzuzufügen. Dies wird jetzt erst wieder möglich sein, wenn die nächste Auflage ansteht.

Die Dinge entwickeln sich so rasant, daß es gar nicht mehr möglich ist, sie zeitgleich aufzuschreiben. Und ehrlich gesagt, ich habe auch immer weniger Lust dazu. Ich verstehe mich nämlich nicht als Archivar, sondern als Gehenden auf dem eigenen Weg. Und da ist es fruchtbarer, lebendige Kurse und Therapien zu geben (siehe Anhang), als im Denken und Schreiben zu sein. Jeshua sagte letzte Woche dazu sinngemäß: Wenn ein Sternenbruder vor 1000 Leuten sprechen würde, dann gingen 1000 verschiedene Vorstellungen in die 3D-Welt hinaus. Es geht aber darum, letztlich alle Vorstellungen aufzulösen.
Es wird für mich auch immer schwerer, die Essenz der Aussagen in eine feste Schreibform zu bringen. Denn dieses würde schon wieder neue Glaubenssysteme nach sich ziehen. Und davon haben wir genug.

Im Kern geht es darum, Polarität aufzulösen. Glaube, Hoffnung, Zuversicht war der Beginn in unserem Projekt Erde. Und zwangsläufig wurde daraus Angst, Zweifel und Tod. Pol und Gegenpol. Denn gemäß unserem Schöpfungswunsch ganz zu Anfang wollten wir Polarität schaffen. Das war unsere Absicht! Wollen wir jetzt Polarität grundsätzlich wieder auflösen, dann müssen wir auch Glaube, Hoffnung und Zuversicht loslassen. Dann wird es egal, ob wir in 3D sterben oder leben. Wir sind ja Wesen mit einer unsterblichen Seele. Es kann uns also nicht wirklich etwas passieren. Wir sind doch fester Bestandteil des Universums. Unsere Seele weiß - im Gegensatz zum Verstand - den Weg nach Hause. Wir brauchen ihr nur zu Vertrauen. Dieses Vertrauen stellen die Ätherischen immer mehr in den Mittelpunkt.

> Es geht um Aufhebung der Polarität.
> Dazu bedarf es nur des Vertrauens in den Weg der eigenen Seele.

Vertrauen heißt nicht, daß wir glauben, daß es uns umso besser geht, je näher wir in unseren Vorstellungen und Verstandesgebilden der Geistigen Welt rutschen. Vertrauen heißt, das Leben so zu nehmen wie es kommt - und es kommt manchmal auch hart. Dann ist nicht mehr die Frage da: "Womit habe ich mir das verdient?" - sondern die viel wichtigere Frage lautet: **"Wozu dient es mir?"** Der Korken, der auf der Meereswoge tanzt, er bestimmt nicht die Richtung. Der Korken ist analog dem Verstand, der alles kontrollieren und in den Griff bekommen will, und die Welle steht analog für die Seele. Es geht um das Vertrauen zur Welle. Sie weiß, wozu dieses oder jenes unangenehme Erlebnis dient. Der Korken mag das nicht glauben, aber er kann vertrauen.

Wenn sich die Pole aufzuheben beginnen, dann entsteht eine große Stille, das Nichts. Langsam beginnen wir zu erfühlen, was Liebe, Friede und <u>Stille</u> wirklich meint. Das Nichts ist Alles! Es ist lebendige Fülle.

****

Ich nehme auch gerne ein anderes Bild, um mir die Situation ganz simpel klar zu machen: Eine wunderschöne Statue ist von Taubenschiß bis zur Unkenntlichkeit zugedeckt. Die Statue entspricht meinem wahren Wesen als Sternenbruder. Der Taubenschiß ist mein Bewußtsein im Vergessen, all das, was ich an Glaubenssätzen, Erfahrungen, Traumata und Krankheiten in vielen Leben aufgehäuft habe (nicht schuldhaft!). Es ist das Material, aus dem ich meine 3D-Welt erschaffen habe. Jetzt kommt es darauf an, es wieder aufzulösen, damit die Statue frei wird. Ich löse auf, indem ich den Scheiß annehme und durchliebe, meine Ängste und 3D-Schöpfungen wieder zu mir zurück -und annehme. Das wird stinken und es bedarf großer Ehrlichkeit mit sich selbst, um das zu tun. In der Therapie heißt das, etwas feiner ausgedrückt, "Schattenerlösung".

Unter den vielen Ereignissen der letzten Monate ist wohl besonders die Begegnung mit einem Schattenwesen hervorzuheben. Er heißt Coronne vom Volke der Morr und stammt aus der Zwischenerde, gehört also der 2ten Dimension an. Er lehrt uns in seiner tonlosen, platten Stimme und seinen liderlichen Kraftausdrücken viel Neues über Schatten. Er ist wie wir im Aufstieg und es mag für sich sprechen, daß es meist Jeshua ist, der uns fragt, ob wir bereit seien, ihn zu hören. Ja, es kommt Bewegung in die Dimensionen.

Ähnlich wie Coronne gehörten auch die Plejadier am Anfang des Projekts Erde zu den Bleigewichten, die uns den Abstieg möglich machten - und jetzt sind sie wieder da als jene, die uns den Auftrieb geben. So auch Nyria, die uns in letzter Zeit viel über "Schöpfung" sprach. Das geht immer mehr in Form von Dialogen mit uns. Und ich kann Dir sagen, es ist nicht leicht, im schnellen klaren Dialog mit einer solchen Sternenschwester wie Nyria Schritt zu halten. Ehe man es sich versieht, ist man wieder mit einer persönlichen Frage konfrontiert, die einem tief Luft holen läßt. Aber dank meiner vielen "dummen" Fragen und Antworten, wird auch Vieles klarer. Zum Schluß des Buches nochmal Nyria:

Juli 1999

Nyria:
Ihr Großartigen, ihr großartigen Schöpfer, ihr Götter. Ihr seid Götter. Schöpfer seid ihr. Großartig seid ihr. Freude ist in mir, Freude in dem Heute, in dieser besonderen Zeit, durch diese geliebte Physis sprechen zu dürfen zu euch. Sprechen zu dürfen zu euch in dieser Zeit bereitet mir, Nyria, Freude. Wir lieben euch, wir lieben euch, wir lieben euch.

Wir: - Wir lieben euch, wir lieben euch, wir lieben dich.

Nyria:
Dank für eure Liebe, die ihr aus euren Herzen sendet. So werde ich sprechen in dem Heute zu euch, ihr Götter. Ich werde sprechen zu euch über das, was die **Kompromißlosigkeit der Verbindlichkeit** ist. - Schlaues Wort. Wir lernen von euch zu verschleiern. Wir lernen von euch etwas Besonderes auszudrücken. Das macht es so schwierig. Wir wählen die besonderen Worte, dieses suchen wir in dem Heute.

So werde ich nun sprechen über das von euch Vorbereitete für diese Stunde - oh, nein, es ist nicht das, was ich möchte. Es ist das, was ihr vorbereitet habt, ihr Schöpfer. So sind wir Schöpfer. Wir dienen einander. Der Eine zeigt dem Anderen das, was er erschaffen hat. Und so bin ich eine Dienende, denn ich reiche euch das, was ihr erschaffen habt für diese Stunde. Ist dieses nicht intelligent? - Dieses ist wahrlich intelligent. So könnt ihr sprechen: "Dieses ist [so ganz typisch] Nyria." Und ich kann sprechen: "Schau, die [naiven] Lämmer." Dieses wäre das alte Spiel. Doch das Spiel der Freiheit bedeutet, daß ihr erkennt, was ihr erschafft auf eurem Wege und daß ihr euch verneigt vor dem, was ihr erschafft.

So nehmet zunächst den Dank jener aus der **Zwischenerde**, jener Wesenheiten, die euch begleitet haben und die mit euch in Resonanz gegangen sind und ihr mit ihnen. Obgleich ihr eigentlich in Resonanz gegangen seid mit euren Aspekten und euren **Gepäckstücken [Schattenpaketen]**, die ihr in der Zwischenerde deponiert habt - weit weg. Dieses ist wiederum sehr intelligent [von euch], die Zwischenerdler sind weit weg. Laßt die das doch regeln. Sie sind [eh bloß] zweidimensional. Nein, dieses ist nicht euer Wunsch. Euer Wunsch ist, eure Gepäckstükke zurückzurufen zu euch und zu sprechen: "Dieses ist mein Koffer. Ich werde ihn öffnen. Sein Inhalt gehört zu mir." Ihr findet eure Gepäckstücke vielleicht nur zaghaft, dennoch sucht ihr aus voller Absicht. Auf die Absicht kommt es an und dies bedeutet, daß ihr die Erde [von euren Schatten] befreit. Ihr habt diese Erde von dem befreit, was sie für euch trug. Denn die Erde ist ebenso wie ihr in das Erschaffen, in die Polarität gegangen. Sie hat von euch das genommen, was ihr [nicht mehr] wolltet. Ihr seid mit der Erde so umgegangen wie ihr [analog] versucht dem Anderen das aufzubürden, was euch zu schwer erscheint. [Nach dem Motto:] „Schaut diesen, er trägt schwer genug, so wird ihm mein Gepäckstück kaum auffällig sein. Ich werde es ihm aufbinden in der Zeit, wo er sich umdreht. Ha, ha, ha! Ein Spiel, ein schönes Spiel. Doch dieses Spiel wird sich nun ändern, denn die **Erde** gibt euch das zurück, was sie für euch trägt und getragen hat. **Denn auch sie geht in die Singularität. Dies bedeutet, daß sie erkennt, daß Helfen nicht darin besteht, daß sie eure Gepäckstücke trägt.**

> Jeder Schritt, den ihr geht, ist ein Schritt zu euch selbst. Ein Schritt zu dem , was ihr seid. Und nicht zu dem, was ihr werden sollt. Ihr sollt nichts werden!

Dies ist eine kooperative Zeit zwischen euch und der Erde. Dies bedeutet, daß ihr in der Verbindlichkeit zurücknehmt, was ihr gespeichert habet, in den Phasen der Vergangenheit [Schatten auch aus vergangenen Inkarnationenen]. Ihr tatet dies nicht aus böser Absicht. Nein, es war Teil des Spiels [Projekt Erde-Spiel]. Doch nun wird es Zeit, daß ein jeglicher seine Mitspieler zu sich zurückruft aus den Bereichen der Zwischenerde [analog zu Unbewußtem, Verdrängtem, Unanständigem] und aus den Bereichen des Jenseits. Daß ihr das zurückruft, was zu euch gehört. Die Erde hält es nicht fest, so wie sie es lange Zeit gehalten hat. Sie hat es von euch genommen und nicht erkannt, daß es gar nicht das Ihrige ist. Diese Zeit bedeutet, daß die Erde sich aufbeult [Erdbeben in der Türkei, Aug 99, 15000 Tote und danach weitere Beben]. Sie gibt das zurück, was die Menschenseelen in der Zeit des Vergessens in ihr deponiert haben. Die Erde braucht eine große Kraft. Denn viele auf dieser Erde wünschen sich nicht umzudrehen und mit ihren Händen nach den Gepäckstücken zu greifen. Die Erde braucht eine große Kraft, um sich bemerkbar zu machen. Ja, ja, ja, es bedarf vieler Kräfte der Erde, bis jene, die ihr wählt an eure Spitzen [Politiker], aufstehen und sprechen: "Dies ist die Zeit nun, daß wir nach unseren Gepäckstücken schauen." Also wird die Erde sich aufbäumen müssen.

So nehmt ebenso den Dank der Erde. Versteht die Verbindlichkeit. Dies sind nicht nur Worte. Die Erde dankt euch. Dieses müßte euch glatt umhauen! Die Erde dankt euch! Denn ihr nehmt das zurück, was zu euch gehört. Ihr nehmt es zurück und ihr sprecht: "Ja, dieses bin ich, dieses macht mich aus, dieses ist mein Weg. Ja, es war und ist mein Weg. Die Schöpfung ist mein Weg, ich bin Schöpfer." **Dieses bedeutet, daß ihr eine Chance habt, euer Herz zu finden.** Dies bedeutet in der Konsequenz, Freunde, wenn ihr euer Herz spürt, dann seid ihr nicht mehr der Richter über euch. Ihr seid nicht mehr in der Kleinheit, noch im Größenwahn. Ihr seid still mit euch und in der Freude eurer Herzen. [Ihr denkt vielleicht:] "Was mag dieses sein? Mag dieses ein Jammertal sein, in dem nichts stattfindet?" - Ihr werdet euch wundern, was in den Bereichen eurer Herzen stattfindet. **Ihr werdet euch wundern, was dieses für ein Universum ist, euer Herz**. Ihr werdet euch wundern.

Was bedeutet es, Liebe zu empfinden? Bedeutet dieses, daß wir den Anderen in die Umarmung nehmen und sagen: "Du bist in Ordnung!" - Und [in Wirklichkeit] wenden wir uns um und sprechen: "Ich möchte gar nicht daran denken, was dieser für einer ist." - Dieses ist es nicht! So ihr euch begegnet, so **dienet einander**. Denn ihr seid die Begegnung [mit] eurer Schöpfung. So nehmt sie doch zurück! So versteht und erfühlt doch, was Friede bedeutet. Friede ist nicht etwas, was vergleichbar ist mit einem eurer schnellen Kaffee's, die ihr anrührt mit euren heißen Wassern. Friede ist Werden, Wachstum, Gehen. Friede ist die Basis unter euren Füßen. In diesen Tagen [Kurs] des Miteinander habt ihr diese Basis gestärkt. Ihr dürft euren Füßen vertrauen. Ihr dürft ihnen vertrauen. Wenn ihr so die Welt anschaut, bedeutet dies in letzter Konsequenz, daß ihr nicht mehr das richtet, was euch begegnet. Denn ihr wißt, **ihr seid in allem und alles ist in euch.** So sucht nicht die Instant-Kaffee's. Sucht den Weg und wisset, **jeder Schritt, den ihr geht, ist ein Schritt zu euch selbst, zu dem, was ihr seid. Und nicht zu dem, was ihr werden sollt. Ihr sollt nichts werden, ihr sollt nichts werden, ihr sollt nichts werden. Ihr seid. Ihr seid Schöpfer.** Ihr seid Götter Dieses müßte euch ebenso umhauen! Ich sehe euch [immer noch] auf euren Plätzen sitzen. Warum haut es euch nicht um?

Dies haut euch nicht um, weil eure Herzen

geschlossen sind. Es läßt euch nicht in Ohnmacht fallen, weil eure Herzen geschlossen sind. Denn diese Tatsache müßte eure Grenze auflösen. So, ihr in der Wahrhaftigkeit mit euch wäret, so würdet ihr fühlen, daß das Herz sich öffnen möchte. Ihr zwingt es mit der Brechstange, ja, dieses ist ein Versuch, ihr könnt dieses versuchen. Doch ihr werdet in die Verbindlichkeit dessen gehen, was euch ausmacht. **Ihr werdet nicht darumherumkommen, mit euren Schatten verbindlich zu werden**. Sie sind längst keine Schatten mehr.
Ihr werdet lernen in der Kompromißlosigkeit JA zu sagen. Ihr werdet lernen, euch in der Kompromißlosigkeit aufzurichten. Ihr werdet nicht die Anderen für euch selbst verantwortlich machen. Ihr werdet dieses Spiel des Bleigewichte-Werfens beenden und nicht mehr sprechen: "Nein, du wirfst kein Blei auf meine Waagschale. Dieses ist nicht in Ordnung." - Ihr werdet vielmehr sprechen: "Dieses ist <u>mein</u> Blei. Ich habe mir in meiner Schöpfung erschaffen, daß einer das Blei auf meine Schale wirft. Dieses ist genial von mir. Ich bin ein Schöpfer und ich segne dieses Blei. Ich segne es, denn es dient mir." - Dieses ist der Weg zu lieben. Dieses ist der Weg in die Freiheit zu gehen. **Wie kann euch jemand lieben, wenn ihr euch selbst nicht liebt? Wie kann euch jemand in der Freiheit begegnen, so ihr selbst unfrei seid? Wie soll dieses gehen, ich frage euch?**

Ja, ja, ja, so seid ihr auf dem Wege, ihr großartigen Götter. Ich spreche dieses im Lautstarken aus, in der Verbindlichkeit dessen, was ihr seid. Friede seid ihr, Liebe seid ihr. Und somit seid ihr die, die ihr seid. Und so ihr geht auf eurem Wege und so einer sich erschafft den Zwiespalt mit euch und so ihr erfühlt den Zwiespalt und so ihr seid im Quietschen mit euch - so erinnert euch an das, was ihr erschaffen habt. Erinnert euch daran, daß dieses <u>euer</u> Werk ist und daß es euch dient. Welches Werk sollte euch denn sonst dienen, wenn nicht euer Werk? So ihr im Frieden seid mit dem Zwiespalt, den ein Anderer erlebt, so seid ihr im Frieden mit euch und ihr bleibt bei euch und ihr schaut nicht zu dem Anderen. Denn jener wird gehen und verstehen und erkennen. - Diese [Haltung] ist Liebe!

**Liebe ist** nicht der Puderzucker. Liebe ist nicht der Zucker und die Glasur, die ihr oben drauf gebt und vielleicht noch ein Häubchen Sahne? [Ihr denkt euch dabei:] "So magst du mich, wenn ich dir diese Torte reiche." - Dieses ist es nicht! Liebe ist die Wahrhaftigkeit eures Wesens. Liebe ist das, was aus euch herausfindet, in die Welt geht und euch sprechen läßt: "Ja. Ja, ich lebe. Ich bin lebendig. Ich handle. Ich bin aktiv. Und meine Passivität bedeutet, daß ich mich hingebe an meine Aktivität." Dieses ist Liebe. Liebe bedeutet, daß ihr nicht sicher seid, ob ihr der Wurm seid oder der großartige Größenwahnsinnige. So werdet ihr in eine Phase der Stille kommen. Ihr werdet in einer Phase der Stille sein und in einer Phase des Nichts. **Ihr werdet in einer Phase der Ruhe sein und alles wird so sein wie es ist. Ihr werdet die Fülle des Nichts erleben.** Ihr werdet erleben, daß ihr nicht des Schutzes bedürft. Es ist nicht angesagt, in den Kampf zu gehen. Denn ihr werdet Kampf nicht verspüren. Ihr werdet nicht nach den Salben suchen. Denn ihr werdet in der Wahrhaftigkeit der Heilung sein. Doch Heilung kann in euch nicht geschehen, solange ihr zu eurer Schöpfung nicht JA sagt, solange ihr nicht zu euren Messern [Schulmedizin, Krieg] JA sagt. **Solange ihr nicht JA zu euch selbst sagt, wie könnte euch Heilung begegnen?**

> Wie kann euch jemand lieben, so ihr euch nicht selbst liebt?

So versteht euch auf einem Weg der Regeneration. Dieses ist nicht einfach, Freunde. Dieses ist kein Pappenstiel. Dies bedeutet Verbindlichkeit mit euch. [Ihr könnt euch sprechen:] "Ja, ich bin ein Gott. Ja, ich bin Schöpfer. Ich bin Liebe." - Und in diesem Moment könnt ihr die Liebe des Universums vernehmen. In diesem Moment wißt ihr euch geborgen, wißt ihr euch aufgehoben, wißt ihr euch als Teil des großartigen Großen, des allgegenwärtigen, ewigen Seins. In diesem Moment wird euch dieses bewußt werden. Habt ihr euch geheilt, so habt ihr die Erde geheilt. So habt ihr das energetische Kleid dieser Erde geheilt. So habt ihr Teile eurer Gepäckstücke aus dem Jenseits zurückgerufen. Dies bedeutet, daß ihr eure Emotionalkörper heilt. So, ihr eure Emotionalkörper heilt, so heilt ihr den Emotionalkörper der Erde. Doch es ist nicht der Weg zu sprechen: "Jetzt gehe ich die Erde heilen." Dies ist nicht möglich, denn ihr würdet etwas im Außen suchen, was im Innen liegt, in euch. So seid ihr großartig, denn ihr schaut in euch. Ihr seid mutig. Ihr seid großartige, mutige Schöpfergötter.

Ja, ja, ja. Ich spreche diese Worte kompromißlos, ohne Wenn und Aber. So werdet ihr gehen, ihr, die ihr seid die Freien, ihr, die ihr seid die Säulen. Ihr werdet euch in diese Welt tragen. Ihr werdet JA sagen zu eurem Werk, zu eurem Weg. Ihr habet euch lange Zeit vorbereitet für diese Zeit nun, für diese Zeit des Aufbruchs, für diese Zeit des Wandels und für diese **Zeit der letzten Kriege**. Und es ist <u>eure</u> Wahl allezeit, zu wählen, welchen Platz ihr einnehmt. Nehme ich den Platz des Wurmes ein oder der des größenwahnsinnigen Gottes? Es ist eure Wahl. Wählet. Wählet, wo ihr steht. Wählet, was ihr seid. Wählet es. **Ihr wählt euch aus. Ihr seid die Auserwählten** [die sich selbst Auswählenden]. Wir kommen nicht und sprechen: "Ich erwähle dich aus. Du bist das Licht" - Nein! Wir erkennen euch, in dem was ihr seid. Dieses reflektieren wir euch. So traget euch in die Welt, sage ich euch. Stehet auf und seid in der Freude, denn es ist euer Weg. Ihr habt keinen anderen Weg, als diesen. So segnet euren Weg. Segnet euer Sein, segnet dieses. Denn der Schöpfer, das allgegenwärtige, ewige Sein, es segnet euch. Spürt das Wort [von mir] nicht allein, spürt die Bedeutsamkeit dessen. Ihr seid mutig, es gibt gar wenige auf dieser Erde, die es euch gleichtun mit dem Mut.

So ist es im Spiel der Waagschale das eine und das andere Mal gegeben, in die anderen Länder zu schauen, in die anderen Fenster, auf die anderen Küchentische, um zu sehen, was der Nachbar kocht. **Dieser Blick wird ein anderer werden, so ihr eure eigenen Räume beschaut, so ihr einzieht in euer Leben, so ihr im Hier und Jetzt euer Leben lebt, um die Herausforderungen zu erfahren und eure Schöpfungen wieder zu euch zurückzunehmen.** Ja, diese [Haltung] ist weise. So öffnet eure Hände. Denn es ist die Fülle, die euch erwartet und es ist das Universum, das euch beschenkt. Das Universum, es beschenkt euch ständig, unablässig. So öffnet doch eure Hände und nehmet, nehmet aus der Freude.

Dieses ist das Wort. So habet den Dank, daß ihr erschaffen habt diese Kunde für euch. Habet den Dank, ihr Geliebten, ihr Brüder, die ihr uns seid, ihr Schwestern, die ihr uns seid. Eine große Gemeinschaft wartet auf euch. Es ist die Gemeinschaft gar vieler, die ihr kennt, Freunde und Geliebte [Sternenbrüder], aus der Zeit der vergangenen Zukunft. Wir erwarten euch und wir warten in der Demut. Wir danken, daß ihr uns wählt, euch Hilfe zu sein, eure Bücher zu euch zurückzunehmen, eure Bibliotheken einzunehmen, euch zu erinnern in der Weisheit eures Herzens. Wir danken euch für diese Möglichkeit. Sie bedeutet uns viel und sie läßt uns mit uns selbst weiter in der Freude gehen. Habet den Dank, ihr Geliebten. So gehen wir nun aus dieser Stimme und wir segnen euch.

Wir, die wir sind das Prinzip des Plejadischen, wir segnen euch und wir lieben euch. Es sprach zu euch, Nyria. Wir lieben euch, wir lieben euch, wir lieben euch.

Wir:
Wir lieben euch, wir lieben euch, wir lieben Dich.

***

Es läßt sich alles zusammenfassen in dem einen Satz von Michael:

| Was könnte die Vollkommenheit anders sein, als die Liebe zu Unvollkommenheit? |
|---|

Bleibt die Frage, was Liebe sei ...

# Aktualisierung Sommer 2002

Alle Exemplare der letzten Ausgabe sind verkauft, die Neuauflage steht an. Über 2 Jahre sind seither ins Land gegangen. Was sind schon 2 Jahre? - könnte man denken. Je nach **Blickwinkel** ist das eine relativ lange oder kurze Zeit. Uns kommt es wie eine sehr lange Zeit vor. Denn sie war sehr ereignisreich.
Ich kann den geneigten Leser beruhigen: Wir sind noch nicht erleuchtet. Die Beruhigung scheint mir deshalb angebracht, weil sich die meisten Menschen aufgrund des ihnen innewohnenden **Vergleichen**s und Konkurrenzdenkens in ihrem Wert herabgesetzt fühlen, wenn ein Anderer etwas hat, was sie selbst scheinbar nicht haben. Dieses Beispiel zeigt, in welcher Richtung unsere Schulung und Entwicklung während der letzten Jahre lief:
**Selbsterkenntnis im Spannungsfeld von HABEN und SEIN**. Das ist wahrscheinlich wieder einer meiner klugen Sätze, die schwer verständlich sind. Also erklären: HABEN ist das, was man in die Tasche stecken kann, man kann etwas erreichen und besitzen – bis es wieder genommen wird. Man kann sich fragen, ob man es lieber loswerden oder behalten will.
SEIN ist ein Zustand, der dauerhafter ist und aus sich selbst heraus in sich ruht. Habe ich eine Krankheit oder bin ich eine Krankheit? – So, das waren zumindest einige Denkanstöße. Doch der Reihe nach:

## Trifft sich die Freitagsrunde noch?

Die Freitagsrunde beschreibt den lockeren Zusammenschluß von derzeit 5-7 Personen, die sich seit Jahren an jedem Freitag Abend treffen, um sich untereinander und über Gaby als Medium mit Geistiger Welt auszutauschen. **Ja** , sie trifft sich noch.Aus dieser Runde und den zahlreichen Kursen „Geistige Welt" und „Reinkarnations-Therapie-Ausbildung" entstanden inzwischen ca. 1500 DinA4-Seiten Protokolle (das sind die vom Tonband abgeschrieb-enen Durchgaben, die man bei uns auch kaufen kann). Es sind Schätze der Weisheit und Anleitungen zur Heimkehr.
Nach wie vor gibt Gaby Schutzgeistsitzungen in Volltrance. Und wir beide geben Reinkarnationstherapien und Kurse. Es geht uns damit und miteinander gut. Geheiratet haben wir auch.

## Wie war die Resonanz auf dieses Buch?

Obwohl es viele begeisterte Zuschriften gab, würde ich doch sagen, daß **die Mehrheit der Leser den Kern des Buches nicht verstanden hat**. Es läuft wie meist: Gibt man einen Gedanken in die Welt, so entstehen daraus 1000 unterschiedliche Vorstellungen, erwähnte ich schon bei der Aktualisierung 1999. Ich schaue das inzwischen mit größerer Gelassenheit als früher an, weiß ich doch, daß es ja gerade das Wesen der 3D-Welt ist, aus Vorstellungen aufgebaut zu sein. Dies ist kein Fehler, sondern Konstruktionsprinzip der 3D-Welt. Wir nennen die Welt der Vorstellungen die „**Matrix**" in Anlehnung an den gleichnamigen Film. Jenseits der Matrix beginnt die wirkliche Welt viel größerer Einheit und Harmonie, aus der wir kommen und zu der wir wieder gehen werden. Die meisten Leser sind in ihren eigenen Vorstellungswelten hängen geblieben. Ist ganz normal. Nehmen wir als Beispiel zwei Personen im Kaffeehaus. Der eine schaut zum Fenster raus, der andere rührt in seiner Kaffeetasse. Sagt der Fensterschauer: „Sieht nach Regen aus... ". Sagt der Tassenrührer: „... Soll aber Kaffee sein."
Deshalb spreche ich im Folgenden **Mißverständnisse** über die Inhalte dieses Buches an:

## Macht und Ohnmacht des Machbaren

Ein erstes tiefes Mißverständnis liegt darin, daß wir aus unseren üblichen Gewohnheiten der Polarität glauben, daß wir etwas entwickeln, etwas machen müßten, nach der Vorstellung:
„Wenn ich es nur geschickt, intelligent und kraftvoll genug anstelle, dann kann ich zu einer absoluteren Einheit kommen. Mein Mann liebt mich wieder und meine Symptome verschwinden endlich! Ich muß es nur richtig machen. Welcher Therapeut oder Guru sagt mir, was ich falsch mache? Wer hat das beste Rezept und die schnellsten Heilerfolge? Vielleicht noch eine kleine Familienaufstellung oder eine Tachyonenbehandlung? Oder wer channelt mir doch lieber gleich ein Geistiges Wesen??"
Solange Du in dieser Grundhaltung, die ich esoterisches Dünnbrettbohren nenne, verharrst, solange Du also glaubst, etwas machen und leisten zu können und zu müssen, solange bist Du in der **Geometrie des Machbaren – und damit der Macht** - gefangen. Das jedoch, wonach sich alle Herzen sehnen ist das nicht Machbare, das Natürliche, das Einfache, das Wahrhaftige. Hier verliebt man sich entgegen alle Vernunft. Es ist so einfach und doch so schwer: Einfach, maskenlos und authentisch der sein, der man ist. Darauf kommt es an. Hier an der Grenze zur Freiheit und Freiwilligkeit kommt die Macht des Machbaren zwangsläufig in die Ohnmacht. **Geistige Welt ist nicht zuständig für Machbares!**

Herauszufinden, wer und was ICH eigentlich bin und was die Maske ist, das eben ist der **Weg der Selbsterkenntnis**. Dieses Buch hat darauf eine klare Antwort gegeben: Ich bin Gott und Gott ist ich. Diese Aussage meint keinen Ego-Größenwahn. Vielmehr wird deutlich, daß hier mit „ICH" eine andere Instanz gemeint ist als die Ego-Persönlichkeit, die von Leben zu Leben variiert. Diese übergeordnete Instanz nenne ich im weiblich-passiven Gefühlsaspekt **Seele** und im männlich-aktiven Geistaspekt **Höheres Selbst**. Die beiden Begriffe zusammen ergeben das, was ich unsere **höhere Oktave** nenne. Die höhere Oktave führt uns von Leben zu Leben. Eine einfache Analogie mag es verdeutlichen: Jeden Morgen ziehst man sich neue Kleider an. Die Person, die drinsteckt, ist im Wesentlichen dieselbe wie am Vortag. Die Person entspricht der höheren Oktave. Das neue Kleid entspricht der Ego-Persönlichkeit. Abends, wenn man schlafen geht, zieht man seine Kleider wieder aus. Wenn man also stirbt, legt man seine Ego-Persönlichkeit wieder ab und zieht seinen Schlafi wieder an. Wenn Du willst, entspricht der „Schlafi" (=Schlafanzug) dem feinstofflichen Astralkörper für das Jenseits, das den Träumen ähnlich sein mag.

> 1tes Mißverständnis:
> Es gibt nichts zu tun!

## Mache ich alles richtig?

Zwischen der normalen 3D-Welt und der ersehnten 5D-Welt liegt der Weg, der sich zusammensetzt aus vielen, vielen Aktionen, Reaktionen und Lernschritten, die alle dem Ziel der Selbsterkenntnis dienen. Und dafür ist Deiner Seele jede Erfahrung in jeder Vorstellungswelt recht. **Niemals kannst Du wirklich etwas verkehrt machen oder an Deiner Aufgabe vorbei leben!** Denn immer machst Du Erfahrung, die Dir dazu dient nach Hause zu kommen.
Nur ein einfacher Satz – aber mit großer Tragweite. Lies ihn noch mal genau durch: *„Niemals kannst Du wirklich etwas verkehrt machen oder an Deiner Aufgabe vorbei leben"*.
Hast Du das verstanden? Unter welcher Voraussetzung hat der Satz Gültigkeit? - Er gilt dann, wenn Du Deine gewohnte **Sichtweise** änderst: Nicht mehr ein vorgestellter SOLL-Zustand Deiner Ego-Persönlichkeit ist maßgebend, sondern schlicht das, was geschieht. Das ist der IST-Zustand. Vertraue darauf, daß alles, was Dir begegnet, Sinn für Dich macht und Dich näher zu Dir selbst hinbringt. Das ist Schick-Sal = das Dir zum Heil geschickte in der wörtlichen Übersetzung. Deine höhere Oktave, jene Instanzen, die Deine Inkarnationen und Erfahrungen auswählen, sie werden schon wissen, wo und wie der kürzeste Weg nach Hause verläuft. Und da sind keine technischen Tricks vorgesehen, keine tollen Rezepte und Abkürzungen, sondern letztlich verbindliche Erfahrungen.
Du weißt, daß Verbindlichkeit oft Blut, Tränen und Leid bedeutet. All diejenigen, die sich Sensationsenthüllungen oder Patentrezepte durch Geistige Welt erhofft haben, sind vielleicht ernüchtert in Anbetracht der letztendlichen Erkenntnis, daß es nur ums Einverstanden-Sein geht.

> 2tes Mißverständnis:
> Es gibt keine schnellen Rezepte für das Heil Deiner Welt!

**Einverstanden-Sein mit dem, was IST**. Das ist der gesuchte schnellste Weg. Das ist die simple Wahrheit , die so schwer zu schlucken ist. Sie führt zu Demut und Hingabe. Das ist aber auch die Haltung, die Dich heiter und gelassen werden läßt. Egal ob Du gerade auf Berg- oder Talfahrt sind. Bleiben wir noch einen Gedanken lang bei Bergen und Tälern:

## Berge erscheinen gut, Täler schlecht

Es scheint eine selbstverständliche und allgemein akzeptierte Sichtweise zu sein, wenn ich sage, daß wir in einer Welt der Polarität leben. Denn alle Teile bestehen aus zwei Seiten: Mann und Frau, Tag und Nacht, Hell und Dunkel, Plus und Minus, usw. Auch das Modell der Wiedergeburt basiert auf einer Sinuskurve, die zwischen Diesseits und Jenseits hin- und herpendelt. Wir bewegen uns innerhalb eines Lebens und über eine Vielzahl von Leben hinweg stets zwischen Bergen und Tälern, zwischen König und Bettler.

Ich beschreibe damit eine simple und überall zu beobachtende Weisheit. Dennoch verhältst Du Dich fast reflexartig so, als sollte es für Dich nur einen Berg-Pol geben. Viel Energie bringst Du dafür auf, den Tal-Pol irgendwie wegzubekommen. Du möchtest wie alle von Gipfel zu Gipfel, von Highlight zu Highlight springen nach dem Motto: **„Lieber reich und gesund als arm und krank"** Die Täler, das Böse, die Symptome, die Terroristen müssen doch bekämpft werden! – Da folgen wir fast unreflektiert den Vorgaben des kleinen Texaners mit dem rauchenden Colt und tun so, als dürfte die Welt nur aus dem einem guten Pol bestehen.

Ich nenne das „monopolares" Denken und Fühlen. Auch die esoterische Friede-, Freude- und Eierkuchenszene ist davon verseucht. Da wird der eine, vermeintlich dunkle und böse Pol negiert, bekämpft, verdrängt, daß die Lichtwolken nur so stieben. Daß aber gerade im dunklen, irdischen Bereich unsere Wurzeln, Lebenskraft, Vitalität liegen, das wird vergessen. Entsprechend gibt es dann Symptome der Unausgewogenheit.

Das Arme und Kranke gehört mit zu uns als Mensch und damit auch zu dieser Welt. Es ist Teil des IST-Zustandes und braucht besonders viel Zuwendung. Im eigenen Inneren wie im Außen! Der Engel Michael drückt das in einer Durchgabe so aus: **„Was könnte Vollkommenheit anderes sein, als die Liebe zur Unvollkommenheit?"** Ich wiederhole mich. Nochmal platter formuliert: „Ein halb volles Glas ist stets auch halb leer." Oder: „eine Medaille hat stets zwei Seiten."

**Ausgewogen-Sein** heißt für mich zu werden wie ein Baum, der seine Wurzeln tief im Dreck hat und sein aufrechter, starker Stamm trägt eine weite lichte Krone in den Himmel hinauf. Die Energie fließt wie bei einem Magneten von unten nach oben und von oben nach unten. Ein solcher Baum verbindet die beiden Pole Erde und Himmel.

> 3tes Mißverständnis:
> Geistige Welt bewahrt Dich nicht vor scheinbar schlechten Erfahrungen

## Wie, zum Teufel, komme ich hier raus?

... so magst Du verzweifelt fragen. Wenn es also keine schnellen Rezepte gibt, wenn es nichts zu tun gibt und uns auch niemand aus dem Schlamassel herauszieht, was dann? – Dann geh' zum Teufel und lerne das zu lieben, wofür Du Dich schuldig fühlst. Oder zuvor – verstehe zunächst, daß Du Schuldgefühle hast, oft gut verdrängt.

Ich nehme an, Du möchtest aus Deinen Problemen, Deinen schlechten Gefühlen, Deiner nervigen Beziehung oder etwas Ähnlichem raus. Kurz zusammengefaßt: Du möchtest raus aus 3D, hinein in eine Welt dauerhafteren Glücks und Harmonie. Welchen Weg weist Geistige Welt?

Geistige Welt sagt, in meiner Kurzformulierung ausgedrückt: **„Wenn Du rauswillst, mußt Du rein!"** Das ist dasselbe paradoxe Prinzip wie in der Reinkarnationstherapie. Wie versteht es sich?

Heil und Ganzheit, Harmonie und Glück entsteht dann, wenn alle Teile zusammenkommen und nichts mehr ausgegrenzt werden muß. Was Dir zum Heil fehlt, sind die verdrängten Inhalte Deiner Täler oder wie wir Reinkarnationstherapeuten das ausdrücken: **„Zur Ganzheit fehlt der Schatten"**. Es gilt also den Schatten zu integrieren. Einfach formuliert ist Schatten all das, was wir nicht mögen. Wie sollen wir das aber machen, ohne uns zu vergewaltigen? – Nun, wie oben bereits ausgeführt gibt es nichts zu machen. Wir können nur sein. Sein ist nicht machbar. Es ist ganz einfach. Etwas konkreter: Wenn ich mich so zulasse wie es aus mir herauskommt und mich dann so annehme und liebe, unabhängig davon, ob die Anderen das gut oder schlecht finden, dann BIN ich (authentisch). Beispiel: Wenn ich mich in meiner ganzen Zwanghaftigkeit und der Angst, etwas verkehrt zu machen, sehen kann, annehme und liebe, dann bin ich zumindest auf dem Weg zum SEIN. Dann beginne ich mich und meinen Schatten zu **durchlieben** – diese Formulierung bevorzugt Geistige Welt. Beim Prozeß des Durchliebens lösen sich Verdichtungen, Zwang-haftigkeiten, verstandesmäßige Blockierungen und Vorstellungen auf. Paradoxerweise fühlst Du Dich freier und leichter, nachdem Du aus ganzem Herzen in Deine Schatten eingetaucht bist.

> Wenn Du rauswillst, dann führt der Weg rein.

Manchmal erlebe ich Klienten am Anfang einer Therapie beim Intensiven Atmen sehr verkrampft und voller Angst. Ich sage dann nicht, daß er langsamer atmen soll, sondern fordere ihn paradoxerweise dazu auf, mit voller Kraft in den Schmerz hinein zu atmen und sich für die Energie – es ist seine eigene - zu öffnen. Wenn er das tun kann, dann kommt er meist sehr schnell durch seine Mauern hindurch. Wie dieses Durchlieben wirklich geht, läßt sich grundsätzlich nicht sagen. Wäre es beschreibbar und machbar wie ein Rezept, würde es schon nicht mehr funktionieren. In den meisten Therapien komme ich früher oder später an genau diesen Punkt, bei dem es um Öffnung, Freiheit, Hingabe und ein „Bitte" geht. Man könnte diese Begriffe auch in einem einzigen zusammenfassen: **LIEBE**.

Wenn ich mich so lange und so sehr gegen meine Schatten gesträubt habe, muß ich ihn dann noch mal von vorne durchleben? – So fragen manche Klienten. - Nein, Das denke ich nicht. Schauen wir den tatsächlichen IST-Zustand an, dann sehen wir, daß wir über die Erfahrungen vieler Leben jedes denkbare Tal bereits erfahren haben, ob es dem Ego paßt oder nicht. **Niemals gelang es, auf Dauer Oben zu bleiben oder Kontrolle aufrecht zu erhalten**.

Alle Tal-Erfahrungen sind in der Seele vorhanden, in der Therapie abrufbar. Was aber fehlt, ist das Einverstanden-Sein damit. Geistige Welt formuliert das so: „Gebe deinen Segen darauf...". Und das meint, die scheinbar schlechten Erfahrungen anzunehmen, **deine Sichtweise darauf zu wandeln**. Du könntest grundsätzlich darauf vertrauen, daß Dir Schicksal von Deiner höheren Oktave stets zu Deinem Heil geschickt ist, und nicht zu Deinem Verdruß oder gar zur Strafe für Schuld. Du könntest sehen, daß Dein Maßkrug (bayerisch für 1 Liter) halb voll und nicht halb leer ist. Natürlich sieht Dein Verstand immer nur die Halbe. Das Herz kann das Halb-Volle fühlen.

## Wie geht jetzt das mit der Erleuchtung?

Wohl wissend, daß ein Rezept alleine nichts bewirkt, formuliere ich dennoch eine knappe Seite lang eine Anleitung für den Verstand, der so neugierig fragt, wie er zur Erleuchtung gehen kann. Ich fasse zusammen aus vielen Durchgaben und Therapien und formuliere 3 Schritte:

Nehmen wir als Erleuchtung den nicht langweiligen Zustand des Seins, in dem wir glücklich sind, ausgewogen ganz in unserer Mitte und daselbst auch ewig bleiben (Die Ätherischen sagen, ewig ist das JETZT). Wie komme ich dahin?

1) Es geht zunächst darum, sich aus der Identifikation der Pole zu lösen. Ich bin weder gut noch böse, weder rechts noch links, weder das eine noch das andere. Was dann? – Ich bin **der dritte, neutrale Punkt**.

*Nochmal dasselbe in anderen Begriffen*: Ich bewege mich im karmischen Rad wie ein Hamster in seinem Laufrad, vergesse und wiederhole die Erfahrungen in immer neuen Kulissen. Das Rad ist der Horoskopkreis, der meine Ego-Persönlichkeit beschreibt. Wohin wende ich mich, wenn ich Neutralität suche? – Gehen wir dazu zum wichtigsten Punkt im Horoskop, den man oft übersieht: Dem **Mittelpunkt**. Er entspricht dem dritten, neutralen Punkt.

> Richte Dich im Mittelpunkt auf und dehne Dich aus...

2) An diesem dritten, neutralen Mittelpunkt angekommen verankere ich mich in der Senkrechten. Ich werde zum **Baum**: Wurzeln in der Erde, Haupt im Himmel, Stamm in der Mitte. Ich richte mich auf, werde **singulär**, wie Geistige Welt das formuliert. Singulär zu sein heißt, ganz aus sich selbst heraus zu leben, seinen Schwerpunkt nur in sich zu spüren und sich immer unabhängiger zu machen von den Meinungen Anderer (nicht mit Egoismus verwechseln!). Der singuläre Mensch weiß und spürt, daß er (seelisch) sowohl männlich wie weiblich ist, daß er seinen Wert nur aus sich selbst heraus zu schöpfen braucht, weil sein Wesen ein göttliches ist. Aus der Singularität heraus liebe ich auch meine Ego-Persönlichkeit, wobei ich diese aber genauso wenig BIN wie die Kleider, die ich trage.

*Nochmal dasselbe mit anderen Begriffen*: Ich richte meine **Chakren** in die Senkrechte auf. Chakren sind die feinstofflichen Organe im menschlichen Körper, angesiedelt entlang der Wirbelsäule. Chakren kann man sich vorstellen wie Donuts - und das sind Krapfen mit einem Loch in der Mitte. Liegen die Löcher genau übereinander wie bei einem sauber gelochten Papierstapel, dann ergibt sich ein Kanal, durch den Energie freier fließen kann. Die Energie ist bekannt unter dem Namen Kundalini. Steigt diese universelle, göttliche Energie durch alle Chakren von unten nach oben und umgekehrt, dann wäre dies ein Indiz für Erleuchtung. Es ist das Symbol des Äskulapstabes, das Ärzte benutzen. Im Normalfall verhängt sich jedoch die Energie am einen oder anderen Chakra, das blockiert ist. Setzen wir für Chakra den Begriff „Filter" ein, dann kann man (zB. In der Therapie) studieren, daß das 2te Chakra unterhalb des Bauchnabels ein sexuelles Filter ist, sozusagen ein Überdruckventil, das gestaute Energie nach Unten abläßt. Das Aggressions-filter sitzt im Bauch (Wut im Bauch), usw. In diesem Bild mag auch deutlich werden, daß die innere Substanz jeder Energieform immer eine universelle und göttliche ist. Das Licht, das alle Farben enthält, ist weiß. Je nach Filter, erfahre ich Farbe.

*Nochmal dasselbe mit anderen Begriffen:* Anstelle eines Baumes mit hindurchfließender Energie nehme ich jetzt einen **Aufzug**, mit dem ich hoch und runter fahren kann. Jetzt kann ich die Dimension (= das Stockwerk) wählen, auf dem ich ein- oder aussteigen möchte. Wichtig ist dabei immer nur, daß ich alle Energien, die ich auf einem Stockwerk verausgabt habe, auch wieder einpacke, wenn ich die Dimension wechsle. Ich rufe alle meine geliebten und ungeliebten Schöpfungen zu mir zurück und bin dann frei, sie neu zu verausgaben.

3) Ich dehne mich über meine Vorstellungs-Matrix hinaus aus. Ich bin universelles, ewiges, unsterbliches, göttliches Wesen in seiner höheren Oktave. Ich bin multidimensional, kann bewußt verschiedenartige Körper erschaffen und wieder ablegen. Ich habe meinen Geist erhoben. Ich bin ein Lächeln und ein Hauch im Hier und Jetzt.

Warum solltest Du Dich mit einer geringeren Vision zufrieden geben?

## Nyria 24: Visionen

18.03.01: Gaby, Mathias, Kathrin, Ute, Helga, Caro und ca.18 Teilnehmer des Wochenendes "Geistige Welt" im März 2001

Stilistisch bearbeitet von Mathias

Freude, Freude, Freude, ihr Geliebten, ihr Schöpfer, ihr Götter, ihr Meister, ihr Schüler. Freude, Freude, Freude. Ich bin Nyria: wir lieben euch, wir lieben euch, wir lieben euch.

Wir: Wir lieben euch, wir lieben euch, wir lieben dich.

Nyria:
Freude. Habt den Dank für diese Möglichkeit. Was uns wesentlich ist, euch mitzuteilen, ist Folgendes:
So sehet, ein jeglicher von euch ist ein Meister. **Ein jeglicher von euch ist ein universelles, ewiges, geistig liebendes Geschöpf**. Ein jeglicher ist dieses in seiner Größe, in seiner Gänzlichkeit, in seiner Herrlichkeit. **Ihr alle und viele andere sind gegangen, um diese Dimensionsebene zu erschaffen. Ihr erschafft diese Ebene immerzu weiter**. Ein schmerzlicher Prozeß. Tut ihr einen Schritt aus euren Vorstellungen heraus, so erschafft ihr neue [5D-]Möglichkeiten. Dadurch werdet ihr immer bewußter in euren Möglichkeiten.

Diese Inkarnation jetzt ist ein Anschauungsmodell für eure individuellen Wege. Ihr hattet unterschiedliche Eintrittsmöglichkeiten in eure physischen Bereiche, habt bereits verschiedene Strukturen der Enge, der Weite und anderer Vorstellungswelten erlebt. Ein jeder ist diesen Weg gegangen, hat sich mühsam und voller Sorgen ein **Fundament der relativen Sicherheit** erschaffen. Ein Fundament der Systeme des Wissens, des Unterscheidens, des Zurechtbiegens und des für Unmöglichhaltens.

**Wir sind in diese Zeiten eurer Erfahrungen gerufen, ihr Geliebten. Es ist uns möglich, erneut Bezüge, Kontakt und Berührung zu euch herzustellen. Ich spreche hier für die [Sternen-] Bruderschaft im allgemeinen** und nicht allein für die Freunde aus den Plejaden. So seid ihr in diesen Zeiten mit euch völlig neu erscheinenden Gedanken konfrontiert. Dennoch sind sie euch alt und vertraut. [Aber ihr denkt:] „Nein, ist das möglich? Aber das darf man doch gar nicht. Und wenn man es täte, wo würde es hinführen?“
Euer Gedankengut versucht, die Erfahrungen, die bereits gemacht wurden, zu sichern. So mag sich ein jeglicher von euch überlegen, wo seine Furcht vor der neuen Zeitqualität liegt, die jetzt anbricht. Aus dieser neuen Zeitqualität könntet ihr fragen:

**„Ist das, was ich bisher gelebt habe, jetzt hinfällig? War es falsch? Habe ich mich schuldig gemacht? Habe ich etwas versäumt? Ich hätte früher aufwachen sollen! Jetzt habe ich verschlafen. Das habe ich davon. Jetzt blicke ich ja hier überhaupt nicht mehr durch! Das alles ist doch unmöglich. Am besten, ich gehe ein Stück auf Distanz! Man weiß ja nie - und man hat ja schon so viel gehört!** Und wenn Viele sagen, daß dies ein Trugschluß ist, dann weiß ich gar nicht mehr, wem ich vertrauen soll. Ich habe mir doch so viele Schätze erarbeitet, habe dies und jenes gemacht, dies und jenes gelesen und erfahren und so viele Meinungen gehört...“

Ja, es ist kompliziert, Leute. Es ist gänzlich kompliziert. **Wir möchten euch vermitteln, daß ihr euch mit euren bisherigen Erfahrungen nicht in Frage zu stellen braucht. Nein!** Aber es ist eine Art der Behinderung zu denken und zu glauben wie es sein müßte, weil es immer schon so war. **Wir schlagen euch vor, daß ihr die Systeme der Sichtweisen auf dieser Erde [dennoch] respektiert**. Gebt den Versuchen eurer Erziehung in euren Jugendjahren Anerkennung. Es ist zwar nicht [wirklich] möglich, jemanden zu erziehen, anzupassen und einzustrukturieren - aber ihr habt auf diese Art eine Weisheit der polaren Welt erfahren. Ihr fragt euch: „Was muß ich denken und fühlen, um in der Polarität meinen Mann zu stehen? Was darf ich befürworten, was verneinen, um hier ein Rad auf den Boden zu bekommen?“ - Heiligt und segnet diese Erfahrungen. Heiligt und segnet das wissenschaftliche Gedankengut, das in abertausenden von Büchern niedergelegt ist. **Segnet es, segnet es. Es ist die polare Struktur**. Und es ist allezeit der Wunsch der Menschenseelen - und somit der universellen Brüder und Schwestern - zu erkennen, zu verstehen und zu dienen. **Nur aus der Unmöglichkeit, die Gänzlichkeit der Wahrheit [im Rahmen der Polarität] zu erfahren, erwachsen die Strukturen der Machtsysteme und des Glaubens**.

In anbetracht dessen könnt ihr erfühlen, daß ihr letztlich nichts anderes habt als eure Seele. **Ihr habt nichts anderes als eure Seele. Nein, ihr habt nichts anderes! Nur dieses macht euren lebendigen Kern aus**. Noch nicht mal euer Körper gehört euch. Er ist zwar eure Schöpfung, aber nicht euer Wesen. Alles andere sind Orientierungsmöglichkeiten. Ihr findet darin immer nur Teilwahrheiten.

Ihr bewegt euch in Vergangenheit und Zukunft. Meister Khan-Khan sprach euch bereits davon. **Bewußte oder unbewußte Gedanken über vergangene Erfahrungen sind euch der Wegweiser dafür, wie sich etwas in der Zukunft entwickeln sollte, müßte oder auf gar keinen Fall dürfte**. Ihr bewegt euch im Energiefeld von Vergangenheit und Zukunft und da hinein gebt ihr eure ganze Lebenskraft. Wenn eine vergangene Erfahrung der Angst in die Zukunft geführt wird [hochgerechnet wird], so wollt ihr sie dort natürlich verhindern - und ihr manifestiert sie dadurch erst recht. Denn **ihr sucht allezeit die Auflösung der Angst und ihr findet so automatisch ihre Maximalität.** [ZB. Prüfungsangst baut sich vorher auf, erreicht einen Höhepunkt, wenn die Därme rebellieren und ebbt langsam ab, wenn ich in der Prüfung drin bin]. **So werdet ihr Situationen herbeirufen, die euch Angst machen, die in der Dichte der Projektion liegen, damit ihr lernt, euren Geist zu erheben**. Erhebet, erhebet, erhebet ihn und schaut, aus welcher Erfahrung heraus erschaffe ich mir dieses [Problem]?

Löst die Lichtbilder [= Vorstellungen], die ihr wie Dias in den Projektor schiebt, löst sie auf! Ihr erkennt so, daß euer Weg Licht ist [der Projektorstrahl selbst]. Das ist natürlich unbefriedigend für euch, denn **ihr sucht Orientierungen. Diese Orientierung seid ihr allezeit selbst!**
In der Konsequenz heißt das, **daß das JETZT die Orientierung ist**. Das JETZT

verbindet Vergangenheit und Zukunft. Wenn ihr die Vergangenheit und die Zukunft zu euch ruft, so werdet ihr erfahren, daß ihr mehr und mehr über eine maximale energetische Kraft verfügt. Die Zeit der Meisterschaft, die ihr nun wählt, ist eine Zeit im Umgang mit Energie.

Ja, im Herkömmlichen könnte dieses bedeuten - es kann und es wird dieses bedeuten - daß die Beschäftigung mit dem Magischen für euch Sinn macht. Dieses ist der Aufruf mehr und mehr. Es bedeutet, daß ihr aus der Klarheit eures Geistes erschafft. **„Erschaffen" bedeutet Energien nicht aus dem Willen und der Angst zu führen, sondern aus der Weite und Tiefe, aus der Gänzlichkeit und Schönheit eures Wesens**. Geht in eine Selbstverständlichkeit damit. Denn von euren Kapazitäten her seid ihr in der Lage, mit einem Finger einen Baumstamm zu heben. Ihr seid in der Lage, dieses zu vollziehen. **Was euch diesbezüglich klein und eng macht, ist die Furcht vor eurer Macht [Machtmißbrauch]**. Es gilt für euch, dies anzuerkennen, auf daß ihr euch mehr und mehr in die Mächtigkeit eures Seins führt [Macht = Macht und Ohnmacht in der Polarität. Mächtigkeit = Kraft und Demut aus der Liebe, die beide Pole verbindet]. **Führt euch in das Herz der Liebe, in die Weite der Gänzlichkeit und in die Freude am Sein**. Wenn ihr in diesem Potential angekommen seid, dann wird es unbedeutend sein, eine Zukunft zu erschaffen. Ihr werdet im weiten Blick sein und wissen, wo ihr euren Schritt hinsetzt. Ihr werdet wissen, was ihr gestaltet. Ihr werdet bewußt sein. **„Bewußt sein" bedeutet, frei zu sein von Zweifeln im Bezug auf euch selbst**. Ihr werdet keinen Applaus, keine Buh-Rufe und keine faulen Tomaten brauchen. All dies braucht ihr nicht mehr, denn ihr werdet bewußt sein [singulär]. Und das bedeutet maximale Freude der Lebendigkeit und der Leichtigkeit. **Es wird unwichtig, wo ihr euch bewegt und was ihr tut. Ihr werdet die Gänzlichkeit der Schöpfung mehr und mehr SEIN**.

**Leute, es ist ein Weg dorthin. Es ist ein Weg der Liebe dorthin. Und so ist dieser Weg das Wesentliche**. Ja, der Weg ist das Ziel - dieser Satz, den ihr euch immer wieder sprecht, ist gar nicht so schlecht. Aber vergeßt nicht: Wenn der Weg das Ziel ist, dann ist ebenso das Ziel der Weg! Geburt und Tod fallen in einem Punkt zusammen [Polarität hebt sich am Übergang der Sinuskurve durch die Nullinie auf. Tod ist gleichzeitig Geburt im Jenseits und umgekehrt].

Und so werdet ihr euch Stück für Stück aus den Strukturen der Spannung und der Polarität befreien und das heißt aus Vergangenheit und Zukunft. **Polare Energie bedeutet ein Spannungsfeld zwischen der Vergangenheit und der Zukunft. Polarität ist in euch selbst**. Sie bedeutet ein Kräfteverhältnis in euch selbst zwischen geballten Energien auf der einen Seite und jenen Energien andererseits, die in die Weite der Ausströmung gehen möchten, um zu harmonisieren. Hier habt ihr die Furcht, daß ihr gar nicht mehr spürt, daß es euch noch gibt, daß ihr übersehen werdet, daß ein anderer sprechen könnte: „Hier sehe ich niemanden". Dennoch steht ihr da und befindet euch mitten im Raum. Das kommt vor. Wäre so etwas nicht furchtbar? Es wäre ja ganz schrecklich. **Ihr kämt nicht mehr vor und deshalb müßt ihr etwas tun, um vorzukommen**.
Ein Anderer lenkt Aufmerksamkeit auf sich, indem er sich in eine Ecke verdrückt und sagt: „Ich schäme mich! Es gibt mich nicht!" - Und dennoch schauen alle! Ist das nicht wundervoll? Er nimmt die Rolle in der Mitte ein, ohne Mitte - und dennoch ist es die Mitte. **Ihr könnt eurem Verhalten nicht entgehen**. Der Weg, Meister, den ihr beschreitet, ist ein Weg des Erkennens, des Friedens, der Freiheit. **Segnet dabei alles, was euch ausmacht**, denn das JETZT ist von Bedeutung. **Das JETZT macht euch wesentlich. Ihr erschafft alle Visionen und alle Ideen, um dieses JETZT zu erfahren**.

Ihr greift zu euren Büchern und Karten. Ihr ruft nach den Weisen, die euch vermitteln, wo der Weg lang geht. Ja, tut dieses! Tut es! Tut es! Tut es im Bewußtsein, daß diese [führende] Hand sich auflösen wird. **Ihr werdet nicht mehr nach dem Buch greifen. Denn ihr werdet das Buch selbst sein. Ihr werdet die Weisheit sein. Ihr werdet die Ewigkeit sein. Denn ihr seid dieses. Ihr könnt es nicht verhindern, auch wenn ihr dieses versucht. Die Projekte eurer Angst dienen dazu, das zu verhindern, was ihr seid! Es ist wesentlich, dies zu erkennen. Eure Angstprojekte sind kein Schaden und kein Fehler**. Nein, sie sind geliebt. Sie sind voller Anmut und zugleich gesegnet. **Es ist nun die Zeit, den Geist zu erheben, um zu erkennen und zu erfühlen und zu sein**. Dieser Zustand bedarf keiner Worte mehr.

Es wird der Zustand sein, der euch möglich macht, den physischen Körper in unterschiedlichen Dimensionen zu erschaffen und unterschiedliche universelle Prinzipien zu bewandern. Auch seid ihr in der Lage, den Raum zu krümmen. Und ebenso könnt ihr euch aus der Relativität der Zeit erheben. Ihr seid in der Lage, Zeitfirmamente und Zeitgleise zu beschreiten und euch diesen Strukturen anzupassen. Ihr seid flexible Wesen.
Dies erscheint euch als Zukunftsmusik. „Hier ist jetzt wieder Nyria," möget ihr denken, „die erzählt uns eine Science-Fiction-Story. Ist nicht schlecht, macht sie ganz gut, ist ganz lustig wie sie das macht. Ja, warum denn nicht? Ja, hören wir ihr doch mal zu und nachher lachen wir ein bißchen und vergessen es wieder. Es war ja ganz lustig, was Nyria so sagt."

**Was ihr nicht erfühlt, ist die Verbindlichkeit dessen, was ich spreche. Ich meine es so, wie ich es sage**! Das bedeutet, daß ich euch ernst nehme. Wir wünschten uns, daß ihr euch ebenso ein Stück mehr ernst nehmen würdet in den Möglichkeiten, die ihr in euch habt. Legt euch nicht zur Seite wie ein kleines Witzchen, das man mal erzählt hat und dann wieder zur Tagesordnung übergeht. Nein, **ich bin nicht hier, um euch zu erheitern**. Ich bin nicht hier, um für euch witzig zu sein, obwohl es wundervoll ist, witzig zu sein. Es ist wundervoll, euch in der Freude zu erleben und ich möchte das mit meinen Worten nicht schmälern. Nein, dieses ist nicht meine Absicht. Es ist eine Freude, eure Freude zu sehen. Es sind dies Momente, in denen ihr gänzlich aus der Kontrolle fallt und mal ein bißchen in die Weite eurer Freude geht, in die Weite der Lebendigkeit. Euer Leben begrüßt dieses und eure Seele ebenfalls.

So sind meine Worte in der Verbindlichkeit und wir rufen euch auf: Seid verbindlich mit euch! Nehmt euch wahr, segnet euch und nehmt euch ernst. **Macht es nicht ein bißchen, sondern ganz - oder gar nicht**. Dieses wäre das, was ich euch zu sprechen suche. Ich versuche, es euch in der Klarheit zu geben. Denn ihr seid klar. Wir sind mit euch in diesen Stunden, in diesen Tagen, in dieser Gemeinschaft, um euch zu erfahren. Ihr habt keine Vorstellung darüber, wie wundervoll ihr seid, wie schön ihr seid, wie wundervoll euer energetisches Kleid ist, wie weit und wie strahlend dieses ins Universum leuchtet. Ihr habt kein Bild dafür. Denn **ihr habt das Auge des Herzens aus der Zwangsläufigkeit eurer Erfahrung [in der Polarität] geschlossen, ja**. Doch wir sind jene, die euch daran erinnern. Wir sind verbindlich mit dem Wort!

Wir werden nicht müde, in der Demut an eurer Seite zu gehen, wieder und immer wieder euch zu berühren und zu sprechen: **Segne dich! Segne dich! Schaue deine Schönheit! Schaue deine Weite! Schaue dein energetisches Kleid! Wenn du es nicht siehst, spüre es! Wenn du es nicht spürst, halte es für möglich, halte dich für möglich, fühle dich!**

Und alles wird sich aus dieser Wahrnehmung deiner Schönheit ergeben. Und so sind wir nicht müde und **so sind wir in der Demut dankbar um die Erfahrung, uns vor euch verneigen zu dürfen**, vor euren Möglichkeiten und vor dem, was ihr als unmöglich erachtet. **Ihr erachtet es als unmöglich. Es ist die Vorstellung, die es unmöglich macht. Doch es wird sich ermöglichen wollen. Ihr könnt nicht verhindern, daß ihr das seid, was ihr seid**. Wir wiederholen es nochmal: Euer Prozeß besteht nicht darin, euch wie ein Kind zu einem Erwachsenen zu entwickeln. Im Kind ist der Erwachsene und im Erwachsenen ist das Kind. Das eine bedingt das andere. **Euer Prozeß und euer Weg besteht darin, euch selbst Stück für Stück zu entdecken und zu befreien. Es ist ein Weg des Segens, der Freiheit und der Liebe**.

Habt den Dank, ihr Geliebten. Habt den Dank, ihr strahlenden, ewigen universellen Götter. Habt den Dank für die Berührung, die Freundschaft, die Liebe und die Möglichkeit. Ich bin euch Nyria. - Wir lieben euch, wir lieben euch, wir lieben euch.

# Anhang

- ❐ Bestellschein für die gechannelten Protokolle
- ❐ Anmeldung für eine Schutzgeistsitzung
- ❐ Information zur Reinkarnations-Gruppen-Therapie
- ❐ Information zur Therapeuten-Ausbildung

**Fordern Sie zu allen Fragen die kostenlose, schriftliche Information an.**

Sie erhalten Hotelliste, aktuelle Preise, Kursdaten und freie Termine für Reinkarnations-Einzeltherapie und Astrologie-Seminare.

Im Internet sind stets einige aktuelle Durchgaben veröffentlicht.

Für den praktischen Einstieg in Themen der Geistige Welt in Kombination mit Therapieerefahrungen empfehlen wir die Reinkarnations-Gruppen-Therapie.

Telefon und Internet siehe Buchrückseite.

**Ute York**,
*Jahrgang 1943, studierte Philologie und Kommunikationswissenschaften, lebt und arbeitet als freie Journalistin und Sachbuch-Autorin in München. Wichtiger als ihre jahrelangen Reisen durch die Welt sind für sie schon seit langem die Reisen in die Seele .*

**Mathias Wendel**,
*Jahrgang 1948, ist Diplom-Physiker und Heilpraktiker. Er war 10 Jahre lang Mitarbeiter bei Thorwald Dethlefsen. Seit 1987 selbständig in eigener Praxis in München. Neben seiner Arbeit als Reinkarnations-Therapeut leitet er Ausbildungskurse zum Reinkarnations-Therapeuten.*

Reinkarnations-Therapie: Auch in einer Zeit des Psycho-Booms und der Eso-Wellen klingt dieses Wort nicht alltäglich. Es gibt so viele "seriöse" Formen der Psychotherapie – warum die Lösung körperlicher oder seelischer Probleme ausgerechnet auf einer Reise durch frühere Inkarnationen suchen? Wer sagt denn überhaupt, daß wir früher schon einmal gelebt haben?
Viele haben das behauptet, Einige haben es sogar plausibel nachgewiesen. Aber darum geht es in diesem Buch nicht.
Esoterische Reinkarnations-Therapie wirkt auch dann, wenn Sie nicht an die Wiedergeburt der Seele glauben. Hier geht es nicht um Glaubensfragen, sondern einzig und allein um eigene Erfahrung und darum, die immer gleichen Strickmuster der Seele auf der vergrößernden Projektionsfläche vergangener Inkarnationen zu erkennen. Nur dadurch kann ganzheitliche Heilung geschehen.

Warum die Suche nach den im Schattenreich verlorenen Seelenteilen, die unter immer neuen Masken auftreten, zu einer der faszinierendsten, schockierendsten und zugleich auch heilsamsten Erfahrungen auf dem Wege zur Selbsterkenntnis wird, lesen Sie in diesem Buch.

ISBN 3-9800759-6-6 NEU: 978-3-9800759-6-1

Ca. 300 Seiten
Taschenbuch 9,00 Euro
Verlag Mathias Wendel, 1999

**Direktbezug portofrei**:
Wendel-Verlag Gmbh & Co. KG
Adalbertstr.68 ·80799 München
Tel: 089-271 87 76 Fax: -271 67 40

Erhältlich in guten Buchhandlungen

**Dieses spannend geschriebene Buch gibt einen realistischen Einblick in Praxis und Theorie esoterischer Psychotherapie und Schattenarbeit.**

Hylax1

# Bestellschein
## für die gechannelten Protokolle

Gaby macht pro Jahr etwa 200 Durchgaben von jeweils etwa einer Stunde Dauer. Die meisten davon sind individuelle Schutzgeistsitzungen für Klienten. Die in den Protokollen aufgeschriebenen Durchgaben finden statt im Rahmen einer kleinen Gruppe von 5-7 Personen oder für einen Kurs. Die kleine Gruppe, die man in den Protokollen kennenlernen wird, trifft sich jede Woche am Freitagabend. Es ist die "Familie".

Die chronologischen Protokolle von insgesamt über 1500 Seiten DinA4, umfassen den Zeitraum der Jahre 1997 bis 2004. Sie sind Abschriften von Tonbändern. Sprache und Grammatik wurden von mir geglättet. Ich habe mich dabei so weit wie möglich an den Orginaltext gehalten. Die eine oder andere Cassette, die ich ausgewählt habe, ist den Texten beigefügt. Ich arbeite mich chronologisch voran.

Was veranlaßt die "Familie", die teilweise sehr persönlichen Protokolle einer gewissen Öffentlichkeit zugänglich zu machen? - Zum einen sind wir eine Schule und als solche ist es unsere Profession, Erkenntnisse zu vermitteln. Zum anderen werden wir aufgrund unseres persönlichen Weges immer maskenloser und verlieren die Scheu, uns zu zeigen. Des weiteren ist es mein Anliegen, Basisinformationen weiterzugeben, so daß sich jeder seine eigene Meinung bilden kann. Und zu guter letzt waren es Eure Fragen und Bitten und der Wunsch von Khan-Khan, die dazu führen, das Archiv zu öffnen.

Die Loseblatt-Sammlung der einzelnen Durchgaben wird dem fortlaufenden Prozeß in seiner Aktualität gerecht. Sicherlich können die Protokolle nur das äußere Wissen wiedergeben, den dahinterliegenden eigenen Entwicklungsprozeß muß jeder für sich selbst gehen - so dieses denn sein Wunsch ist. Wer ausführlich das Neue Wissen und die Neue subjektive Wirklichkeit hinter uns und unserer RT-Arbeit sucht, der wird hier fündig.

Die Protokolle wenden sich an Deine Seele, an Dein Herz - weniger an Deinen Verstand. Gemessen mit den alten Maßstäben sind die Aussagen irrational und phantastisch. Ja, sie gehen auch weit über esoterisches Denken hinaus, ohne damit widersprüchlich zu sein.

Mit herzlichen Grüßen

Mathias Wendel

---

Bestellschein:

Wir geben die Protokolle nur an solche Personen heraus, die eine der folgenden Bedingungen erfüllen: Schutzgeistsitzung bei Gaby, Teilnehmer an einem Wochenendkurs Geistige Welt oder RTA oder Eigentherapie bei einem von uns. Wir behalten uns eine Nichtbelieferung vor. Zu dem saftigen Preis: Für jede abgeschriebene Seite zahle ich einer Schreibkraft ca.10 €. Dann sitze ich nochmal etliche Stunden pro Durchgabe am Computer, um den Rohtext zu überarbeiten. **Zu jedem Jahrgang gehören 3 Hörcassetten.** Der Preis ist also nicht kostendeckend. In Härtefällen mit Mathias sprechen. **"Transmutation ins Land des Lächelns"** stellt eine von Mathias kommentierte Zusammenfassung der wichtigsten Durchgaben incl. 1998 dar. Es empfiehlt sich, die Durchgaben chronologisch zu lesen, da sie in gewisser Weise Fortsetzungen sind. Alle Preise sind incl. MWSt., Porto (Ausland + 13 €) und Verpackung. **Vorauszahlung** per Scheck oder bar bevorzugt. Lieferung erfolgt in der Regel sofort. **Es macht Sinn, die Jahrgänge chronologisch zu lesen!**

Hiermit bestelle ich: (Kosten pro ❒ **je**100 €)

| | | | | | |
|---|---|---|---|---|---|
| ❒ **1997** | ❒ **1998** | ❒ **1999** | ❒ **2000+01** | ❒ **2002+03+04** | ❒ **2005** - 50 € |
| 335 Seiten | 322 Seiten | 256 Seiten | 312 Seiten | 301 Seiten | 66 Seiten |

❒ alle 9 Jahrgänge **zusammen** 400 € (Ratenzahlung möglich) **Summe** 1592 Seiten

❒ **Abo** für aktuelle Nachlieferungen/je 10 Durchgaben chronologisch, je 50 €, max.100 €/Jahrgang

❒ Buch "**Maskenball der Seele**" alles über Reinkarnationstherapie, TB, ca.300 S., 9 €, **portofrei**

❒ Buch "**Transmutation ins Land des Lächelns**" über Geistige Welt, ca.113 S. DinA4, 14 €, **portofrei**

Im Fensterumschlag an:


Mathias Wendel Verlag
Adalbertstr.68

**80799 München**

Tel: 089 - 271 87 76
Fax: 089 - 271 67 40
www.mathiaswendel.de


✗ ____________________

Name, Adresse, Telefon - Datum, Unterschrift

# INHALT der Protokolle 1997



# INHALT der Protokolle 1998

# Reisen durch Raum und Zeit im Hier und Jetzt

*Mathias Wendel*

Informationen zur
**Reinkarnations-Gruppen-Therapie**

## Leben wir öfter als einmal?

80% aller Deutschen halten dies, einer Umfrage von 1986 zufolge, für möglich - 12% sind sich dessen sogar sehr sicher. Die meisten Weltreligionen verkünden in irgendeiner Form das Wiedererscheinen der Seele in neuen Körpern.
In den letzten 50 Jahren sind Tausende von "Fällen" geprüft und viele als historisch echt bestätigt worden. Es gibt mehr als eine Erklärungsmöglichkeit dafür. Wenn wir nach der Wissenschaftlichkeit fragen, sollten wir uns bewußt sein, daß auch die Wissenschaft letztlich auf Annahmen beruht, die man glauben kann oder nicht.
Die Annahme, daß wir öfter als einmal leben, ist die einfachste, plausibelste und damit die wissenschaftlichste. Sie wird untermauert durch die vielen Tausend Stunden Reinkarnations-Therapie, die ich und andere Therapeuten in den letzten 20 Jahren durchgeführt haben.
**Wichtiger als ein Glaubenssystem ist die eigene Erfahrung**. Dieser Kurs führt zur Freiheit von festen Vorstellungen über Welt. Übrig bleibt: "ICH BIN".

## Widersprüchliche Modelle

Stellen wir uns vor, daß sich einzelne Leben wie Perlen an einer Schnur aneinanderreihen, dann ist die Grundannahme dieses Modells, daß die Zeit chronologisch wie ein Fluß dahinfließt. Das deckt sich zwar mit unserer Alltagserfahrung, aber nicht mehr mit den Erkenntnissen der Quantenphysik oder Phänomenen der Parapsychologie. Demzufolge ist Zeit etwas Relatives, etwas, das gar nicht nacheinander, sondern eher gleichzeitig auf verschiedenen Daseinsebenen "passiert" und unterschiedliche Qualitäten hat.
Das Wesen der Welt ist Widersprüchlichkeit. Eindeutigkeit ist stets nur die halbe Wahrheit.
Unser Ansatz wird dieser Widersprüchlichkeit gerecht: Unternehmen wir innere Reisen durch Raum und Zeit, dann betrachten wir Ursachen und Entwicklungen. Lassen wir aber los von kausalem Denken und nehmen einen übergeordneten Blickwinkel ein, **dann sind wir im zeitlosen Hier und Jetzt und erkennen uns als ein Wesen, das immer war, ist und sein wird.**

## Wirklichkeiten der Seele

Die Frage, ob das, was ein Klient oder Kursteilnehmer in seinen inneren Bildern wahrnimmt und gefühlsmäßig erlebt, tatsächlich historische frühere Leben sind, interessiert uns nur am Rande. Denn **es geht um jene Wirklichkeiten der Seele, aus denen sich unser Alltag formt.**
Ihr persönlicher Alltag ist Ausgangs- und Endpunkt unserer Reise. Wenn Sie von einem langen Urlaub zurückkehren, schauen Sie vielleicht Ihren normalen und alltäglichen Wahnsinn mit anderen Augen an. Sie entdecken lang verdrängte Häßlichkeiten, sicher aber auch Schönheiten, für die Sie blind geworden waren. Sie werden sehender und ehrlicher. Und ist dies nicht eine Voraussetzung dafür, das eigene Leben selbständiger zu gestalten? Vielleicht sind es nur kleine Veränderungen - aber die 1000 Meilen beginnen immer mit dem ersten Schritt.

## Erwartungen

Erwarten Sie erfolgreicher zu werden, mächtiger, pflegeleichter, "esoterischer" oder gar heiliger? Dann sind Sie in dieser Gruppe nicht richtig!
Die inneren Prozesse, die während einer Reise durch Raum und Zeit in jedem ablaufen, führen dazu, daß Sie sich immer mehr zu sich selbst hin entwickeln.
**Sie werden authentischer und freier von Druck und Schuld**. Und das kann unter Umständen heißen, daß Sie unbequemer oder profaner werden und manche Erwartungen nicht mehr erfüllen.
Ich denke, **der Weg zur Spiritualität beginnt unten, in der Welt und durch sie hindurch**. Wer glaubt, Sprossen der Leiter auslassen zu können, stürzt ab. Also gilt für die meisten von uns: erst einmal die normalen Themen des Alltags in Gelassenheit bewältigen lernen, durchlässiger werden, Schattenarbeit leisten - und nicht in esoterischer Verzückung über den Wolken schweben, der Welt entfliehend.
Wer diese nüchterne Botschaft akzeptiert und zur Demut bereit ist, der kann beginnen, sich zu fragen: "Wer bin ich wirklich?" Die Antworten, die Sie in der Gruppen-Reinkarnations-Therapie finden, mögen überraschen. **Wir sind viel mehr als wir dachten.**

## Ursachen

**All unsere früheren Leben, denen wir auf der Reise durch Raum und Zeit begegnen, haben einen gemeinsamen Nenner**, etwas, in dem wir uns stets wiederfinden und wiedererkennen, auch wenn die Kulissen noch so unterschiedlich sind. Das "Etwas" nennen wir Seele. Ihr Zentrum ist das Herz, zu dem letztlich jede Reise hinführt.
So wie sich in der Musik eine Grundmelodie in verschiedenen Varianten wiederholt, so finden wir in jedem Leben oder jeder Lebenssituation eine Variante unseres Seelenmusters wieder. Selbsterkenntnis bedeutet nichts anderes, als dieses Muster immer bewußter zu verstehen.
Dann sind wir nicht mehr darauf angewiesen, uns sagen zu lassen, wer wir sind, sein sollen oder müssen. Dann atmen wir befreit auf und sind einfach der, der wir sind. Dann können wir uns mit unseren besonderen Eigenschaften freiwillig einbringen in die übergeordneten Aufgaben einer Gemeinschaft.
**Reisen durch Raum und Zeit decken zwar viele Ursachen auf, wichtiger aber - sie zeigen uns, wer wir wirklich sind oder sein könnten.**

## Entwicklung

Entwicklung heißt **Bewegung vom Unbewußten zum Bewußteren, vom Unerlösten zum Erlösteren hin.** Ein Beispiel: Wer sich für einen friedfertigen Menschen hält, aber viel Aggression von außen erlebt oder als Entzündung im Körper, der ist sich seiner eigenen Aggression nicht bewußt. Wer auf andere einschlägt, der lebt Aggression zwangsläufig bewußt. Gelingt es dem Betreffenden aber, seine überschießende Energie zu reinigen und in Tatkraft zu verwandeln nach dem Motto "packen wir's an!", dann lebt er das der Aggression zugrunde liegende Prinzip in erlöster Form. Da möchten wir hin.
**Reinkarnations-Gruppen-Therapie bietet den behüteten Raum, in dem solche Wandlungsprozesse schneller ablaufen können.**

## Schattenarbeit

Das leidvolle Geschehen, in dem Verdrängtes uns zur Konfrontation zwingt, nennen wir Zufall, Ärgernis, Liebeskummer, Kündigung oder Krankheit.
**Den bewußten Prozess, in dem wir Schatteninhalte anschauen, reinigen und unserem Leben wieder eingliedern, nenne ich Schattenarbeit.**
Mit "Schatten<u>zustand</u>" bezeichne ich das Unbewußte, in das wir alle Figuren, Ereignisse, Energien und Seelenanteile verdrängen, die wir nicht mögen. Die Hoffnung, daß die so verbannten Schatten<u>inhalte</u> auf Nimmerwiedersehen verschwunden sind, trügt. Gott sei Dank - denn wir brauchen sie, um wieder ganz und heil zu werden.

## Schatzsuche

**Entwicklung, so meine Behauptung, dauert nicht nur ein Leben lang, sondern viele**. Aus Gründen über die wir nur spekulieren können, vergessen wir die Erfahrungen aus früheren Leben und fangen scheinbar immer wieder von vorne an, machen ähnliche Fehler. Wir wissen und wissen doch nicht. Wie hilfreich wäre es, bewußt zu wissen! Mit welch neuer Verantwortlichkeit und Freude könnten wir unser Leben anpacken, wenn sich Leid und Verwicklung als etwas Sinnhaftes und Planvolles herausstellten und Schicksal als das "zum Heil Geschickte" erkannt werden kann (so die wörtliche Übersetzung).
Im Unbewußten sind nicht nur Schatteninhalte gefangen, sondern auch vielfältige, wertvolle Erfahrungen. Lösungsansätze der Probleme sind dort gespeichert.
**Mit Reinkarnations-Gruppen-Therapie heben wir unsere Schätze.**

## Das Ziel

Gehen wir davon aus, daß wir alle aus einer ursprünglichen und harmonischen Einheit kommen, das mag der Mutterschoß sein oder das himmlische Paradies, dann fällt die Antwort nicht schwer: Wir wollen zurück!
Da die Paradiestüren aber verschlossen sind und Ersatzdrogen wie Alkohol, Reichtum oder Macht letztlich in Einsamkeit und Frust enden, bleibt nichts anderes übrig, als sich vorwärts in die Welt hinein zu verwickeln mit der Aufgabe der Entwicklung auf eine neue Einheit zu. Tun wir dies immer bewußter und freiwilliger, dann haben wir Sinn und Ziel.
Alle Probleme aller Menschen lassen sich zurückführen auf ein einziges: Angst vor Trennung aus einer Einheit und Sehnsucht dorthin zurück.
In der Tiefe unserer Seele wissen wir um jenen Zustand von Frieden, Liebe, Geborgenheit, aus dem wir alle kommen. Mit unserem Bewußtsein erinnern wir uns kaum noch oder schämen uns gar.
**Reinkarnations-Gruppen-Therapie bringt Erinnerung zurück, gibt Vision und Idee von größerer Einheit und sie ist gleichzeitig Vehikel auf dem Weg der Entwicklung dorthin.**

## Geistige Welt

So wie es Fische im Wasser und Vögel in der Luft gibt, so können wir davon ausgehen, daß auch die feinstofflichen, für unser Auge unsichtbaren Dimensionen von Wesenheiten belebt sind - von dunklen und lichten. Hilfe auf unserem Entwicklungsweg können wir von den lichten Wesenheiten der Geistigen Welt erbitten.
**Den energetischen und sprachlichen Kontakt zur Geistigen Welt erleben Sie in diesem Kurs.**

## Transformation

Jede Veränderung ist eine kleine oder große Transformation: Loslassen von etwas Altem, den Schritt durch das Niemandsland und dann das Ergreifen von etwas Neuem. Die Stimmen und Botschaften mehren sich, daß für diese Erde und ihre Bewohner eine gewaltige Transformation in den nächsten 10 Jahren möglich wird, hin zu mehr Bewußtsein, Liebe und Freiheit. Was auch immer geschehen mag, **wenn Sie zu persönlichen Wandlungen bereit sind, dann sind Sie hier in dieser Gruppe am richtigen Platz.**

## Voraussetzungen für die Reise

Das Vehikel, mit dem wir uns bewegen, ist unsere Seele. Durch intensives Atmen tanken wir sie auf. Die Dimensionstore von Raum und Zeit öffnen sich fast von allein. Sie sind näher als wir glauben und leicht zu durchschreiten. Erfahrene Reisebegleiter stehen Ihnen zur Seite. Ein Reiseabschnitt dauert zwischen 30 und 90 Minuten und ist eingebettet in das, was ich Therapiesetting oder Ritual nenne. Rituale sprechen Seele auf unmittelbare Weise an und geben Sicherheit.

Jeder Einzelne wird somit eingebunden in die bisherigen Erfahrungen aller anderen Reisenden und bewegt sich auf bewährten Routen. Als Reisekompaß verwenden wir gerne die Astrologie. Diese Wesenheiten der Geistigen Welt sind die führenden Sterne.
Neugierigen "Pauschal-Touristen" ist von Reisen dieser Art abzuraten. **Wer bereit und offen ist, sich und auch seinen Schatten zu begegnen, der braucht keine weiteren Voraussetzungen für Reinkarnations-Gruppen-Therapie.**

## Reinkarnations-Gruppen-Therapie

**So wie in einer Reinkarnations-Einzel-Therapie, so begegnen Sie auch in der Gruppe ausschließlich sich selbst, in immer neuen Varianten und Aspekten.** Es ist keine Encountergruppe, die sich darin erschöpft, Eigenes auf Andere zu pojizieren und solange hin- und herzuschieben, bis ein großes Chaos entstanden ist. **Vielmehr ist die Gruppe Hintergrund und Spiegelfläche für die im Vordergrund stehenden Prozesse jedes Einzelnen.** Wir, die Reisebegleiter und Therapeuten helfen Ihnen, indem wir auf der Ebene Ihrer inneren Bilder mit Ihnen sprechen, nachfragen, zuhören und einen Raum aufbauen, in dem Sie sich wohlfühlen und voller Vertrauen fallen lassen können. Wir werten nicht und überzeugen Sie nicht von eigenen Meinungen und Weltanschauungen. Wir stehen aber als Partner zur Verfügung, wenn es darum geht, Ihre Erfahrungen zu verstehen und einzuordnen. Für etwa je 6 Teilnehmer ist ein Therapeut aus meinem Team da. **Der Vorsatz unserer Vorgehensweise ist weich, subtil, leicht, befreiend, spielerisch und gewürzt mit viel Humor.**
Sie erhalten Einblick in frühere Leben. Es ist jedoch nicht notwenig, an Wiedergeburt, Geistige Welt oder sonst etwas zu glauben. Sie haben die Möglichkeit zu eigener Erfahrung. Ich biete Modelle zum Verstehen. Sie haben die Wahl!
Bei den Bilderreisen liegen die Teilnehmer in 6er-Sternen mit den Köpfen zusammen und sprechen ihre Bilder laut aus. Ein Dialog entsteht, ein Weg. Jeder entscheidet wie weit er gemeinsam oder individuell gehen mag.
Der Tagesablauf in der Gruppe folgt ganz bestimmten Rhythmen. Es gibt Phasen von Wissensvermittlung, gefolgt von Atem- und Tranceübungen, die dann überleiten in die inneren Bilder - in "frühere Leben".
Im gemeinsamen Austausch und Aufarbeiten des Erlebten werden die Früchte der Arbeit geerntet. Videos und Kassetten am Abend runden das Tageserleben ab.
Nicht zuletzt: Wir lachen in diesen Gruppen viel miteinander. Lachen ist spontaner Ausdruck wachsender Bewußtheit und der Fähigkeit, sich selbst und anderen mit heiterer Gelassenheit zu begegnen.

Die **Kosten** für die Gruppentherapie liegen bei 500 EUR plus Essen und Unterkunft ab ca. 50 EUR/Tag. Die aktuellen Termine und weitere Einzelheiten entnehmen Sie bitte dem Terminblatt. Im Internet: **www.mathiaswendel.de**

## Einzel-Reinkarnatiuons-Therapie

Bei der Einzeltherapie steht ein Reisebegleiter = Therapeut ganz zu Ihrer persönlichen Betreuung zur Vefügung. Verständlich, daß diese sehr intensive und wirkungsvolle Therapie vergleichbar ist mit einer langen Psychoanalyse. Sie ist geeignet auch tiefsitzende Blockaden zugänglich zu machen und große Schritte auf dem Weg zur Selbsterkenntnis zu ermöglichen.
**Eine Gruppen-Therapie ersetzt niemals eine Einzel-Therapie. Sie ist vielmehr Vorbereitung oder Ergänzung einer solchen.**
Ein Reinkarnations-Einzel-Therapie-Zyklus dauert in der Regel 4 Wochen, täglich 2 Stunden und wird nach Zeitstunden abgerechnet. Meine Frau und ich berechnen derzeit 75 EUR/Stunde und halten Therapieabschnitte ab einer Woche für sinnvoll. Bitte Plan der freien Termine anfordern oder anrufen.
Gerne können Sie auch die **kostenlose Informationsschrift anfordern: "Weg zum Herzen"** - Fragen und Antworten zur Reinkarnationstherapie.

***Mathias Wendel:***
*Jahrgang 1948, Diplomphysiker und Heilpraktiker, Buchautor. Zehn Jahre lang Mitarbeiter von Thorwald Dethlefsen. Danach, seit 1987, selbständig in eigener Praxis. In diesen Jahren etwa 20000 Stunden Erfahrung in Reinkarnationstherapie. Seminare und Ausbildungen seit 1990.*

Wendel Gmbh & Co. KG
**Mathias & Gaby Wendel, HP**
Adalbertstr.68 80799 München
Telefon **089 - 271 87 76** nach 14 Uhr Fax 089 - 271 67 40
**www. mathiaswendel.de**

*Das Titelbild stammt von Carl-W. Röhrig und heißt: "Reise ins Licht"*

Licht sehen lernen
in inneren Welten

Zum Lotsen werden
in den Tiefen der Seele

*MATHIAS WENDEL*

**AUSBILDUNGSKURSE**
**in**
**Reinkarnations-Therapie**

## Reinkarnations-Therapie

Jede Form der Psychotherapie baut Brücken zwischen Licht und Schatten, um Vergessenes zu erinnern. Die Psychoanalyse tut dies mittels der Träume. Die Reinkarnationstherapie benutzt "frühere Leben" als Projektionsleinwand für Unbewußtes. Dabei ist es für den Erfolg einer Therapie unerheblich, ob die wiedererlebten "früheren Leben" historisch tatsächlich so abgelaufen sind oder nicht. Entscheidend ist, daß dem Klienten tiefe Schichten seiner seelischen Wirklichkeit zugänglich werden. Dies ist bei der Reinkarnationstherapie in der Regel schon nach wenigen Sitzungen der Fall.

**Reinkarnationstherapie ist ganzheitlich, denn sie spricht Körper, Seele und Geist an** und erneuert Verbindungen zwischen diesen Bereichen. Deshalb kann sowohl der Klient mit körperlichen Symptomen behandelt werden als auch derjenige mit emotionalen und sinnhaften Problemen: Es wird berührt, geweint, gelacht und philosophiert. Menschen werden im Hier und Jetzt neu geboren - schöner, größer, lebendiger und freier als je zuvor, mit der Erkenntnis ihrer Bestimmung und der Fähigkeit sich in vielen Daseinsdimensionen zu bewegen.

**Aufgabe dieser Therapieform ist es, den Klienten auf seinem individuellen Entwicklungsweg zu mehr Licht und Liebe zu leiten und zu unterstützen**. Licht heißt Information, Wissen, Bewußtheit. Liebe meint Energie, Schöpfungskraft und Beziehungsfähigkeit.

Auf diesem Weg der **Transformation vom Alten hin zur Wiedergeburt von etwas Neuem** gibt es Hindernisse. In den Schatten verdrängte Eigenschaften und Ereignisse wollen wiedererkannt, verwandelt und angenommen werden. Im Schatten wartet Schuld auf Vergebung. Es warten aber auch wertvolle Seelenschätze auf Entdeckung. Es gilt, eng gewordene Denkmuster abzulösen und die Illusion der Angst zu ersetzen durch Selbst-Bewußtsein.

In diesem Sinn werden Symptome nicht bekämpft sondern überflüssig. Dann nämlich, wenn sie als Wegweiser verstanden werden, die hinführen zu dem Verlorenen, das zum Heil fehlt.

**Reinkarnationstherapie, so wie sie von mir gelehrt wird, beinhaltet ein wirkungsvolles Handwerkszeug, ein nachvollziehbares esoterisches Weltbild und die faszinierende Vision einer spirituellen Neuen Erde.**

## Reinkarnations-Therapeut

Eine anspruchsvolle Therapieform wie diese wird erst durch fähige Therapeuten lebendig. Dabei kommt es weniger auf Vorbildung und Kopfwissen an. **Viel wichtiger ist ein großes Herz und die Bereitschaft, den Partner und Spiegel "Klient" offen anzunehmen**. Alles andere ist dann lernbar.

Jemanden "frühere Leben" anschauen zu lassen, ist noch lange keine Therapie. Erst die Erfahrung und Begabung des Therapeuten, dem Klienten die Essenz seiner Seelenbilder auf sensible und liebevolle Weise ins Bewußtsein zu bringen, birgt die Chance zur Heilung. Der Therapeut soll kein Amtsinhaber, kein Besserwisser oder Richter sein. Er möge ein Mensch werden, der seinen eigenen Weg darin sieht, **dem Klienten in Demut zu dienen**.

## Die Ausbildung

Ich glaube nicht, daß es möglich ist, in wenigen Wochen zum "fertigen" Therapeuten zu werden. Abgesehen davon, daß es nie einen "fertigen“ Therapeuten gibt, ist das, was einen guten Therapeuten ausmacht, sowieso nicht erlernbar wie in der Schule. Deshalb verstehe ich diese Ausbildung mehr als **Therapie zum Therapeuten.**

Es hat sich gezeigt, daß die bisherigen Kurse für eine Vielzahl der Teilnehmer ein großer erster Schritt oder eine wichtige Weichenstellung in ihrer Entwicklung zum Therapeuten war. Für andere Kursteilnehmer war er eine große Vertiefung der selbst erlebten Therapie und ein Fortschritt für die eigene Bewußtwerdung. Auch nach inzwischen fast 10 Jahren Ausbildungstätigkeit staune ich immer wieder, welch große Entwicklungsschritte viele Teilnehmer innerhalb eines Jahres machen konnten.

Die Ausbildung beginnt mit dem 4-wöchigen **Grundkurs**, wobei die einzelnen Wochen - zeitlich getrennt - über ein Jahr verteilt sind. Er ist Voraussetzung für alle weiteren Schritte und bietet Ihnen die Möglichkeit persönlicher und beruflicher Neuorientierung.

Wir arbeiten in jeder Woche an 7 aufeinanderfolgenden Tagen, täglich 8-10 Stunden. **Die Arbeit ist praxisorientiert**. Sie lernen vorwiegend durch Anschauung und eigenes Tun. Aus dem so gewonnenen Anschauungsmaterial und Ihren eigenen ersten Erfahrungen im Therapieren entwickeln wir die Theorie. Es erwartet Sie also kein Kurs nur zum Zuhören, sondern zum aktiven Mitarbeiten und Fragen stellen.

Konkret werde ich in 30% der Kurszeit Therapie an praktischen Beispielen vorführen. In der Regel therapiere ich einen auch für mich neuen Klienten fortlaufend vor - alle Kursteilnehmer schauen dabei **live** zu und können mich anschließend kritisch unter die Lupe nehmen. Weitere 40% der Zeit werden Sie sich gegenseitig unter **Supervision** therapieren. In den restlichen 30% der Zeit werden wir gemeinsam über dies alles sprechen und ich vermittle die Theorie. Videos, Demonstrations-Cassetten und praktische Übungen ermöglichen ein **schnelles und leichtes Lernen** - wobei das Spielerische und der Humor nicht zu kurz kommen.

Aus der maximalen Kursteilnehmerzahl von 24 Personen bilden sich nach einem genauen Plan 3er- 6er- und 12er-Gruppen für unterschiedliche Lernaufgaben. Die individuelle Betreuung erfolgt durch mich persönlich, durch 3-4 Oberassistenten und etwa 6 Unterassistenten. So ist gewährleistet, daß Sie jederzeit mit Ihren Fragen einen Ansprechpartner finden.

Die nächsten Schritte des Ausbildungsweges sind einzelne **Fortbildungswochen** oder -Tage, die ich nach dem Grundkurs anbiete. Bei diesen Fortbildungen haben Sie dann die Möglichkeit, Ihre in der Zwischenzeit gemachten Therapie-Erfahrungen auszutauschen und zu besprechen. Die Übungen aus dem Grundkurs werden fortgesetzt und mit besonderen Themen wie zum Beispiel **"Paartherapie"**, oder **"Symptombezogene Therapie"** vertieft.

Zum Pflichtprogramm der Ausbildung gehören weiterhin die Teilnahme an mindestens einer Woche **Reinkarnations-Gruppen-Therapie** (siehe diesbezüglichen Prospekt) und weiterführende Astrologiekurse.

## Kursinhalte

Form und Inhalt des Ausbildungskurses beziehen sich auf Körper, Seele und Geist. Den Körper sprechen wir über das Intensive Atmen (Rebirthing) und eventuell das Fasten direkt an. Mit der Seele und ihren Grundmustern beschäftigen wir uns beim Bildern in früheren Leben. Beim Gespräch mit dem Klienten kommen wir zu neuen Erkenntnissen und tieferem Verstehen seiner selbst. Da der Klient immer auch der eigene Spiegel ist, lernen wir natürlich pausenlos uns selber immer besser kennen.

In den 28 Arbeitstagen des Grundkurses behandle ich unter anderem folgende Techniken, Inhalte und Fragen:

- "Frühere Leben" als Mittel zur Psychotherapie
- Anwendungsmöglichkeiten von Trance-Techniken
- Atem- und Energietechniken
- Rituale und Therapie-Setting
- Dialogtechnik beim Führen des Klienten
- Umgang mit der Abwehr des Klienten
- Verhältnis Therapeut-Klient, Übertragung
- Klient als eigenener Spiegel
- Rücknahme von Projektionen
- Konfrontation mit Schatten
- Feinstoffliche Welt und Magie
- Umgang mit "Besetzungen" und Schutzmaßnahmen
- Hilfsmöglichkeiten aus der Geistigen Welt
- Alchemistische Seelenprozesse: Lösen und Binden
- Morphische Felder und Wahrscheinlichkeitsebenen
- Themen und Aufbau einer Therapie
- Archetypische Strukturen der Seele
- Deutung von Krankheitsbildern und -Symptomen
- Interpretation von Symbolen und Therapiebildern
- Grundlagen der esoterischen Weltsicht
- Ziel der Therapie und Chancen zum Heil

- Gibt es Reinkarnation wirklich? Was ist Wirklichkeit?
- Warum ist Reinkarnations-Therapie so erfolgreich?
- Welche ergänzenden Techniken gibt es?
- Wie können Techniken der Reinkarnations-Therapie erfolgreich auch in anderen Therapieformen oder im Alltag umgesetzt werden?
- Wo sind die Grenzen und Gefahren der Therapie?
- Wie können in den Schatten verdrängte Seelenteile zurückgeholt werden ins Licht des Bewußtseins?
- Für wen ist diese Therapieform geeignet?
- Warum ist uns die Astrologie eine so wertvolle Hilfe?
- Welche besonderen Eigenschaften muß ein guter Therapeut entwickeln?
- Warum ist die Vorgehensweise in der Therapie eine homöopathische?
- Finden wir in "früheren Leben" wirklich die Ursachen für heutige Probleme? Wie werden wir frei von Karma?
- Nach welchen Gesetzen entwickelt sich die Seele?
- Wie finden wir zur eigenen Bestimmung?
- Wann führt kontinuierliche Entwicklung zu einem "Quantensprung"?
- Was bedeutet Liebe, Bewußtheit und Spiritualität?
- Wie kann der Klient zu seinem Höheren Selbst finden?
- Welche Kontaktmöglichkeiten zur Geistigen Welt gibt es? Sind das eigenständige Wesen oder Projektionen?

## Voraussetzungen für die Teilnahme

Um Reinkarnations-Therapie ausüben zu dürfen, müssen Sie laut deutschem Gesetz Arzt oder Heilpraktiker sein. **Sie brauchen aber nicht Arzt oder Heilpraktiker sein, um an diesem Ausbildungskurs teilnehmen zu können.** Als Astrologe, Psychologe oder "Lebensberater" dürfen Sie nur beratend tätig sein.
Meist macht es Sinn, zuerst die Grundausbildung zum Reinkarnations-Therapeuten zu machen. Zum einen schaffen Sie damit Fundamente für sich selbst und jede Art von Therapie. Zum anderen finden Sie heraus, ob und in welchem Rahmen Sie diese in der Zukunft beruflich ausüben möchten. Danach erst ist zu prüfen welche gesetzlichen Bedingungen zu erfüllen wären. Neben dem Status des Heilpraktikers, der auch medizinisch behandeln kann, gibt es inzwischen die Amtsarztprüfung zum **"kleinen" Heilpraktiker**, der ausschließlich Psychotherapie ausüben darf. Die Prüfungsvorbereitung soll in einem halben Jahr zu schaffen sein. Verschiedene Schulen (Adressen auf Anfrage bei mir) bereiten darauf in einigen Wochenendseminaren vor. Ärzten und Heilpraktikern gibt dieser Ausbildungskurs die Möglichkeit, ihre bisherige Tätigkeit um Dimensionen zu erweitern und zu vertiefen.

Ich stelle folgende **3 Bedingungen für die Teilnahme**:

1. Mindestens 4 Wochen eigene Reinkarnations-Therapie bei mir oder bei den von mir anerkannten Therapeuten. **Wichtigste Voraussetzung!**
2. Grundkenntnisse in Astrologie. Sie sind frei in der Wahl eines Kursleiters. Empfehlungen auf Anfrage.
3. Grundkenntnisse in Esoterik. Ich verweise auf die Bücherliste, die Sie vor Kursbeginn erhalten.

Zu Beginn des Kurses erhält jeder Teilnehmer ein ausführliches **Skript**, so daß Sie nur wenig mitschreiben müssen. Zu jedem Tagesthema kopiere ich Ihnen die **Stichwortliste** meines Vortrags. Sie können entspannt zuhören und Ihre Fragen formulieren. Zum Schluß des Grundkurses erhalten Sie eine Teilnahmebestätigung.
Ich weise darauf hin, daß die **gruppendynamischen Prozesse**, die innerhalb des Kurses ablaufen, Teil der Ausbildung sind. Sie lernen nicht nur mit dem Kopf, sondern in der Gesamtheit Ihrer Persönlichkeit.
Reinkarnations-Therapie ist keine statische und dogmatische Angelegenheit. **Techniken und Inhalte werden ständig analog dem eigenen Fortschritt weiterentwickelt** und der Zeitqualität und den Therapeuten angepaßt. Dennoch liegt mir daran, einen gewissen **Leistungsstandard** für Reinkarnations-Therapeuten zu etablieren. Diese Form der Therapie ist wertvoll und tiefgreifend, und es gibt weltweit nur eine kleine Anzahl von Therapeuten, die ihre Möglichkeiten auszuschöpfen vermögen. Sie sollte nicht von Pseudo-Therapeuten, die auf einer Eso-Welle mitschwimmen, in Mißkredit gebracht werden. Deshalb erhalten Sie eine Ausbildungsbescheinigung zum Reinkarnations-Therapeuten von mir erst unter den Voraussetzungen, die Sie beigefügten **Ausbildungsrichtlinien** entnehmen können. Insgesamt veranschlage ich für die Ausbildung einen Zeitraum von **2-3 Jahren**. Auslernen werden wir nie.

## Kosten, Ort, Anmeldung und Termine

Jedes Jahr beginnt ein neuer Zyklus der Grundausbildung. Die genauen **Daten und Konditionen entnehmen Sie bitte beigefügtem Anmeldeformular**. Die 4 Wochen im November, Februar, Mai und September lege ich so, daß möglichst viele Feiertage enthalten sind, was Ihre Urlaubstage spart.

Die Kosten liegen bei etwa 1000 EUR+ MWSt. pro Woche. Die ersten 3 Wochen können nur im Zusammenhang gebucht werden. Sollte Ihnen der Preis hoch erscheinen, dann bedenken Sie bitte, daß es sich hier um eine Berufsausbildung handelt und daß eine vierwöchige Therapie, die Sie später geben, mit 2-3000 EUR abgerechnet werden kann. Und noch eines: Die Arbeit an der eigenen Seele ist immer lohnend. Denn sie hat Wirkung und Bedeutung über den Tod hinaus.

Die ersten beiden Kurswochen des Grundkurses finden meist in München statt, die weiteren in einem Seminarhotel in den Bergen.

## Was ist zu tun?

Wenn Sie Interesse an dieser Ausbildung haben, die mit Eigentherapie und dem 4-Wochen-Grundkurs beginnt, dann besteht **der erste Schritt Ihres Tuns** darin, anzurufen:

Mathias Wendel, Telefon 14-21 Uhr **089 - 271 87 76**

Wir führen ein kurzes Gespräch über Ihre persönliche Situation und besprechen Ihre weiteren Schritte. Ein Vorgespräch in meiner Praxis, kostenlos und unverbindlich, ist nach kurzfristiger Terminabsprache jederzeit möglich. Bei Anmeldung für Eigentherapie bei mir beachten Sie bitte die Wartezeiten von einigen Monaten oder länger.

*Das Titelbild stammt von H.P.Fischer und heißt: "Überleben"*

## Das Ausbilder-Team

Ich bin der Meinung, daß es im Bereich der Therapie nicht eine einzige richtige Lehrmeinung geben kann. Vielmehr wird jeder gute Therapeut im Laufe der Zeit seinen eigenen Stil und seine ihm gemäße Therapie-Creation entwickeln und finden. Nur mit seinem individuellen Stil wird er erfolgreich sein können und Selbstverwirklichung finden.

**Natürlich beginnt jede Ausbildung damit, etwas möglichst gut nachzumachen.**

So wie Sie eine Sache besser verstehen, wenn Sie unterschiedliche Bücher zum gleichen Thema lesen, so haben Sie auch in diesem Ausbildungskurs die Möglichkeit, die individuelle Stilrichtung von mehreren Therapeuten kennenzulernen. Ich arbeite mit einem Team von erfahrenen Oberassistenten, die vor Jahren diesselbe Ausbildung durchlaufen haben, inzwischen erfolgreich als Reinkarnations-Therapeuten arbeiten und auch für Ihre Einzeltherapie zu Verfügung stehen.

Daneben gibt es in jeder Kurswoche eine Anzahl Unterassistenten. Das sind Kursteilnehmer aus früheren Ausbildungszyklen, die das Gelernte vertiefen möchten und gleichzeitig den "Neuen" ganz persönlich mit Rat und Tat zur Seite stehen.

***Mathias Wendel:***

*Jahrgang 1948, Diplomphysiker und Heilpraktiker. Zehn Jahre lang Mitarbeiter von Thorwald Dethlefsen. Danach, seit 1987, selbständig in eigener Praxis. In diesen Jahren etwa 20000 Stunden Erfahrung in Reinkarnationstherapie. Diese Ausbildung führe ich seit 1990 durch.*


Wendel Gmbh & Co. KG

**Mathias & Gaby Wendel, HP**

Adalbertstr.68 80799 München

Telefon **089 - 271 87 76** nach 14 Uhr Fax 089 - 271 67 40

**www. mathiaswendel.de**

Energie des Befreienden
aus lichten Dimensionen

Gespräche des Liebevollen
mit Geistiger Welt

GABY WENDEL

# Mediale Durchgaben

## Was ist Geistige Welt?

Mein Modell geht davon aus, daß neben der gewohnten materiellen Welt andere, feinstoffliche Dimensionen existieren. Diese sind für das Auge unsichtbar - ebenso wie auch Gedanken und Gefühle unsichtbar und nicht direkt zu fassen sind. Mit einem Teil seines Wesens nimmt jeder Mensch an seelischen und geistigen Welten teil und gestaltet daraus - mehr oder weniger bewußt - seinen Alltag.
So wie es Fische im Wasser gibt und Vögel in der Luft, so sind die unsichtbaren Dimensionen ebenfalls von eigenständigen Wesenheiten bewohnt. Geht ein Medium in Trance, kann es mit diesen Wesen energetischen Kontakt aufnehmen und sie durch sich sprechen lassen.
Für persönliche Belange ist **Ihre Geistige Führung** zuständig und wird direkt zu Ihnen sprechen. Sie wird auch **Schutzgeist** oder Schutzengel genannt. Ich bitte hier keine Mißverständnisse aufkommen lassen: **Ihre Geistige Führung ist nicht zum Schutz vor dem Unbill dieser polaren Welt da**. Vielmehr ist sie Ihnen Brücke zwischen der Ego-Persönlichkeit, in die Sie in dieser Inkarnation hineingeboren sind und dem übergeordneten Höheren Selbst, daß Sie in einer höheren Dimension oder Oktave ausmacht. Geistige Führungen führen auf dem Weg nach Hause, hin zur Einheit jenseits der Polarität und des Egos. Dort gehen wir dann wieder hin, wenn die Aufgabe Polarität zu erschaffen und zu durchlieben, erfüllt ist.
**Geistige Welt ist eine lichte Dimension der Freiheit und Liebe**.

## Was macht ein Medium?

Ein gutes Medium macht gar nichts. Das ist die Kunst, die ich kurz erläutern will:
Bei einer Durchgabe gehe ich im Verlauf einiger Minuten in Trance. Die äußere Welt versinkt in Bedeutungslosigkeit. Meine inneren Rituale stellen sicher, daß nur jene Wesen Zugang zu mir erhalten, die förderlich sind für Sie und mich. Ich gehe dann mit der eigenen Persönlichkeit aus meinem Körper heraus und stelle so meinen Sprechapparat und Wortschatz dem geistigen Wesen zur Verfügung. Während der Durchgabe befinde ich mich in einem angenehmen, neutralen Zustand des Nicht-Tuns und Nicht-Denkens. Die Energie des Wesens, das durch mich spricht, trägt mich - beansprucht allerdings mein Nervensystem in unterschiedlicher Weise. Nach einer Durchgabe geht es mir meist sehr gut, sie ist für mich nicht anstrengend. Dies wäre es, würde ich nach einer Durchgabe auf Kopf-Fragen antworten wollen. Hier schweige ich lieber. Ich kann mich an einzelne Bilder erinnern oder an Gefühlsqualitäten, nicht aber an gesprochene Sinnzusammenhänge. Verstorbenen stehe ich in der Regel nicht als Kanal zur Verfügung.
**Als Medium bin ich ein sensibles Instrument, eine neutrale Brücke zwischen Geistiger Welt und den Menschen**.

## Wer gibt die Botschaft durch?

In den Sitzungen, die ich Ihnen anbiete, wird sich in der Regel Ihre persönliche Geistige Führung mit Namen vorstellen und zu Ihnen sprechen.
Alle Menschen, die ich bisher getroffen habe, werden von einem solchen Wesen immerzu begleitet. Manchmal gab es gemeinsame frühere Leben mit ihm, zu einer Zeit als es selbst noch inkarniert war. Es wird Ihnen davon erzählen.
Ihr Schutzgeist kennt Sie besser als jeder andere, ja besser als Sie sich selbst. Er schaut hinter alle Masken in die Tiefe Ihrer Seele. Wichtiger noch: er liebt Sie über alle Maßen auf eine Weise wie wir das aus unseren Erdenbeziehungen nicht kennen. Da Liebe immer mit Freiheit zu tun hat, werden Sie niemals Forderungen von ihm hören wie „du sollst", „du mußt", niemals die Wertung oder Rüge. Dennoch sagt er Ihnen manchmal in der Klarheit, welche innere Haltung Ihre Entwicklung möglicherweise behindert.
Der Schutzgeist hat von Ihrem Höheren Selbst Auftrag, seinem „Schützling" auf dessen Entwicklungsweg zur Seite zu stehen, ihn über eine Art innere Stimme zu führen und ihm förderliche Ideen und Inspirationen auf den Geist und ins Herz zu geben.
Sie haben aber immer die Freiheit der Entscheidung und diese nimmt er Ihnen selbst auf Bitten hin nicht ab. Sie bleiben in Ihrer Verantwortung für sich selbst und werden auch dorthin verwiesen.
**In einer Schutzgeistsitzung erfahren Sie oft mehr über sich und das tiefe Problem hinter Ihrem Symptom als in einer langen Analyse**.

## Wie man einem Schutzgeist begegnet

Wenn Ihr Schutzgeist ein erstes Mal zu Ihnen spricht, dann mag dies eine überraschend tief bewegende Begegnung sein. **Niemals waren Sie allein!**
Machen Sie Ihrem Schutzgeist keine Vorwürfe, daß er auch die schmerzvollen Ereignisse in Ihrem Leben zuließ. Denn diese hat sich Ihre Seele selbst gesucht, um Erfahrungen zu machen und vollkommener zu werden. Wenn Sie diesen Blickwinkel annehmen können, dann wird Schicksal eine Chance zum Heil.
Erwarten Sie von Ihrer Geistigen Führung nicht immer Antworten im Detail und im Konkreten. Die Sprache der Geistigen Welt ist eine Bildhafte, die sich dem direkten Zugriff des Verstandes oft entzieht. Aber es lohnt sich, den gegebenen Gleichnissen nachzuspüren. Sie enthalten viele Informationen, die allerdings das Wahrnehmen mit dem Herzen voraussetzen.
Genauso wichtig wie die Worte, die die Geistige Führung an Sie richtet, ist die Energie, die während der Durchgabe im Raum ist. Stets wird es eine Energie der Liebe, Klarheit und Freiheit sein.
Die Geistige Führung wird sich mit „Gott zum Gruße" melden und verabschieden. Sie antworten mit denselben Worten. Sie haben meist die Möglichkeit zu etwa drei Fragen.

Vielleicht sind Sie erstaunt wie wichtig Ihre Geistige Führung Sie nimmt. Das mag Ihnen Impuls sein, sich selbst auch mehr wertzuschätzen und liebevoller mit sich selbst umzugehen.
Sie benötigen nur hilfsweise ein Medium, um mit Ihrer Geistigen Führung direkter in Kontakt zu gehen. Die meisten Menschen haben im Chaos von Gefühlen, Gedanken und einer Orientierung nach Außen verlernt, die innere Stimme des Schutzgeistes zu hören. Sie können das ändern.
**Gehen Sie davon aus, daß Ihre Geistige Führung freiwillig und gerne eine Aufgabe mit und an Ihnen übernommen hat. Er dient Ihnen aus der Liebe und ist dankbar für Ihre bewußte Mithilfe. Seine Motive sind frei von Ego, denn dieses hat er nicht mehr.**

## Kleine und große Transformationen

Der einzige Grund weshalb wir auf der Erde inkarnieren ist Entwicklung in Polarität hinein und dann wieder heraus. Unsere Seelen, die so alt sind wie das Universum, möchten dazulernen, sich ausdehnen und vollkommener werden. Einige Hundert Inkarnationen auf dem Planeten Erde sind diesem Ziel dienlich. So haben wir das für uns aus freien Stücken entschieden, vor langer Zeit. Aber wir haben es vergessen. In der **Reinkarnationstherapie** - Sie werden darüber gleich lesen - ist „Erinnerung" selbst darüber möglich.
Entwicklung bedeutet dauernde Veränderung und Transformation. Ein Mensch bleibt derselbe und wird doch immer wieder ein anderer. Das Wachstum vom Kind zum Erwachsenen macht es deutlich. Ich kenne viele Menschen, die nach einer Schutzgeistsitzung die eine oder andere Lebensweiche umstellen konnten und vom Schicksal eingeforderte Fortschritte leichter bewältigten. Das sind die kleinen, persönlichen Transformationen, die unseren Lebensweg ausmachen.
Wesen der Geistigen Welt bereiten uns auf einen großen, planetarische Umbruch vor, der für die nächsten 10 Jahren vermutet wird und viele Menschen betrifft. Fast alle ernsthaften Medien erhalten unabhängig voneinander Durchgaben mit diesem Thema. Aber auch ohne die Botschaften der Geistigen Welt wissen wir, daß es mit der Erde so nicht weitergehen kann. Naturgesetzmäßige Grenzen sind erreicht.
**Die große Transformation bietet jedem Menschen, der dafür offen ist, die Möglichkeit, einen Bewußtseinssprung hin zu mehr Freiheit und Liebe in größtem Ausmaß zu machen.**
Die Strukturen von Macht, Unterdrückung und Angst lösen sich im Innen und Außen auf. Das wäre in der Tat unvorstellbar und ähnelt einem Geburtsprozeß. Die Botschaften der Geistigen Welt geben viel Vorbereitung und Wissen zu diesem Thema. Sie mögen das glauben oder nicht. In einer wissenschaftlich orientierten Welt ist „Glaube" ein Fremdwort - dabei basiert selbst die Naturwissenschaft auf Glaubenssätzen. Glaube ist die Fähigkeit, sich für Neues zu öffnen, es ohne Vorbehalte wertfrei anzunehmen, zu betrachten und dann eine Entscheidung zu treffen: Ist es mein Wunsch und Wille, mich dieser Idee anzuvertrauen, sie weiter zu ergründen und Kraft hineinzugeben? Glaube schafft Wirklichkeit! Vertrauen Sie Ihre eigenen Seele!
**Manche Durchgaben Ihres Schutzgeistes werden erst vor dem Hintergrund dieser planetarischen Transformation verständlich.**

## Warum bin ich Medium?

Es ist der Wunsch meiner Seele, diesen Weg zu gehen und so neue Erfahrungen zu machen.
Ich bringe wohl eine gewisse Begabung mit, die sich in früheren Lebensabschnitten als Intuition bemerkbar machte. Oft wußte ich nicht, wo mein nächster intuitiver Sprung hinführen würde und hatte Angst. Einer der weitesten Sprünge war der aus meinem damaligen Beruf, der mit Organisation zu tun hatte, heraus - hinein in die Heilpraktikerschule, nach der Prüfung dann Weiterbildungen in esoterischer Psychotherapie. Hier hatte ich nicht nur das Glück, eine fundierte und tiefgehende Ausbildung zu erhalten, sondern auch Menschen zu treffen, die mir vielfältige Impulse gaben und dies immer noch tun.
Seit vielen Jahren arbeite ich als Reinkarnations-Therapeutin und lerne dabei immer mehr, meine Intuition mit Struktur und Wissen zu verbinden. Das gibt mir heute Sicherheit auch für die so ganz andere „Arbeit" des Medialen.
Nach meinen ersten Begegnungen mit meiner Geistigen Führung über ein Medium entstand in mir der Wunsch, dessen Stimme und Wesen unmittelbarer in mir selbst wahrzunehmen. So begann vor einigen Jahren meine Schulung zum Medium. Meine Lehrer waren die Menschen und Situationen meines Lebens, Wesenheiten der Geistigen Welt und letztlich der Führer im eigenen Herzen. So führt mich das Mediale immer mehr zu mir selbst und weit über den Kontakt mit meinem eigenen Schutzgeist hinaus.
**Sie sollten verstehen, daß ich ein ganz normaler Mensch bin mit kleinen und großen Lastern. Ich gehöre keiner Sekte an, denke frei und kritisch, lebe in einer schönen Beziehung und diene den Menschen gerne mit meiner Arbeit.**

## Wie läuft die Sitzung ab?

Sie vereinbaren mit mir einen verbindlichen Termin. **Die Sitzung dauert ca.1 Stunde** und findet statt in meiner Münchner Praxis.
Nach einem kurzen Kennenlernen, wobei es nicht notwendig ist, Ihre persönliche Situation darzulegen, bereiten wir uns durch eine stille Meditation auf die Begegnung mit Ihrer Geistigen Führung vor. Die Hektik des Tages darf in den Hintergrund treten.
Dann gehe ich in Trance. Dies dauert 5-10 Minuten. Das geistige Wesen wird Raum in mir einnehmen und seine Worte an Sie richten. Meine Stimme verändert sich

dabei nur ein wenig. Nach der Übermittlung, deren Dauer zwischen 20 und 45 Minuten liegt, komme ich aus der Trance zurück und brauche einige Minuten, um mich wieder zu orientieren. **Während der Durchgabe läuft eine Toncassette mit**, die Sie dann mitnehmen. Ihre Geistige Führung spricht meist über Ihre Herkunft, Ihren Eintritt in die Polarität, Hintergründe und Zusammenhänge Ihrer Probleme, auch der unbewußten. All dies kann sein, muß aber nicht. Manchmal geschieht etwas ganz anderes wie erwartet! **Welche Informationen für Sie förderlich und im Augenblick vorgesehen sind, entscheide nicht ich, sondern Ihre Geistige Führung**. Ich persönlich bin neutrale Brücke, ohne Anspruch oder Zielsetzung für Sie.
Zu meiner eigenen Stabilisierung ist während jeder Sitzung mein Mann anwesend. Er wird Ihnen auch die eine oder andere Frage gerne beantworten.
Sollten Sie - gerade beim ersten Mal - Probleme mit dem Verständnis des Durchgegebenen haben, biete ich Ihnen einen **Nachbesprechungstermin** an. Wir hören dann die Cassette gemeinsam und klären Ihre Fragen.
**Für eine Sitzung, bei der ich in Trance gehe, nehme ich 150 €**. Für eine Nachbesprechung berechne ich 75 € für maximal 2 Stunden. Die Abschrift einer Schutzgeistsitzung kostet pauschal 50 €.

## Wie geht es weiter?

Eine Schutzgeistsitzung ist kein Ersatz für eigenständige Entwicklung. Sie ist vielmehr wie ein Blick vom Gipfel eines Berges auf das Panorama Ihres Lebens und weit darüber hinaus. Sie werden wieder ins Tal der Alltäglichkeiten hinuntersteigen müssen. Aber in Ihrem Herzen mag eine kleine Flamme angezündet sein, die größer werden möchte:
Sollte der Wunsch in Ihnen vorhanden sein, mehr teilzuhaben an Energie und Weisheit der Geistigen Welt, dann können Sie gerne zu einer Einzelsitzung wiederkommen - oder an einem der **mehrtägigen Kurse** zu diesen Themen teilnehmen. Hier geht es nicht nur um Durchgaben und das Sprechen darüber, sondern vor allem um praktische Übungen und Erfahrungen, teilweise unter direkter Anleitung der Geistigen Welt.
In den Kursen werden Geistige Lehrer, Wesen der Erde und die Sternenbrüder sprechen.
Es wird keine materiellen Manifestationen geben und keine Raumschiffe - sollten Sie so etwas erwarten. Vielmehr wird es darum gehen, die eigene Seele jenseits von Raum und Zeit immer bewußter wahrzunehmen, um festzustellen: **Wir sind viel mehr als wir jemals dachten!**
Es gibt keine Dogmen und keine Glaubensbekenntnisse. Sie nehmen das für sich, was Sie brauchen können und Ihnen glaubwürdig erscheint. Den Rest können Sie getrost im „Regal" ablegen.

**Reinkarnations-Therapie**, so wie mein Mann Mathias und ich sie verstehen und durchführen, ist eine tiefe und ehrliche Möglichkeit, Brücken zu sich selbst im Hier und Jetzt und über unsere Dimension hinaus zu bauen.

**Informationen und Unterlagen** über Reinkarnations-Therapie, Kurse und Ausbildung senden wir Ihnen gerne kostenlos zu. **Anmeldung zu einer Schutzgeistsitzung bitte schriftlich mit beigefügtem Formular**, das Sie auch im Internet ausdrucken können.


**Gaby Wendel, HP**
Georgenstr. 45a/Ecke Schraudolph · 80799 München
14-20 Uhr Telefon **089 - 271 11 25**
Fax 089 - 271 67 40
*www.gabywendel.de*

Meine Büroadresse ist Adalbertstr.68, 80799 München


*Gaby Wendel*
*Geboren 11.09.54 um 06.30 Uhr in Mörfelden.*
*10 Jahre Flugdisponentin, Heilpraktikerin. Ausbildung zur Reinkarnations-Therapeutin (Münchner Schule).*
*Seit 1992 ca. 5000 Stunden Erfahrung in Reinkarnations-Therapie in eigener Praxis.*
*Seit 1993 Mitarbeiterin von Mathias Wendel bei den Ausbildungskursen für Reinkarnations-Therapeuten.*
*Seit 1995 Entwicklung zum Medium.*

Sommer 2002

**Gaby Wendel**
Heilpraktikerin
Reinkarnationstherapie
Mediale Arbeit
Seminare

Tel: **089 - 271 11 25**
Fax: 089 - 271 67 40
**www.gabywendel.de**

München, Mai 2006

# Wer kann sich für eine gechannelte Schutzgeistsitzung bei Gaby anmelden?

Um die Wartezeiten deutlich zu verkürzen, nehme ich nur noch **schriftliche Anmeldungen** (auf diesem Blatt) von solchen Personen an, die:

- an einem unserer **Seminare** teilgenommen haben oder dafür angemeldet sind - das kann das Geistige-Welt-Wochenende sein, Reinkarnationsgruppentherapie oder die Ausbildung (nicht Test-Tag).
- und/oder die bei uns **Reinkarnationstherapie** gemacht haben oder gerade machen,
- und die das Buch „**Transmutation ins Land des Lächelns**“ (von Gaby und Mathias) gelesen haben.

**Wie läuft die Schutzgeistsitzung ab?**
Bei einer Schutzgeistsitzung spricht Dein persönlicher Schutzgeist in der Regel etwa ca.30 Minuten direkt zu Dir. Dann hast Du oft die Möglichkeit, ihm 2-3 Fragen zu stellen. Er wird Dir das Wort geben.Gesamtdauer sind 40-50 Min. **Kostet 150 €** incl.der Toncassette. Ich verstehe diese Sitzung als Therapie in Trance.
Ich bin während der Durchgabe in Tiefentrance. Mein Partner Mathias ist stets anwesend und wird Dir vorher und anschließend für einige kurze Erläuterungen zur Verfügung stehen. Gerne kannst Du auch eine Person Deines Vertrauens mitbringen, die einfach nur dabei ist.
**Ort** der Durchgaben: Gaby's Praxis, 80799 München-Schwabing, Georgenstr.45a/Ecke Schraudolphstr

**Wie lange ist die Wartezeit?**
**Wartezeiten** für Schutzgeistsitzungen von einigen Monaten sind üblich. Ich lege Termine lange Zeit im voraus fest, meist **Ende Dezember** für das folgende Jahr. Du erhältst schriftlich Bescheid. **Dann hast Du 2 Wochen Zeit, den vorgeschlagenen Termin schriftlich zu bestätigen. Erst dann ist er verbindlich.**
Kündigungsmöglichkeit besteht immer bis 3 Tage vor Deinem Termin (nur schriftlich).

**Bitte gib Deinen Tages- und Uhrzeitwunsch an:**

| | | | | | | | |
|---|---|---|---|---|---|---|---|
| > | **Tag:** | ❐ | Dienstag | ❐ | Mittwoch | ❐ | Donnerstag |
| > | **Uhrzeit:** | ❐ | 15.45 Uhr | ❐ | 17.00 Uhr | ❐ | Egal |

**Wie oft?**
Es ist auch möglich, mit seiner Geistigen Führung oder Sternenbruder über **mehrere Sitzungen** zu arbeiten.
Eine Nachbesprechung der Sitzung ist möglich. Ich rechne dann mit 75 €/Stunde ab.
**Für eine wörtliche Abschrift Deiner Sitzung berechne ich 50 €** (dauert oft einige Wochen).

Deine Geistige Führung und ich freuen uns auf Dich.
Mit lieben Grüßen

**Name, Adresse, Telefon, Mail, Datum**:

Im Fensterumschlag zurück an:

Gaby Wendel
Adalbertstr.68

**80799 München**

✗ ______________________
Deine Unterschrift